단원별 기출 문제집

한권으로 끝내기

공무원 · 군무원

행정학

공무원 · 군무원 채용 필수체크

INFORMATION

공무원

응시자격

응시연령	학력 및 경력
8 · 9급: 18세 이상	제한 없음

공무원 채용과정(지방직 기준)

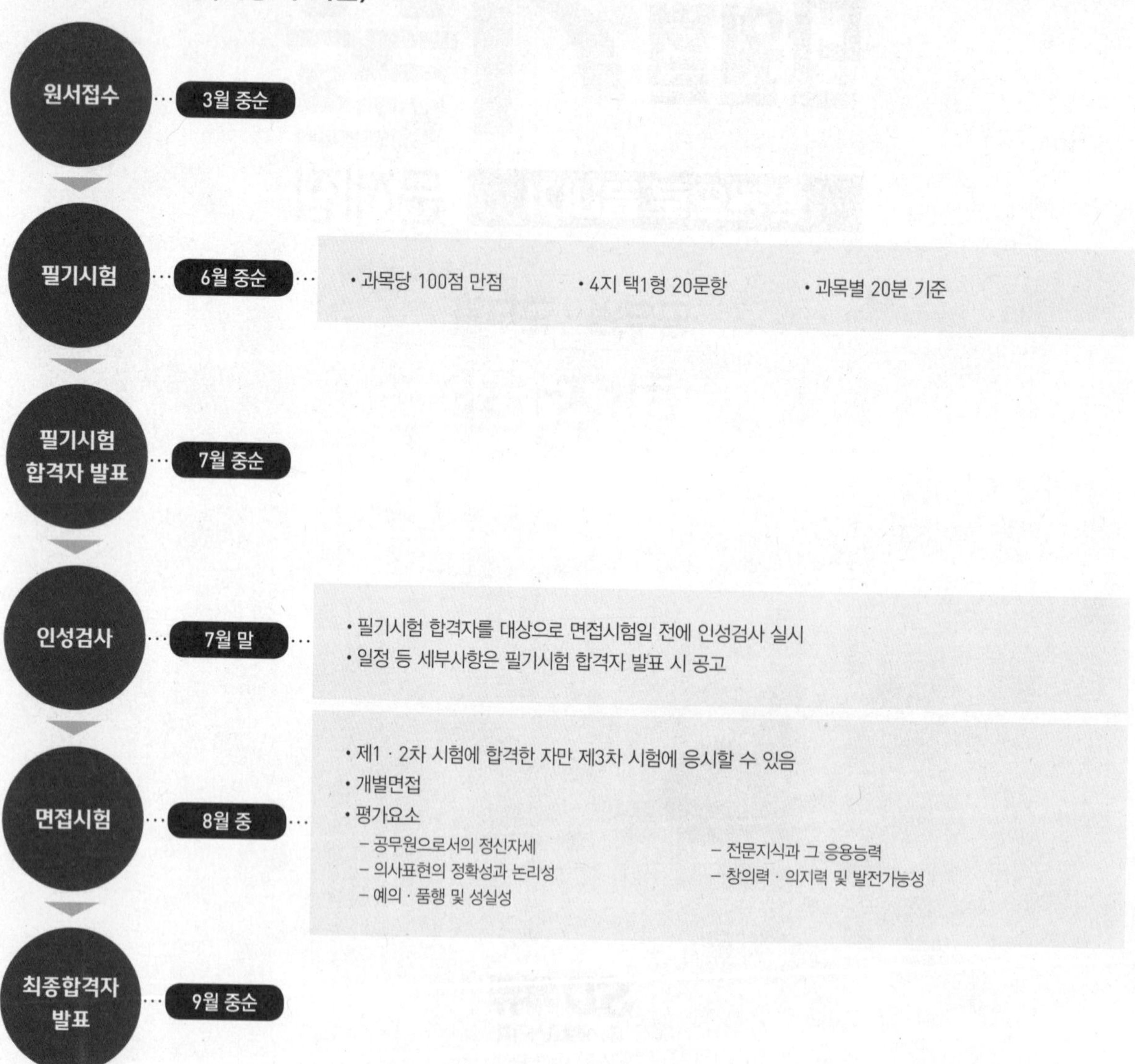

❖ 위 채용일정은 2023년 제1회 서울시 공무원 시험공고를 기준으로 작성하였습니다. 세부 사항은 반드시 시행처의 최신 공고를 확인하시기 바랍니다.

군무원

응시자격

응시연령	학력 및 경력
7급 이상: 20세 이상, 8급 이하: 18세 이상	제한 없음

군무원 채용과정

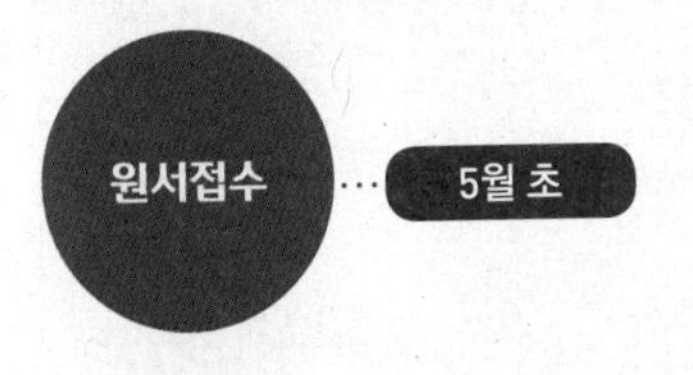

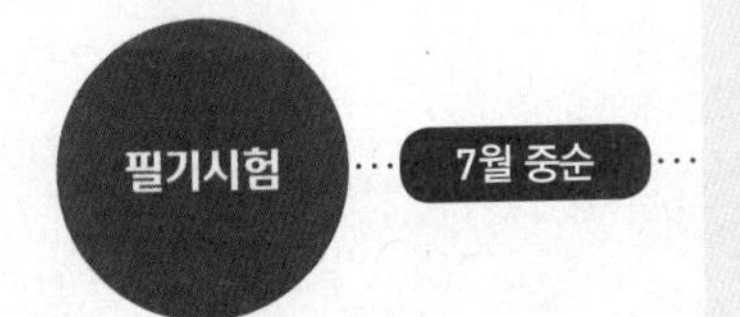

- 객관식 선택형 문제로 과목당 25문항, 25분으로 진행
- 합격자 선발: 선발예정인원의 1.5배수(150%) 범위 내(단, 선발예정인원이 3명 이하인 경우, 선발예정인원에 2명을 합한 인원의 범위)

※ 합격기준에 해당하는 동점자 발생 시 모두 합격 처리함

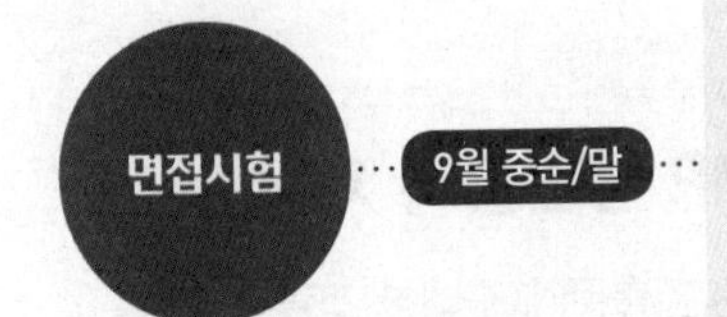

- 필기시험 합격자에 한해 응시기회 부여
- 평가요소
  - 군무원으로서의 정신자세
  - 의사표현의 정확성 · 논리성
  - 예의 · 품행 · 준법성 · 도덕성 및 성실성
  - 전문지식과 그 응용능력
  - 창의력 · 의지력 · 발전가능성

※ 7급 응시자는 개인발표 후 개별 면접 순으로 진행

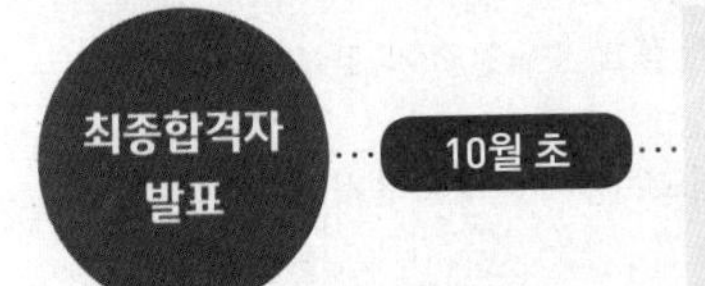

필기시험 합격자 중 면접시험 점수(50%)와 필기시험 점수(50%)를 합산하여 높은 점수를 받는 사람순으로 최종합격자를 결정

※ 신원조사와 공무원 채용 신체검사 모두 '적격' 받은 자에 한함

❖ 위 채용일정은 2023년 군무원 국방부 주관 채용공고를 기준으로 작성하였으므로, 세부 사항은 반드시 시행처의 최신 채용공고를 확인하시기 바랍니다.

이 책의 구성과 특징

STRUCTURE

공무원 6개년+군무원 3개년 기출문제와 2회분 최종모의고사 문제편

단원별 기출문제

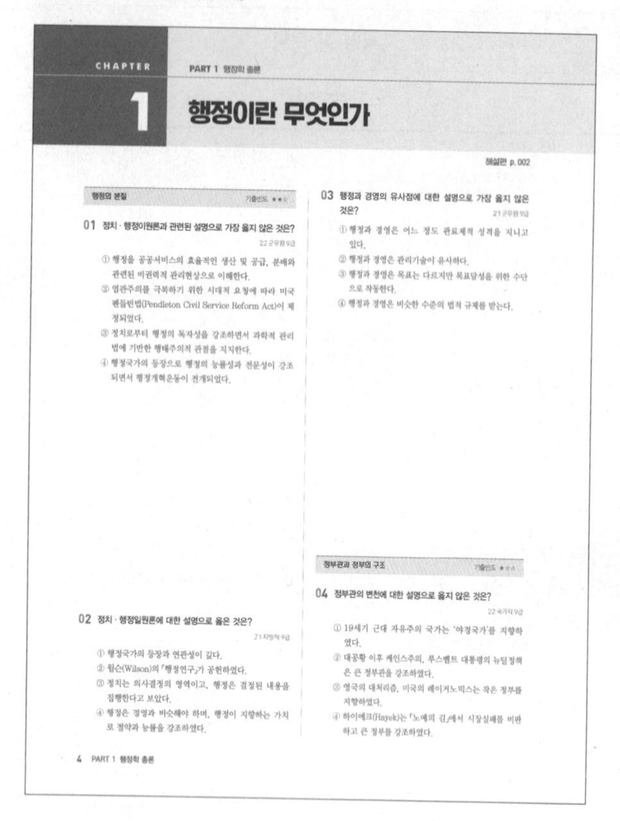

CHAPTER 1 PART 1 행정학 총론

행정이란 무엇인가

해설편 p. 002

행정의 본질 기출빈도 ★★☆

01 정치 · 행정이원론과 관련된 설명으로 가장 옳지 않은 것은? 22 군무원 9급

① 행정을 공공서비스의 효율적인 생산 및 공급, 분배와 관련된 비권력적 관리현상으로 이해한다.
② 엽관주의를 극복하기 위한 시대적 요청에 따라 미국 펜들턴법(Pendleton Civil Service Reform Act)이 제정되었다.
③ 정치로부터 행정의 독자성을 강조하면서 과학적 관리법에 기반한 행태주의적 관점을 지지한다.
④ 행정국가의 등장으로 행정의 능률성과 전문성이 강조되면서 행정개혁운동이 전개되었다.

02 정치 · 행정일원론에 대한 설명으로 옳은 것은? 21 지방직 9급

① 행정국가의 등장과 연관성이 깊다.
② 윌슨(Wilson)의 「행정연구」가 공헌하였다.
③ 정치는 의사결정의 영역이고, 행정은 결정된 내용을 집행한다고 보았다.
④ 행정은 경영과 비슷해야 하며, 행정이 지향하는 가치로 절약과 능률을 강조하였다.

03 행정과 경영의 유사점에 대한 설명으로 가장 옳지 않은 것은? 21 군무원 9급

① 행정과 경영은 어느 정도 관료제적 성격을 지니고 있다.
② 행정과 경영은 관리기술이 유사하다.
③ 행정과 경영은 목표는 다르지만 목표달성을 위한 수단으로 작동한다.
④ 행정과 경영은 비슷한 수준의 법적 규제를 받는다.

정부관과 정부의 구조 기출빈도 ★☆☆

04 정부관의 변천에 대한 설명으로 옳지 않은 것은? 22 국가직 9급

① 19세기 근대 자유주의 국가는 '야경국가'를 지향하였다.
② 대공황 이후 케인스주의, 루스벨트 대통령의 뉴딜정책은 큰 정부관을 강조하였다.
③ 영국의 대처리즘, 미국의 레이거노믹스는 작은 정부를 지향하였다.
④ 하이에크(Hayek)는 「노예의 길」에서 시장실패를 비판하고 큰 정부를 강조하였다.

4 PART 1 행정학 총론

9급 공무원 · 군무원 기출문제 중 핵심 문제를 영역별로 분류하여 수록하였습니다.

최종모의고사

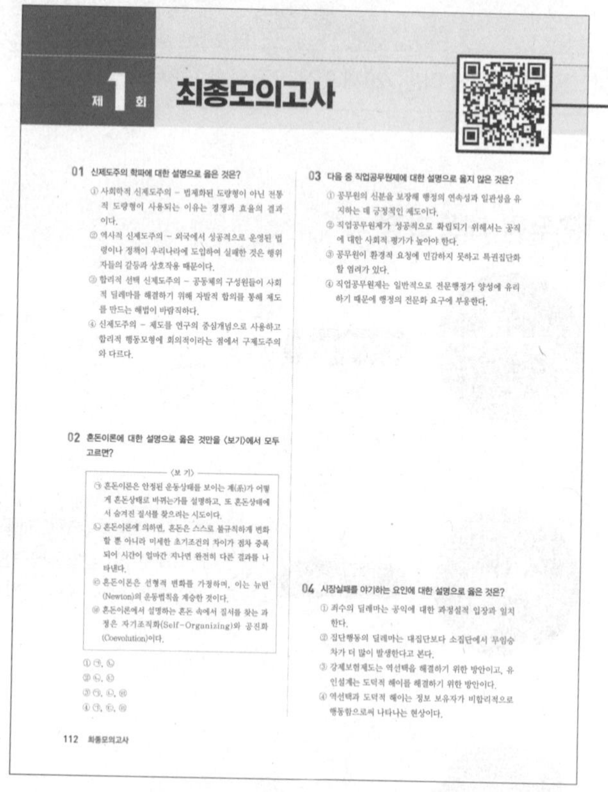

제 1 회 최종모의고사

01 신제도주의 학파에 대한 설명으로 옳은 것은?

① 사회학적 신제도주의 – 법제화된 도량형이 아닌 전통적 도량형이 사용되는 이유는 경쟁과 효율의 결과이다.
② 역사적 신제도주의 – 외국에서 성공적으로 운영된 법령이나 정책이 우리나라에 도입하여 실패한 것은 행위자들의 갈등과 상호작용 때문이다.
③ 합리적 선택 신제도주의 – 공동체의 구성원들이 사회적 딜레마를 해결하기 위해 자발적 합의를 통해 제도를 만드는 해법이 바람직하다.
④ 신제도주의 – 제도를 연구의 중심개념으로 사용하고 합리적 행동모형에 회의적이라는 점에서 구제도주의와 다르다.

02 혼돈이론에 대한 설명으로 옳은 것만을 〈보기〉에서 모두 고르면?

〈보 기〉
㉠ 혼돈이론은 안정된 운동상태를 보이는 계(系)가 어떻게 혼돈상태로 바뀌는가를 설명하고, 또 혼돈상태에서 숨겨진 질서를 찾으려는 시도이다.
㉡ 혼돈이론에 의하면, 혼돈은 스스로 불규칙하게 변화할 뿐 아니라 미세한 초기조건의 차이가 점차 증폭되어 시간이 얼마간 지나면 완전히 다른 결과를 나타낸다.
㉢ 혼돈이론은 선형적 변화를 가정하며, 이는 뉴턴(Newton)의 운동법칙을 계승한 것이다.
㉣ 혼돈이론에서 설명하는 혼돈 속에서 질서를 찾는 과정은 자기조직화(Self-Organizing)와 공진화(Coevolution)이다.

① ㉠, ㉡
② ㉡, ㉢
③ ㉠, ㉡, ㉣
④ ㉠, ㉢, ㉣

03 다음 중 직업공무원제에 대한 설명으로 옳지 않은 것은?

① 공무원의 신분을 보장해 행정의 연속성과 일관성을 유지하는 데 긍정적인 제도이다.
② 직업공무원제가 성공적으로 확립되기 위해서는 공직에 대한 사회적 평가가 높아야 한다.
③ 공무원이 환경적 요청에 민감하지 못하고 특권집단화할 염려가 있다.
④ 직업공무원제는 일반적으로 전문행정가 양성에 유리하기 때문에 행정의 전문화 요구에 부응한다.

04 시장실패를 야기하는 요인에 대한 설명으로 옳은 것은?

① 죄수의 딜레마는 공익에 대한 과정설적 입장과 일치한다.
② 집단행동의 딜레마는 대집단보다 소집단에서 무임승차가 더 많이 발생한다고 본다.
③ 강제보험제도는 역선택을 해결하기 위한 방안이고, 유인설계는 도덕적 해이를 해결하기 위한 방안이다.
④ 역선택과 도덕적 해이는 정보 보유자가 비합리적으로 행동함으로써 나타나는 현상이다.

112 최종모의고사

기출 동형의 최종모의고사로 마무리 학습을 할 수 있고, QR코드를 활용하여 합격 가능성을 예측할 수 있습니다.

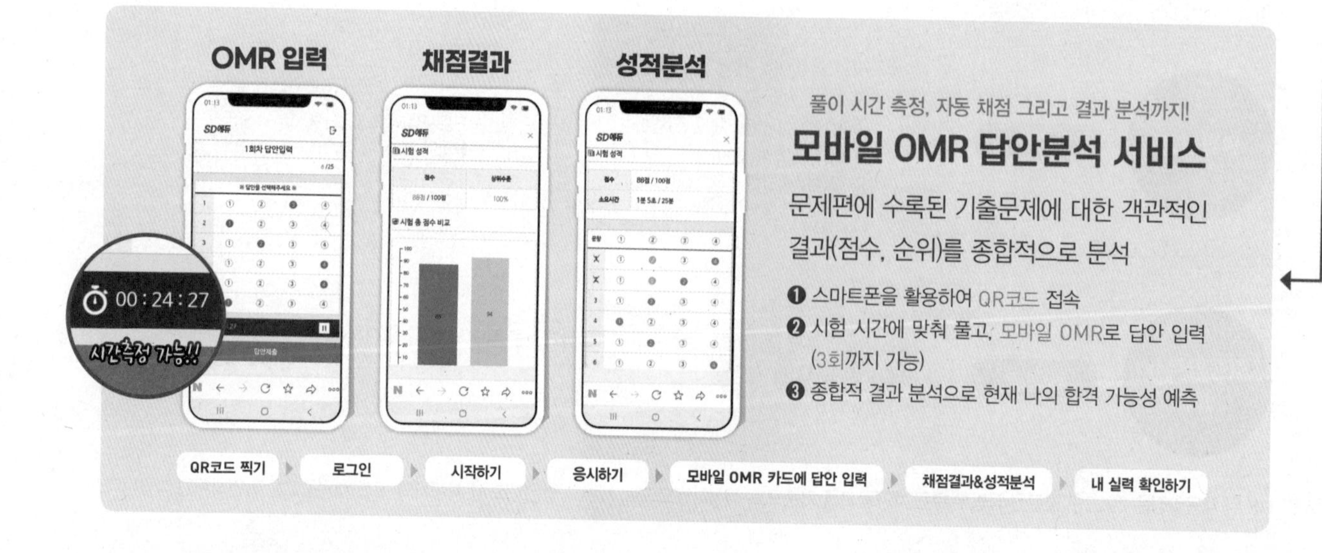

깔끔하고 빈틈없는 정확한 해설

해설편

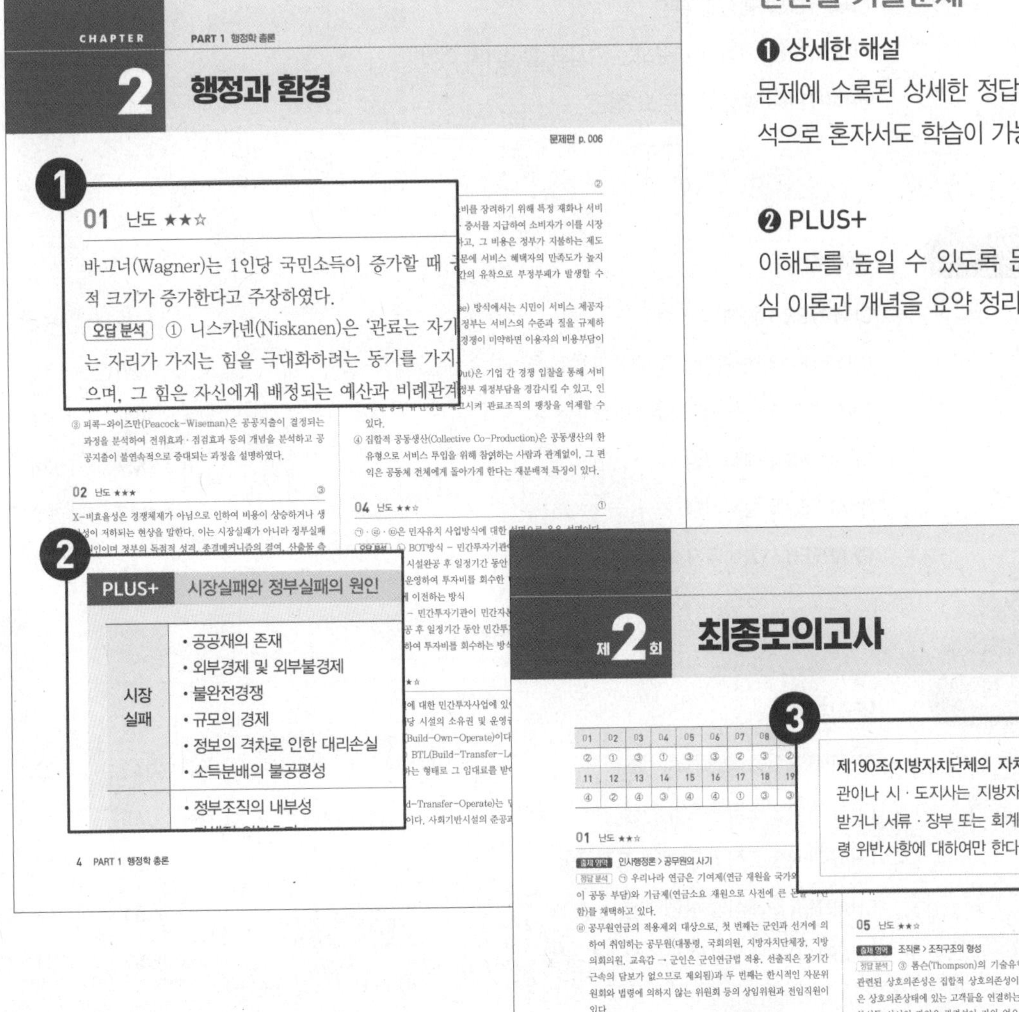

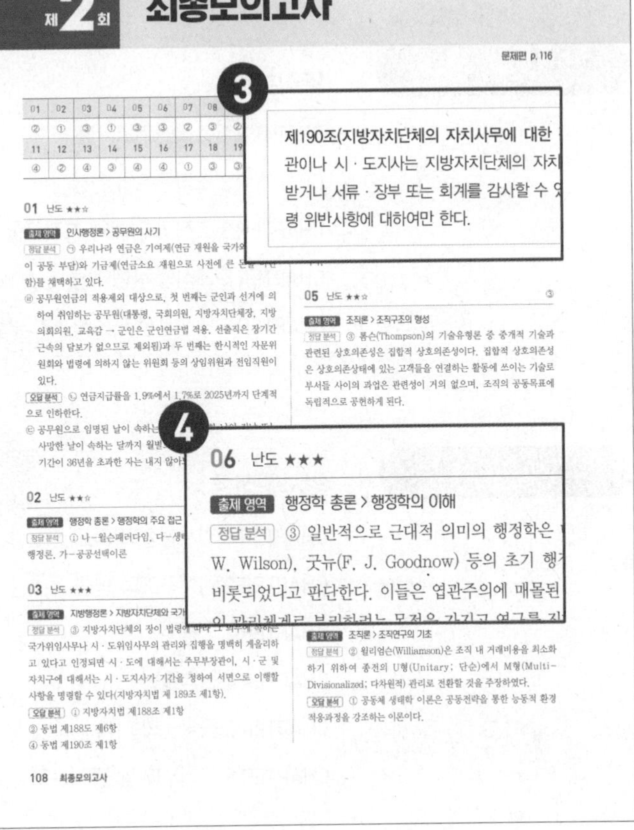

단원별 기출문제

❶ 상세한 해설

문제에 수록된 상세한 정답 분석과 오답 분석으로 혼자서도 학습이 가능합니다.

❷ PLUS+

이해도를 높일 수 있도록 문제와 관련된 핵심 이론과 개념을 요약 정리했습니다.

최종모의고사

❸ 근거 조문

최신 개정 법령을 반영한 근거 조문으로 빈틈없는 학습이 가능합니다.

❹ 영역 세분화

문항별 세분화된 출제 영역과 난도 분석으로 효율적인 학습이 가능합니다.

이 책의 차례

CONTENTS

PART 5

재무행정론

PART 6

행정환류론

PART 7

지방행정론

최종모의고사

부록

SD에듀가 추천하는

단원별 기출 9Week 회독법

1회독 가이드

Point. 문제 유형을 익히고, 정답 선지 암기하기

1회독은 느려도 괜찮다! 문제를 풀어본 후 정답 및 해설편을 활용하여 지문과 선지를 이해하며 문제를 풀어본다. 정답 선지는 다음 시험에서 어떤 식으로든 활용해 출제될 가능성이 높으므로 이해하며 암기한다. 이해와 암기가 완벽한 선지는 번호 옆에 ×표시를 하고 이해가 어려운 선지는 다음 회독을 위해 가볍게 암기한다.

1 Week	2 Week	3 Week	4 Week
PART 1 ~ PART 2(CH.3)	PART 2(CH.4) ~ PART 3	PART 4 ~ PART 5(CH.2)	PART 5(CH.3)~PART 7

2회독 가이드

Point. 정답의 패턴 파악과 집중 암기하기

1회독 시 ×표시한 선지는 빠르게 복습하며 넘어가고 표시가 되어 있지 않은 선지를 위주로 학습한다. 기출 회독의 목적은 단순 암기가 아니라 자주 출제되는 주제들 내에서 정답이 될 수 있는 포인트를 암기하는 것이다. 따라서 정답의 패턴을 파악하고 집중 암기를 해야 한다. 이번에는 1회독과는 다르게 이해와 암기가 어려운 선지는 번호 옆에 ㅇ표시를 해둔다.

5 Week	6 Week	7 Week
PART 1 ~ PART 2	PART 3 ~ PART 4	PART 5 ~ PART 7

3회독 가이드

Point. 마지막 마무리

2주 안에 전체 문제를 풀어야 하므로 알고 있는 문제는 빠르게 복습하고 ㅇ표시된 선지에 집중한다. 여전히 암기가 부족한 문제가 있다면 좌절하지 말고 부족한 부분을 찾아냈다는 생각으로 학습에 임해야 한다.

8 Week	9 Week
PART 1 ~ PART 3	PART 4 ~ PART 7

3회독까지 학습했으면 웬만한 기출문제는 다 암기했다고 볼 수 있다. 단원별 기출문제집 3회독이 끝나면 자사의 연도별 기출문제집인 "기출이 답이다"를 풀어보기를 권장한다. "기출이 답이다"는 시험지와 동일하게 구성된 기출문제와 고난도 기출문제가 수록되어 있어 실전 감각을 높일 수 있으며 모르는 문제를 다시 확인하는 복습 효과가 있다.

단원별 기출 문제집

공무원 · 군무원

행정학

PART 1

행정학 총론

챕터별 출제 비중

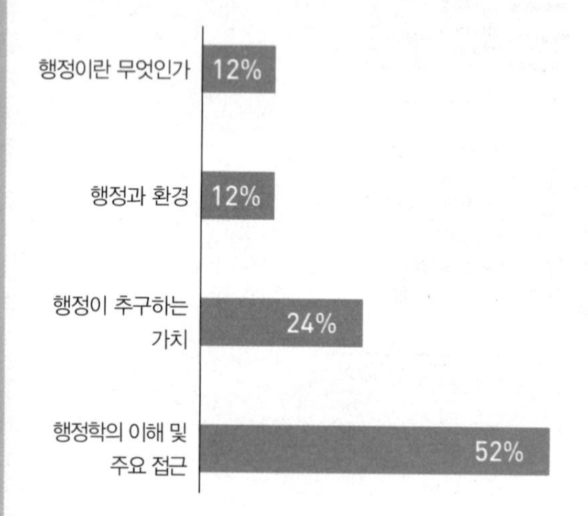

학습 포인트

행정학 총론은 공무원 · 군무원 시험에서 비중 있게 출제되며 암기 사항은 많지만 난도가 높은 편이 아니므로 학습에 큰 어려움이 없는 파트이다. 2022년 시험에서 가장 많이 출제된 챕터는 행정학의 주요 접근으로, 시기, 학자, 방법, 특성 등을 통합한 문제를 출제하기 때문에 골고루 학습하여야 한다. 그리고 정치 · 행정의 일원론과 이원론, 본질적 행정가치와 수단적 행정가치를 비교하여 암기하여야 하며 시장실패와 정부의 대응방식, 정부개입과 정부실패의 대응 방식인 민간화는 묶어서 학습하여야 한다. 특히 공익, 책임운영기관, 민자유치 방식의 개념과 특징을 묻는 문제가 단독으로 출제되므로 정확한 암기가 필요하다.

회독체크

구분	1회독	2회독	3회독
CHAPTER 1 행정이란 무엇인가	□	□	□
CHAPTER 2 행정과 환경	□	□	□
CHAPTER 3 행정이 추구하는 가치	□	□	□
CHAPTER 4 행정학의 이해 및 주요 접근	□	□	□

□ 칸에 학습진도를 체크하세요.

1 행정이란 무엇인가

해설편 p. 002

행정의 본질

기출빈도 ★★☆

01 정치 · 행정이원론과 관련된 설명으로 가장 옳지 않은 것은?

22 군무원 9급

① 행정을 공공서비스의 효율적인 생산 및 공급, 분배와 관련된 비권력적 관리현상으로 이해한다.
② 엽관주의를 극복하기 위한 시대적 요청에 따라 미국 펜들턴법(Pendleton Civil Service Reform Act)이 제정되었다.
③ 정치로부터 행정의 독자성을 강조하면서 과학적 관리법에 기반한 행태주의적 관점을 지지한다.
④ 행정국가의 등장으로 행정의 능률성과 전문성이 강조되면서 행정개혁운동이 전개되었다.

02 정치 · 행정일원론에 대한 설명으로 옳은 것은?

21 지방직 9급

① 행정국가의 등장과 연관성이 깊다.
② 윌슨(Wilson)의 「행정연구」가 공헌하였다.
③ 정치는 의사결정의 영역이고, 행정은 결정된 내용을 집행한다고 보았다.
④ 행정은 경영과 비슷해야 하며, 행정이 지향하는 가치로 절약과 능률을 강조하였다.

03 행정과 경영의 유사점에 대한 설명으로 가장 옳지 않은 것은?

21 군무원 9급

① 행정과 경영은 어느 정도 관료제적 성격을 지니고 있다.
② 행정과 경영은 관리기술이 유사하다.
③ 행정과 경영은 목표는 다르지만 목표달성을 위한 수단으로 작동한다.
④ 행정과 경영은 비슷한 수준의 법적 규제를 받는다.

정부관과 정부의 구조

기출빈도 ★☆☆

04 정부관의 변천에 대한 설명으로 옳지 않은 것은?

22 국가직 9급

① 19세기 근대 자유주의 국가는 '야경국가'를 지향하였다.
② 대공황 이후 케인스주의, 루스벨트 대통령의 뉴딜정책은 큰 정부관을 강조하였다.
③ 영국의 대처리즘, 미국의 레이거노믹스는 작은 정부를 지향하였다.
④ 하이에크(Hayek)는 「노예의 길」에서 시장실패를 비판하고 큰 정부를 강조하였다.

05 책임운영기관에 대한 설명으로 옳지 않은 것은?

20 국가직 9급

① 기관장에게 기관 운영의 자율성을 보장하고, 기관 운영 성과에 대해 책임을 지도록 한다.
② 공공성이 크기 때문에 민영화하기 어려운 업무를 정부가 직접 수행하기 위해 고안된 것이다.
③ 객관적이고 신뢰할 수 있는 성과평가 시스템 구축은 책임운영기관의 성공 여부를 결정짓는 요건 중의 하나이다.
④ 1970년대 영국에서 집행기관(Executive Agency)이라는 이름으로 처음 도입되었고, 우리나라는 1990년부터 운영하고 있다.

06 「책임운영기관의 설치 · 운영에 관한 법률」상 책임운영 기관에 대한 설명으로 옳지 않은 것은?

19 국가직 9급

① 책임운영기관은 기관장에게 재정상의 자율성을 부여하고 그 운영성과에 대해 책임을 지도록 하는 행정기관의 특성을 갖는다.
② 소속책임운영기관에 두는 공무원의 총 정원 한도는 총리령으로 정하며, 이 경우 고위공무원단에 속하는 공무원의 정원은 부령으로 정한다.
③ 소속책임운영기관 소속 공무원의 임용시험은 기관장이 실시함을 원칙으로 한다.
④ 기관장의 근무기간은 5년의 범위에서 소속중앙행정기관의 장이 정하되, 최소한 2년 이상으로 하여야 한다.

07 우리나라의 책임운영기관(Executive Agency)에 대한 설명으로 가장 옳지 않은 것은?

19 서울시 9급

① 신공공관리론(NPM)의 조직원리에 따라 등장한 성과중심 정부 실현의 한 방안으로 도입되었다.
② 책임운영기관의 장에게 행정 및 재정상의 자율성을 부여하고 그 운영성과에 대하여 책임을 지도록 하는 행정기관을 말한다.
③ 책임운영기관은 사무성격에 따라 조사연구형, 교육 훈련형, 문화형, 의료형, 시설관리형, 그 밖에 대통령령으로 정하는 기타 유형으로 구분된다.
④ 「책임운영기관의 설치 · 운영에 관한 법률」에 근거하여 1995년부터 제도가 시행되었다.

08 행정기관에 대하여 관계법령에 규정된 내용으로 옳은 것은?

19 국가직 9급

① 부속기관이란 행정권의 직접적인 행사를 임무로 하는 기관에 부속하여 그 기관을 지원하는 행정기관을 말한다.
② 보조기관이란 행정기관이 그 기능을 원활하게 수행할 수 있도록 그 기관장을 보좌함으로써 행정기관의 목적 달성에 공헌하는 기관을 말한다.
③ 하부기관이란 중앙행정기관에 소속된 기관으로서, 특별지방행정기관과 부속기관을 말한다.
④ 방송통신위원회, 공정거래위원회, 소청심사위원회 등은 행정기관의 소관 사무에 관하여 자문에 응하거나 조정, 협의, 심의 또는 의결 등을 하기 위해 복수의 구성원으로 이루어진 합의제 기관으로서 행정 기관이 아니다.

2 행정과 환경

해설편 p. 004

정부개입과 정부실패 기출빈도 ★☆☆

01 다음 중 정부실패와 관련한 설명으로 가장 옳지 않은 것은? 22 군무원 7급

① 니스카넨(Niskanen)은 관료조직이 자기부처의 예산을 극대화하여 권한을 확대하고자 하는 이기적 행위가 있음을 경험적으로 입증하였다.
② 파킨슨(Parkinson)은 공무원 규모는 업무량에 상관없이 증가한다고 주장했다.
③ 피콕-와이즈만(Peacock-Wiseman)은 공공지출 과정을 분석하여 공공지출이 불연속적으로 증대되는 과정을 설명하였다.
④ 바그너(Wagner)는 경제성장과 관계없이 국민총생산에서 공공지출이 높아진다는 공공지출 증가의 법칙을 주장하였다.

02 정부개입의 근거가 되는 시장실패의 원인으로 옳지 않은 것은? 21 국가직 9급

① 외부효과 발생
② 시장의 독점 상태
③ X-비효율성 발생
④ 시장이 담당하기 어려운 공공재의 존재

정부실패에 대응: 민간화 기출빈도 ★☆☆

03 다음 중 공공서비스의 공급과 생산에 대한 설명으로 가장 옳지 않은 것은? 22 군무원 7급

① 면허(Franchise)는 서비스 제공자들 사이에 경쟁이 미약하면 이용자의 비용부담이 과중하게 되는 부정적 효과가 발생한다.
② 바우처(Vouchers)는 관료와 서비스 제공자 간의 유착을 근절하여 부정부패를 막을 수 있다.
③ 민간위탁(Contracting-Out)은 인력 운영의 유연성을 제고해서 관료조직의 팽창을 억제할 수 있다.
④ 집합적 공동생산(Collective Co-Production)은 시민들의 참여도에 관계없이 혜택이 공통으로 돌아가게 한다는 재분배적 사고가 기저에 있다.

민자유치방식 기출빈도 ★★☆

04 민자유치의 사업방식에 대한 설명으로 옳은 것을 모두 고르면? 20 군무원 7급

> ㉠ BTO방식 - 민간투자기관이 민간자본으로 공공시설을 건설하고 시설완공과 동시에 소유권을 정부에 이전하는 대신, 민간투자기관이 일정기간 시설을 운영하여 투자비를 회수하는 방식
> ㉡ BOT방식 - 민간투자기관이 민간자본으로 공공시설을 건설하고 시설완공 후 일정기간 동안 민간투자기관이 소유권을 가지고 직접운영하여 투자비를 회수하는 방식
> ㉢ BOO방식 - 민간투자기관이 민간자본으로 공공시설을 건설하고 시설완공 후 일정기간 동안 민간투자기관이 소유권을 가지고 직접운영하여 투자비를 회수한 다음, 기간만료 시 소유권을 정부에 이전하는 방식
> ㉣ BTL방식 - 민간투자기관이 민간자본으로 공공시설을 건설하고 완공 시 소유권을 정부에게 이전하여 정부가 소유권과 운영권을 가지고, 대신 민간투자기관에게 임대료를 지급하도록 하여 시설투자비를 회수하는 방식
> ㉤ BLT방식 - 민간의 투자자본으로 건설한 공공시설을 정부가 사업을 운영하며 민간에 임대료를 지불하는 방식으로 운영종료 시점에 정부가 소유권을 이전받는 방식

① ㉠, ㉣, ㉤
② ㉡, ㉢, ㉣
③ ㉠, ㉢, ㉣, ㉤
④ ㉡, ㉢, ㉣, ㉤

05 사회기반시설에 대한 민간투자사업에 있어서 사업시행자가 시설을 건설한 후 해당 시설의 소유권 및 운영권을 사업시행자가 가지는 방식은? 17 국가직 9급 추가

① BTL(Build-Transfer-Lease)
② BTO(Build-Transfer-Operate)
③ BLT(Build-Lease-Transfer)
④ BOO(Build-Own-Operate)

민간화의 한계 기출빈도 ★☆☆

06 민영화에 대한 문제점으로 가장 옳지 않은 것은? 20 군무원 9급

① 공공성의 침해
② 서비스품질의 저하
③ 경쟁의 심화
④ 행정책임확보의 곤란성

사회적 자본 기출빈도 ★☆☆

07 사회적 자본에 대한 설명으로 옳은 것은? 21 국가직 7급

① 사회적 자본이 증가하면 제재력이 약화되는 역기능이 있다.
② 타인에 대한 신뢰는 사회적 자본의 구성요소가 아니다.
③ 호혜주의는 사회적 자본에 영향을 미치지 않는다.
④ 사회적 자본은 거래비용을 감소시키는 순기능이 있다.

08 사회자본이론(Social Capital Theory)에 대한 설명으로 옳지 않은 것은? 17 국가직 9급 추가

① 사회자본은 참여자들이 협력하도록 함으로써 공유한 목적을 보다 효과적으로 성취하게 만드는 신뢰, 규범, 네트워크와 같은 사회조직의 특징으로 정의할 수 있다.
② 푸트남(R. D. Putnam) 등은 이탈리아에서 사회자본(시민공동체의식)이 지방정부의 제도적 성과 차이를 잘 설명한다고 주장했다.
③ 정밀한 사회적 연결망은 신뢰를 강화하고, 거래비용을 낮추며, 혁신을 가속화함으로써 경제 발전을 촉진할 수 있다.
④ 신뢰와 네트워크를 통한 과도한 대외적 개방성에 대하여 많은 비판을 받고 있다.

현대행정국가와 신행정국가의 특징 기출빈도 ★☆☆

09 대리정부(Proxy Government)의 특징에 대한 설명으로 옳지 않은 것은? 20 군무원 7급

① 정보의 왜곡현상이 발생할 수 있다.
② 분권화 전략에 의해서 자원의 낭비와 남용을 줄일 수 있다.
③ 대리정부의 형태가 다양하므로 행정관리자의 전문적 리더십이 중요하다.
④ 시민 개개인의 행동이 정부정책의 성과를 결정하기 때문에 높은 시민의식하에 대리정부에 대한 시민의 통제가 중요하다.

3 행정이 추구하는 가치

해설편 p. 006

행정이념과 가치 기출빈도 ★★☆

01 행정이념에 대한 설명으로 가장 옳지 않은 것은? 21 군무원 9급

① 행정이념은 절대적인 것이 아니라 시대적 상황과 정치체제에 따라 변할 수 있다.
② 능률성은 투입 대비 산출의 비율을, 효과성은 목표의 달성도를 나타내는 개념이다.
③ 행정의 민주성은 대외적으로 국민 의사를 존중하고 수렴하며, 대내적으로 행정조직을 민주적으로 운영한다는 두 가지 측면을 가지고 있다.
④ 수평적 형평성이란 동등하지 않은 것을 서로 다르게 취급하는 것, 수직적 형평성이란 동등한 것을 동등하게 취급하는 것을 의미한다.

02 공리주의적 관점에서 공익을 설명한 것으로 옳은 것만을 모두 고르면? 20 국가직 9급

> ㉠ 사회 전체의 효용이 증가하면 공익이 향상된다.
> ㉡ 목적론적 윤리론을 따르고 있다.
> ㉢ 효율성(Efficiency)보다는 합법성(Legitimacy)이 윤리적 행정의 판단기준이다.

① ㉠
② ㉢
③ ㉠, ㉡
④ ㉡, ㉢

03 행정가치에 대한 설명으로 옳지 않은 것은? 20 지방직 9급

① 공익 과정설에 따르면 사익을 초월한 별도의 공익이란 존재할 수 없다.
② 롤스(Rawls)는 사회정의의 제1원리와 제2원리가 충돌할 경우 제1원리가 우선이라고 주장한다.
③ 파레토 최적 상태는 형평성 가치를 뒷받침하는 기준이다.
④ 근대 이후 합리성은 목표를 달성하는 수단과 관련된 개념이다.

본질적(종국적) 행정가치 기출빈도 ★★☆

04 공익에 대한 설명으로 옳은 것만을 모두 고르면? 22 지방직 9급

> ㉠ 실체설에 의하면 공익은 사익을 초월한 것이다.
> ㉡ 과정설에 의하면 공익은 사익 간 갈등을 조정 · 타협하는 과정에서 산출되는 것이다.
> ㉢ 실체설은 다원적 민주주의에 도움을 준다.
> ㉣ 플라톤(Plato)과 루소(Rousseau) 모두 공익 실체설을 주장하였다.

① ㉠, ㉡
② ㉡, ㉢
③ ㉠, ㉡, ㉣
④ ㉠, ㉢, ㉣

05 공익(Public Interest)에 대한 '과정설'의 설명으로 가장 옳지 않은 것은? 22 군무원 9급

① 공익은 인식 가능한 행동결정의 유용한 안내자 역할을 한다는 입장이다.
② 공익은 하나의 실체라기보다 다수의 이익들이 조정되면서 얻어진 결과로 본다.
③ 공무원의 행동을 경쟁관계에 있는 집단들의 이익을 돕는 조정자의 역할로 이해한다.
④ 실체설의 주장을 행정의 정당성확보를 위해 도입된 상징적 수사로 간주한다.

06 정보화 사회로 진입하면서 산업구조의 변화, 질적 성장에 대한 요구 증대, 저출산 · 고령화로 인한 인구구조 변화, 민주주의 발전에 따른 지방 정부의 역할 강화 등의 복합적인 여러 사회 변화가 일어나고 있으며 이러한 변화 속에서 형평성에 대한 관심이 증대되고 있다. 다음 중 사회적 형평성과 관련된 설명으로 가장 옳은 것은? 22 군무원 7급

① 대표관료제는 수평적 형평성을 확보하기 위함이다.
② 롤스(J. Rawls)는 원초적 상태하에서 합리적 인간의 최대극소화 원리에 따른다고 한다.
③ 정부의 환경보존사업에 필요한 비용을 공채 발행으로 조달하여 다음 세대에게 그 부담을 전가하는 것은 수직적 형평성에 해당한다.
④ 형평성은 총체적 효용 개념을 강조한다.

07 공익에 대한 설명으로 가장 옳지 않은 것은? 19 서울시 9급

① 과정설은 개인의 사익을 초월한 공동체 전체의 공익이 따로 있다고 보는 견해이다.
② 실체설은 사회 전 구성원의 총효용을 극대화함으로써 공익에 도달할 수 있다고 보는 견해이다.
③ 과정설은 공익이 사익의 총합이거나 사익 간의 타협 · 조정 과정을 통해 얻어지는 것으로 보는 견해 이다.
④ 실체설은 사회공동체 내지 국가의 모든 가치를 포괄하는 절대적인 선의 가치가 있다고 보는 견해이다.

08 공익에 대한 설명으로 가장 옳지 않은 것은? 18 서울시 9급

① 과정설은 공익을 서로 충돌하는 이익을 가진 집단들 사이에 상호조정 과정을 거쳐 균형상태의 결론에 도달했을 때 실현되는 것이라고 본다.
② 실체설에서도 전체효용의 극대화를 강조하는 입장에서는 사회구성원의 효용을 계산한 다음에 전 구성원의 총효용을 극대화함으로써 공익에 도달할 수 있다고 본다.
③ 실체설에서 도덕적 절대가치를 공익의 실체로 보는 관점에서는 사회공동체나 국가의 모든 가치를 포괄하는 절대적인 선의 가치가 있다고 가정한다.
④ 실체설에서는 적법절차의 준수를 강조하며 국민주권 원리에 의한 행정의 중심적 역할을 강조한다.

수단적(도구적) 행정가치 기출빈도 ★★☆

09 조직문화의 경쟁가치모형에 대한 설명으로 옳지 않은 것은?

22 지방직 9급

① 위계 문화는 응집성을 강조한다.
② 혁신지향 문화는 창의성을 강조한다.
③ 과업지향 문화는 생산성을 강조한다.
④ 관계지향 문화는 사기 유지를 강조한다.

10 디목(M. Dimock)의 사회적 능률에 대한 설명으로 가장 적절하지 않은 것은?

20 군무원 9급

① 사회적 형평성을 보장하기 위한 개념이다.
② 행정의 사회목적실현과 관련이 있다.
③ 경제성과 연계될 수 있는 개념이다.
④ 최소의 투입으로 최대의 산출을 추구한다.

11 경합가치모형(CVM: Competing Values Model)에 대한 설명으로 옳지 않은 것은?

20 군무원 7급

① 내부과정모형은 안정성을 강조해 의사소통을 중시한다.
② 합리목표모형은 조직의 성장과 자원확보를 목표로 정보관리와 능률성을 중시한다.
③ 인간관계모형은 조직구성원들의 응집력과 사기를 높이는 것을 중시한다.
④ 개방체제모형은 조직유연성과 환경적응성을 중시한다.

12 행정이 추구하는 가치에 대한 설명으로 옳지 않은 것은?

19 지방직 9급

① 합리성은 어떤 행위가 궁극적인 목표달성을 위한 최적의 수단이 되느냐를 가리키는 개념이다.
② 효과성은 투입 대비 산출의 비율을, 능률성은 목표의 달성도를 나타내는 개념이다.
③ 행정의 민주성은 대외적으로 국민 의사의 존중 · 수렴과 대내적으로 행정조직의 민주적 운영이라는 두 가지 측면이 있다.
④ 수평적 형평성이란 동등한 것을 동등하게 취급하는 것, 수직적 형평성이란 동등하지 않은 것을 서로 다르게 취급하는 것을 의미한다.

13 행정가치 중 수단적 가치에 대한 설명으로 가장 옳지 않은 것은?

17 서울시 9급

① 대외적 민주성을 확보하기 위해 행정통제가 필요하다.
② 수단적 가치는 본질적 가치의 실현을 가능하게 하는 가치들이다.
③ 전통적으로 책임성은 제도적 책임성(Accountability)과 자율적 책임성(Responsibility)으로 구분되어 논의되었다.
④ 사회적 효율성(Social Efficiency)은 과학적 관리론 의 등장과 함께 강조되었다.

4 행정학의 이해 및 주요 접근

해설편 p. 008

행정학의 이해 기출빈도 ★☆☆

01 행정학의 기술성과 과학성에 대한 설명으로 옳지 않은 것은? 20 군무원 9급

① 왈도(D. Waldo)가 'Practice'란 용어로 지칭한 기술성은 정해진 목표를 어떻게 효율적으로 달성하는가 하는 방법을 의미한다.
② 윌슨(W. Wilson) 등 초기 행정학자들은 관리기술이나 행정의 원리 등을 발견하려는 데 초점을 두고 행정학의 기술성을 강조하였다.
③ 행태주의 학자들은 행정학 연구에서 처방보다는 학문의 과학화에 역점을 두고 가설의 경험적 검증 등을 강조했다.
④ 현실문제의 해결은 언제나 과학에만 의존할 수 없으므로 행정학은 기술성과 과학성을 동시에 고려하여야 한다.

02 행정재정립운동(Refounding Movement)에 대한 설명으로 옳은 것은? 20 군무원 7급

① 직업공무원의 재량권을 축소하고 정치적으로 임명하는 공무원의 수를 상대적으로 증가시키는 것이다.
② 기존의 정치 · 행정이원론을 재해석하여 정책과정에서 공무원의 적극적인 역할을 옹호하였다.
③ 정부를 재구축하고 민간부문이 공공서비스 공급에 참여할 필요가 있다고 강조하였다.
④ 고객중심적 행정을 주요대상으로 하는 새로운 연구경향이다.

과학적 관리론 기출빈도 ★☆☆

03 테일러(Taylor)의 과학적 관리론에 대한 설명으로 옳지 않은 것은? 21 국가직 9급

① 관리자는 생산증진을 통해서 노 · 사 모두를 이롭게 해야 한다.
② 조직 내의 인간은 사회적 욕구에 의해 동기가 유발된다고 전제한다.
③ 업무와 인력의 적정한 결합은 노동자가 아닌 관리자에 의해 결정되어야 한다.
④ 업무수행에 관한 유일 최선의 방법을 찾기 위해 동작연구와 시간연구를 사용한다.

04 테일러(F. W. Taylor)의 과학적 관리론에 대한 설명으로 옳지 않은 것은? 20 군무원 9급

① 테일러(F. W. Taylor)는 과학적 관리의 핵심을 개인적 기술에 두고, 노동자가 발전된 과학적 방법에 따라 작업이 되도록 한다.
② 어림식 방법을 지양하고 작업의 기본요소 발견과 수행방법에 대해 과학적 방법을 발전시킨다.
③ 과업은 일류의 노동자만이 달성할 수 있는 충분한 것이어야 한다.
④ 노동자가 과업을 완수하는 경우 높은 보상, 실패하는 경우 손실을 받게 된다.

행태론적 접근 기출빈도 ★☆☆

05 다음 중 행태론적 접근방법에 대해 옳지 않은 것은? 19 군무원 9급 추가

① 논리실증주의(Logical Positivism)를 도입했다.
② 계량분석법(Quantitative Analysis)을 사용했다.
③ 가치개입(Value-Laden)을 중시한다.
④ 인간형태의 규칙성을 가정한다.

06 다음 중 행태론적 접근방법의 특징으로 옳지 않은 것은? 19 군무원 9급

① 가치와 사실의 분리
② 과학적 방법의 적용
③ 다학문성(종합학문성)
④ 자율적 인간관

신행정이론 기출빈도 ★★☆

07 1960년대 미국의 '신행정학' 운동과 가장 관련이 없는 것은? 21 군무원 7급

① 적실성
② 고객에 의한 통제
③ 전문직업주의
④ 사회적 형평성

08 행정학에서 가치에 관한 연구가 본격적으로 관심을 끌기 시작한 학문적 계기로 옳은 것은? 20 군무원 9급

① 신행정론의 시작
② 발전행정론의 대두
③ 뉴거버넌스 이론의 등장
④ 공공선택론의 태동

09 미국에서 등장한 행정이론인 신행정학(New Public - Administration)에 대한 설명으로 옳지 않은 것은? 19 지방직 9급

① 신행정학은 미국의 사회문제 해결을 촉구한 반면 발전행정은 제3세계의 근대화 지원에 주력하였다.
② 신행정학은 정치 · 행정이원론에 입각하여 독자적인 행정이론의 발전을 이루고자 하였다.
③ 신행정학은 가치에 대한 새로운 인식을 기초로 규범적이며 처방적인 연구를 강조하였다.
④ 신행정학은 왈도(Waldo)가 주도한 1968년 미노브룩(Minnowbrook) 회의를 계기로 태동하였다.

공공선택론 기출빈도 ★★★

10 티부(Tiebout) 모형의 전제조건으로 옳지 않은 것은? 22 지방직 9급

① 시민의 이동성
② 외부효과의 배제
③ 고정적 생산요소의 부존재
④ 지방정부 재정패키지에 대한 완전한 정보

11 공공선택론(Public Choice Theory)에 대한 설명으로 가장 옳지 않은 것은? 21 군무원 9급

① 방법론적 집단주의를 지향한다.
② 정치 · 행정현상을 경제학적 논리를 통해 분석하고자 한다.
③ 개인 선호를 중시하여 공공서비스 관할권을 중첩시킬 수도 있다.
④ 중위투표자이론(Median Vote Theorem)도 공공선택론의 일종이다.

신제도론

기출빈도 ★★☆

12 다음 중 신제도주의에 대한 설명으로 가장 옳지 않은 것은? 22 군무원 7급

① 사회학적 제도주의는 제도의 변화에서 개인의 역할을 전혀 인정하지 않는다.
② 역사적 제도주의는 제도의 횡단적 측면을 중시하면서 국가 간에 어떻게 유사한 제도의 형태를 취하는가에 관심을 갖는다.
③ 역사적 제도주의는 주로 국가 간 비교사례 연구를 통한 귀납적 방법으로 이론화를 시도하였다.
④ 합리적 선택 제도주의는 방법론적 개인주의를 취하는 반면 사회학적 제도주의는 방법론적 전체주의의 입장을 취한다.

13 신제도주의에 대한 설명으로 옳지 않은 것은? 21 지방직 9급

① 제도는 법률, 규범, 관습 등을 포함한다.
② 역사적 제도주의는 제도가 경로의존성을 따른다고 본다.
③ 사회학적 제도주의는 적절성의 논리보다 결과성의 논리를 중시한다.
④ 합리적 선택 제도주의는 제도가 합리적 행위자의 이기적 행태를 제약한다고 본다.

14 신제도주의에 대한 설명으로 가장 적절하지 않은 것은? 21 군무원 7급

① 신제도주의는 그동안 내생변수로만 다루어오던 정책 혹은 행정환경을 외생변수와 같이 직접적인 분석대상에 포함시켜 종합 · 분석적인 연구에 기여하고 있다.
② 역사적 제도주의는 각국에서 채택된 정책의 상이성과 효과를 역사적으로 형성된 각국의 제도에서 찾고자 한다.
③ 합리적 선택 제도주의는 경제학에 이론적 배경을 두고 있다.
④ 사회학적 제도주의에서는 제도의 범위를 가장 넓게 보고 있다.

신공공관리론

기출빈도 ★★★

15 다음 중 신공공관리론에 대한 설명으로 가장 옳지 않은 것은? 22 군무원 7급

① 시장에 대한 규제는 완화하지만 관료에 대한 규정과 규제는 강화한다.
② 현대국가의 팽창과 복지국가에 대한 비판의 성격이 강하다.
③ 시장주의와 신관리주의의 개념이 합해진 것으로 볼 수 있다.
④ 시장화의 방법으로는 민영화, 민간위탁 등을 활용한다.

16 탈신공공관리(Post-NPM)의 아이디어들로 묶인 것으로 가장 옳은 것은? 22 군무원 7급

㉠ 총체적 정부 또는 연계형 정부 ㉡ 민간위탁과 민영화의 확대 ㉢ 민간 · 공공부문의 파트너십 강조 ㉣ 정부부문 내 경쟁 원리 도입 ㉤ 중앙의 정치 · 행정적 역량 강화 ㉥ 환경적 · 역사적 · 문화적 요소에의 유의

① ㉠, ㉡, ㉤, ㉥
② ㉡, ㉢, ㉣, ㉤
③ ㉠, ㉢, ㉤, ㉥
④ ㉢, ㉣, ㉤, ㉥

17 신공공관리에 대한 설명으로 가장 옳지 않은 것은?

21 군무원 9급

① 신공공관리는 전통적이고 관료적인 관리방식을 개혁하기 위해 1980년대부터 진행된 개혁 프로그램이다.
② 신공공관리는 정부의 크기와 관계없이 시장 지향적인 효율적인 정부를 만들 수 있는 개혁방안에 관심을 갖는다.
③ 시장성 테스트, 경쟁의 도입, 민영화나 규제 완화등 일련의 정부개혁 아이디어가 적용된다.
④ 신공공관리 옹호론자들은 기존 관료제 중심의 패러다임을 대체할 수 있는 새로운 패러다임이 될 수 있다고 주장한다.

18 신공공관리론에서 지향하는 '기업가적 정부'의 특성에 해당하지 않는 것은?

21 지방직 9급

① 경쟁적 정부
② 노젓기 정부
③ 성과 지향적 정부
④ 미래 대비형 정부

19 오스본(D. Osborne)과 게블러(T. Gaebler)의 『정부재창조론(Reinventing Government)』에서 제시된 '기업가적 정부 운영의 10대 원리'와 가장 관련이 없는 것은?

21 군무원 7급

① 기업가적 정부는 서비스 공급자보다는 촉매 작용자, 중개자, 그리고 촉진자 역할을 수행해야 한다.
② 경쟁 원리의 도입을 통해 행정서비스 공급의 경쟁력을 제고해야 한다.
③ 업무 성과를 제고하기 위해서는 투입이 아니라 산출이나 결과를 기준으로 자원을 배분해야 한다.
④ 수입 확보 위주의 정부 운영 방식에서 탈피하여 예산 지출의 개념을 활성화하는 것이 필요하다.

(뉴)거버넌스론 기출빈도 ★★★

20 쇠퇴 · 낙후된 도시에 대한 기존의 재정비 방식은 하향식 의사결정, 경제적 효과(개발이익) 극대화를 지향함으로써 지역주민이 배제되는 문제를 야기했다. 다음 중 이에 대한 반성으로 정부행정에서 취할 수 있는 방안으로 가장 옳은 것은?

22 군무원 7급

① 경제적 효과의 극대화를 추진한다.
② 하향식 의사결정을 사용한다.
③ 지역공동체를 복원을 통해 지역 거버넌스를 구축한다.
④ 지속적으로 기존의 재개발 사업을 추진한다.

21 피터스(B. Guy Peters)의 거버넌스 유형 중 계층제를 문제로 진단하고, 관리측면에서 총체적 품질관리나 팀제를 중시하며, 구조 면에서는 평면조직으로의 개편을 통해서 상하단계를 줄이려고 하는 모형으로 다음 중 가장 옳은 것은?

22 군무원 7급

① 신축적 정부모형
② 참여적 정부모형
③ 시장적 정부모형
④ 탈규제적 정부모형

22 신공공관리와 뉴거버넌스에 대한 설명으로 옳은 것은?

21 국가직 9급

① 뉴거버넌스가 상정하는 정부의 역할은 방향잡기(Steering)이다.
② 신공공관리의 인식론적 기초는 공동체주의이다.
③ 신공공관리가 중시하는 관리 가치는 신뢰(Trust)이다.
④ 뉴거버넌스의 관리 기구는 시장(Market)이다.

23 피터스(B. Guy Peters)의 정부개혁모형 중 참여정부모형과 가장 관련이 없는 것은? 21 군무원 7급

① 문제의 진단기준은 계층제이다.
② 구조의 개혁방안은 평면조직이다.
③ 관리의 개혁방안은 가변적 인사관리이다.
④ 정책결정의 개혁방안은 협의 · 협상이다.

포스트모더니티의 이론 기출빈도 ★☆☆

24 포스트모더니티 이론에서 규칙에 얽매이지 않는 행정의 운영이나 특수성을 인정하는 것에 해당하는 것은? 21 군무원 7급

① 상상(Imagination)
② 해체(Deconstruction)
③ 영역 해체(Deterritorialization)
④ 타자성(Alterity)

25 포스트모더니즘에 기초한 행정이론의 특징으로 가장 옳지 않은 것은? 18 서울시 9급

① 맥락 의존적인 진리를 거부한다.
② 타자에 대한 대상화를 거부한다.
③ 고유한 이론의 영역을 거부한다.
④ 지배를 야기하는 권력을 거부한다.

신공공서비스론 기출빈도 ★★★

26 신공공서비스론의 특성에 대한 설명으로 옳지 않은 것은? 21 국가직 9급

① 정부의 역할은 시민에 대한 봉사여야 한다.
② 공익은 개인적 이익의 집합체이기 때문에 시민들과 신뢰와 협력의 관계를 확립해야 한다.
③ 책임성이란 단순하지 않기 때문에 관료들은 헌법, 법률, 정치적 규범, 공동체의 가치 등 다양한 측면에 관심을 기울여야 한다.
④ 생산성보다는 사람에게 가치를 부여하기 때문에 공공조직은 공유된 리더십과 협력의 과정을 통해 작동되어야 한다.

27 신공공서비스론의 주요 주장에 대한 설명으로 옳지 않은 것은? 20 군무원 7급

① 책임성은 단순한 것이 아니라는 점을 인식해야 한다.
② 집합적이고 공유된 공익개념을 구축하려는 노력이 필요하다.
③ 전략적으로 생각하고 민주적으로 행동해야 한다.
④ 관료역할의 중요성은 사회의 새로운 방향을 잡고 시민을 지원하는 데 있다.

28 신공공서비스론의 주장으로 보기 어려운 것은? 17 지방직 9급 추가

① 관료가 반응해야 하는 대상은 고객이 아닌 시민이다.
② 정부의 역할은 방향제시(Steering)가 아닌 노젓기(Rowing)이다.
③ 관료의 동기부여 원천은 보수나 기업가 정신이 아닌 공공서비스 제고이다.
④ 공익은 개인이익의 단순한 합산이 아닌 공유하고 있는 가치에 대해 대화와 담론을 통해 얻은 결과물이다.

행정학의 주요 접근 통합 문제 기출빈도 ★★☆

29 행정학의 접근 방법에 대한 설명으로 옳지 않은 것은?

21 지방직 7급

① 생태론적 접근 방법은 외부 환경이 행정체제에 영향을 미친다는 시각으로 환경에 대한 행정의 주체적인 역할을 경시했다는 비판을 받는다.
② 후기행태주의는 적실성(Relevance)과 실천(Action)을 강조하고, 가치중립적인 과학적 연구보다는 가치평가적인 정책연구를 지향하였다.
③ 공공선택이론은 권한이 분산된 여러 작은 조직들에 의해 공공서비스가 공급되는 것보다 단일의 대규모 조직에 의해 독점적으로 공급되는 것을 선호한다.
④ 역사적 제도주의에서 제도는 경로의존성과 관성적인 성향으로 인해 새로운 환경의 변화에 적절히 대응하지 못할 수도 있다.

30 행정현상에 대한 접근방법의 설명으로 가장 옳지 않은 것은?

21 군무원 9급

① 과학적 방법은 동작연구, 시간연구 등에서 같이 행정현상에 존재하는 규칙성을 찾아내 보편타당한 법칙성을 도출하는 데 가장 유용한 방법이다.
② 생태론적 접근방법은 행정변수 중에서 특히 환경변화와 사람의 행태를 연구대상으로 한다.
③ 역사적 접근방법과 법적 · 제도적 접근방법은 제도와 구조에 보다 초점을 맞춘 것으로 볼 수 있다.
④ 시스템적 방법의 장점은 시스템을 이루는 부분들 각각의 기능과 부분 간 유기적 상호작용을 잘 이해할 수 있다는 데 있다.

31 행정이론에 관한 다음의 기술 중 가장 옳지 않은 것은?

21 군무원 9급

① 신공공관리론(New Public Management)은 국민을 고객으로 인식하고 공공부문에 시장원리를 도입하고자 하였다.
② 거버넌스(Governance) 이론은 정부, 시장, 시민사회의 협력과 협치를 지향한다.
③ 신제도주의는 제도가 개인과 조직, 국가의 성패를 결정한다고 보고 있다.
④ 신행정학(New Public Administration)은 행태주의와 논리실증주의를 비판하면서 등장하였다.

32 행정학의 접근방법에 대한 설명으로 옳은 것은?

20 군무원 7급

① 생태론적 접근방법은 행정조직을 개방체제로서 파악하는 입장이며, 발전도상국의 행정현상을 설명하는 데 유용하게 도입되었다.
② 행태론적 접근방법은 인접과학의 협동연구를 중시하는 입장에서 인간행태의 의도에 관심을 가진다.
③ 공공선택론적 접근방법은 방법론적 개체주의 입장에서 공공재의 수요자들 간의 공평한 자원배분에 관심을 가진다.
④ 역사적 접근방법은 각종 행정제도의 성격과 그 형성에 있어서 보편적인 방법을 인식하는 수단을 제공한다.

주요 행정이론 및 대표학자 기출빈도 ★★☆

33 (가)~(라)의 행정이론이 등장한 시기를 순서대로 바르게 나열한 것은? 22 국가직 9급

(가) 정부와 공공부문에 참여하는 다양한 참여자들의 네트워크를 중시하고, 정부는 전체 네트워크를 관리하는 조정자의 입장에 있다고 하였다.
(나) 미국 행정학의 '지적 위기'를 지적하면서 인간을 이기적·합리적 존재로 전제하고, 공공재의 공급이 서비스 기관 간 경쟁과 고객의 선택에 의해 이루어지는 시스템을 제안하였다.
(다) 정치는 국가의 의지를 표명하고 정책을 구현하는 것이며, 행정은 이를 실천하는 관리활동으로서 정치와 행정의 차이를 분명히 하였다.
(라) 왈도(Waldo)를 중심으로 가치와 형평성을 중시하면서 사회의 문제해결에 대한 현실 적합성을 갖는 새로운 행정학의 정립을 시도하였다.

① (다) → (라) → (가) → (나)
② (다) → (라) → (나) → (가)
③ (라) → (다) → (가) → (나)
④ (라) → (다) → (나) → (가)

34 행정학의 주요 접근법, 학자, 특성을 바르게 연결한 것은? 22 지방직 9급

① 행정생태론 – 오스본(Osborne)과 게블러(Gaebler) – 환경 요인 중시
② 후기행태주의 – 이스턴(Easton) – 가치중립적·과학적 연구 강조
③ 신공공관리론 – 리그스(Riggs) – 시장원리인 경쟁을 도입
④ 뉴거버넌스론 – 로즈(Rhodes) – 정부·시장·시민사회 간 네트워크

35 행정학의 발달에서 〈보기 1〉의 인물과 〈보기 2〉의 주장한 내용을 바르게 연결한 것은? 17 지방직 9급 추가

〈보기 1〉
㉠ 리그스(F. Riggs)
㉡ 가우스(J. Gaus)
㉢ 화이트(L. White)
㉣ 사이먼(H. Simon)

〈보기 2〉
A. 행정이론은 동시에 정치이론을 의미한다.
B. 조직의 최고관리층은 기획, 조직, 인사, 지휘, 조정, 보고, 예산 기능을 담당한다.
C. 정치와 행정의 관계는 연속적이기 때문에 양자를 구별하는 것은 적절하지 않다.
D. 원리주의의 원리들은 과학적인 실험을 거치지 않은 격언(Proverb)에 불과하다.

① ㉠ – A
② ㉡ – B
③ ㉢ – C
④ ㉣ – D

우리나라 행정환경 기출빈도 ★☆☆

36 다음 중 우리나라의 행정환경에 대한 설명으로 가장 옳지 않은 것은? 22 군무원 9급

① 개방체제에서의 국가 간 관계로 인해 글로벌 환경은 행정에 사회, 기술 등 여러 측면에서 영향력이 확대되었다.
② 법 집행 과정에서 재량의 폭이 커지면 법의 일관성과 공정성을 잃기 쉽다.
③ 경제환경의 불확실성은 정치적 환경에 의해 심화될 수도 있다.
④ 한국사회는 현재 공동체의식이 강하기 때문에 사회환경은 복잡하거나 불확실할 가능성이 낮다.

얼마나 많은 사람들이
책 한 권을 읽음으로써
인생에 새로운 전기를 맞이했던가.

– 헨리 데이비드 소로 –

PART 2

정책학

챕터별 출제 비중

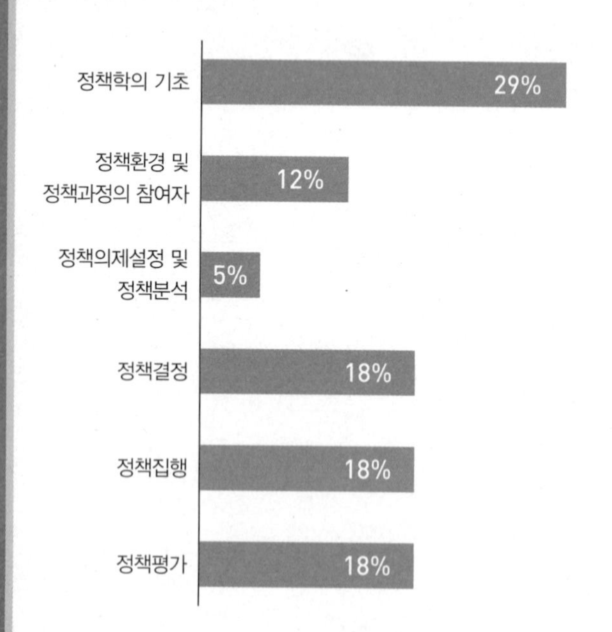

학습 포인트

정책학은 국가직 · 지방직의 3개년 시험에서 출제율이 각각 1 · 2위를 차지하는 빈출파트로, 난도가 높은 편은 아니나 2022년 군무원 시험에서는 생소한 주제를 묻는 문제가 어렵게 출제되었다. 2022년 시험에서 가장 많이 출제된 정책학의 기초는 정책의 유형을 종합하여 출제하기 때문에 각 유형의 특징을 정확하게 암기하여야 한다. 무의사결정론, 정책네트워크 모형, 정책결정 모형, 정책의제설정 모형, 하향적 · 상향적 접근과 타당도의 저해요인이 빈출영역이고 정부업무평가 기본법을 묻는 문제가 단독으로 출제되므로 반드시 법령을 숙지하여야 한다.

회독체크

구분	1회독	2회독	3회독
CHAPTER 1 정책학의 기초	☐	☐	☐
CHAPTER 2 정책환경 및 정책과정의 참여자	☐	☐	☐
CHAPTER 3 정책의제설정 및 정책분석	☐	☐	☐
CHAPTER 4 정책결정	☐	☐	☐
CHAPTER 5 정책집행	☐	☐	☐
CHAPTER 6 정책평가	☐	☐	☐

☐ 칸에 학습진도를 체크하세요.

1 정책학의 기초

해설편 p. 016

정책의 개념과 정책목표 기출빈도 ★☆☆

01 호그우드(Hogwood)와 피터스(Peters)가 제시한 정책변동의 유형에 대한 설명으로 옳지 않은 것은? 22 지방직 9급

① 정책혁신은 기존의 조직이나 예산을 기반으로 새로운 형태의 개입을 결정하는 것이다.
② 정책승계는 정책의 기본 목표는 유지하되, 정책을 대체 혹은 수정하거나 일부 종결하는 것이다.
③ 정책유지는 기존 정책의 기본 골격을 유지하면서 정책수단의 부분적인 변화만 이루어지는 것이다.
④ 정책종결은 다른 정책으로의 대체 없이 기존 정책을 완전히 중단하는 것이다.

02 정책에 대한 설명으로 가장 옳지 않은 것은? 21 군무원 9급

① 정책은 행정학의 발달과정에 있어 통치기능설과 관계가 있다.
② 정책은 공정성과 가치중립성(Value-Free)을 지향한다.
③ 정책은 행정국가화 경향의 산물이다.
④ 정책은 정부실패의 원인이 될 수 있다.

03 행정의 목표달성을 위한 합리적 행동을 제약하는 요인에 해당하지 않는 것은? 21 군무원 7급

① 정치변동에 따라 목표의 변동이 발생한다.
② 상반된 집단과 기관들은 목표를 각기 다르게 해석한다.
③ 대다수 공조직은 하나의 목표를 가지고 있다.
④ 완전한 합리성을 위한 자원이 부족하다.

04 슈나이더와 잉그램(Schneider & Ingram)의 사회구성주의(Social Construction)에서 정책대상집단에 대한 설명으로 옳은 것을 모두 고르면? 20 군무원 7급

> ㉠ 수혜집단(Advantaged) – 과학자, 퇴역한 군인, 중산층이 대표적이다.
> ㉡ 경쟁집단(Contender) – 권력은 상대적으로 많지만 이미지는 부정적이다.
> ㉢ 의존집단(Dependents) – 권력은 상대적으로 적지만 이미지는 긍정적이다.
> ㉣ 이탈집단(Deviants) – 강력한 제재가 허용되지만 제재에 대해 강력히 저항한다.

① ㉠, ㉡　　② ㉡, ㉢
③ ㉠, ㉡, ㉢　　④ ㉡, ㉢, ㉣

살라몬의 분류 기출빈도 ★★☆

05 살라몬(Salamon)의 정책도구 분류에서 강제성이 가장 높은 것은? 22 지방직 9급

① 경제적 규제
② 바우처
③ 조세지출
④ 직접대출

06 살라몬(Salamon)의 정책수단 유형 중 직접 수단에 해당하는 것은? 21 국가직 7급

① 사회적 규제
② 보조금
③ 조세지출
④ 공기업

로위의 분류 기출빈도 ★★☆

07 로위(Lowi)의 정책유형과 그에 대한 설명으로 옳은 것만을 모두 고르면? 21 국가직 9급

> ㉠ 규제정책은 특정 개인이나 집단에 대한 선택의 자유를 제한하는 유형의 정책으로 강제력이 특징이다.
> ㉡ 분배정책의 사례에는 FTA협정에 따른 농민피해 지원, 중소기업을 위한 정책자금지원, 사회보장 및 의료보장정책 등이 있다.
> ㉢ 재분배정책은 고소득층으로부터 저소득층으로 소득이전을 목적으로 하기 때문에 계급대립적 성격을 지닌다.
> ㉣ 재분배정책의 사례로는 저소득층을 위한 근로장려금제도, 영세민을 위한 임대주택 건설, 대덕 연구개발특구 지원 등이 있다.
> ㉤ 구성정책은 정부기관의 신설과 선거구 조정 등과 같이 정부기구의 구성 및 조정과 관련된 정책이다.

① ㉠, ㉡, ㉢ ② ㉠, ㉢, ㉤
③ ㉡, ㉣, ㉤ ④ ㉢, ㉣, ㉤

08 로위(Lowi)의 정책유형 중 선거구의 조정 등 헌법상 운영규칙과 관련된 정책으로 가장 옳은 것은? 19 서울시 9급

① 구성정책
② 배분정책
③ 규제정책
④ 재분배정책

윌슨의 규제정치 모형 기출빈도 ★★☆

09 윌슨(Wilson)의 규제정치 유형 중 다음 설명에 해당하는 것은? 22 국가직 9급

> 정부규제로 발생하게 될 비용은 상대적으로 작고 이질적인 불특정 다수에게 부담된다. 그러나 편익은 크고 동질적인 소수에 귀속된다. 이런 상황에서 상당한 이익을 얻을 수 있는 소수집단은 정치조직화하여 편익이 자신들에게 제도적으로 보장될 수 있도록 정치적 압력을 행사한다.

① 대중정치
② 고객정치
③ 기업가정치
④ 이익집단정치

10 윌슨(Wilson)의 규제정치 유형과 예시를 연결한 것으로 옳지 않은 것은? 18 지방직 9급

① 고객정치 – 농산물에 대한 최저가격 규제
② 이익집단정치 – 신문 · 방송 · 출판물의 윤리규제
③ 대중정치 – 낙태에 대한 규제
④ 기업가정치 – 식품에 대한 위생규제

정책의 유형 통합 문제 기출빈도 ★★★

11 정책의 유형 중에서 정책목표에 의해 일반 국민에게 인적 · 물적 자원을 부담시키는 정책은? 22 국가직 9급

① 추출정책
② 구성정책
③ 분배정책
④ 상징정책

12 정책유형에 대한 설명으로 가장 옳지 않은 것은? 22 군무원 9급

① 구성정책은 대외적으로 가치배분에 직접 영향을 주지 않으나 대내적으로 '게임의 규칙(Rule of Game)'을 결정한다.
② 규제정책은 국가공권력을 통해 개인이나 집단의 행동에제약을 가하여 순응을 확보하는 정책이다.
③ 분배정책은 집단 간에 '나눠먹기식 다툼(Pork-Barrel)'이 일어나는 특징을 지닌다.
④ 추출정책은 정부가 집단 간에 재산, 소득, 권리 등의 배정을 변동시켜 그들로부터 자원을 획득하는 정책이다.

13 정부규제에 대한 설명으로 옳지 않은 것은? 21 지방직 7급

① 종합편성 채널의 운영권을 부여하고, 이를 확보한 방송사에 대한 규제는 리플리와 프랭클린(Ripley & Franklin)의 보호적 규제 정책을 시행한 것으로 볼 수 있다.
② 네거티브 규제(Negative Regulation)는 포지티브규제(Positive Regulation)보다 자율성을 적극적으로 부여한다는 측면에서 피규제자가 선호하는 방식이다.
③ 우리나라는 신기술과 신산업을 육성하기 위하여 규제 샌드박스 제도를 도입하였다.
④ 윌슨(Wilson)의 규제정치이론에 따르면, 대체로 경제적 규제는 고객정치의 상황으로 분류되며 사회적규제는 기업가정치의 상황으로 분류된다.

14 정책유형별 사례의 연결이 옳지 않은 것은? 20 군무원 9급

① 구성정책 – 국경일의 제정, 정부기관개편
② 보호적 규제정책 – 최저임금제, 장시간 근로제한
③ 추출정책 – 조세, 병역
④ 분배정책 – 보조금, 사회간접자본

15 분배정책과 재분배정책에 대한 설명으로 옳지 않은 것은? 20 군무원 7급

① 분배정책이 효율성을 추구한다면 재분배정책은 형평성을 추구한다.
② 분배정책은 정책순응도가 높은 반면에 재분배정책은 정책순응도가 낮다.
③ 분배정책은 불특정다수가 비용부담자라면 재분배정책은 고소득층이 비용부담자이다.
④ 분배정책은 대통령이 주요행위자라면 재분배정책은 관료나 하위정부가 주요행위자이다.

2 정책환경 및 정책과정의 참여자

해설편 p. 019

정책결정요인론 기출빈도 ★☆☆

01 정책결정요인론에 대한 비판으로 가장 옳지 않은 것은?

22 군무원 9급

① 정치체제가 환경에 미치는 영향을 고려하지 않는다.
② 정치체제의 매개 · 경로적 역할을 고려하지 않는다.
③ 정치체제가 지니는 정량적 변수를 포함하지 않는다.
④ 정치체제가 정책에 미치는 영향을 과소평가한다.

무의사결정론 기출빈도 ★☆☆

02 무의사결정론에 대한 설명으로 옳지 않은 것은?

20 국가직 9급

① 정치체제 내의 지배적 규범이나 절차가 강조되어 변화를 위한 주장은 통제된다고 본다.
② 엘리트들에게 안전한 이슈만이 논의되고 불리한 이슈는 거론조차 못하게 봉쇄된다고 한다.
③ 위협과 같은 폭력적 방법을 통해 특정한 이슈의 등장이 방해받기도 한다고 주장한다.
④ 조직의 주의집중력과 가용자원은 한계가 있어 일부 사회문제만이 정책의제로 선택된다고 주장한다.

03 무의사결정(Non-Decision Making)에 대한 설명으로 옳은 것은?

17 국가직 9급

① 지배적인 엘리트집단은 자신들의 이해관계와 부합하지 않는 이슈라도 정책의제설정단계에서 논의하려고 한다.
② 무의사결정은 중립적인 행동으로 다원주의이론의 관점을 반영한다.
③ 집행과정에서는 무의사결정이 일어나지 않는다.
④ 정책문제 채택과정에서 기존 세력에 도전하는 요구는 정책문제화하지 않고 억압한다.

다원론 기출빈도 ★★☆

04 시민단체 해석의 관점에 대한 설명으로 가장 옳지 않은 것은?

22 군무원 9급

① 결사체 민주주의 입장에서는 이상적인 사회란 NGO 등의 자원조직이 많이 생겨서 효과적으로 활동하며 사회적 의미를 부여하는 형태를 의미한다.
② 공동체주의에서는 공동체를 위한 책임 있는 개인의 자원봉사 정신을 강조한다.
③ 다원주의에서는 개인의 자유를 중시하는 전통적 자유주의와 개인의 책임을 강조하는 보수주의를 절충한 입장을 취하고 있다.
④ 사회자본론도 시민사회와 시민단체에 대해 의미 있는 해석을 강화하며, 사회자본은 시민의 자발적 참여에 의해 생산되는 무형의 자본을 의미한다.

05 **다원주의(Pluralism)에 대한 설명으로 가장 옳지 않은 것은?**

19 서울시 9급

① 권력은 다양한 세력들에게 분산되어 있다.
② 정책영역별로 영향력을 행사하는 엘리트들이 각기 다르다.
③ 이익집단들 간의 영향력 차이는 주로 정부의 정책 과정에 대한 상이한 접근기회에 기인한다.
④ 이익집단들 간의 영향력 차이는 있지만 전체적으로 균형을 유지하고 있다.

06 **정책과정에서 행위자 사이의 권력관계이론에 대한 설명으로 가장 옳지 않은 것은?** 18 서울시 9급

① 헌터(Hunter)는 지역사회연구를 통해 응집력과 동료의식이 강하고 협력적인 정치 엘리트들이 지역사회를 지배한다는 엘리트론을 주장한다.
② 무의사결정(Non-Decision Making)론은 권력을 가진 집단은 자신들에게 불리하거나 바람직하지 않다고 생각되는 특정 이슈들이 정부 내에서 논의되지 못하도록 봉쇄한다고 설명한다.
③ 다원론을 전개한 다알(Dahl)은 New Haven시를 대상으로 한 연구에서 정책결정을 담당하는 엘리트가 분야별로 다른 형태를 보인다고 설명한다.
④ 신다원론에서는 집단 간 경쟁의 중요성은 여전히 인정하면서 집단 간 대체적 동등성의 개념을 수정하여 특정집단이 다른 집단보다 더욱 강력할 수 있다는 점을 인정하였다.

정책네트워크 모형

기출빈도 ★★☆

07 **정책결정의 장에 대한 이론 설명으로 가장 옳지 않은 것은?**

21 군무원 9급

① 다원주의는 소수의 개인이나 집단이 아니라 다수의 집단이 정책결정의 장을 주도하고 이들이 정치적 조정과 타협을 거쳐 도달한 합의가 정책이 된다고 본다.
② 엘리트주의는 대중에게 영향력을 행사할 수 있는 위치에 있는 소수의 리더들에 의해서 정책결정이 지배된다고 본다.
③ 정책결정에서 정부의 역할을 줄이고 이익 집단과의 상호협력을 보다 중시하는 이론이 조합주의이다.
④ 철의 삼각(Iron Triangle) 논의는 정부 관료, 선출직 의원 그리고 이익집단의 3자가 장기적이고 안정적이며 우호적인 연합을 형성하면서 정책결정을 지배하는 것으로 본다.

08 **정책네트워크에 대한 설명으로 옳지 않은 것은?**

19 국가직 9급

① 정책네트워크의 참여자는 정부뿐만 아니라 민간부문까지 포함한다.
② 정책공동체(Policy Community)에 비해서 이슈네트워크(Issue Network)는 제한된 행위자들이 정책과정에 참여하며 경계의 개방성이 낮은 특성이 있다.
③ 헤클로(Heclo)는 하위정부모형을 비판적으로 검토하면서 정책이슈를 중심으로 유동적이며 개방적인 참여자들 간의 상호작용 현상을 묘사하기 위한 대안적 모형을 제안하였다.
④ 하위정부(Sub-Government)는 선출직 의원, 정부 관료 그리고 이익집단의 역할에 초점을 맞춘다.

09 **하위정부모형(Subgovernment Model)에서 정책영역별로 정책의 결정과 집행에 영향을 미치는 3자 연합에 해당하지 않는 것은?** 17 국가직 9급 추가

① 시민사회단체 ② 소관부처(관료조직)
③ 관련 이익집단 ④ 의회의 위원회

3 정책의제설정 및 정책분석

해설편 p. 021

정책의제의 정의와 구조화 기출빈도 ★☆☆

01 통계적 가설검정의 오류에 대한 설명으로 옳지 않은 것은? 21 국가직 7급

① 제1종 오류는 실제로는 모집단의 특성이 영가설과 같은 것인데 영가설을 기각하는 경우에 발생한다.
② 제2종 오류는 모집단의 특성이 영가설과 같지 않은데 영가설을 기각하지 않는 경우에 발생한다.
③ 제1종 오류는 α로 표시하고, 제2종 오류는 β로 표시한다.
④ 확률 1−α는 검정력을 나타내며, 확률 1−β는 신뢰수준을 나타낸다.

02 정책분석에 있어서 문제구조화에 대한 설명으로 옳지 않은 것은? 17 지방직 9급

① 던(Dunn)은 정책문제를 구조화가 잘된 문제(Well-Structured Problem), 어느 정도 구조화된 문제(Mode-Rately Structured Problem), 구조화가 잘 안된 문제(Ill-Structured Problem)로 분류한다.
② 구조화가 잘된 문제의 해결을 위해서 분석가는 전통적인(Conventional) 방법을 사용하기도 한다.
③ 문제구조화는 상호 관련된 4가지 단계인 문제의 감지, 문제의 정의, 문제의 추상화, 문제의 탐색으로 구성되어 있다.
④ 문제구조화의 방법으로는 경계분석, 분류분석, 가정분석 등이 있다.

정책의제의 유형과 정책의제설정에 관한 이론 기출빈도 ★★☆

03 홀릿(Howlett)과 라메쉬(Ramesh)의 모형에 따라 정책의제설정 유형을 분류할 때, (가)~(라)에 대한 설명으로 옳지 않은 것은? 22 지방직 9급

의제설정 주도자 \ 공중의 지지	높음	낮음
사회 행위자(Societal Actors)	(가)	(나)
국가(State)	(다)	(라)

① (가) − 시민사회단체 등이 이슈를 제기하여 정책의제에 이른다.
② (나) − 특별히 의사결정자들에게 접근할 수 있는 영향력 있는 집단이 정책을 주도한다.
③ (다) − 이미 공중의 지지가 높기 때문에 정책이 결정된 후 집행이 용이하다.
④ (라) − 정책결정자가 이슈를 제기하면 자동적으로 정책의제화되기 때문에 성공적인 집행을 위한 공중의 지지는 필요 없다.

04 다음은 콥과 로스(Cobb & Ross)가 제시한 의제설정 과정이다. (가)~(다)에 들어갈 유형을 바르게 연결한 것은? 21 지방직 7급

- (가) : 사회문제 → 정부의제
- (나) : 사회문제 → 공중의제 → 정부의제
- (다) : 사회문제 → 정부의제 → 공중의제

	(가)	(나)	(다)
①	동원형	외부주도형	내부접근형
②	내부접근형	동원형	외부주도형
③	외부주도형	내부접근형	동원형
④	내부접근형	외부주도형	동원형

05 다음 중 콥(R. W. Cobb)의 의제설정모형 중 〈보기〉에 해당하는 것은? 19 군무원 9급

〈보 기〉

내부관료 또는 소수외부집단이 주도하여 주도집단이 정책의 내용을 미리 정하고, 이 결정된 내용을 그대로 또는 최소한의 수정만으로 집행하려고 시도하며, 특히 반대할 가능성이 있는 사람에게는 이를 숨기려 한다. 사회문제가 정책담당자들에 의해 바로 정책의제화되지만, 공중의제화는 억제되며 일반 대중에게 알리려 하지 않는 일종의 음모형이다. 이 모형은 부와 권력이 집중된 나라에서 주로 나타난다.

① 내부접근형 ② 동원형
③ 외부주도형 ④ 굳히기형

06 킹던(J. Kingdon)의 '정책의 창(Policy Windows) 이론'에 대한 설명으로 옳지 않은 것은? 18 국가직 9급

① 마치(J. G. March)와 올슨(J. P. Olsen)이 제시한 쓰레기통모형을 발전시킨 것이다.
② 문제 흐름(Problem Stream), 이슈 흐름(Issue Stream), 정치 흐름(Political Stream)이 만날 때 '정책의 창'이 열린다고 본다.
③ 정책의 창은 국회의 예산주기, 정기회기 개회 등의 규칙적인 경우뿐 아니라, 때로는 우연한 사건에 의해 열리기도 한다.
④ 문제에 대한 대안이 존재하지 않을 경우 '정책의 창'이 닫힐 수 있다.

정책대안 결과예측 방법 기출빈도 ★★☆

07 정책 델파이(Policy Delphi) 기법에 대한 설명으로 옳지 않은 것은? 21 국가직 7급

① 대립되는 입장에 내재된 가정과 논증을 표면화시키고 명백하게 하기 위하여 노력한다.
② 개인의 판단을 집약할 때, 불일치와 갈등을 의도적으로 강조하는 수치를 사용한다.
③ 정책대안에 대한 주장들이 표면화된 후에는 참가자들로 하여금 비공개적으로 토론을 벌이게 한다.
④ 참가자를 선발하는 과정은 '전문성' 자체보다는 이해관계와 식견이라는 기준에 바탕을 둔다.

08 주관적 판단에 의한 정책대안의 결과를 예측하는 방법으로 가장 적절한 것은? 21 군무원 7급

① 델파이
② 시나리오 분석
③ 회귀모형
④ 경로분석

비용편익분석과 비용효과분석 기출빈도 ★☆☆

09 공공사업의 경제성분석에 대한 설명으로 옳은 것만을 모두 고르면? 21 국가직 9급

㉠ 할인율이 높을 때는 편익이 장기간에 실현되는 장기투자사업보다 단기간에 실현되는 단기투자사업이 유리하다.
㉡ 직접적이고 유형적인 비용과 편익은 반영하고, 간접적이고 무형적인 비용과 편익은 포함하지 않는다.
㉢ 순현재가치(NPV)는 비용의 총현재가치에서 편익의 총현재가치를 뺀 것이며 0보다 클 경우 사업의 타당성을 인정할 수 있다.
㉣ 내부수익률은 할인율을 알지 못해도 사업평가가 가능하도록 하는 분석기법이다.

① ㉠, ㉡ ② ㉠, ㉣
③ ㉡, ㉢ ④ ㉠, ㉢, ㉣

10 비용편익분석에 대한 설명으로 옳지 않은 것은? 20 지방직 9급

① 분야가 다른 정책이나 프로그램은 비교할 수 없다.
② 정책대안의 비용과 편익을 모두 가시적인 화폐 가치로 바꾸어 측정한다.
③ 미래의 비용과 편익의 가치를 현재가치로 환산하는데 할인율(Discount Rate)을 적용한다.
④ 편익의 현재가치가 비용의 현재가치를 초과하면 순현재가치(NPV)는 0보다 크다.

4 정책결정

해설편 p. 024

정책결정의 참여자 기출빈도 ★☆☆

01 정책과정에 관료가 우월적 위치를 차지하게 되는데 이러한 관료의 우월적 위치의 근원으로 다음 중 가장 옳지 않은 것은? 22 군무원 7급

① 정치자원의 활용
② 정보의 통제
③ 사회적 신뢰
④ 전략적 지위

02 정책결정과정의 민주화가 요청되는 이유로서 가장 적절하지 않은 것은? 21 군무원 7급

① 정책문제의 인지상 왜곡을 시정하기 위해서
② 정책효과의 능률적 평가를 위해서
③ 소외된 계층의 이익표출을 위해서
④ 정책집행단계에서의 정책순응과 협조를 원활히 하기 위해서

쓰레기통모형과 사이먼과 마치의 만족모형 기출빈도 ★★★

03 쓰레기통모형에 대한 설명으로 옳은 것은? 21 국가직 7급

① 조직구성원의 응집성이 아주 강한 혼란상태에 있는 조직에서 의사결정이 어떻게 이루어지는가를 기술하고 설명한다.
② 불명확한 기술(Unclear Technology)은 조직에서 의사결정 참여자의 범위와 그들이 투입하는 에너지가 유동적임을 의미한다.
③ 쓰레기통모형의 의사결정 방식에는 끼워넣기(By Oversight)와 미뤄두기(By Flight)가 포함된다.
④ 문제성 있는 선호(Problematic Preferences)는 목표와 수단 사이의 인과관계가 명확하지 않음을 의미한다.

04 쓰레기통모형의 기본적인 전제와 가장 관련이 없는 것은? 21 군무원 7급

① 갈등의 준해결: 정책결정과정에서 집단 간에 요구가 모두 수용되지 않고 타협하는 수준에서 대안을 찾는다.
② 문제 있는 선호: 정책결정에 참여하는 자들 간에 무엇을 선택하는 것이 바람직한지에 대해서 합의가 없다.
③ 불명확한 기술: 목표와 수단 사이에 존재하는 인과관계가 명확하지 않아 조직은 시행착오를 거침으로써 이를 파악한다.
④ 수시적 참여자: 동일한 개인이 시간이 변함에 따라 어떤 경우에는 결정에 참여했다가 어떤 경우에는 참여하지 않는다.

05 사이먼(H. A. Simon)의 정책결정만족모형에 대한 설명으로 옳지 않은 것은? 20 군무원 9급

① 사이먼(H. A. Simon)은 합리모형의 의사결정자를 경제인으로, 자신이 제시한 의사결정자를 행정인으로 제시한다.
② 경제인은 목표달성의 극대화를, 행정인은 만족하는 선에서 그친다.
③ 경제인은 합리적 분석적 결정을, 행정인은 직관, 영감에 기초한 결정을 한다.
④ 경제인은 복잡하고 동태적인 모든 상황을 고려하지만, 행정인은 실제상황을 단순화시키고, 무작위적이고 순차적으로 대안을 탐색한다.

앨리슨 모형과 사이버네틱스 모형 기출빈도 ★★☆

06 앨리슨(Allison) 모형 중 다음 내용에 초점을 두고 정책결정을 설명하는 것은? 21 지방직 9급

> 1960년대 쿠바 미사일 사태에서 미국은 해안봉쇄로 위기를 극복하였다. 정부의 각 부처를 대표하는 사람들은 위기 상황에서 각자가 선호하는 대안을 제시하였다. 대표자들은 여러 대안에 대하여 갈등과 타협의 과정을 거쳤고, 결국 해안봉쇄 결정이 내려졌다. 이는 대통령이 사태 초기에 선호했던 국지적 공습과는 다른 결정이었다. 물론 해안봉쇄가 위기를 해소하는 최선의 대안이라는 보장은 없었고, 부처에 따라서는 불만을 가진 대표자도 있었다.

① 합리적 행위자모형
② 쓰레기통모형
③ 조직과정모형
④ 관료정치모형

07 사이버네틱스(Cybernetics) 의사결정모형에 대한 설명으로 옳지 않은 것은? 18 국가직 9급

① 주요 변수가 시스템에 의하여 일정한 상태로 유지되는 적응적 의사결정을 강조한다.
② 문제를 해결하고 목표를 달성하기 위해 정보와 대안의 광범위한 탐색을 강조한다.
③ 자동온도조절장치와 같이 사전에 프로그램된 메커니즘에 따라 의사결정이 이루어진다.
④ 한정된 범위의 변수에만 관심을 집중함으로써 불확실성을 통제하려는 모형이다.

정책결정모형 통합 문제 기출빈도 ★★★

08 의사결정모형에 대한 설명으로 옳지 않은 것은? 22 국가직 9급

① 최적모형은 정책결정자의 합리성뿐 아니라 직관 · 판단 · 통찰 등과 같은 초합리성을 아울러 고려한다.
② 쓰레기통모형은 대학조직과 같이 조직구성원 사이의 응집력이 아주 약한 상태, 즉 조직화된 무정부상태(Organized Anarchy)에서 의사결정이 이루어지는 과정을 설명하려고 시도한다.
③ 점증모형은 실제 정책의 결정이 점증적인 방식으로 이루어질 뿐 아니라 정책을 점증적으로 결정하는 것이 바람직하다는 입장을 견지한다.
④ 회사모형은 조직의 불확실한 환경을 회피하고 조직 내 갈등을 극복하기 위하여 장기적인 전략과 기획의 중요성을 강조한다.

09 정책결정모형에 대한 설명으로 가장 옳지 않은 것은? 22 군무원 9급

① 합리모형은 합리적인 경제인을 가정하며 정책과정의 역동성을 고려하지 않는다.
② 만족모형은 조직 차원의 합리성과 정책결정자 개인 차원의 합리성 사이에 존재하는 괴리를 인정한다.
③ 점증모형은 정책을 이해관계자들 사이에 이루어지는 타협과 조정의 산물로 본다.
④ 최적모형은 합리모형의 한계를 극복하기 위해 만족모형과 점증모형의 강점을 취하고자 한다.

10 행정현상이나 정치현상(정책현상)에 경제학 접근을 도입하고 민주행정의 원형으로도 불리고 있는 정책결정모형은? 21 군무원 7급

① 공공선택모형(Public Choice Model)
② 정치행정모형(Politics-Administration Model)
③ 점증모형(Incremental Model)
④ 최적모형(Optimal Model)

11 다음에서 제시하는 정책결정모형에 대한 설명으로 옳은 것은? 21 지방직 7급

> • 정책의 본질이 미래지향적 문제 해결에 있고, 정책결정에서 가치비판적 발전관에 기초한 가치지향적 행동 추구의 중요성을 고려할 때 매우 중요한 의의가 있다.
> • 대안을 선택할 수 있는 기준이 명확해야 한다.
> • 기존 정책이나 사업의 매몰 비용으로 인해 현실 적합성이 떨어지는 한계가 있다.

① 시간의 흐름에 따라 환류되는 정보를 분석하여 잘못한 점이 있으면 수정 · 보완하는 방식이다.
② 문제성 있는 선호(Problematic Preferences), 불명확한 기술(Unclear Technology), 일시적 참여자(Part-Time Participants)가 전제조건이다.
③ 갈등을 완전히 해결하지 못하고, 타협을 통한 봉합을 모색한다.
④ 같은 비용으로 최대의 목표산출을 얻을 수 있는 대안을 선택하는 행위를 의미한다.

12 다음 설명에 해당하는 정책결정모형은? 20 국가직 9급

> 지난 30년간 자료를 중심으로 전국의 자연재난 발생 현황을 개략적으로 파악한 다음, 홍수와 지진 등 두 가지 이상의 재난이 한 해에 동시에 발생한 지역을 중심으로 다시 면밀하게 관찰하며 정책을 결정한다.

① 만족모형
② 점증모형
③ 최적모형
④ 혼합탐사모형

13 정책결정모형에 대한 설명으로 옳지 않은 것은? 19 지방직 9급

① 린드블롬(Lindblom) 같은 점증주의자들은 합리모형이 불가능한 일을 정책결정자에게 강요함으로써 바람직한 정책결정에 도움을 주지 못한다고 주장한다.
② 사이먼(Simon)의 만족모형은 합리모형에 대한 심각한 도전이자, 인간의 인지능력이라는 기본적인 요소에서 출발했기에 이론적 영향이 컸다.
③ 에치오니(Etzioni)는 합리모형과 점증모형의 단점을 극복하기 위하여 최적모형을 주장하였다.
④ 스타인부르너(Steinbruner)는 시스템 공학의 사이버네틱스 개념을 응용하여 관료제에서 이루어지는 정책결정을 단순하게 묘사하고자 노력하였다.

14 딜레마이론에 대한 설명으로 옳은 것은? 17 지방직 9급 추가

① 부정확한 정보와 의사결정자의 결정 능력 한계로 인해 발생하는 딜레마 상황에 주목한다.
② 대안을 선택하지 않는 비결정도 딜레마에 대한 하나의 대응 형태로 볼 수 있다.
③ 두대안이 추구하는 가치 간 충돌이 있는 경우 결국 절충안을 선택하게 된다.
④ 딜레마의 구성 요건으로서 단절성(Discreteness)이란 시간의 제약이 존재하므로 어떤 식의 결정이든 해야 함을 의미한다.

15 집단의 의사결정기법 중 미래 예측을 위해 전문가 집단의 반복적인 설문조사 과정을 통하여 의견 일치를 유도하는 방법은? 17 서울시 9급

① 델파이기법(Delphi Method)
② 브레인스토밍(Brainstorming)
③ 지명반론자기법(Devil's Advocate Method)
④ 명목집단기법(Normal Group Technique)

16 정책결정모형에 대한 설명 중 가장 옳지 않은 것은? 17 서울시 9급

① 만족모형은 제한된 합리성을 반영하고 있다.
② 점증모형은 기존 정책을 중요시한다.
③ 회사모형은 의사결정자에 의해 조직의 의사결정이 통제된다고 본다.
④ 앨리슨(G. T. Allison)은 관료정치모형의 중요성을 언급하였다.

5 정책집행

해설편 p. 028

정책집행연구의 전개 기출빈도 ★★☆

01 나카무라(Nakamura)와 스몰우드(Smallwood)의 정책결정자와 정책집행자의 관계에 따른 정책집행의 유형에 대한 설명으로 옳지 않은 것? 22 국가직 9급

① 고전적 기술자형은 정책결정자가 구체적인 목표를 설정하면, 정책집행자는 그 목표를 지지하고 목표달성을 위한 기술적인 수단을 강구하는 역할을 담당한다고 본다.
② 재량적 실험형은 정책결정자가 추상적인 목표를 설정하면, 정책집행자는 정책결정자를 위해 목표와 수단을 명확하게 하는 역할을 담당한다고 본다.
③ 관료적 기업가형은 정책집행자가 목표와 수단을 강구한 다음 정책결정자를 설득하고, 정책결정자는 정책집행자가 수립한 목표와 수단을 기술하는 역할을 담당한다고 본다.
④ 지시적 위임형은 정책결정자가 구체적인 목표와 수단을 설정하면, 정책집행자는 정책결정자의 지시와 위임을 받아 정책대상집단과 협상하는 역할을 담당한다고 본다.

02 프레스먼(Pressman)과 윌다브스키(Wildavsky)의 성공적인 정책집행에 관한 오클랜드 사례분석의 내용으로 옳지 않은 것은? 21 지방직 7급

① 정책집행에 개입하는 참여자의 수가 적어야 한다.
② 정책집행은 정책결정과 분리되어 독립적으로 수행해야 한다.
③ 정책집행을 위한 프로그램 설계가 단순해야 한다.
④ 최초 정책집행 추진자 또는 의사결정자가 지속해서 집행을 이끌어야 한다.

립스키의 일선관료제와 버먼의 정책집행 기출빈도 ★★☆

03 립스키(Lipsky)의 '일선관료제'에서 일선관료들이 처하는 업무환경의 특징으로 옳지 않은 것은? 22 국가직 9급

① 자원의 부족
② 일선관료 권위에 대한 도전
③ 모호하고 대립되는 기대
④ 단순하고 정형화된 정책대상집단

04 립스키(M. Lipsky)의 일선관료제(Street-Level Bureaucracy) 이론에 대한 설명으로 옳은 것은? 18 국가직 9급

① 일선관료는 고객에 대한 고정관념(Stereotype)을 타파함으로써 복잡한 문제와 불확실한 상황에 대처한다.
② 일선관료가 업무를 수행하는 기관에 대한 고객들의 목표기대는 서로 일치하고 명확하다.
③ 일선관료는 집행에 필요한 자원이 부족할 경우 대체로 부분적이고 간헐적으로 정책을 집행한다.
④ 일선관료는 계층제의 하위에 위치하기 때문에, 직무의 자율성이 거의 없고 의사결정에 있어서 재량권의 범위가 좁다.

05 버먼(Berman)의 '적응적 집행'에 대한 설명으로 옳은 것은?

18 지방직 9급

① 미시집행 국면에서 발생하는 정책과 집행조직 사이의 상호적응이 이루어질 때 성공적으로 집행된다.

② 거시적 집행구조는 동원, 전달자의 집행, 제도화의 세 단계로 구분된다.

③ '행정'은 행정을 통해 구체화된 정부프로그램이 집행을 담당하는 지방정부의 사업으로 받아들여지는 것을 의미한다.

④ '채택'은 지방정부가 채택한 사업을 실행사업으로 변화시키는 것을 의미한다.

사바티어의 정책지지연합모형과 윈터의 통합모형 기출빈도 ★★☆

06 정책집행 연구 중 상향적 접근방법(Bottom-Up Approach)으로 옳은 것만을 모두 고르면?

22 지방직 9급

> ㉠ 엘모어(Elmore)의 후방향적 집행연구
> ㉡ 사바티어(Sabatier)와 매즈매니언(Mazmanian)의 집행과정모형
> ㉢ 립스키(Lipsky)의 일선관료제
> ㉣ 반 미터(Van Meter)와 반 호른(Van Horn)의 집행연구

① ㉠, ㉢ ② ㉠, ㉣
③ ㉡, ㉢ ④ ㉡, ㉣

07 정책옹호연합모형(Advocacy Coalition Framework)에 대한 설명으로 옳지 않은 것은?

21 지방직 9급

① 외적인 환경변수를 정책 과정과 연계함으로써 정책변동을 설명한다.

② 정책학습을 통해 행위자들의 기저핵심신념(Deep Core Beliefs)을 쉽게 변화시킬 수 있다.

③ 옹호연합 사이에서 정치적 갈등 발생 시 정책중개자가 이를 조정할 수 있다.

④ 옹호연합은 그들의 신념 체계가 정부 정책에 관철되도록 여론, 정보, 인적자원 등을 동원한다.

08 윈터(S. Winter)가 제시하는 정책집행성과를 좌우하는 주요변수로 옳지 않은 것은?

20 군무원 9급

① 정책형성과정의 특성
② 일선관료의 행태
③ 조직 상호 간의 집행행태
④ 정책결정자의 행태

09 정책집행에 대한 설명으로 가장 옳지 않은 것은?

17 서울시 9급

① 나카무라(R. T. Nakamura)와 스몰우드(F. Smallwood)는 정책결정자와 집행자 간의 관계에 따라 정책집행을 유형화하였다.

② 사바티어(P. Sabatier)는 정책지지연합모형을 제시하였다.

③ 버만(P. Berman)은 집행현장을 강조하는 입장을 취하였다.

④ 엘모어(R. F. Elmore)는 일선현장에 종사하는 공무원이 정책집행에 가장 큰 영향을 미치는 행위자라고 하면서, 이를 전방접근법(Forward Mapping)이라고 했다.

6 정책평가

해설편 p. 031

정책평가 기출빈도 ★★☆

01 정책을 평가하기 위한 양적평가방법에 대한 설명으로 가장 옳지 않은 것은? 22 군무원 9급

① 계량적 기법을 응용하여 수치화된 지표를 통해 정책의 결과를 측정한다.
② 정량평가라고도 하며 실험적 방법과 비실험적 방법 등이 해당한다.
③ 정책대안과 정책산출 및 영향 간에 어떠한 인과관계가 있는지를 분석한다.
④ 대부분 데이터 수집을 심층면담 및 참여관찰 등의 방법에 의존한다.

02 정책평가에 대한 설명으로 가장 옳지 않은 것은? 18 서울시 9급

① 총괄평가(Summative Evaluation)는 정책이 종료된 후에 그 정책이 당초 의도했던 효과를 가져왔는지의 여부를 판단하는 활동이다.
② 메타평가(Meta Evaluation)는 평가 자체를 대상으로 하며, 평가활동과 평가체제를 평가해 정책평가의 질을 높이고 결과활용을 증진하기 위한 목적으로 활용된다.
③ 평가성 사정(Evaluability Assessment)은 영향평가 또는 총괄평가를 실시한 후에 평가의 유용성, 평가의 성과증진 효과 등을 평가하는 활동이다.
④ 형성평가(Formative Evaluation)란 프로그램이 집행과정에 있으며 여전히 유동적일 때 프로그램의 개선을 위해서 실시하는 평가이다

정책평가의 기준 및 절차 기출빈도 ★★☆

03 정책평가의 일반적인 절차를 순서대로 바르게 나열한 것은? 21 국가직 7급

> ㉠ 정책평가 대상 확정
> ㉡ 평가 결과 제시
> ㉢ 인과모형 설정
> ㉣ 자료 수집 및 분석
> ㉤ 정책목표 확인

① ㉠ → ㉤ → ㉢ → ㉣ → ㉡
② ㉤ → ㉠ → ㉢ → ㉡ → ㉣
③ ㉤ → ㉠ → ㉢ → ㉣ → ㉡
④ ㉤ → ㉢ → ㉠ → ㉣ → ㉡

04 정책변수에 대한 설명으로 옳은 것만을 모두 고르면? 20 국가직 9급

> ㉠ 매개변수 – 독립변수의 원인인 동시에 종속변수의 원인이 되는 제3의 변수
> ㉡ 조절변수 – 독립변수와 종속변수 간에 상호작용 효과를 나타나게 하는 제3의 변수
> ㉢ 억제변수 – 독립변수와 종속변수 간에 상관관계가 없는데도 있는 것으로 나타나게 하는 제3의 변수
> ㉣ 허위변수 – 독립변수와 종속변수 모두에게 영향을 미치며 이들 사이의 공동변화를 설명하는 제3의 변수

① ㉠, ㉢
② ㉠, ㉣
③ ㉡, ㉢
④ ㉡, ㉣

05 정책평가의 논리에서 수단과 목표 간의 인과관계에 대한 설명으로 옳은 것만을 모두 고르면? 20 지방직 9급

> ㉠ 정책목표의 달성이 정책수단의 실현에 선행해서 존재해야 한다.
> ㉡ 특정 정책수단 실현과 정책목표 달성 간 관계를 설명하는 다른 요인이 배제되어야 한다.
> ㉢ 정책수단의 변화 정도에 따라 정책목표의 달성 정도도 변해야 한다.

① ㉠
② ㉢
③ ㉠, ㉡
④ ㉡, ㉢

정책평가의 타당도와 신뢰도 비교 기출빈도 ★★☆

06 정책평가를 위한 측정도구의 타당성과 신뢰성에 대한 설명으로 옳지 않은 것은? 20 국가직 9급

① 타당성은 없지만 신뢰성이 높은 측정도구가 있을 수 있다.
② 신뢰성이 없지만 타당성이 높은 측정도구는 있을 수 없다.
③ 신뢰성은 측정도구의 타당성을 담보할 수 있는 충분조건이다.
④ 타당성이 없는 측정도구는 제1종 오류를 범하는 원인이 될 수 있다.

07 정책평가의 타당성과 신뢰성에 대한 설명으로 옳은 것은? 20 군무원 7급

① 신뢰성이 없는 측정은 항상 타당성이 없다.
② 타당성은 척도 또는 측정도구가 얼마나 일관성 있게 작용하는가에 영향을 받는다.
③ 타당성이 있는 측정은 신뢰성이 있을 수도 있고 없을 수도 있다.
④ 신뢰성은 척도 또는 측정도구가 측정하고자 하는 것을 얼마나 정확히 반영하는가에 영향을 받는다.

타당도의 저해요소 및 정책평가의 방법 기출빈도 ★★☆

08 정책평가와 관련하여 실험결과의 외적 타당성을 저해하는 요인으로 옳지 않은 것은? 21 국가직 9급

① 연구자의 측정기준이나 측정도구가 변화되는 경우
② 표본으로 선택된 집단의 대표성이 약할 경우
③ 실험집단 구성원 자신이 실험대상임을 인지하고 평소와 다른 특별한 반응을 보인 경우
④ 실험의 효과가 크게 나타날 것으로 예상되는 집단만을 의도적으로 실험집단에 배정하는 경우

09 정책실험에서 내적 타당성을 위협하는 요인 중 다음 설명에 해당하는 것은? 21 지방직 9급

> 사전측정을 경험한 실험 대상자들이 측정 내용에 대해 친숙해지거나 학습 효과를 얻음으로써 사후측정 때 실험집단의 측정값에 영향을 주는 효과이며, '눈에 띄지 않는 관찰' 방법 등으로 통제할 수 있다.

① 검사요인
② 선발요인
③ 상실요인
④ 역사요인

10 사회실험에 대한 설명으로 옳은 것만을 모두 고르면?

21 지방직 7급

> ㉠ 자연과학의 실험실 실험과는 달리 상황에 따라 통제집단(Control Group) 또는 비교집단(Comparison Group) 없이 진행할 수 있다.
> ㉡ 진실험 방법을 활용하여 사회실험을 진행하면 호손효과(Hawthorne Effect)를 방지할 수 있다는 점이 가장 큰 장점이다.
> ㉢ 아직 검증되지 않은 정책 프로그램에 대규모 투자를 하기 전에 그 결과를 미리 평가해 보는 것이 중요한 목적 중 하나이다.
> ㉣ 실험집단과 비교집단을 무작위 배정(Random Assignment)할 수 없어 집단 간 동질성 확보가 불가능하면, 준실험(Quasi-Experiment) 방법을 채택하여 진행할 수 있다.

① ㉠, ㉡
② ㉠, ㉣
③ ㉡, ㉢
④ ㉢, ㉣

11 정책평가에 있어서 조건이 양호한 집단을 대상으로 정책수단을 실시한 후 그 결과가 좋게 나타난 정책수단을 다른 상황에 적용하려고 하는 경우에 나타나는 외적 타당성의 문제는?

17 국가직 9급 추가

① 크리밍효과(Creaming Effect)
② 성숙효과(Maturation Effect)
③ 허위상관(Spurious Correlation)
④ 호손효과(Hawthorne Effect)

정부업무평가

기출빈도 ★★★

12 「정부업무평가 기본법」상 우리나라 정부업무평가제도에 대한 설명으로 옳지 않은 것은?

22 국가직 9급

① 특정평가는 국무총리가 중앙행정기관과 공공기관을 대상으로 국정을 통합적으로 관리하기 위한 목적을 갖는다.
② 국무총리 소속하에 심의 · 의결기구로서 정부업무평가위원회를 둔다.
③ 지방자치단체의 자체평가에 있어서 행정안전부장관은 평가 관련 사항에 대하여 지방자치단체를 지원할 수 있다.
④ 자체평가는 중앙행정기관 또는 지방자치단체가 소관 정책 등을 스스로 평가하는 것을 말한다.

※ 개정 · 변경된 내용으로 선지 교체

13 정부업무평가에 대한 설명으로 옳지 않은 것은?

20 군무원 7급

① 정부업무평가위원회는 대통령 직속하에 설치한다.
② 행정안전부 장관은 평가의 객관성 및 공정성을 위해서 지방자치단체의 평가를 지원할 수 있다.
③ 중앙행정기관장은 성과관리 전략계획에 기초하여 연도별 시행계획을 수립 및 시행한다.
④ 중앙행정기관장과 지방자치단체장은 매년 자체평가위원회를 통해 자체평가를 실시한다.

14 「정부업무평가 기본법」상 정책평가제도에 대한 설명으로 옳지 않은 것은?

19 국가직 9급

① 지방자치단체의 장은 정부업무평가 시행계획에 기초하여 자체평가계획을 매년 수립하여야 한다.
② 국무총리는 2 이상의 중앙행정기관 관련 시책, 주요 현안시책, 혁신관리 및 대통령령이 정하는 대상부문에 대하여 특정평가를 실시하고, 그 결과를 공개 하여야 한다.
③ 중앙행정기관 또는 지방자치단체의 소속기관이 행하는 정책은 정부업무평가의 대상에 포함된다.
④ 정부업무평가위원회는 위원장 1인과 14인 이내의 위원으로 구성한다.

15 「정부업무평가 기본법」에 의한 정부업무 평가제도에 대한 설명으로 옳지 않은 것은? 17 국가직 9급

① 김포시와 도로교통공단은 평가대상에 포함된다.
② 관세청장은 자체평가위원회를 운영한다.
③ 행정자치부장관은 지방자치단체 합동평가위원회의 당연직 위원장이다.
④ 기획재정부장관은 정부업무평가위원회의 위원이다.

16 「정부업무평가 기본법」상 정부업무평가의 종류가 아닌 것은? 17 지방직 9급

① 중앙행정기관의 자체평가
② 공공기관에 대한 평가
③ 환경영향평가
④ 지방자치단체의 자체평가

정책기획론과 변동 기출빈도 ★★☆

17 전략기획(Strategic Planning)에 대한 설명으로 가장 옳지 않은 것은? 22 군무원 9급

① 불확실한 미래에 체계적이고 능동적으로 대응하기 위한 전략을 만드는 과정이다.
② 상대적으로 정치 및 경제 등이 불안정한 환경 속에서 유용성이 높다.
③ 정책결정에 비해 외부환경에 개방되지 않고 전문가의 역할이 강조되는 편이다.
④ 환경에 대한 체계적인 분석과 조직진단을 통해 실현가능한 설계에 초점을 맞춘다.

18 기획의 효용에 관한 설명으로 가장 적절하지 않은 것은? 21 군무원 7급

① 목표달성이 핵심이 되는 전략적 요인에 관심을 집중시켜 목표를 더욱 명확히 한다.
② 기획은 한정된 자원을 최대한 효율적으로 이용하여 행정수요를 충족시킨다.
③ 여러 대안 중에서 최적 대안을 선택함으로써 경비를 절약할 수 있다.
④ 기획은 장래의 상태를 정확하게 예측하여 확실한 가정 하에서 계획을 작성할 수 있다.

19 정책변동에 대한 설명으로 옳지 않은 것은? 20 국가직 9급

① 킹던(Kingdon)의 정책흐름이론에 따르면 정책변동은 정책문제의 흐름, 정치의 흐름, 정책대안의 흐름이 결합하여 이루어진다.
② 무치아로니(Mucciaroni)의 이익집단 위상변동모형에서 이슈 맥락은 환경적 요인과 같이 정책의 유지 혹은 변동에 영향을 미치는 정책요인을 말한다.
③ 실질적인 정책내용이 변하더라도 정책목표가 변하지 않는다면 이를 정책유지라 한다.
④ 정책목표를 달성하기 위한 전반적인 정책수단을 소멸시키고 이를 대체할 다른 정책을 마련하지 않는 것을 정책종결이라 한다.

우리 인생의 가장 큰 영광은
결코 넘어지지 않는 데 있는 것이 아니라
넘어질 때마다 일어서는 데 있다.

– 넬슨 만델라 –

PART 3

조직론

챕터별 출제 비중

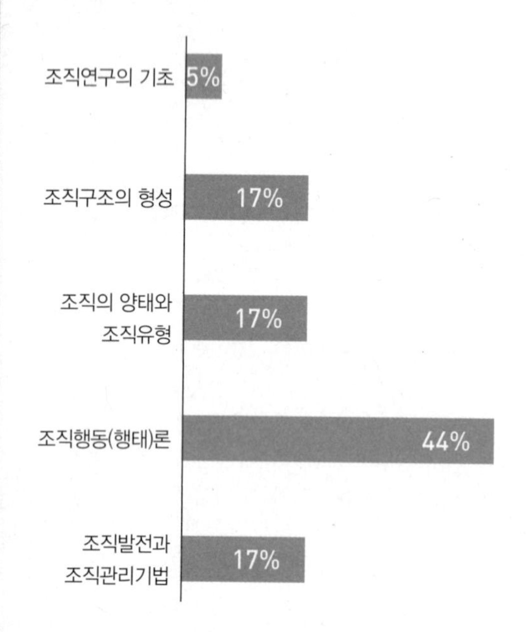

학습 포인트

조직론은 국가직 · 지방직의 3개년 시험에서 출제율이 각각 2 · 1위를 차지하였으며 보통 예상 가능한 주제들이 출제되므로 절대 틀리면 안 되는 파트이다. 2022년 시험에서 가장 많이 출제된 챕터는 조직행동(행태)론으로, 동기부여 이론을 통합하여 출제되는 경향이 있다. 조직이론의 발달과 각종 리더십이론, 조직유형, 관료제를 반드시 학습하여야 하며 TQM과 MBO의 특징을 정확히 비교 · 암기하여야 한다. 특히 홉스테드(Hofstede)가 작년에는 쉽게 출제되었으나 올해는 어렵게 출제되었기 때문에 심화 학습이 필요하다.

회독체크

구분	1회독	2회독	3회독
CHAPTER 1 조직연구의 기초	☐	☐	☐
CHAPTER 2 조직구조의 형성	☐	☐	☐
CHAPTER 3 조직의 양태와 조직유형	☐	☐	☐
CHAPTER 4 조직행동(행태)론	☐	☐	☐
CHAPTER 5 조직발전과 조직관리기법	☐	☐	☐

☐ 칸에 학습진도를 체크하세요.

1 조직연구의 기초

해설편 p. 036

조직의 기초이론

기출빈도 ★☆☆

01 조직목표의 기능에 대한 설명으로 옳지 않은 것은?

21 국가직 9급

① 조직구성원들이 목표로 인해 일체감을 느끼기 때문에 구성원들의 동기를 유발해준다.

② 조직의 구조와 과정을 설계하는 준거를 제공하고 성과를 평가하는 기준이 되기도 한다.

③ 미래의 바람직한 상태를 밝혀 조직활동의 방향을 제시한다.

④ 조직이 존재하는 정당성의 근거가 될 수는 없다.

02 현대의 행정조직에 관한 설명으로 가장 적절하지 않은 것은?

21 군무원 7급

① 행정에는 신속 정확한 결정과 조치가 필요하므로 행정조직은 원칙적으로 단독제를 취하고 있다.

② 합의제의 채택은 행정조직의 기본원리인 단독제와는 모순되지만 행정의 민주화의 요청이 양자를 공존시키고 있다.

③ 행정조직은 사회적 · 경제적 조건의 변동과는 직접적인 관계가 없다.

④ 행정조직은 행정수요의 변동에 적응하는 탄력성을 가져야 한다.

03 모건(Morgan)이 제시한 조직의 8가지 이미지에 해당 하지 않는 것은?

21 지방직 7급

① 문화로서의 조직(Organizations as Culture)

② 적응적 사회구조로서의 조직(Organizations as Adaptive Social Structure)

③ 심리적 감옥으로서의 조직(Organizations as Prison Metaphor)

④ 흐름과 변환과정으로서의 조직(Organizations as Flux and Transformation)

고전이론과 신고전이론

기출빈도 ★★★

04 다음 설명에 해당하는 조직의 인간관은?

19 국가직 9급

> • 인간을 자신의 이익을 극대화하기 위해 행동하는 존재로 본다.
> • 인간은 조직에 의해 통제 · 동기화되는 수동적 존재이며, 조직은 인간의 감정과 같은 주관적 요소를 통제할 수 있도록 설계돼야 한다.

① 합리적 · 경제적 인간관

② 사회적 인간관

③ 자아실현적 인간관

④ 복잡한 인간관

05 조직의 원리에 대한 설명으로 옳지 않은 것은?

17 지방직 9급 추가

① 부성화(部省化)의 원리는 조정에 관한 원리에 해당한다.
② 통솔범위를 좁게 잡으면 계층의 수가 늘어난다.
③ 계선과 참모를 구분하는 것은 분업의 한 형태로 볼 수 있다.
④ 매트릭스 조직은 명령통일의 원리를 위반한 것이다.

06 조직의 원리에 대한 설명으로 옳지 않은 것은? 17 지방직 9급

① 계층제의 원리는 조직 내의 권한과 책임 및 의무의 정도가 상하의 계층에 따라 달라지도록 조직을 설계하는 것이다.
② 통솔범위란 한 사람의 상관 또는 감독자가 효과적으로 통솔할 수 있는 부하 또는 조직단위의 수를 말하며, 감독자의 능력, 업무의 난이도, 돌발 상황의 발생 가능성 등 다양한 요소를 고려하여 정해진다.
③ 분업의 원리에 따라 조직 전체의 업무를 종류와 성질별로 나누어 조직구성원이 가급적 한 가지의 주된 업무만을 전담하게 하면, 부서 간 의사소통과 조정의 필요성이 없어진다.
④ 부성화의 원리는 한 조직 내에서 유사한 업무를 묶어 여러 개의 하위기구를 만들 때 활용되는 것으로 기능부서화, 사업부서화, 지역부서화, 혼합부서화 등의 방식이 있다.

07 분업에 대한 설명으로 옳지 않은 것은? 17 지방직 9급

① 분업의 심화는 작업도구·기계와 그 사용방법을 개선하는 데 기여할 수 있다.
② 작업전환에 드는 시간(Change-Over Time)을 단축할 수 있다.
③ 분업이 고도화되면 조직구성원에게 심리적 소외감이 생길 수 있다.
④ 분업은 업무량의 변동이 심하거나 원자재의 공급이 불안정한 경우에 더 잘 유지된다.

상황이론

기출빈도 ★★☆

08 다음 중 조직이론에 대한 설명으로 가장 옳지 않은 것은?

22 군무원 7급

① 자원의존이론은 환경에 능동적인 조직의 특성을 강조한다.
② 공동체 생태학이론은 조직 간의 관계에 대해 논의를 전개한다.
③ 구조적 상황이론은 환경에 적응하는 조직의 구조 실체를 강조한다.
④ 조직군 생태학이론은 조직의 주도적 선택을 강조한다.

09 조직이론에 대한 설명으로 옳은 것은? 21 지방직 9급

① 인간관계론은 동기 유발 기제로 사회심리적 측면을 강조한다.
② 귤릭(Gulick)은 시간-동작 연구를 통해 과학적 관리론을 주장하였다.
③ 고전적 조직이론은 조직 내 사회적 능률을 강조하고, 조직 속의 인간을 자아실현인으로 간주한다.
④ 상황이론(Contingency Theory)은 모든 상황에서 적용되는 유일·최선의 조직구조를 찾는다.

10 상황적응적 접근방법(Contingency Approach)에 대한 설명으로 옳지 않은 것은?

18 국가직 9급

① 체제이론의 거시적 관점에 따라 모든 상황에 적합한 유일최선의 관리방법을 모색한다.
② 체제이론에서와 같이 조직은 일정한 경계를 가지고 환경과 구분되는 체제의 하나로 본다.
③ 조직을 구성하고 운영하는 방법의 효율성은 그것이 처한 상황에 의존한다고 가정한다.
④ 연구대상이 될 변수를 한정하고 복잡한 상황적 조건들을 유형화함으로써 거대이론보다 분석의 틀을 단순화한다.

주인-대리인이론 기출빈도 ★★★

11 **대리인이론에서 합리적 선택을 제약하는 요인에 대한 설명으로 가장 적절하지 않은 것은?** 21 군무원 7급

① 인간의 인지적 한계와 정보부족 등 상황적 제약 때문에 합리성은 제약되며, 따라서 불확실성을 통제하기 어렵다.
② 대리인이 자기 자질이나 업무수행에 관한 정보를 위임자보다 더 많이 가지고 있다는 정보불균형 때문에 위임자는 대리인의 재량에 의존할 수밖에 없다.
③ 이기적인 대리인이 노력을 최소화하고 이익을 극대화하려는 기회주의적 행동을 하는 경우 위임자의불리한 선택이 발생할 수 있다.
④ 조직이 투자한 자산이 유동적이어서 자산 특정성이 낮으면, 조직 내의 여러 관계나 외부공급자들과의 관계가 고착되어 대리인 관계가 비효율적이더라도 이를 바꾸기 어렵다.

12 **정부의 규모와 역할에 대한 행정이론의 설명으로 옳지 않은 것은?** 17 국가직 9급

① X-비효율성은 과열된 경쟁에서 나타나는 정부의 과다한 비용발생을 의미한다.
② 지대추구이론은 규제나 개발계획과 같은 정부의 시장개입이 클수록 지대추구행태가 증가하고 그에 따른 사회적 손실도 증가한다고 주장한다.
③ 거래비용이론에서는 당사자 간의 협상 및 커뮤니케이션 비용과 계약의 준수를 감시하는 비용도 거래 비용으로 포함한다.
④ 대리인이론은 주인-대리인 사이에 정보비대칭성이 있고 대리인이 기회주의적으로 행동하는 경우 역선택(Adverse Selection) 문제가 발생할 수 있다고 주장한다.

전략적 선택이론, 자원의존론, 공동체 생태학이론 기출빈도 ★★☆

13 **조직이론에 대한 설명으로 옳지 않은 것은?** 18 지방직 9급

① 구조적 상황이론 – 상황과 조직특성 간의 적합 여부가 조직의 효과성을 결정한다.
② 전략적 선택이론 – 상황이 구조를 결정하기보다는 관리자의 상황 판단과 전략이 구조를 결정한다.
③ 자원의존이론 – 조직의 안정과 생존을 위해서 조직의 주도적 · 능동적 행동을 중시한다.
④ 대리인이론 – 주인 · 대리인의 정보 비대칭 문제를 해결하기 위해 대리인에게 대폭 권한을 위임한다.

14 **조직이론에 대한 설명으로 옳지 않은 것은?** 17 국가직 9급 추가

① 자원의존이론에 따르면, 조직은 환경으로부터 필요한 자원을 획득하기 위하여 환경에 피동적으로 순응하여야 한다.
② 주인-대리인이론에 따르면, 주인과 대리인 간에는 정보의 비대칭으로 인해 대리인의 도덕적 해이와 주인의 역선택이 발생할 수 있다.
③ 거래비용이론에 따르면, 시장의 자발적인 교환행위에서 발생하는 거래비용이 관료제의 조정비용보다 클 경우 거래를 내부화하는 것이 효율적이다.
④ 상황론적 조직이론에 따르면, 모든 상황에 적용되는 유일 · 최선의 조직구조나 관리방법은 없다.

2 조직구조의 형성

해설편 p. 039

조직구조의 기본변수 기출빈도 ★★☆

01 조직이론과 인간관에 대한 설명으로 가장 옳지 않은 것은? 21 군무원 9급

① 조직이론의 시작은 테일러의 과학적 관리론에서 찾을 수 있으며, 1900년대 초까지 효율성과 구조중심의 사상을 담고 있었다.
② 기계적 조직으로서의 관료제는 합리적 경제인의 인간관을 반영하고 있는데 테일러의 차등성과급제가 이러한 인간관에 기초한 보상시스템이다.
③ 계층구조는 피라미드 모양의 구조를 가지며 명령과 통제가 위로부터 아래로 전달되는 특성을 가진다.
④ 관료제하에서 구성원들은 인간으로서의 감정이나 충동을 멀리하는 정의적 행동(Personal Conduct)이 기대된다.

02 조직의 분권화가 필요한 상황으로 옳지 않은 것은? 20 군무원 7급

① 지식공유가 원활하고 구성원의 전문성이 높은 경우
② 부서 간 횡적 조정이 어려운 경우
③ 기술과 환경변화가 역동적으로 이루어지는 경우
④ 고객에게 신속하고 상황적응적인 서비스를 제공하여야 하는 경우

다프트의 조직구조유형 기출빈도 ★★☆

03 다음 중 매트릭스(Matrix) 구조에 대한 설명으로 가장 옳지 않은 것은? 22 군무원 7급

① 개인들이 다양한 경험을 통해 전문기술의 개발과 넓은 안목을 갖출 수 있다.
② 기능부서 통제권한의 계층은 수평적으로 흐르고, 사업부서 간 조정권한의 계층은 수직적으로 흐르게 된다.
③ 구성원 간의 역할갈등, 역할모호성, 과업조정의 어려움 등이 발생할 우려가 있다.
④ 경직화되어 가는 대규모 관료제 조직에 융통성을 부여해줄 수 있다.

조직구조의 상황변수(결정변수) 기출빈도 ★☆☆

04 조직구조에 대한 설명으로 가장 옳지 않은 것은? 22 군무원 9급

① 기술(Technology)과 집권화의 관계는 상관도가 높다.
② 우드워드(J.Woodward)는 대량 생산기술에는 관료제와 같은 기계적 구조가 효과적이라고 주장했다.
③ 톰슨(V. A. Thompson)은 업무 처리 과정에서 일어나는 조직 간·개인 간 상호의존도를 기준으로 기술을 분류했다.
④ 페로우(C. Perrow)는 과업의 다양성과 문제의 분석가능성을 기준으로 조직의 기술을 유형화했다.

05 **톰슨(Thompson)의 기술 분류에 따른 상호의존성과 조정 형태를 바르게 연결한 것은?** 21 지방직 7급

① 집약형 기술(Intensive Technology) – 연속적 상호의존성(Sequential Interdependence) – 정기적 회의, 수직적 의사전달
② 공학형 기술(Engineering Technology) – 연속적 상호의존성(Sequential Interdependence) – 사전계획, 예정표
③ 연속형 기술(Long-Linked Technology) – 교호적 상호의존성(Reciprocal Interdependence) – 상호조정, 수평적 의사전달
④ 중개형 기술(Mediating Technology) – 집합적 상호의존성(Pooled Interdependence) – 규칙, 표준화

06 **기술과 조직구조의 관계에 대한 페로우(Perrow)의 설명으로 옳지 않은 것은?** 20 지방직 9급

① 정형화된(Routine) 기술은 공식성 및 집권성이 높은 조직구조와 부합한다.
② 비정형화된(Non-Routine) 기술은 부하들에 대한 상사의 통솔 범위를 넓힐 수밖에 없을 것이다.
③ 공학적(Engineering) 기술은 문제의 분석가능성이 높다.
④ 기예적(Craft) 기술은 대체로 유기적 조직구조와 부합한다.

07 **조직의 규모에 대한 설명으로 가장 옳은 것은?** 19 서울시 9급

① 조직의 규모가 클수록 공식화 수준이 낮아진다.
② 조직의 규모가 클수록 조직 내 구성원의 응집력이 강해진다.
③ 조직의 규모가 클수록 분권화되는 경향이 있다.
④ 조직의 규모가 클수록 복잡성이 낮아진다.

정부조직법과 공기업·준정부기관(공공기관) 기출빈도 ★★☆

08 **정부위원회에 대한 설명으로 옳은 것만을 모두 고르면?** 22 지방직 9급

> ㉠ 책임성이 결여될 수 있다.
> ㉡ 자문위원회는 업무가 계속성 · 상시성이 있어야 한다.
> ㉢ 민주성을 제고하는 장점이 있다.
> ㉣ 방송통신위원회, 공정거래위원회, 국민권익위원회, 금융위원회, 개인정보보호위원회, 원자력안전위원회는 중앙행정기관이다.

① ㉠, ㉢
② ㉡, ㉢
③ ㉡, ㉣
④ ㉠, ㉢, ㉣

09 **공기업에 대한 설명으로 옳지 않은 것은?** 21 국가직 9급

① 공공수요가 있으나 민간부문의 자본이 부족한 경우 공기업 설립이 정당화된다.
② 시장에서 독점성이 나타나는 경우 공기업 설립이 정당화된다.
③ 전통적인 자본주의적 사기업 질서에 반하여 사회주의적 간섭을 하는 것으로 볼 수 있다.
④ 주식회사형 공기업은 특별법 혹은 상법에 의해 설립되지만 일반행정기관에 적용되는 조직 · 인사 원칙이 적용된다.

10 공공서비스의 공급 주체 중 정부 부처 형태의 공기업에 해당하는 것은? 19 국가직 9급

① 한국철도공사
② 한국소비자원
③ 국립중앙극장
④ 한국연구재단

11 공공서비스 공급 주체의 유형과 예시를 바르게 연결한 것은? 17 국가직 9급

① 준시장형 공기업 – 한국방송공사
② 시장형 공기업 – 한국마사회
③ 기금관리형 준정부기관 – 한국연구재단
④ 위탁집행형 준정부기관 – 한국소비자원

3 조직의 양태와 조직유형

해설편 p. 042

베버의 관료제이론(근대관료제) 기출빈도 ★★★

01 베버(Max Weber)의 관료제에 대한 설명으로 가장 옳지 않은 것은? 22 군무원 9급

① 합리성을 조직에 적용하여 목표달성을 위한 효과적인 수단으로 관료제를 간주한다.
② 실적을 인사행정의 기준으로 채택하는 실적주의를 바탕으로 한다.
③ 조직의 목표달성을 위해 절차나 방법을 문서화된 법규 형태로 가진다.
④ 관료제의 구성원들은 조직 전반의 일반적인 업무에 대해 책임을 진다.

02 막스 베버(Max Weber)의 관료제에 대한 설명으로 가장 옳지 않은 것은? 21 군무원 9급

① 관료제는 계층제 구조를 본질로 하고 있다.
② 관료제를 현대사회의 보편적인 조직모형으로 보고 있다.
③ 신행정학에서는 탈(脫)관료제 모형으로서 수평적이고 임시적인 조직모형을 제안한다.
④ 행정조직 발전에 대한 패러다임(Paradigm)의 관점에서 관료제 모형을 제시했다.

03 관료제모형에서 베버(Weber)가 강조한 행정가치는? 21 지방직 7급

① 민주성
② 형평성
③ 능률성
④ 대응성

04 베버(M. Weber)가 제시한 관료제의 특징과 가장 관련이 없는 것은? 21 군무원 7급

① 관료 간의 관계는 계서제(Hierarchy)적 원칙에 따라 규율되며, 하급자는 상급자의 엄격한 감독과 통제하에 임무를 수행한다.
② 모든 직위의 권한과 임무는 문서화된 규칙으로 규정된다.
③ 관료들은 고객과의 일체감을 중시하며, 구체적인 경우의 특별한 사정을 충분히 고려하여 임무를 수행한다.
④ 관료의 채용기준은 전문적 · 기술적 능력이며, 관료로서의 직업은 잠정적인 것이 아니라 일생 동안 종사하는 항구적인 생애의 직업이다.

관료제의 순기능과 역기능 기출빈도 ★☆☆

05 관료제 병리현상과 그 특징을 짝 지은 것으로 옳지 않은 것은? 22 지방직 9급

① 할거주의 – 조정과 협조 곤란
② 형식주의 – 번거로운 문서 처리
③ 피터(Peter)의 원리 – 관료들의 세력 팽창 욕구로 인한 기구와 인력의 증대
④ 전문화로 인한 무능 – 한정된 분야의 전문성 강조로 타 분야에 대한 이해력 부족

06 관료제 병리현상에 대한 설명으로 옳지 않은 것은?

17 국가직 9급

① 규칙이나 절차에 지나치게 집착하게 되면 목표와 수단의 대치 현상이 발생한다.
② 모든 업무를 문서로 처리하는 문서주의는 번문욕례(繁文縟禮)를 초래한다.
③ 자신의 소속기관만을 중요시함에 따라 타 기관과의 업무 협조나 조정이 어렵게 되는 문제가 나타난다.
④ 법규와 절차 준수의 강조는 관료제 내 구성원들의 비정의성(非情誼性)을 저해한다.

정보화 사회에서 제시되는 새로운 조직구조 기출빈도 ★★☆

07 조직형태나 구조에 대한 설명으로 가장 옳지 않은 것은?

21 군무원 9급

① 학습조직은 시스템적 사고에 의한 유기적, 체제적 조직관을 바탕으로 한다.
② 네트워크 조직에서는 서비스나 재화의 생산과 공급, 유통 등을 서로 다양한 조직에서 따로 수행한다.
③ 매트릭스 구조는 기능구조와 계층구조를 결합시킨 이원적 형태이다.
④ 가상조직은 영구적이라기보다는 잠정적이고 임시적 조직으로 볼 수 있다.

08 결정과 기획 같은 핵심기능만 수행하는 조직을 중심에 놓고 다수의 독립된 조직들을 협력 관계로 묶어 일을 수행하는 조직형태는?

21 국가직 9급

① 태스크포스
② 프로젝트 팀
③ 네트워크 조직
④ 매트릭스 조직

09 관료제 조직의 폐단을 극복하기 위한 대안에 대한 설명으로 가장 적절하지 않은 것은?

21 군무원 7급

① 업무의 명확한 구분에서 야기되는 문제점은 기계적 구조(Mechanistic Structure)로 처방한다.
② 집권화의 문제점은 참여관리와 조직민주주의로 처방한다.
③ 공식화의 문제점은 태스크포스(Taskforce) 구조로 처방한다.
④ 계층제 조직의 문제점을 극복하기 위해서는 위원회조직을 고려한다.

10 네트워크 조직구조가 가지는 일반적인 장점에 대한 설명으로 가장 옳지 않은 것은?

19 서울시 9급

① 조직의 유연성과 자율성 강화를 통해 창의력을 발휘할 수 있다.
② 통합과 학습을 통해 경쟁력을 제고할 수 있다.
③ 조직의 네트워크화를 통해 환경 변화에 따른 불확실성을 감소시킬 수 있다.
④ 조직의 정체성과 응집력을 강화시킬 수 있다.

위원회 조직 기출빈도 ★★☆

11 정부의 위원회 조직에 대한 설명으로 옳지 않은 것은?

19 국가직 9급

① 결정에 대한 책임의 공유와 분산이 특징이다.
② 복수인으로 구성된 합의형 조직의 한 형태다.
③ 국민권익위원회는 의사결정의 권한이 없는 자문위원회에 해당된다.
④ 소청심사위원회는 행정관청적 성격을 지닌 행정위원회에 해당된다.

12 **정부의 각종 위원회에 대한 설명으로 가장 옳은 것은?**

18 서울시 9급

① 의결위원회는 의사결정의 구속력은 있지만 집행권이 없다.
② 행정위원회의 대표적인 예로 공정거래위원회, 공직자 윤리위원회 등을 들 수 있다.
③ 행정위원회는 독립지위를 가진 행정관청으로 결정권은 없고 집행권만 갖는다.
④ 자문위원회는 계선기관으로서 사안에 따라 조사·분석 등의 기능을 수행한다.

조직유형 기출빈도 ★★☆

13 **애드호크라시(Adhocracy)에 대한 설명으로 가장 옳지 않은 것은?**

22 군무원 9급

① 탈관료화 현상의 하나로 등장했다.
② 구조적으로 높은 수준의 복잡성, 낮은 수준의 공식화, 낮은 수준의 집권화를 특징으로 한다.
③ 고도의 창의성과 환경적응성이 필요한 상황에서 유효한 조직이다.
④ 업무처리과정에서 갈등과 비협조가 일어나고, 창의적인 업무 수행 과정에서 직원들이 심적 스트레스를 많이 받는다는 단점이 있다.

14 **민츠버그(H. Mintzberg)의 조직유형에 대한 설명으로 가장 적절하지 않은 것은?**

21 군무원 7급

① 단순구조(Simple Structure)는 유기적이고 융통성 있는 구조이다.
② 기계적 관료제(Machine Bureaucracy)는 낮은 분화·전문화 수준을 가진다.
③ 전문적 관료제(Professional Bureaucracy)의 주된 조정방법은 기술의 표준화이다.
④ 임시체제(Adhocracy)의 사업단위는 기능 또는 시장에 따라 구성된다.

15 **에치오니(A. Etzioni)의 조직목표유형으로 옳지 않은 것은?**

20 군무원 9급

① 질서 목표
② 문화적 목표
③ 경제적 목표
④ 사회적 목표

16 **파슨스(T. Parsons)의 조직유형 중 조직체제의 목표달성기능과 관련된 유형으로 옳은 것은?**

20 군무원 9급

① 경제적 생산조직
② 정치조직
③ 통합조직
④ 형상유지조직

17 **조직구조의 유형에 대한 설명으로 옳은 것은?**

17 지방직 9급 추가

① 수평구조는 수직적 계층과 부서 간 경계를 제거하여 의사소통을 원활하게 만든 구조다.
② 기계적 조직에서는 효율적인 조직 운영을 위해 권한과 책임이 분산되어 있다.
③ 위원회조직은 위원장에 의해 최종 의사결정이 이루어진다는 면에서 독임제로 운영되는 계층제와 유사성이 있다.
④ 애드호크라시는 변화에 신속하게 대응할 수 있다는 장점으로 인해 전통적인 관료제 구조를 대체하기에 이르렀다.

4 조직행동(행태)론

해설편 p. 046

켈리의 귀인이론과 조직행동 기출빈도 ★☆☆

01 켈리(Kelly)의 귀인(歸因)이론에서 주장되는 귀인의 성향으로 가장 옳지 않은 것은? 22 군무원 9급

① 판단대상 외 다른 사람들이 다른 상황에서 동일한 행동을 보이는 정도가 높다면, 그 행동의 원인을 내적 요소에 귀인하는 경향이 나타난다.
② 판단대상이 다른 상황에서는 달리 행동하는 정도가 높다면, 그 행동의 원인을 외적 요소에 귀인하는 경향이 나타난다.
③ 판단대상이 동일한 상황에서 과거와 동일한 행동을 보이는 정도가 높다면, 그 행동의 원인을 내적 요소에 귀인하는 경향이 나타난다.
④ 판단대상 외 다른 사람들도 동일한 상황에 대해 동일한 행동을 보이는 정도가 높다면, 그 행동의 원인을 외적 요소에 귀인하는 경향이 나타난다.

02 다음 중 공무원 부패를 방지하기 위해 가장 중요한 가치로서 인식되는 것은? 22 군무원 9급

① 형평성
② 민주성
③ 절차성
④ 투명성

엘더퍼와 허즈버그의 욕구충족요인론 기출빈도 ★★☆

03 허즈버그(Herzberg)의 욕구충족요인 이원론에서 위생요인에 해당하지 않는 것은? 22 지방직 9급

① 감독
② 대인관계
③ 보수
④ 성취감

04 엘더퍼(C. Alderfer)의 ERG이론에서 자기로부터의 존경, 자긍심, 자아실현욕구 등과 가장 관련이 있는 것은? 21 군무원 7급

① 존재욕구
② 관계욕구
③ 성장욕구
④ 애정욕구

05 허즈버그(Herzberg)의 욕구충족요인 이원론에 대한 설명으로 옳지 않은 것은? 17 국가직 9급

① 욕구의 계층화를 시도한 점에서 매슬로(Maslow)의 욕구단계이론과 유사하다.
② 불만을 주는 요인과 만족을 주는 요인은 서로 다 다고 주장한다.
③ 무엇이 동기를 유발하는가에 초점을 두는 내용이론으로 분류된다.
④ 작업조건에 대한 불만을 해소한다고 하더라도 근무태도에 장기적인 영향을 미치지는 않는다고 본다.

기대이론 기출빈도 ★★☆

06 브룸(Vroom)의 기대이론에 대한 설명으로 옳지 않은 것은?

21 국가직 7급

① 동기부여의 과정이론(Process Theory) 중 하나이다.
② 기대감(Expectancy)은 개인의 노력(Effort)이 공정한 보상(Reward)으로 이어질 것이라는 주관적 믿음을 의미한다.
③ 수단성(Instrumentality)은 개인의 성과(Performance)와 보상(Reward) 간의 관계에 대한 인식이다.
④ 유인가(Valence)는 개인이 특정 보상(Reward)에 대해 갖는 선호의 강도를 의미한다.

07 브룸(Vroom)의 기대이론에 따를 경우 조직구성원의 직무 수행동기를 유발하기 위한 조건이 아닌 것은? 17 지방직 9급

① 내가 노력하면 높은 등급의 실적평가를 받을 수 다는 기대치(Expectancy)가 충족되어야 한다.
② 내가 높은 등급의 실적평가를 받으면 많은 보상을 받을 수 있다는 수단치(Instrumentality)가 충족되어야 한다.
③ 내가 받을 보상은 나에게 가치 있는 것이라는 유인가(Valence)가 충족되어야 한다.
④ 내가 투입한 노력과 그로 인하여 받은 보상의 비율이, 다른 사람과 비교하여 공평해야 한다는 균형성(Balance)이 충족되어야 한다.

동기부여 통합 문제 기출빈도 ★★★

08 동기유발의 과정을 설명하는 '과정이론'에 해당하는 것만을 모두 고르면?

22 국가직 9급

ㄱ 브룸(Vroom)의 기대이론
ㄴ 애덤스(Adams)의 공정성이론
ㄷ 로크(Locke)의 목표설정이론
ㄹ 앨더퍼(Alderfer)의 ERG이론
ㅁ 맥그리거(McGregor)의 X이론 · Y이론

① ㄱ, ㄴ, ㄷ
② ㄱ, ㄴ, ㄹ
③ ㄴ, ㄷ, ㅁ
④ ㄷ, ㄹ, ㅁ

09 동기이론에 대한 다음 설명 중 가장 옳지 않은 것은?

22 군무원 7급

① 애덤스(Adams)는 자신의 노력과 그 결과로 얻어지는 보상과의 관계를 다른 사람의 것과 비교해 상대적으로 느끼는 공평한 정도가 행동동기에 영향을 준다고 본다.
② 앨더퍼(Alderfer)는 상위 욕구가 만족되지 않거나 좌절될 때 하위 욕구를 더욱 충족시키고자 한다고 주장하였다.
③ 허즈버그(Herzberg)는 불만 요인이 충족된다고 만족을 보장하는 것은 아니지만 불만족이 충족되면 동기가 유발될 수 있다고 본다.
④ 핵맨과 올드햄(Hackman & Oldham)의 직무특성이론에 의하면 직무특성을 결정하는 변수로 기술 다양성, 직무 정체성, 직무 중요성, 자율성, 환류를 들고 있다.

10 **동기부여이론에 대한 설명으로 옳지 않은 것은?**

21 국가직 9급

① 아담스(Adams)의 공정성이론에 따르면 공정하다고 인식할 때 동기가 유발된다.
② 매클리랜드(McClelland)의 성취동기이론에 따르면 개인들의 욕구가 학습을 통해 개발될 수 있다.
③ 브룸(Vroom)의 기대이론에서 기대감은 특정 결과는 특정한 노력으로 인해 나타날 수 있다는 가능성에 대한 개인의 신념으로 통상 주관적 확률로 표시된다.
④ 앨더퍼(Alderfer)의 ERG이론에 따르면 상위욕구충족이 좌절되면 하위욕구를 충족시키고자 할 수있다.

11 **구성원에 대한 동기부여는 미충족시 불만이 제기되는 요인(불만요인)의 충족과 함께 적극적으로 동기를 자극하는 요인(동기요인)이 동시에 충족되었을 때 가능하다고 주장한 학자로 옳은 것은?**

21 군무원 9급

① F. Herzberg
② C. Argyris
③ A. H. Maslow
④ V. H. Vroom

12 **동기부여이론의 양대 이론이라고 할 수 있는 과정이론과 내용이론에 대한 설명으로 가장 적절하지 않은 것은?**

21 군무원 7급

① 과정이론의 범주로 분류되는 것으로는 합리적 또는 경제적 인간모형, 사회적 인간모형을 들 수 있다.
② 내용이론은 주로 어떤 요인이 동기 유발을 하는가에 관심이 있다.
③ 과정이론은 인간의 행동이 어떻게 동기 유발이 되는가에 중점을 둔다.
④ 내용이론의 범주로 분류되는 것으로는 매슬로우(Maslow)의 욕구계층이론, 맥그리거(McGregor)의 X · Y이론을 들 수 있다.

페리의 공공봉사동기

기출빈도 ★☆☆

13 **공직동기이론에 대한 설명으로 가장 옳지 않은 것은?**

22 군무원 9급

① 공직동기는 민간부문 종사자와는 차별화되는 공공부문 종사자의 가치체계를 의미한다.
② 공직동기이론에서는 공공부문의 종사자들을 봉사의식이 투철하고 공공문제에 더 큰 관심을 가지며 공공의 문제에 영향을 미칠 수 있다는 것에 큰 가치를 부여하고 있는 개인으로 가정한다.
③ 페리와 와이즈(Perry & Wise)에 따르면 공직 동기는 합리적 차원과 규범적 차원 그리고 정서적 차원으로 구성된다.
④ 1980년대 이후 급격히 확산된 신공공관리론의 외재적 보상에 의한 동기부여를 재차 강조한다.

14 **공공봉사동기이론(Public Service Motivation)에 대한 설명으로 옳지 않은 것은?**

21 국가직 9급

① 공사부문 간 업무성격이 다르듯이, 공공부문의 조직원들은 동기구조 자체도 다르다는 입장에 있다.
② 정책에 대한 호감, 공공에 대한 봉사, 동정심(Compassion) 등의 개념으로 구성되어 있다.
③ 공공봉사동기가 높은 사람을 공직에 충원해야 한다는 주장의 근거가 될 수 있다.
④ 페리와 와이스(Perry & Wise)는 제도적 차원, 금전적 차원, 감성적 차원을 제시하였다.

리더십 행동이론(행동유형론)과 상황이론 기출빈도 ★★☆

15 **피들러(Fiedler)의 상황적합적 리더십이론에 대한 설명으로 옳지 않은 것은?** 21 국가직 7급

① 리더와 부하의 관계, 부하의 성숙도, 과업구조의 조합에 따라 리더의 상황적 유리성(Situational Favorableness)을 설명한다.
② 리더에게 매우 유리한 상황인 경우 과업 지향적 리더십이 효과적이다.
③ LPC(Least Preferred Coworker) 점수를 사용하여 리더를 과업 지향적 리더와 관계 지향적 리더로 분류했다.
④ 리더가 처한 상황에 따라서 리더십의 효과성이 달라질 수 있다.

16 **리더십 상황이론에서 중요시하는 상황적 요소로서 학자들이 흔히 주장하는 요소와 가장 관련이 없는 것은?** 21 군무원 7급

① 조직구성원의 심리적 · 업무적 성숙도
② 리더의 상황 판단 능력
③ 과업의 구조화 또는 비구조화의 정도
④ 리더와 부하와의 인간관계

17 **리더십에 대한 설명으로 가장 옳지 않은 것은?** 21 군무원 9급

① 리더십에 있어 자질론적 접근은 리더가 만들어지기보다는 특별한 역량을 타고나는 것임을 강조한다.
② 민주형 리더십은 권위와 최종책임을 위임하며 부하가 의사결정에 참여하도록 하는 쌍방향 의사전달의 특징을 지닌다.
③ 리더십에 있어 경로-목표모형은 리더의 행태가 어떻게 조직원으로 하여금 목표를 달성시키도록 하는 리더십 효과로 이어지는지를 설명해준다.
④ 상황론적 관점에서 보면 부하의 지식이 부족하고 공식적 규정이 마련되어 있지 않은 과업 환경에서는 지원적 리더십보다 지시적 리더십이 보다 부하의 만족을 높이고 효과적일 수 있다.

서번트 리더십 및 변혁적(전환적) 리더십 기출빈도 ★★☆

18 **서번트(Servant) 리더십에 대한 설명으로 옳은 것만을 모두 고르면?** 22 지방직 9급

> ㉠ 구성원들이 공동의 목표를 이루어 나갈 수 있도록 환경을 조성하고 도와준다.
> ㉡ 보상과 처벌을 핵심 관리수단으로 한다.
> ㉢ 그린리프(Greenleaf)는 존중, 봉사, 정의, 정직, 공동체 윤리를 강조했다.
> ㉣ 리더의 최우선적인 역할은 업무를 명확하게 지시하는 것이다.

① ㉠, ㉢
② ㉠, ㉣
③ ㉡, ㉢
④ ㉡, ㉣

19 **변혁적(Transformational) 리더십에 대한 설명으로 옳은 것은?** 21 지방직 9급

① 적응보다 조직의 안정을 강조한다.
② 기계적 조직체계에 적합하며, 개인적 배려는 하지 않는다.
③ 부하에게 새로운 비전을 제시하며, 지적 자극을 통한 동기부여를 강조한다.
④ 리더와 부하의 관계를 경제적 교환관계로 인식하고, 보상에 관심을 둔다.

20 **리더십에 대한 설명으로 옳지 않은 것은?** 19 국가직 9급

① 특성론에 대한 비판은 지도자의 자질이 집단의 특성 · 조직목표 · 상황에 따라 완전히 달라질 수 있고, 동일한 자질을 갖는 것은 아니며, 반드시 갖춰야 할 보편적인 자질은 없다는 것이다.
② 행태이론에서는 눈에 보이지 않는 능력 등 리더가 갖춘 속성보다 리더가 실제 어떤 행동을 하는가에 초점을 맞춘다.
③ 상황론에서는 리더십을 특정한 맥락 속에서 발휘되는 것으로 파악해, 상황 유형별로 효율적인 리더의 행태를 찾아내기 위한 연구를 수행하였다.
④ 번스(Burns)의 리더십이론에서 거래적 리더십은 카리스마적 리더십을 기반으로 하므로 카리스마적 리더십과 중첩되는 측면이 있다.

권력 및 갈등

기출빈도 ★☆☆

21 **프렌치와 레이븐(French & Raven)이 주장하는 권력의 원천에 대한 설명으로 옳지 않은 것은?** 20 국가직 9급

① 합법적 권력은 권한과 유사하며 상사가 보유한 직위에 기반한다.
② 강압적 권력은 카리스마 개념과 유사하며 인간의 공포에 기반한다.
③ 전문적 권력은 조직 내 공식적 직위와 항상 일치하는 것은 아니다.
④ 준거적 권력은 자신보다 뛰어나다고 생각하는 사람을 닮고자 할 때 발생한다.

22 **공공정책갈등에서 각 프레임과 그에 대한 설명으로 가장 적절하지 않은 것은?** 20 군무원 7급

① 정체성 프레임 – 갈등 당사자는 스스로에게 정책의 피해자라는 일정한 특징을 부여하여 자신들을 범주화한다.
② 사회적 통제 프레임 – 권력의 정당성에 대한 갈등해결 당사자들의 인식을 의미한다.
③ 손익 프레임 – 문제상황이 자신에게 어떤 이익과 손해를 가져오는지에 대한 당사자의 평가에 달려 있다.
④ 특징부여 프레임 – 갈등이슈와 관련된 위험수준과 유형에 대한 당사자의 평가를 의미한다.

23 **다음 중 의사결정자가 각 대안의 결과를 알고는 있으나 대안 간 비교 결과 어떤 것이 최선의 결과인지를 알 수 없어 발생하는 개인적 갈등의 원인은?** 17 서울시 9급

① 비수락성(Unacceptability)
② 불확실성(Uncertainty)
③ 비비교성(Incomparability)
④ 창의성(Creativity

조직문화 기출빈도 ★★☆

24 다음 중 홉스테드(Hofstede)가 비교한 문화의 비교차원과 가장 옳지 않은 것은? 22 군무원 7급

① 불확실성의 회피
② 보편주의 대 특수주의
③ 개인주의 대 집단주의
④ 장기성향 대 단기성향

25 홉스테드(Hofstede)의 문화 차원에 대한 설명으로 옳지 않은 것은? 21 국가직 7급

① 불확실성 회피 정도가 강한 경우 공식적 규정을 많이 만들어 불확실한 요소를 최대한 통제하려 한다.
② 집단주의가 강한 문화는 개인주의가 강한 문화보다 상대적으로 느슨한 개인 간 관계를 더 중요시한다.
③ 권력거리가 큰 경우 제도나 조직 내에 내재되어 있는 상당한 권력의 차이를 자연스럽게 인정한다.
④ 남성성이 강한 문화는 여성성이 강한 문화보다 상대적으로 남성과 여성의 역할에 대한 분명한 차이를 인정하려고 한다.

26 조직문화의 일반적 기능에 관한 설명으로 가장 옳지 않은 것은? 18 서울시 9급

① 조직문화는 조직구성원들에게 소속 조직원으로서의 정체성을 제공한다.
② 조직문화는 조직구성원들의 행동을 형성시킨다.
③ 조직이 처음 형성되면 조직문화는 조직을 묶어주는 접착제 역할을 한다.
④ 조직이 성숙 및 쇠퇴 단계에 이르면 조직문화는 조직혁신을 촉진하는 요인이 된다.

5 조직발전과 조직관리기법

해설편 p. 051

목표에 의한 관리(MBO)와 성과관리(PMS) 기출빈도 ★★☆

01 목표관리제(MBO)에 대한 설명으로 옳은 것만을 모두 고르면? 22 국가직 9급

> ㉠ 부하와 상사의 참여를 통해 목표를 설정한다.
> ㉡ 중 · 장기목표를 단기목표보다 강조한다.
> ㉢ 조직 내 · 외의 상황이 안정적이고 예측 가능한 조직에서 성공 확률이 높다.
> ㉣ 개별 구성원의 직무 특수성을 반영하기 위하여 목표의 정성적, 주관적 성격이 강조된다.

① ㉠, ㉡
② ㉠, ㉢
③ ㉡, ㉣
④ ㉢, ㉣

02 다음 중 조직의 성과관리에 대한 설명으로 가장 옳지 않은 것은? 22 군무원 7급

① 목표관리제는 성과에 대한 지나친 몰입으로 너무 쉬운 목표를 채택하거나 중요하지 않은 목표를 채택하도록 유도할 수 있다.
② 성과관리제는 평가 대상자 간의 과열경쟁과 다른 부서 및 개인과의 협력적 활동에 대한 부정적 태도가 강화됨으로써 조직 전반의 성과수준이 저하될 수 있다.
③ 목표관리제는 개인목표와 조직목표의 통합을 촉진해 목표 달성에 유리하게 조직을 재구조화할 수 있다.
④ 성과관리제는 행정조직의 성과평가 과정에서 즉각적인 환류가 용이하다.

전략적 관리(SM) 기출빈도 ★★☆

03 SWOT분석을 기초로 한 전략에서 방향전환 전략으로 가장 옳은 것은? 22 군무원 7급

① SO 전략
② WO 전략
③ ST 전략
④ WT 전략

전통적 관리와 총체적 품질관리(TQM) 기출빈도 ★★★

04 전통적 관리와 TQM(Total Quality Management)에 대한 설명으로 가장 옳지 않은 것은? 18 서울시 9급

① 전통적 관리체제는 기능을 중심으로 구조화되는 데 비해 TQM은 절차를 중심으로 조직이 구조화된다.
② 전통적 관리체제는 개인의 전문성을 장려하는 분업을 강조하는 데 비해 TQM은 주로 팀 안에서 업무를 수행할 것을 강조한다.
③ 전통적 관리체제는 상위층의 의사결정을 위한 정보체제를 운영하는 데 비해 TQM은 절차 내에서 변화를 이루는 사람들이 적시에 정확한 정보를 소유하 는 데 초점을 둔다.
④ 전통적 관리체제는 낮은 성과의 원인을 관리자의 책으로 간주하는 데 비해 TQM은 낮은 성과를 근로자 개인의 책임으로 간주한다.

05 **총체적 품질관리(TQM)와 목표관리(MBO)에 대한 설명으로 가장 옳은 것은?** 17 서울시 9급

① TQM이 X이론적 인간관에 기반하고 있다면, MBO는 Y이론적 인간관에 기반하고 있다.
② TQM이 분권화된 조직관리 방식이라고 하면, MBO는 집권화된 조직관리 방식이다.
③ TQM이 조직 내부 성과의 효율성에 초점을 둔다면, MBO는 고객만족도 중심의 대응성에 초점을 둔다.
④ TQM이 팀 단위의 활동을 바탕으로 한다면, MBO는 개별 구성원의 활동을 바탕으로 한다.

균형성과표(BSC) 기출빈도 ★★☆

06 **균형성과표(BSC)에 대한 설명으로 옳지 않은 것은?** 21 지방직 9급

① 조직의 장기적 전략 목표와 단기적 활동을 연결할 수 있게 한다.
② 재무적 성과지표와 비재무적 성과지표를 통한 균형적인 성과관리 도구라고 할 수 있다.
③ 재무적 정보 외에 고객, 내부 절차, 학습과 성장 등 조직 운영에 필요한 관점을 추가한 것이다.
④ 고객 관점에서의 성과지표는 시민참여, 적법절차, 내부 직원의 만족도, 정책 순응도, 공개 등이 있다.

07 **조직이론에 대한 설명으로 옳지 않은 것은?** 21 지방직 7급

① 카플란(Kaplan)과 노턴(Norton)은 균형성과표(BSC)의 네 가지 관점으로 고객 관점, 내부 프로세스 관점, 재무적 관점, 학습과 성장 관점을 제시하였다.
② 민츠버그(Mintzberg)는 조직의 5개 구성 요소로 전략적 최고관리층, 중간계선관리층, 작업층, 기술구조, 지원 막료를 제시하였다.
③ 허시(Hersey)와 블랜차드(Blanchard)는 부하의 성숙도가 높은 경우 지시적 리더십이 효과적이라고 았다.
④ 베버(Weber)는 법적 · 합리적 권한에 기초를 둔 이념형(Ideal Type) 관료제의 특징으로 법과 규칙의 지배, 계층제, 문서에 의한 직무수행, 비개인성(Impersonality), 분업과 전문화 등을 제시하였다.

08 **균형성과표(BSC)에 대한 설명으로 옳지 않은 것은?** 17 지방직 9급 추가

① 학습 · 성장 관점은 구성원의 능력개발이나 직무만족과 같이 주로 인적자원에 대한 성과를 포함한다.
② 무형자산에 대한 강조는 성과평가의 시간에 대한 관점을 단기에서 장기로 전환시킨다.
③ 고객 관점의 성과지표에는 고객만족도, 신규고객 증가 수 등이 있다.
④ 내부프로세스 관점에서는 통합적인 일처리절차보다 개별 부서별로 따로따로 이루어지는 일처리방식에 초점을 맞춘다.

성공에 대해서 서두르지 않고,
교만하지 않고, 쉬지 않고,
포기하지 않는다.

- G. 플로베르 -

PART 4

인사행정론

챕터별 출제 비중

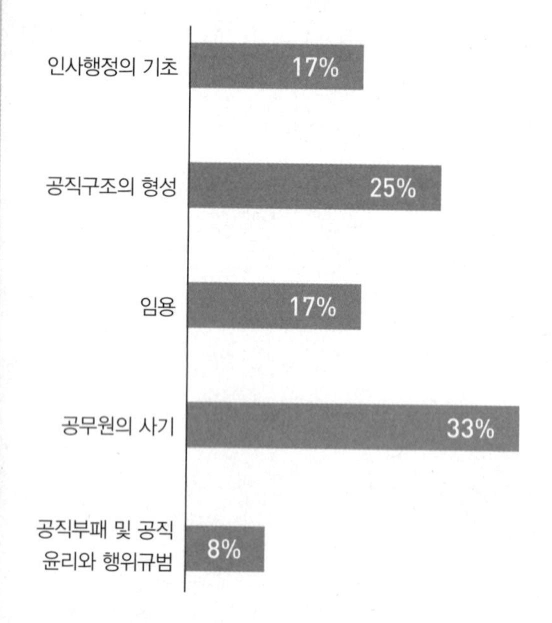

※ 2022년 출제기준

학습 포인트

2022년 시험에서 가장 많이 출제된 챕터는 공무원의 사기로 특히 보수 및 연금에서 집중 출제되었다. 인사행정론은 학습자가 공무원이 되었다고 가정하여 챕터 순서별로 이해하듯 암기가 가능한 파트이다. 인사행정의 기초와 공직구조의 형성에서 엽관주의 · 실적주의, 대표관료제, 경력직 · 특수경력직, 개방형 · 폐쇄형, 계급제 · 직위분류제 등은 특징을 정확히 비교하여 학습하여야 한다. 법령이 많이 포함된 파트로 연금 및 보수나 부정청탁 및 금품에 관한 법률 등에서 개정된 내용을 정확히 숙지하여야 한다.

회독체크

구분	1회독	2회독	3회독
CHAPTER 1 인사행정의 기초	□	□	□
CHAPTER 2 공직구조의 형성	□	□	□
CHAPTER 3 임용	□	□	□
CHAPTER 4 능력발전	□	□	□
CHAPTER 5 공무원의 사기	□	□	□
CHAPTER 6 공직부패 및 공직윤리와 행위규범	□	□	□

□ 칸에 학습진도를 체크하세요.

1 인사행정의 기초

해설편 p. 054

엽관주의와 실적주의 기출빈도 ★★★

01 공무원의 정치적 중립의 정당화 근거로 옳지 않은 것은?

22 국가직 9급

① 엽관주의의 폐해를 극복하여 행정의 안정성과 전문성을 제고할 수 있다.
② 공무원은 국민 전체의 이익을 위해 공평무사하게 봉사해야 하는 신분이다.
③ 공무원의 정치적 기본권을 강화하여 공직의 계속성을 제고할 수 있다.
④ 공명선거를 통해 민주적 기본질서를 제고할 수 있다.

02 엽관주의의 정당화 근거로 옳지 않은 것은? 21 국가직 7급

① 행정 민주화에 기여
② 정치지도자의 행정 통솔력 강화
③ 정당정치 발달에 공헌
④ 행정의 안정성과 지속성 확보

03 엽관주의와 실적주의에 대한 설명으로 옳은 것은?

21 지방직 9급

① 엽관주의는 개인의 능력, 적성, 기술을 공직 임용기준으로 한다.
② 엽관주의는 정치지도자의 국정 지도력을 약화한다.
③ 실적주의는 국민에 대한 관료의 대응성을 높인다.
④ 실적주의는 공직 임용에 대한 기회의 균등을 보장한다.

04 공무원 인사제도에 대한 설명으로 옳지 않은 것은?

21 지방직 7급

① 실적주의는 공무원의 인적 구성이 사회의 인구학적 특성과 비례가 되도록 해야 한다는 대표관료제를 비판하면서 등장하였다.
② 엽관주의는 정당제도 유지에 기여하고 공무원의 정치적 책임성을 확보할 수 있다는 장점이 있어 오늘날에도 부분적으로 남아 있다.
③ 실적주의는 엽관주의의 폐해와 급격한 경제발전으로 행정기능이 양적으로 확대되고 질적으로 복잡해짐에 따라 공무원들의 전문적 지식과 기술이 필요해지면서 정당성이 강화되었다.
④ 엽관주의에 따른 인사는 관료기구와 집권 정당의 동질성을 확보할 수 있으며, 정부가 공무원의 충성심을 확보하고 공무원을 효과적으로 통솔할 수 있다.

05 인사행정제도에 대한 설명으로 가장 옳지 않은 것은?

21 군무원 9급

① 공직충원의 개방성을 확대하면 직업공무원제 확립에 보다 더 기여할 수 있다.
② 계급제는 직위분류제에 비해 인적자원의 탄력적 활용이 용이하다.
③ 엽관주의는 행정의 민주성을 강화하는 측면도 있다.
④ 대표관료제는 출신집단의 가치와 이익을 정책과정에 반영시킬 수 있다는 전제에서 출발한다.

06 엽관주의 인사제도가 필요한 이유로 가장 옳은 것은?

20 군무원 9급

① 행정의 안정성과 계속성 확보
② 행정의 공정성 확보
③ 국민의 요구에 대한 관료적 대응성 향상
④ 유능한 인재 등용

대표관료제 기출빈도 ★★☆

07 대표관료제에 대한 설명으로 옳지 않은 것은? 19 지방직 9급

① 소극적 대표가 적극적 대표를 촉진한다는 가정하에 제도를 운영해 왔다.
② 엽관주의 폐단을 시정하기 위해 등장하였으며 역차별의 문제를 완화할 수 있다.
③ 소극적 대표성은 전체 사회의 인구 구성적 특성과 가치를 반영하는 관료제의 인적 구성을 강조한다.
④ 우리나라는 균형인사제도를 통해 장애인 · 지방인재 · 저소득층 등에 대한 공직진출 지원을 하고 있다.

08 대표관료제에 대한 설명으로 옳지 않은 것은? 17 국가직 9급

① 엽관주의의 폐단을 시정하기 위해 등장하였다.
② 관료의 국민에 대한 대응성과 책임성을 향상시킨다.
③ 형평성을 제고할 수 있으나 역차별의 문제가 발생할 수 있다.
④ 우리나라도 대표관료제적 임용정책을 시행하고 있다.

중앙인사기관 기출빈도 ★★☆

09 중앙인사기관의 조직 형태에 대한 설명으로 가장 옳지 않은 것은?

22 군무원 9급

① 1948년 대한민국 정부 수립 이후 비독립형 단독제 기관으로서 총무처를 두고 있었다.
② 1999년 독립형 합의제 기관으로서 중앙인사위원회가 설치되어 행정자치부와 업무를 분담하였으며, 2004년부터는 중앙인사위원회로 통합되어 정부인사기능이 일원화되었다.
③ 2008년 중앙인사위원회의 폐지 이후 2013년까지 행정안전부를 거쳐 안전행정부로 인사관리기능이 독립형 단독제 기관으로 통합되어 운영되었다.
④ 2014년 국무총리 소속으로 인사혁신처가 신설되어 현재까지 비독립형 단독제기관의 형태로 중앙인사기관이 운영되고 있다.

10 다음 중앙인사기관의 유형에 대한 설명으로 옳은 것은?

21 지방직 7급

> • 행정수반이 인사관리에 직접적인 책임을 지며, 인사기관의 장은 행정수반을 보좌하여 집행업무를 담당한다.
> • 인적자원 확보, 능력발전, 유지, 보상 등 인사관리에 대한 기능을 부처의 협조 하에 통합적으로 수행한다.
> • 인사기관의 결정과 집행의 행위는 행정수반의 승인과 검토의 대상이 된다.

① 정치권력의 부당한 개입을 막아 정치적 중립성과 공직의 안정성을 확보할 수 있다.
② 인사기관의 구성방식을 통해서 인사 정책의 일관성을 확보할 수 있다.
③ 합의에 따른 결정방식으로 인사의 공정성을 유지하는 것이 중요하다.
④ 한 명의 인사기관의 장이 조직을 관장하고 행정수반의 지휘 아래 놓이게 된다.

2 공직구조의 형성

해설편 p. 056

국가공무원과 지방공무원
기출빈도 ★★☆

01 「지방공무원법」상 특정직 지방공무원에 해당하지 않는 것은? 18 지방직 9급

① 지방의회 전문위원
② 교육감 소속의 교육전문직원
③ 자치경찰공무원
④ 지방소방공무원

경력직과 특수경력직
기출빈도 ★★★

02 다음 중 우리나라의 공직분류 중 특정직에 해당하지 않는 것은? 22 군무원 7급

① 경호공무원
② 경찰청장
③ 감사원 사무차장
④ 헌법재판소 헌법연구관

03 공직 분류 체계에 대한 설명으로 옳은 것은? 21 지방직 9급

① 소방공무원은 특수경력직 공무원에 해당한다.
② 국회 수석전문위원은 일반직 공무원에 해당한다.
③ 차관에서 3급 공무원까지는 특정직 공무원에 해당한다.
④ 경력직 공무원은 실적과 자격에 의해 임용되고 신분이 보장된다.

04 통상적인 근무시간보다 짧은 시간(주 15~35시간)을 근무하는 공무원으로서 일반 공무원처럼 시험을 통해 채용되고 정년이 보장되는 공무원으로 옳은 것은? 20 군무원 9급

① 시간선택제전환공무원
② 시간선택제임기제공무원
③ 시간선택제채용공무원
④ 한시임기제공무원

05 전문경력관제도에 대한 설명으로 옳지 않은 것은? 18 국가직 9급

① 소속 장관은 해당 기관의 일반직 공무원 직위 중 순환보직이 곤란하거나 장기 재직 등이 필요한 특수 업무 분야의 직위를 인사혁신처장과 협의하여 전문경력관 직위로 지정할 수 있다.
② 일반직 공무원과 마찬가지로 계급 구분과 직군 및 직렬의 분류를 적용한다.
③ 전문경력관직위의 군은 직무의 특성 · 난이도 및 직무에 요구되는 숙련도 등에 따라 구분한다.
④ 임용권자는 일정한 경우에 전직시험을 거쳐 전문경력관을 다른 일반직 공무원으로 전직시킬 수 있다.

06 공무원의 구분에 대한 설명으로 옳은 것은? 17 지방직 9급 추가

① 일반직 공무원은 경력직과 특수경력직으로 구분된다.
② 지방소방사는 특정직 공무원에 해당된다.
③ 행정부 국가공무원 중에서는 일반직 공무원의 수가 가장 많다.
④ 국가정보원 7급 직원은 특수경력직 공무원에 해당된다.

07 정무직 공무원과 직업관료 간의 일반적인 성향 차이에 대한 내용으로 옳지 않은 것은? 17 지방직 9급

① 정무직 공무원은 재임기간이 짧기 때문에 정책의 필요성이나 성폐를 단기적으로 바라보지만, 직업관료는 신분보장이 되어 있기 때문에 장기적으로 바라보는 경향이 있다.
② 정무직 공무원은 행정수반의 정책비전에 따른 변화를 추구하고, 직업관료는 제도적 건전성을 통한 중립적 공공봉사를 중시한다.
③ 정무직 공무원은 직업적 전문성(Professionalism)에 따라 정책문제를 바라보고, 직업관료는 정치적 이념에 따라 정책문제를 정의한다.
④ 정책대안을 평가할 때 정무직 공무원은 조직 내부의 이익보다 정치적 반응에 더 큰 비중을 두고, 직업관료는 본인이 소속된 기관의 이익을 중시하는 경향이 있다.

계급제와 직위분류제 기출빈도 ★★★

08 직위분류제의 주요 개념에 대한 설명으로 옳지 않은 것은? 22 국가직 9급

① '직위'는 한 사람의 공무원에게 부여할 수 있는 직무와 책임을 의미한다.
② '직급'은 직무의 종류가 유사하고 곤란도 · 책임도가 서로 다른 군(群)을 의미한다.
③ '직류'는 동일 직렬 내에서 담당분야가 동일한 직무의 군(群)을 의미한다.
④ '직무등급'은 직무의 곤란도 · 책임도가 유사해 동일보수를 줄 수 있는 직위의 군(群)을 의미한다.

09 계급제와 직위분류제에 대한 설명으로 가장 옳지 않은 것은? 21 군무원 9급

① 계급제는 사람의 자격과 능력을 기준으로 분류하는 것이다.
② 직위분류제는 사람이 맡아 수행하는 직무와 그 직무수행에 수반되는 책임을 기준으로 하는 것이다.
③ 직위분류제는 전체 조직업무를 체계적으로 분업화하고 한 사람의 적정 업무량을 조직상 위계에서 고려하는 구조중심의 접근이다.
④ '동일업무에 대한 동일보수'라는 보수의 형평성 요구가 직위분류제의 출발을 촉진시켰다고 할 수 있다.

10 직위분류제의 단점은? 20 지방직 9급

① 행정의 전문성 결여
② 조직 내 인력 배치의 신축성 부족
③ 계급 간 차별 심화
④ 직무경계의 불명확성

11 **계급제와 직위분류제에 대한 설명으로 가장 옳은 것은?**

19 서울시 9급

① 과학적 관리론과 실적제의 발달은 직위분류제의 쇠퇴와 계급제의 발전에 기여했다.
② 우리나라 「국가공무원법」에는 직위분류제 주요 구성 개념인 '직위, 직군, 직렬, 직류, 직급' 등이 제시되어 있다.
③ 직위분류제는 공무원 개인의 능력이나 자격을 기준으로 공직분류체계를 형성한다.
④ 계급제와 직위분류제는 절대 양립불가능하며 우리나라는 계급제를 기반으로 한다.

12 **직무평가의 방법 중 점수법에 대한 설명으로 가장 옳은 것은?**

18 서울시 9급

① 직무 전체를 종합적으로 판단해 미리 정해 놓은 등 급 기준표와 비교해가면서 등급을 결정한다.
② 대표가 될 만한 직무들을 선정하여 기준직무(Key Job)로 정해놓고 각 요소별로 평가할 직무와 기준직무를 비교해가며 점수를 부여한다.
③ 비계량적 방법을 통해 직무기술서의 정보를 검토한 후 직무 상호 간에 직무 전체의 중요도를 종합적으로 비교한다.
④ 직무평가기준표에 따라 직무의 세부 구성요소들을 구분한 후 요소별 가치를 점수화하여 측정하는데, 요소별 점수를 합산한 총점이 직무의 상대적 가치를 나타낸다.

개방형과 폐쇄형

기출빈도 ★☆☆

13 **개방형 또는 폐쇄형 인사제도에 대한 설명으로 옳은 것은?**

21 국가직 7급

① 개방형 인사제도는 외부전문가나 경력자에게 공직을 개방하여 새로운 지식과 기술, 아이디어를 수용해 공직사회의 침체를 막고 행정의 효율성을 높이는 데 유리하다.
② 일반적으로 폐쇄형 인사제도는 직위분류제에 바탕을 두고 있으며, 일반행정가보다 전문가 중심의 인력구조를 선호한다.
③ 개방형 인사제도는 폐쇄형 인사제도에 비해 안정적인 공직사회를 형성함으로써 공무원의 사기를 높이고 장기근무를 장려한다.
④ 폐쇄형 인사제도는 개방형 인사제도에 비해 내부승진과 경력 발전을 위한 교육훈련의 기회가 적다.

공직구조 관련 인사제도

기출빈도 ★★☆

14 **직업공무원제의 특징으로 옳지 않은 것은?** 22 국가직 9급

① 직무급 중심 보수체계
② 능력발전의 기회 부여
③ 폐쇄형 충원방식
④ 신분의 보장

15 직업공무원제에 대한 설명으로 옳지 않은 것은?

21 국가직 7급

① 공무원의 신분을 보장해 행정의 연속성과 일관성을 유지하는 데 긍정적인 제도이다.
② 젊고 유능한 인재들이 공직을 보람 있는 직업으로 선택하여 일생을 바쳐 성실히 근무하도록 유도하는 인사 제도이다.
③ 공무원이 환경적 요청에 민감하지 못하고 특권집단화할 염려가 있다.
④ 공무원의 일체감과 단결심 및 공직에 헌신하려는 정신을 강화하는 데 불리한 제도이다.

16 고위공무원단제도에 대한 설명으로 옳지 않은 것은?

21 지방직 9급

① 역량 중심의 인사관리
② 계급 중심의 인사관리
③ 성과와 책임 중심의 인사관리
④ 개방과 경쟁 중심의 인사관리

17 직업공무원제의 단점을 보완하는 것으로 옳지 않은 것은?

20 지방직 9급

① 개방형 인사제도
② 계약제 임용제도
③ 계급정년제의 도입
④ 정치적 중립의 강화

18 우리나라의 공무원에 대한 설명으로 옳지 않은 것은?

17 국가직 9급 추가

① 특수경력직 공무원은 경력직 공무원 이외의 공무원으로서 실적주의와 직업공무원제의 획일적인 적용을 받지는 않는다.
② 법관, 검사, 외무공무원, 경찰공무원, 소방공무원, 교육공무원, 군인, 군무원, 헌법재판소 헌법연구관, 국가정보원 직원 등은 경력직 공무원 중에서 특정직 공무원에 해당한다.
③ 선거로 취임하거나 임명할 때 국회의 동의가 필요한 공무원은 특수경력직 공무원 중에서 정무직 공무원에 해당한다.
④ 고위공무원단은 중앙행정기관과 지방자치단체의 실장·국장 및 이에 상당하는 보좌기관에 임용되어 재직 중이거나 파견·휴직 등으로 인사관리되고 있는 국가공무원과 지방공무원을 말한다.

3 임용

해설편 p. 060

외부임용(발생) 기출빈도 ★★☆

01 우리나라의 시보제도에 대한 설명으로 가장 옳은 것은?

22 군무원 9급

① 시보기간 동안은 신분이 보장되지 않기 때문에 그 기간은 공무원 경력에 포함되지 아니한다.
② 시보공무원은 「공무원법」상 공무원에 해당하기 때문에 시보기간 동안에도 보직을 부여받을 수 있다.
③ 시보기간 동안에 직권면직이 되면, 향후 3년간 다시 공무원으로 임용될 수 없는 결격사유에 해당한다.
④ 시보기간 동안은 신분이 보장되지 않기 때문에 징계처분에 대한 소청심사청구를 할 수 없다.

내부임용(변경) 기출빈도 ★★☆

02 공무원의 인사이동에 대한 설명으로 옳은 것은?

20 국가직 9급

① 겸임은 한 사람에게 둘 이상의 직위를 부여하는 것으로 그 대상은 특정직 공무원이며, 겸임 기간은 3년 이내로 한다.
② 전직은 인사 관할을 달리하는 기관 사이의 수평적 인사이동에 해당하며, 예외적인 경우에만 전직시험을 거치도록 하고 있다.
③ 같은 직급 내에서 직위 등을 변경하는 전보는 수평적 인사이동에 해당하며, 전보의 오용과 남용을 방지하기 위해 전보가 제한되는 기간이나 범위를 두고 있다.
④ 예산 감소 등으로 직위가 폐지되어 하위 계급의 직위에 임용하려면 별도의 심사 절차를 거쳐야 하고, 강임된 공무원에게는 강임된 계급의 봉급이 지급된다.

03 공무원의 임용에 대한 설명으로 옳지 않은 것은?

20 군무원 9급

① 신규채용은 공개경쟁 채용시험을 통해 채용하지만 퇴직공무원의 재임용의 경우에는 경력경쟁채용시험에 의한다.
② 전입은 국회 · 행정부 · 지방자치단체 등 서로 다른 기관에 소속되어 있는 공무원의 인사이동을 의미한다.
③ 고위공무원단이나 그에 상응하는 계급으로의 승진은 능력과 경력을 고려하며, 5급으로의 승진은 별도의 승진시험을 거쳐야 한다.
④ 국가직은 고위공무원단을 포함한 1급~2급에 해당하는 직위 모두를 개방형 직위로 간주한다.

공무원 신분의 변경과 소멸 기출빈도 ★★☆

04 공무원 신분의 변경과 소멸에 대한 설명으로 옳지 않은 것은?

22 국가직 9급

① 직권면직은 법률상 징계의 종류로 규정되어 있지 않다.
② 정직은 징계처분의 일종으로, 정직 기간 중에는 보수의 1/2을 감하도록 되어 있다.
③ 임용권자는 사정에 따라서는 공무원 본인의 의사에도 불구하고 휴직을 명해야 한다.
④ 임용권자는 직무수행 능력 부족을 이유로 직위해제를 받은 공무원이 직위해제 기간에 능력의 향상을 기대하기 어렵다고 인정된 때에 직권면직을 통해 공무원의 신분을 박탈할 수 있다.

05 배치전환에 대한 설명으로 가장 옳지 않은 것은?

19 서울시 9급

① 능력의 정체와 퇴행현상을 방지할 수 있다.
② 직무의 부적응을 해소하고 조직 구성원에게 재적응의 기회를 부여할 수 있다.
③ 행정의 전문성과 능률성을 증진시킬 수 있다.
④ 정당한 징계절차에 의하지 않고 일종의 징계수단으로 활용될 가능성이 존재한다.

06 「국가공무원법」상 징계에 대한 설명으로 옳은 것은?

18 국가직 9급

① 징계는 파면 · 해임 · 정직 · 감봉 · 견책으로 구분한다.
② 정직은 1개월 이상 3개월 이하의 기간으로 하고, 정직 처분을 받은 자는 그 기간 중 공무원의 신분은 보유하나 직무에 종사하지 못하며 보수의 3분의 2를 감한다.
③ 감봉은 1개월 이상 3개월 이하의 기간 동안 보수의 3분의 1을 감한다.
④ 감사원에서 조사 중인 사건에 대하여는 조사 개시 통보를 받은 후부터 징계 의결의 요구나 그 밖의 징계절차를 진행할 수 있다.

07 계급정년제도에 대한 설명으로 옳지 않은 것은?

17 국가직 9급 추가

① 공무원이 일정한 기간 동안 승진하지 못하고 동일한 계급에 머물러 있으면, 그 기간이 만료된 때에 그 사람을 자동적으로 퇴직시키는 제도이다.
② 인적자원의 유동률을 높여 국민의 공직취임 기회를 확대할 수 있다.
③ 공무원의 교체를 촉진하여 낡은 관료문화 타파에 기여할 수 있다.
④ 모든 공무원의 직업적 안정성을 확보할 수 있다.

4 능력발전

해설편 p. 063

교육훈련

기출빈도 ★☆☆

01 다음 설명에 해당하는 교육훈련 방법은? 19 국가직 9급

> 서로 모르는 사람 10명 내외로 소집단을 만들어 허심탄회하게 자신의 느낌을 말하고 다른 사람이 자신을 어떻게 생각하는지를 귀담아듣는 방법으로 훈련을 진행하기 위한 전문가의 역할이 요구된다.

① 역할연기
② 직무순환
③ 감수성 훈련
④ 프로그램화 학습

02 역량평가에 대한 설명으로 옳은 것만을 모두 고르면? 18 지방직 9급

> ㉠ 역량은 조직의 평균적인 성과자의 행동특성과 태도를 의미한다.
> ㉡ 다수의 훈련된 평가자가 평가대상자가 수행하는 역할과 행동을 관찰하고 합의하여 평가결과를 도출한다.
> ㉢ 고위공무원단 역량평가의 대상은 문제인식, 전략적 사고, 성과지향, 변화관리, 고객만족, 조정 · 통합의 6가지 역량으로 구성되어 있다.
> ㉣ 고위공무원단 후보자가 되기 위해서는 역량평가를 거친 후 반드시 고위공무원단 후보자 교육과정을 이수해야 한다.

① ㉠, ㉡
② ㉠, ㉣
③ ㉡, ㉢
④ ㉢, ㉣

근무성적평정과 오류

기출빈도 ★★☆

03 근무성적평정 과정상의 오류와 완화방법에 대한 설명으로 옳지 않은 것은? 21 국가직 9급

① 일관적 오류는 평정자의 기준이 다른 사람보다 높거나 낮은 데서 비롯되며 강제배분법을 완화방법으로 고려할 수 있다.
② 근접효과는 전체 기간의 실적을 같은 비중으로 평가하지 못할 때 발생하며 중요사건기록법을 완화방법으로 고려할 수 있다.
③ 관대화 경향은 비공식집단적 유대 때문에 발생하며 평정결과의 공개를 완화방법으로 고려할 수 있다.
④ 연쇄효과는 도표식 평정척도법에서 자주 발생하며 피평가자별이 아닌 평정요소별 평정을 완화방법으로 고려할 수 있다.

04 국내 최고 대학을 졸업했기 때문에 일을 잘했을 것이라고 생각하여 피평정자에게 높은 근무성적평정 등급을 부여할 경우 평정자가 범하는 오류는? 20 지방직 9급

① 선입견에 의한 오류
② 집중화 경향으로 인한 오류
③ 엄격화 경향으로 인한 오류
④ 첫머리 효과에 의한 오류

05 공무원의 근무성적평정에 대한 설명으로 옳은 것은?

19 지방직 9급

① 평정대상자의 근무실적과 직무수행능력을 평가하지만 적성, 근무태도 등은 평가하지 않는다.
② 중요사건기록법은 평정대상자로 하여금 자신의 근무실적을 스스로 보고하도록 하는 방법이다.
③ 평정자가 평정대상자를 다른 평정대상자와 비교함으로써 발생하는 오류는 대비오차이다.
④ 우리나라의 6급 이하 공무원에게는 직무성과계약제가 적용되고 있다.

06 근무성적평정상의 오류 중 평가자가 일관성 있는 평정 기준을 갖지 못하여 관대화 및 엄격화 경향이 불규칙하게 나타나는 것은?

18 국가직 9급

① 연쇄 효과(Halo Effect)
② 규칙적 오류(Systematic Error)
③ 집중화 경향(Central Tendency)
④ 총계적 오류(Total Error)

07 우리나라의 다면평가제도에 대한 설명으로 옳지 않은 것은?

17 국가직 9급 추가

① 해당 공무원에게 평가정보를 다각적으로 제공하는 경우에는 능력개발을 유도할 수 있다.
② 다면평가의 결과는 승진, 전보, 성과급 지급 등에 참고자료로 활용될 수 있다.
③ 다면평가의 결과는 해당 공무원에게 공개할 수 있다.
④ 민원인은 해당 공무원에 대한 다면평가에 참여할 수 없다.

5 공무원의 사기

해설편 p. 065

사기양양 기출빈도 ★★★

01 다음 설명에 해당하는 유연근무제의 유형은? 22 지방직 9급

- 탄력근무제의 한 유형
- 1일 8시간에 구애받지 않음
- 주 3.5~4일 근무

① 재택근무형
② 집약근무형
③ 시차출퇴근형
④ 근무시간선택형

02 공무원고충처리에 대한 설명으로 옳지 않은 것은? 21 지방직 7급

① 5급 이상 공무원 및 고위공무원단에 속하는 일반직 공무원의 고충을 다루는 중앙고충심사위원회의 기능은 소청심사위원회가 관장한다.
② 고충처리대상은 인사 · 조직 · 처우 등의 직무조건과 성폭력범죄, 성희롱 등으로 인한 신상문제에 대하여 광범위하게 인정된다.
③ 소청심사위원회의 결정은 처분청에 대한 법적 기속력이 있지만, 고충심사위원회의 결정은 처분청에 대한 법적 기속력이 없다.
④ 고충심사위원회가 청구서를 접수한 때에는 30일 이내에 고충심사에 대한 결정을 해야 하고 그 결정은 위원 과반수의 출석과 과반수의 합의에 의한다.

03 공무원의 사기관리에 대한 설명으로 옳은 것은? 17 지방직 9급

① 「공무원 제안 규정」상 우수한 제안을 제출한 공무원에게 인사상 특전을 부여할 수 있지만, 상여금은 지급할 수 없다.
② 소청심사제도는 징계처분과 같이 의사에 반하는 불이익 처분을 받은 공무원이 그에 불복하여 이의를 제기했을 때 이를 심사하여 결정하는 절차이다.
③ 우리나라는 공무원의 고충을 심사하기 위하여 행정자치부에 중앙고충심사위원회를 둔다.
④ 성과상여금제도는 공직의 경쟁력을 높이기 위하여 공무원인사와 급여체계를 사람과 연공 중심으로 개편한 것이다.

보수 및 연금 기출빈도 ★★☆

04 공무원 보수의 유형에 대한 설명으로 옳지 않은 것은? 22 지방직 9급

① 직능급은 자격증을 갖춘 유능한 인재의 확보에 유리하다.
② 연공급은 근속연수를 기준으로 하기 때문에 전문기술인력 확보에 유리하다.
③ 직무급은 동일노동에 대한 동일임금이라는 합리적인 보수 책정이 가능하다.
④ 성과급은 결과를 중시하며 변동급의 성격을 가진다.

05 2015년 공무원연금 개혁에 대한 설명으로 옳지 않은 것은?

22 지방직 9급

① 퇴직연금 지급률을 1.7%로 단계적 인하
② 퇴직연금 수급 재직요건을 20년에서 10년으로 완화
③ 퇴직연금 기여율을 기준소득월액의 9%로 단계적 인상
④ 퇴직급여 산정 기준은 퇴직 전 3년 평균보수월액으로 변경

06 다음 중 '직무성과급적 연봉제'의 적용을 받는 공무원으로 옳은 것은?

22 군무원 7급

① 고위공무원단
② 1~5급 공무원
③ 임기제공무원
④ 정무직 공무원

6 공직부패 및 공직윤리와 행위규범

해설편 p. 067

공직부패 기출빈도 ★★★

01 공무원 부패의 사례와 그 유형을 바르게 연결한 것은?

18 국가직 9급

> ㉠ 무허가 업소를 단속하던 공무원이 정상적인 단속 활동을 수행하다가 금품을 제공하는 특정 업소에 대해서는 단속을 하지 않는다.
> ㉡ 금융위기가 심각함에도 불구하고 국민들의 동요나 기업 활동의 위축을 방지하기 위해 금융위기가 전혀 없다고 관련 공무원이 거짓말을 한다.
> ㉢ 인·허가와 관련된 업무를 담당하는 공무원의 대부분은 업무를 처리하면서 민원인으로부터 의례적으로 급행료를 받는다.
> ㉣ 거래당사자 없이 공금 횡령, 개인적 이익 편취, 회계 부정 등이 공무원에 의해 일방적으로 발생한다.

	㉠	㉡	㉢	㉣
①	제도화된 부패	회색 부패	일탈형 부패	생계형 부패
②	일탈형 부패	생계형 부패	조직 부패	회색 부패
③	일탈형 부패	백색 부패	제도화된 부패	비거래형 부패
④	조직 부패	백색 부패	생계형 부패	비거래형 부패

02 공무원 부패에 관한 설명으로 가장 옳지 않은 것은?

18 국가직 9급

① 인·허가와 관련된 업무를 처리할 때 소위 '급행료'를 지불하는 것을 당연시하는 관행은 제도화된 부패에 해당한다.
② 금융위기가 심각함에도 불구하고 국민들의 동요나 기업활동의 위축을 막기 위해 공직자가 거짓말을 하는 것은 회색 부패에 해당한다.
③ 무허가 업소를 단속하던 단속원이 정상적인 단속활동을 수행하다가 금품을 제공하는 특정 업소에 대해서 단속을 하지 않는 것은 일탈형 부패에 해당한다.
④ 공금 횡령, 개인적인 이익의 편취, 회계 부정 등은 비거래형 부패에 해당한다.

부정청탁 및 금품 등 수수의 금지에 관한 법률 기출빈도 ★★☆

※ 개정 · 변경된 내용으로 선지 교체

03 「부정청탁 및 금품 등 수수의 금지에 관한 법률 시행령」의 개정 내용 중 음식물·경조사비 등의 가액 범위로 옳지 않은 것은(단, 합산의 경우는 배제한다)?

18 지방직 9급

	내용	종전 (2016.9.8.)	개정 (2018.1.17.)
①	유가증권	5만 원	5만 원
②	축의금, 조의금	10만 원	5만 원
③	음식물	3만 원	5만 원
④	농수산물 및 농수산 가공품	5만 원	10만 원

※ 개정 · 변경된 내용으로 선지 교체

04 「부정청탁 및 금품 등 수수의 금지에 관한 법률」상 금지하는 부정청탁에 해당하지 않는 것은? 17 국가직 9급

① 각급 학교의 입학 · 성적 · 수행평가 등의 업무에 관하여 법령을 위반하여 처리 · 조작하도록 하는 행위
② 공개적으로 공직자 등에게 특정한 행위를 요구하는 행위
③ 공공기관이 주관하는 각종 수상, 포상, 우수기관 선정 또는 우수자 선발에 관하여 법령을 위반하여 특정 개인 · 단체 · 법인이 선정 또는 탈락되도록 하는 행위
④ 모집 · 선발 · 채용 · 승진 · 전보 등 공직자 등의 인사에 관하여 법령을 위반하여 개입하거나 영향을 미치도록 하는 행위

국가공무원법 기출빈도 ★★☆

05 「국가공무원법」에 명시된 공무원의 의무에 해당하지 않는 것은? 21 국가직 9급

① 부패행위 신고의무
② 품위 유지의 의무
③ 복종의 의무
④ 성실 의무

06 아래 두 법률 제1조(목적)의 빈칸에 공통으로 들어갈 행정이념을 차례대로 옳게 연결한 것은? 21 군무원 7급

> 국가공무원법
> 제1조(목적) 이 법은 각급 기관에서 근무하는 모든 국가공무원에게 적용할 인사행정의 근본 기준을 확립하여 그 공정을 기함과 아울러 국가공무원에게 국민 전체의 봉사자로서 행정의 ○○○이며 □□□인 운영을 기하게 하는 것을 목적으로 한다.
> 지방공무원법
> 제1조(목적) 이 법은 지방자치단체의 공무원에게 적용할 인사행정의 근본 기준을 확립하여 지방자치행정의 ○○○이며 □□□인 운영을 도모함을 목적으로 한다.

① 합법적, 민주적
② 합법적, 중립적
③ 민주적, 중립적
④ 민주적, 능률적

07 「국가공무원법」에 규정된 공무원의 의무에 대한 설명으로 옳지 않은 것은? 20 군무원 7급

① 공무원은 소속 상관의 허가 또는 정당한 사유가 없으면 직장을 이탈하지 못한다.
② 공무원은 공무 외에 영리를 목적으로 하는 업무에 종사하지 못하며 소속 기관장의 허가 없이 다른 직무를 겸할 수 없다.
③ 공무원이 외국 정부로부터 영예나 증여를 받을 경우에는 소속 기관장의 허가를 받아야 한다.
④ 사실상 노무에 종사하는 공무원으로서 노동조합에 가입된 자가 조합 업무에 전임하려면 소속 장관의 허가를 받아야 한다.

공직자윤리법

기출빈도 ★★☆

08 「공직자윤리법」상 재산등록의무자로 옳지 않은 것은?

22 지방직 9급

① 법관 및 검사
② 소령 이상의 장교 및 이에 상당하는 군무원
③ 총경 이상의 경찰공무원과 소방정 이상의 소방공무원
④ 4급 이상의 일반직 공무원에 상당하는 보수를 받는 별정직 공무원

09 공직윤리 확보를 위한 제도에 대한 설명으로 옳지 않은 것은?

21 지방직 7급

① 국민권익위원회는 공익신고자 등으로부터 보호조치를 신청 받은 때에는 바로 공익신고자 등이 공익신고 등을 이유로 불이익조치를 받았는지에 대한 조사를 시작하여야 한다.
② 취업심사대상자는 퇴직 전 3년 동안 소속하였던 부서의 업무와 밀접한 관련이 있는 기관에 퇴직일로부터 5년간 취업할 수 없다. 단, 관할 공직자윤리위원회로부터 취업 승인을 받은 경우는 예외로 한다.
③ 재직자는 퇴직공직자로부터 직무와 관련한 청탁 또는 알선을 받은 경우 이를 소속기관의 장에게 신고하여야 한다.
④ 국민권익위원회는 접수된 부패행위 신고사항을 그 접수일 부터 60일 이내에 처리하여야 한다. 단, 신고내용의 특정에 필요한 사항을 확인하기 위한 보완 등이 필요하다고 인정되는 경우에는 그 기간을 30일 이내에서 연장할 수 있다.

10 우리나라 「공직자윤리법」에 규정된 내용에 해당하지 않는 것은?

21 군무원 9급

① 주식백지신탁
② 퇴직공직자의 취업제한
③ 선물신고
④ 상벌사항 공개

11 다음 ㉠과 ㉡에 들어갈 내용으로 옳은 것은?

17 국가직 9급

> 「공직자윤리법」에서는 퇴직공직자의 취업제한 및 행위제한 등을 규정하고 있는데, 취업심사대상자는 퇴직일부터 (㉠) 간 퇴직 전 (㉡) 동안 소속하였던 부서 또는 기관의 업무와 밀접한 관련성이 있는 취업제한기관에 취업할 수 없다.

	㉠	㉡
①	3년	5년
②	5년	3년
③	2년	3년
④	2년	5년

기타 행위규범

기출빈도 ★★☆

12 공익에 대한 설명으로 옳은 것은?

19 국가직 9급

① 「국가공무원법」은 제1조에서 공무원은 국민 전체의 봉사자로서 공익을 추구해야 함을 명시하고 있다.
② 「공무원 헌장」은 공무원이 실천해야 하는 가치로 공익을 명시하고 있다.
③ 신공공서비스론에서는 공익을 행정의 목적이 아닌 부산물로 보아야 한다는 점을 강조한다.
④ 공익에 대한 실체설에서는 공익을 사익 간 타협 또는 집단 간 상호작용의 산물로 본다.

미래가 어떻게 전개될지는 모르지만
누가 그 미래를 결정할지는 안다.

– 오프라 윈프리 –

PART 5

재무행정론

챕터별 출제 비중

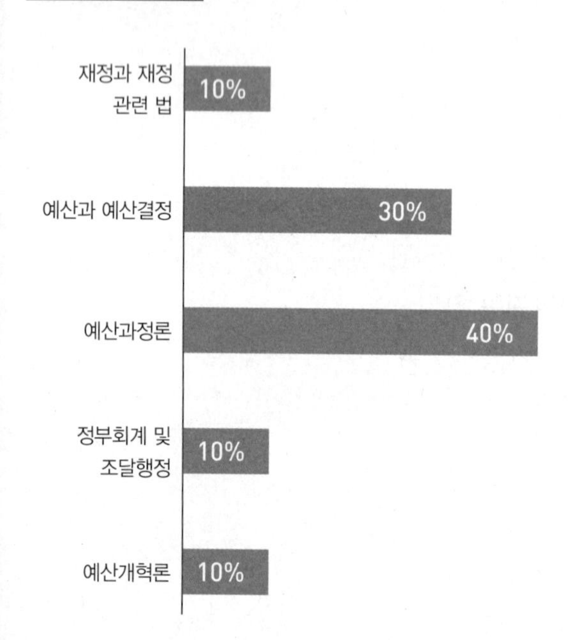

학습 포인트

2022년 시험에서 가장 많이 출제된 챕터는 예상과정론으로 영역 구분 없이 다양한 형태로 출제되는 경향이 있다. 다양한 예산의 종류와 특징, 예산제도의 장 · 단점 그리고 전통적 예산원칙의 예외는 반드시 학습하여야 하며 발생주의와 복식부기를 비교할 줄 알아야 한다.

회독체크

구분	1회독	2회독	3회독
CHAPTER 1 재정과 재정 관련 법	☐	☐	☐
CHAPTER 2 예산과 예산결정	☐	☐	☐
CHAPTER 3 예산과정론	☐	☐	☐
CHAPTER 4 정부회계 및 조달행정	☐	☐	☐
CHAPTER 5 예산개혁론	☐	☐	☐

☐ 칸에 학습진도를 체크하세요.

1 재정과 재정 관련 법

해설편 p. 072

우리나라 예산 관련 법률 기출빈도 ★★★

01 다음은 「국가재정법」상 예비타당성조사에 대한 내용이다. (가)와 (나)에 들어갈 숫자로 옳은 것은? 22 지방직 9급

> 기획재정부장관은 총사업비가 (가) 억 원 이상이고 국가의 재정지원 규모가 (나) 억 원 이상인 신규 사업으로서 건설공사가 포함된 사업 등에 대한 예산을 편성하기 위하여 미리 예비타당성조사를 실시하고, 그 결과를 요약하여 국회 소관 상임위원회와 예산결산특별위원회에 제출하여야 한다.

	(가)	(나)
①	300	100
②	300	200
③	500	250
④	500	300

02 「국가재정법」상 추가경정예산안 편성이 가능한 사유에 해당하지 않는 것은? 21 국가직 9급

① 전쟁이나 대규모 재해가 발생한 경우
② 남북관계의 변화와 같은 중대한 변화가 발생한 경우
③ 경기침체, 대량실업 같은 중대한 변화가 발생할 우려가 있는 경우
④ 경제협력, 해외원조를 위한 지출을 예비비로 충당해야 할 우려가 있는 경우

03 (가)~(라)에 들어갈 숫자를 바르게 연결한 것은? 21 지방직 7급

> • 정부는 재정운용의 효율화와 건전화를 위하여 매년 해당 회계연도부터 (가) 회계연도 이상의 기간에 대한 재정운용계획을 수립하여야 한다.
> • 기획재정부장관은 대통령의 승인을 얻은 다음연도의 예산안편성지침을 매년 (나) 월 31일까지 각 중앙관서의 장에게 통보해야 한다.
> • 기획재정부장관은 「국가회계법」에 따라 회계연도 마다 국가결산보고서를 작성하여 대통령의 승인을 얻어 다음 연도 4월 (다) 일까지 감사원에 제출하여야 한다.
> • 예산의 편성 및 의결, 집행, 그리고 결산 및 회계검사의 단계가 일정한 주기로 반복되는 것을 예산주기 또는 예산순기라고 하는데 우리나라의 경우 통상 (라) 년이다.

	(가)	(나)	(다)	(라)
①	10	3	10	1
②	5	3	10	3
③	5	5	20	1
④	10	5	20	3

04 지방자치단체의 예비비에 대한 설명으로 옳지 않은 것은? 21 지방직 9급

① 예측할 수 없는 예산 외의 지출에 충당하기 위하여 예산에 계상한다.
② 일반회계의 경우 예산총액의 100분의 1 이내의 금액을 예비비로 계상하여야 한다.
③ 지방의회의 예산안 심의 결과 감액된 지출항목에 대해 예비비를 사용할 수 있다.
④ 재해 · 재난 관련 목적 예비비는 별도로 예산에 계상할 수 있다.

05 우리나라 국회에 관한 현행 대한민국 「헌법」에서 규정한 내용으로 옳지 않은 것은? 21 군무원 7급

① 지방세의 세목과 세율도 국세처럼 모두 법률로 정하지 않으면 안 된다.
② 국회의장이 확정된 법률을 공포하는 경우도 있다.
③ 국회에서 심의 · 의결된 예산안은 공포 없이 확정되어 효력을 가진다.
④ 심의 · 확정된 예산은 법률로 변경할 수 있다.

06 예산 관련 법령의 내용으로 옳지 않은 것은? 21 군무원 7급

① 정부는 예측할 수 없는 예산 외의 지출 또는 예산초과 지출에 충당하기 위하여 일반회계 예산총액의 100분의 1 이내의 금액을 예비비로 세입세출예산에 계상할 수 있다. 다만 예산총칙 등에 따라 미리 사용목적을 지정해 놓은 예비비는 본문에도 불구하고 별도로 세입세출예산에 계상할 수 있다.
② 완성에 수년이 필요한 공사나 제조 및 연구개발사업은 그 경비의 총액과 연부액(年賦額)을 정하여 미리 국회의 의결을 얻은 범위 안에서 수년도에 걸쳐서 지출할 수 있다.
③ 세출예산 중 경비의 성질상 연도 내에 지출을 끝내지 못할 것이 예측되는 때에는 그 취지를 세입세출예산에 명시하여 미리 국회의 승인을 얻은 후 다음 연도에 이월하여 사용할 수 있다.
④ 국가는 법률에 따른 것과 세출예산금액 또는 계속비의 총액의 범위 안의 것 외에 채무를 부담하는 행위를 하는 때에는 사후에 국회의 승인을 얻어야 한다.

07 우편사업, 우체국예금사업, 양곡관리사업, 조달사업을 수행하기 위한 특별회계예산의 운용에 관한 사항을 규정하고 있는 현행법은? 17 지방직 9급

①「공공기관의 운영에 관한 법률」
②「정부기업예산법」
③「예산회계법」
④「정부산하기관 관리기본법」

2 예산과 예산결정

해설편 p. 074

예산의 기초와 원칙 기출빈도 ★☆☆

01 머스그레이브(Musgrave)의 정부 재정기능의 기본 원칙에 대한 설명으로 옳지 않은 것은? 18 지방직 9급

① 시장실패를 교정하고 사회적 최적 생산과 소비 수준이 이루어지도록 해야 한다.
② 세입 면에서는 차별 과세를 하고, 세출 면에서는 사회보장적 지출을 통해 소외계층을 지원해야 한다.
③ 고용, 물가 등과 같은 거시경제 지표들을 안정적으로 조절해야 한다.
④ 정부에 부여된 목적과 자원을 연계하여 소기의 성과를 거둘 수 있도록 관료를 통제해야 한다.

02 우리나라의 예산안과 법률안의 의결방식에 대한 설명으로 가장 옳지 않은 것은? 18 서울시 9급

① 법률에 대해서는 대통령의 거부권 행사가 가능하지만 예산은 거부권을 행사할 수 없다.
② 예산으로 법률의 개폐가 불가능하지만, 법률로는 예산을 변경할 수 있다.
③ 법률과 달리 예산안은 정부만이 편성하여 제출할 수 있다.
④ 예산안을 심의할 때 국회는 정부가 제출한 예산안의 범위 내에서 삭감할 수 있고, 정부의 동의 없이 지출예산의 각 항의 금액을 증가하거나 새 비목을 설치할 수 없다.

03 예산의 원칙과 그 내용, 예외사항을 순서대로 나열한 것으로 옳지 않은 것은? 17 국가직 9급 추가

① 사전의결의 원칙 – 회계연도 개시 전 예산 확정 – 준예산
② 통일성의 원칙 – 특정수입과 특정지출의 연계금지 – 특별회계
③ 단일성의 원칙 – 세입과 세출 내역의 명시적 나열 – 이용과 전용
④ 완전성의 원칙 – 예산총계주의 – 전대차관

일반·특별회계예산과 기금 기출빈도 ★★☆

04 일반회계, 특별회계, 기금에 대한 설명으로 옳지 않은 것은? 22 지방직 9급

① 일반회계는 조세수입 등을 주요 세입으로 하여 국가의 일반적인 세출에 충당하기 위하여 설치한다.
② 특별회계와 기금은 예산총계주의 원칙의 예외이다.
③ 일반회계, 특별회계, 기금 모두 국회로부터 결산의 심의 및 의결을 받아야 한다.
④ 일반회계와 특별회계는 전쟁이나 대규모 재해가 발생한 경우 추가경정예산을 편성할 수 있다.

05 특별회계 예산과 기금에 대한 설명으로 옳지 않은 것은?
21 지방직 9급

① 기금은 특정 수입과 지출의 연계가 강하다.
② 특별회계 예산은 세입과 세출이라는 운영 체계를 지닌다.
③ 특별회계 예산은 합목적성 차원에서 기금보다 자율성과 탄력성이 강하다.
④ 특별회계 예산과 기금은 모두 결산서를 국회에 제출하여야 한다.

조세지출예산제도 기출빈도 ★★☆

06 조세의 성격에 대한 설명으로 가장 적절하지 않은 것은?
21 군무원 7급

① 국가가 재정권에 기초해 동원하는 공공재원으로 형벌권에 기초해서 처벌을 목적으로 부과하는 벌금이나 행정법상 부과하는 과태료와 다르다.
② 내구성이 큰 투자사업의 경비를 조달하기에 적합하며 사업이나 시설로 인해 편익을 얻게 될 후세대도 비용을 분담하기 때문에 세대 간 공평성을 높일수 있다는 점에서 국공채와 다르다.
③ 일반국민을 대상으로 부과한다는 점에서 행정활동으로부터 이익을 받는 특정 시민을 대상으로 이익의 일부를 징수하는 수수료나 수익자부담금과 다르다.
④ 강제로 징수하기 때문에 합의원칙 내지 임의원칙으로 확보되는 공기업수입, 재산수입, 기부금과 다르다.

07 조세지출예산제도에 대한 설명으로 옳지 않은 것은?
20 군무원 9급

① 비과세, 감면 등의 세제혜택을 통해 포기한 액수를 조세 지출이라 한다.
② 지방재정에는 지방세지출제도가 도입되지 않았다.
③ 조세지출의 내용과 규모를 주기적으로 공표해 관리하는 제도이다.
④ 국가재정법에 따라 조세지출예산서를 작성해 국가에 보고한다.

성인지 예산·결산제도 기출빈도 ★★☆

08 다음 성인지예산에 대한 설명으로 가장 옳지 않은 것은?
22 군무원 7급

① 국가재정법에서는 성인지예산서와 성인지결산서 작성을 의무화하고 있다.
② 성인지예산제도는 기금에도 적용하고 있다.
③ 성인지예산제도는 성 중립적(Gender Neutral) 관점에 기반하고 있다.
④ 세입뿐만 아니라 세출에 대해서도 차별철폐를 추구한다.

09 성인지 예산제도에 대한 설명으로 옳은 것은? 21 국가직 7급

① 2010회계연도 성인지 예산서가 처음으로 국회에 제출되었다.
② 성인지 예산제도의 목적은 여성성을 지원하는 것이다.
③ 1984년 독일에서 처음 도입되었다.
④ 우리나라 성인지 예산제도는 예산사업만을 대상으로 하고 기금사업을 제외한다.

다양한 형태의 예산 기출빈도 ★★☆

10 동일 회계연도 예산의 성립을 기준으로 볼 때 시기적으로 빠른 것부터 순서대로 바르게 나열한 것은? 22 국가직 9급

① 본예산, 수정예산, 준예산
② 준예산, 추가경정예산, 본예산
③ 수정예산, 본예산, 추가경정예산
④ 잠정예산, 본예산, 준예산

11 **준예산에 대한 설명으로 옳지 않은 것은?** 21 국가직 7급

① 예산안이 회계연도 개시일까지 국회에서 의결되지 못한 경우에 활용된다.
② 국회의 의결을 필요로 한다.
③ 법률상 지출 의무를 이행하기 위한 경우에 집행할 수 있다.
④ 이미 예산으로 승인된 사업의 계속을 위해 집행할 수 있다.

12 **예산 유형에 대한 〈보기〉의 설명 중 옳은 것을 모두 고르면?** 19 서울시 9급

〈보 기〉

㉠ 준예산은 회계연도 개시 전까지 예산이 의결되지 않을 경우 편성하는 예산이다.
㉡ 본예산은 매 회계연도 개시 전에 국회의 심의 · 의결을 거쳐 성립되는 예산이다.
㉢ 추가경정예산은 본예산과 별개로 성립하며 결산 심의 역시 별도로 이루어진다.
㉣ 우리나라는 1960년도 이후부터 잠정예산제도를 채택하고 있다.

① ㉠, ㉡
② ㉠, ㉣
③ ㉡, ㉢
④ ㉢, ㉣

예산의 분류 기출빈도 ★★☆

13 **예산 분류별 장단점에 대한 설명으로 옳지 않은 것은?** 21 지방직 7급

① 예산의 기능별 분류의 단점은 회계 책임이 불명확하다는 점이다.
② 예산의 조직별 분류의 장점은 예산지출의 목적(대상)을 파악하기 쉽다는 점이다.
③ 예산의 기능별 분류의 장점은 국민이 정부 예산을 이해하기 쉽다는 점이다.
④ 예산의 품목별 분류의 단점은 예산집행의 신축성을 저해한다는 점이다.

14 **예산과목의 분류체계에 대한 설명으로 옳지 않은 것은?** 20 군무원 7급

① 세입예산과 세출예산 모두 장 · 관 · 항 · 세항 · 목으로 구분한다.
② 예산과목 중에서 장 · 관 · 항은 입법과목이며, 세항 · 목은 행정과목이다.
③ 세입세출예산은 필요한 때에는 계정으로 구분이 가능하다.
④ 세입세출예산은 독립기관 및 중앙관서의 소관별로 구분한 후 소관 내에서 일반회계 · 특별회계로 구분한다.

예산결정모형 기출빈도 ★☆☆

15 **다음 중 예산과 관련된 이론으로 가장 옳지 않은 것은?** 21 군무원 9급

① 욕구체계이론
② 다중합리성 모형
③ 단절균형이론
④ 점증주의

16 **점증주의적 예산결정에 대한 설명으로 옳지 않은 것은?** 17 지방직 9급 추가

① 현상유지(Status Quo)적 결정에 치우칠 수 있다.
② 자원이 부족한 경우 소수기득권층의 이해를 먼저 반영하게 되어 사회적 불평등을 야기할 우려가 있다.
③ 다수의 참여자들 간 고리형의 상호작용을 통한 합의를 중시하는 합리주의와는 달리 선형적 과정을 중시한다.
④ 긴축재정 시의 예산행태를 잘 설명해주지 못한다.

3 예산과정론

해설편 p. 077

예산과정 개관 기출빈도 ★☆☆

01 예산주기에 비추어 볼 때 2021년도에 볼 수 없는 예산과정은? 21 국가직 9급

① 국방부의 2022년도 예산에 대한 예산요구서 작성
② 기획재정부의 2021년도 예산에 대한 예산배정
③ 대통령의 2022년도 예산안에 대한 국회 시정연설
④ 감사원의 2021년도 예산에 대한 결산검사보고서의 작성

03 우리나라 예산편성절차에 대한 설명으로 가장 옳지 않은 것은? 21 군무원 9급

① 우리나라 예산담당부처인 기획재정부는 예산안 편성지침과 국가재정운용계획을 사전에 준비하고 범부처 예산사정을 담당한다.
② 각 중앙행정기관은 기획재정부의 지침에 따라 사업계획서와 예산요구서 작성을 준비한다.
③ 기획재정부는 총액배분 · 자율편성제도에 따라 각 부처의 세부사업에 대한 심사보다 부처예산요구총액의 적정성을 집중적으로 심의한다.
④ 기획재정부는 조정된 정부예산안을 회계연도 개시 120일 전까지 국회에 제출한다.

예산편성 기출빈도 ★★☆

02 국가재정운용계획에 대한 설명으로 가장 옳지 않은 것은? 22 군무원 9급

① 중기재정계획은 정부가 매년 당해 회계연도부터 5회계연도 이상의 기간에 대해 수립하는 재정운용계획이다.
② 예산안과 함께 국회에 제출하는 국가재정운용계획은 5년 단위 계획이다.
③ 국가재정운용계획은 국회가 심의하여 확정한다.
④ 국가재정운용계획은 중 · 장기 국가비전과 정책 우선순위를 고려한 중기적 시계를 반영하며, 단년도 예산편성의 기본틀이 된다.

04 우리나라 예산제도에 대한 설명으로 옳지 않은 것은? 21 국가직 9급

① 국회는 정부의 동의 없이 정부가 제출한 지출예산 각 항의 금액을 증가시킬 수 없다.
② 정부가 예산안 편성 시 감사원의 세출예산요구액을 감액하고자 할 때에는 국무회의에서 감사원장의 의견을 구하여야 한다.
③ 정부는 회계연도 개시 전까지 예산안이 의결되지 못한 때에는 전년도 예산에 준해 모든 예산을 편성해 운영할 수 있다.
④ 국회는 감사원이 검사를 완료한 국가결산보고서를 정기회 개회 전까지 심의 · 의결을 완료해야 한다.

05 총액배분 · 자율편성제도에 대한 설명으로 옳지 않은 것은?

18 지방직 9급

① 전략기획과 분권 확대를 예산편성 방식에 도입하기 위해 실시하고 있다.
② 각 중앙부처는 소관 정책과 우선순위에 입각해 연도별 재정규모, 분야별 · 부문별 지출한도를 제시한다.
③ 지출한도가 사전에 제시되기 때문에 부처의 재정사업에 대한 책임과 권한을 강화할 수 있다.
④ 부처의 재량을 확대하였지만 기획재정부는 사업별 예산통제 기능을 유지하고 있다.

예산심의 기출빈도 ★★☆

06 다음 중 우리나라의 예산심의에 대한 설명으로 가장 옳지 않은 것은?

22 군무원 9급

① 정부의 시정연설 후에 국회에서 예비심사와 본회의 심의를 거쳐서 종합심사를 하고 의결을 한다.
② 예산심의는 행정부에 대한 관리통제기능이다.
③ 예산심의 과정에서 정당이 영향을 미친다.
④ 우리나라는 대통령 중심제로 인해 의원내각제인 나라에비해 예산심의가 상대적으로 엄격하다.

07 예산과정 중에서 재정민주주의(Fiscal Democracy)와 가장 관련이 깊은 것은?

21 군무원 9급

① 예산심의
② 예산집행
③ 회계검사
④ 예비타당성조사

예산집행의 통제방안과 신축성 유지방안 기출빈도 ★★★

08 예산집행의 신축성을 유지하기 위한 제도로 옳지 않은 것은?

22 국가직 9급

① 계속비
② 수입대체경비
③ 예산의 재배정
④ 예산의 이체

09 예산의 이용과 전용에 대한 설명으로 옳은 것은?

21 국가직 7급

① 이용은 입법과목 사이의 상호 융통으로 국회의 의결을 얻으면 기획재정부 장관의 승인이나 위임 없이도 할 수 있다.
② 기관(機關) 간 이용도 가능하다.
③ 세출예산의 항(項) 간 전용은 국회 의결 없이 기획재정부장관의 승인을 얻어서 할 수 있다.
④ 이용과 전용은 예산 한정성 원칙의 예외로 볼 수 없다.

10 예산집행의 신축성을 확보하기 위한 제도에 대한 설명으로 옳지 않은 것은?

20 군무원 9급

① 총괄예산제도
② 예산의 이용
③ 예산의 전용
④ 예산의 재배정

11 정부조직 개편으로 예산을 조직 간 상호 이용하는 것으로 예산의 원칙 중 목적 외 사용 금지 원칙의 예외인 것으로 옳은 것은? 20 군무원 9급

① 예산의 전용
② 예산의 이체
③ 예산의 이월
④ 예산의 이용

12 예비타당성조사에 대한 설명으로 옳은 것은? 19 지방직 9급

① 기존에 유지된 타당성조사의 문제점을 보완하기 위해 2013년부터 도입하였다.
② 신규 사업 중 총사업비가 300억 원 이상인 사업은 예비타당성조사대상에 포함된다.
③ 중앙행정기관의 장은 예비타당성조사를 실시하고 기획재정부장관과 그 결과를 협의해야 한다.
④ 조사대상 사업의 경제성, 정책적 필요성 등을 종합적으로 검토하여 그 타당성 여부를 판단한다.

13 예산집행에 대한 설명으로 옳지 않은 것은? 19 국가직 9급

① 예산의 재배정은 행정부처의 장이 실무부서에게 지출을 할 수 있는 권한을 부여하는 것을 의미한다.
② 예산의 전용을 위해서 정부 부처는 미리 국회의 승인을 받아야 한다.
③ 예비비는 공무원 인건비 인상을 위한 인건비 충당을 목적으로 사용할 수 없다.
④ 사고이월은 집행과정에서 재해 등의 이유로 불가피하게 다음 연도로 이월된 경비를 말한다.

14 예산집행의 신축성을 유지하기 위한 방안에 대한 설명 중 가장 옳지 않은 것은? 17 서울시 9급

① 이체란 정부조직 등에 관한 법령의 제정·개정 또는 폐지로 인하여 중앙관서의 직무와 권한에 변동이 있을 때 관련 예산을 이동하는 것이다.
② 전용이란 입법 과목 간 상호 융통으로, 각 중앙관서의 장은 예산의 목적범위 안에서 재원의 효율적 활용을 위하여 기획재정부장관의 승인을 얻어 각 세항 또는 목의 금액을 전용할 수 있다.
③ 이월이란 당해 연도 예산액의 일정 부분을 다음 연도로 넘겨서 사용할 수 있는 제도이다.
④ 계속비란 완성에 수년도를 요하는 사업에 대해 그 경비의 총액과 연도별 지출액을 정하여 미리 국회의 의결을 얻은 범위 안에서 수년도에 걸쳐 지출하는 경비이다.

결산

기출빈도 ★★☆

15 중앙정부 결산보고서상의 재무제표로 옳은 것은? 22 국가직 9급

① 손익계산서, 순자산변동표, 현금흐름표
② 대차대조표, 재정운영보고서, 이익잉여금처분계산서
③ 재정상태표, 재정운영표, 순자산변동표
④ 재정상태보고서, 순자산변동표, 현금흐름보고서

16 세계잉여금에 대한 설명으로 옳은 것만을 모두 고르면? 20 국가직 9급

> ㉠ 일반회계, 특별회계가 포함되고 기금은 제외된다.
> ㉡ 적자 국채 발행 규모와 부(−)의 관계이며, 국가의 재정 건전성을 파악하는 데 효과적이다.
> ㉢ 결산의 결과 발생한 세계잉여금은 전액 추가경정예산에 편성하여야 한다.

① ㉠　　② ㉢
③ ㉠, ㉡　　④ ㉡, ㉢

4 정부회계 및 조달행정

해설편 p. 081

회계제도의 유형 기출빈도 ★★☆

01 정부회계에 대한 설명으로 옳지 않은 것은? 22 지방직 9급

① 국가회계는 디브레인(dBrain) 시스템을 통해, 지방자치단체회계는 e-호조 시스템을 통해 처리된다.
② 재무회계는 현금주의 단식부기 회계방식이, 예산회계는 발생주의 복식부기 방식이 적용된다.
③ 발생주의에서는 미수수익이나 미지급금을 자산과 부채로 표시할 수 있다.
④ 재무제표는 거래가 발생하면 차변과 대변 양쪽에 동일한 금액으로 이중기입하는 복식부기 방식을 채택하고 있다.

02 발생주의 회계제도에 대한 설명으로 옳은 것은? 21 군무원 9급

가. 재화의 감가상각 가치를 회계에 반영할 수 있다.
나. 부채규모와 총자산의 파악이 용이하지 않다.
다. 현금이 거래되는 시점을 중심으로 기록한다.
라. 복식부기 기장방식을 채택하는 것이 일반적이다.

① 가, 라
② 나, 라
③ 나, 다
④ 가, 다

03 정부회계제도의 기장 방식에 대한 〈보기〉의 설명과 바르게 짝 지어진 것은? 18 서울시 9급

〈보 기〉

㉠ 현금의 수불과는 관계없이 경제적 자원에 변동을 주는 사건이 발생된 시점에 거래를 인식하는 방식이다.
㉡ 하나의 거래를 대차평균의 원리에 따라 차변과 대변에 이중 기록하는 방식이다.

	㉠	㉡
①	현금주의	복식부기
②	발생주의	복식부기
③	발생주의	단식부기
④	현금주의	단식부기

04 정부회계의 기장 방식에 대한 설명으로 옳지 않은 것은?

18 국가직 9급

① 단식부기는 발생주의 회계와, 복식부기는 현금주의 회계와 서로 밀접한 연계성을 갖는다.
② 단식부기는 현금의 수지와 같이 단일 항목의 증감을 중심으로 기록하는 방식이다.
③ 복식부기에서는 계정 과목 간에 유기적 관련성이 있기 때문에 상호 검증을 통한 부정이나 오류의 발견이 쉽다.
④ 복식부기는 하나의 거래를 대차 평균의 원리에 따라 차변과 대변에 동시에 기록하는 방식이다.

국가채무

기출빈도 ★☆☆

05 국가채무에 대한 설명으로 옳지 않은 것은?

19 지방직 9급

① 기획재정부장관은 국가채무관리계획을 수립하여야 한다.
② 국채를 발행하고자 할 때에는 국회의 의결을 얻어야 한다.
③ 우리나라가 발행하는 국채의 종류에 국고채와 재정증권은 포함되지 않는다.
④ 우리나라의 GDP 대비 국가채무비율은 일본과 미국보다 낮은 상태이다

5 예산개혁론

해설편 p. 083

예산제도의 변천 기출빈도 ★★★

01 예산이론에 대한 설명 중 가장 옳지 않은 것은? 22 군무원 7급

① 계획예산제도는 점증모형에 의한 예산결정이다.
② 총체주의는 자원배분의 최적화를 통한 사회 후생의 극대화를 추구한다.
③ 합리모형은 예산을 탄력적으로 활용하여 경기 변동에 대응하는 재정정책적 기능을 수행한다.
④ 점증주의는 정치적 협상과 타협 등 정치적 합리성을 중시한다.

02 다음의 단점 혹은 한계로 인하여 정착이 어려운 예산제도는? 21 국가직 7급

- 사업구조를 작성하는 것이 어렵다.
- 결정구조가 집권화되는 문제가 있다.
- 행정부처의 직원들이 복잡한 분석 기법을 이해하기 어렵다.

① 품목별 예산제도
② 성과주의 예산제도
③ 계획예산제도
④ 영기준 예산제도

03 예산제도에 대한 설명으로 옳지 않은 것은? 21 지방직 9급

① 품목별 예산제도는 행정부의 재량권을 확대하기 위해 도입되었다.
② 성과주의 예산제도에서는 사업의 단위원가를 기초로 예산을 편성한다.
③ 계획예산제도에서는 장기적인 기획과 단기적인 예산 편성을 연계하여 합리적 예산 배분을 시도한다.
④ 영기준 예산제도는 예산을 편성할 때 전년도 예산에 구애받지 않는다.

04 참여적(민주적) 관리와 가장 관련이 없는 것은? 21 군무원 9급

① ZBB(영기준예산)
② MBO(목표에 의한 관리)
③ 브레인스토밍(Brainstorming)
④ PPBS(계획예산)

05 **예산제도에 대한 설명으로 가장 옳은 것은?** 21 군무원 9급

① 성과주의 예산제도는 업무단위 비용과 업무량의 파악을 통해 효과성을 높이고자 한다.
② 품목별 예산제도의 분석의 초점은 지출대상이며 이를 통해 통제성을 높이고자 한다.
③ 새로운 성과주의 예산제도는 산출물에 관심이 있으며 이를 통해 효율성을 높이고자 한다.
④ 계획예산제도는 목표와 예산의 연결을 통해 투명성과 대응성을 높이고자 한다.

※ 개정 · 변경된 내용으로 선지 교체

06 **예산제도에 대한 설명으로 옳지 않은 것은?** 17 국가직 9급

① 쉬크(Schick)는 통제-관리-기획이라는 예산의 세 가지 지향(Orientation)을 제시하였다.
② 영기준 예산제도(ZBB)가 단위사업을 사업-재정계획에 따라 장기적인 예산편성 쪽으로 방향을 잡았다면, 계획예산제도(PPBS)는 당해 연도의 예산 제약 조건을 먼저 고려한다.
③ 성과주의 예산제도(PBS)는 정부의 기능 · 활동 · 사업을 중심으로 예산을 분류 · 편성하는 제도이다.
④ 조세지출예산제도는 조세지출의 내용과 규모를 주기적으로 공표해 조세지출을 관리하는 제도이다.

PART 6

행정환류론

챕터별 출제 비중

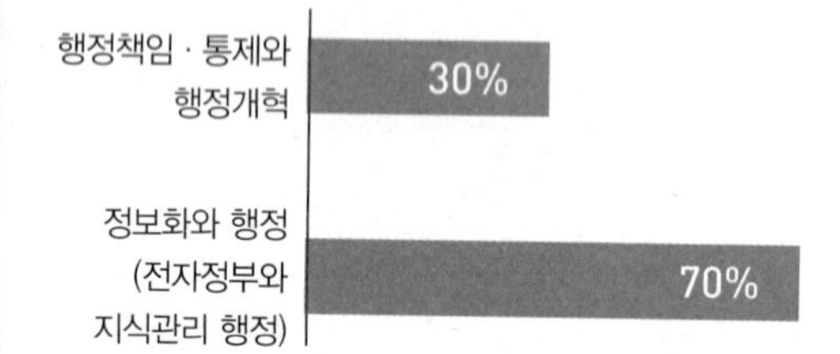

※ 2022년 출제기준

학습 포인트

모든 직렬에서 출제율이 가장 적은 파트로, 2022년 공무원 시험에서는 출제되지 않았으나 군무원 시험에서는 전자 정부와 지능형 정부를 묻는 문제가 어렵게 출제되었다. 빈출 영역은 아니지만 옴부즈맨 제도와 내부통제와 외부통제 그리고 행정개혁에 대한 저항이 단독으로 출제되는 경향이 있다. 특히 행정개혁에 대한 저항은 원인과 극복 방법을 정확하게 정리하여 암기하여야 한다.

회독체크

구분	1회독	2회독	3회독
CHAPTER 1 행정책임 · 통제와 행정개혁	☐	☐	☐
CHAPTER 2 정보화와 행정(전자정부와 지식관리 행정)	☐	☐	☐

☐ 칸에 학습진도를 체크하세요.

1 행정책임·통제와 행정개혁

해설편 p. 086

행정통제 기출빈도 ★★★

01 행정통제와 행정책임에 대한 설명으로 옳은 것만을 모두 고르면? 21 지방직 9급

> ㉠ 파이너(Finer)는 법적·제도적 외부통제를 강조한다.
> ㉡ 감사원의 직무감찰과 회계감사는 외부통제에 해당한다.
> ㉢ 프리드리히(Friedrich)는 내재적 통제보다 객관적·외재적 책임을 강조한다.

① ㉠
② ㉡
③ ㉠, ㉢
④ ㉡, ㉢

02 행정부에 대한 외부통제에 해당하는 것만을 모두 고르면? 21 국가직 9급

> ㉠ 행정안전부의 각 중앙행정기관 조직과 정원 통제
> ㉡ 국회의 국정조사
> ㉢ 기획재정부의 각 부처 예산안 검토 및 조정
> ㉣ 국민들의 조세부과 처분에 대한 취소소송
> ㉤ 국무총리의 중앙행정기관에 대한 기관평가
> ㉥ 환경운동연합의 정부정책에 대한 반대
> ㉦ 중앙행정기관장의 당해 기관에 대한 자체평가
> ㉧ 언론의 공무원 부패 보도

① ㉠, ㉢, ㉤, ㉦
② ㉡, ㉢, ㉣, ㉤
③ ㉡, ㉣, ㉤, ㉧
④ ㉡, ㉣, ㉥, ㉧

03 행정통제의 유형 중 외부통제가 아닌 것은? 20 지방직 9급

① 감사원의 직무감찰
② 의회의 국정감사
③ 법원의 행정명령 위법 여부 심사
④ 헌법재판소의 권한쟁의심판

04 행정통제에 대한 설명으로 가장 옳지 않은 것은? 19 서울시 9급

① 행정 권한의 강화 및 행정재량권의 확대가 두드러지면서 행정책임 확보의 수단으로서 행정통제의 중요성이 커지고 있다.
② 의회는 국가의 예산을 심의하고 승인하거나 혹은 지출을 금지하거나 제한하는 등의 조치를 통하여 행정부를 통제한다.
③ 행정이 전문성과 복잡성을 띠게 된 현대 행정국가 시대에는 내부 통제보다 외부 통제가 점차 강조되고 있다.
④ 일반 국민은 선거권이나 국민투표권의 행사를 통하여 행정을 간접적으로 통제한다.

05 **행정통제에 대한 설명으로 옳지 않은 것은?** 17 지방직 9급 추가

① 감사원에 의한 통제는 회계검사, 직무감찰, 성과감사 등이 있다.
② 사법통제는 행정이 이미 이루어진 후의 소극적 사후 조치라는 한계가 있다.
③ 입법통제는 행정명령 · 처분 · 규칙의 위법여부를 심사하는 외부통제 방법이다.
④ 언론은 행정부의 과오를 감시하고 비판하며 공개하는 역할을 수행함으로써 행정에 영향을 미친다.

06 **행정통제에 대한 설명으로 옳지 않은 것은?** 17 지방직 9급

① 독립통제기관(Separate Monitoring Agency)은 일반 행정기관과 대통령 그리고 외부적 통제중추들의 중간 정도에 위치하며, 상당한 수준의 독자성과 자율성을 누린다.
② 헌법재판제도는 헌법을 수호하고 부당한 국가권력으로부터 국민의 권리와 자유를 보호하는 과정에서 행정에 대한 통제기능을 수행한다.
③ 교차기능조직(Criss-Cross Organizations)은 행정체제 전반에 걸쳐 관리작용을 분담하여 수행하는 참모적 조직단위들로서 내부적 통제체제로부터 완전히 독립되어 있다.
④ 국무총리 소속 국민권익위원회는 옴부즈만적 성격을 가지며, 국민권익위원회의 위원장과 부위원장은 국무총리의 제청으로 대통령이 임명한다.

옴부즈맨 제도 기출빈도 ★★☆

07 **옴부즈맨 제도에 대한 설명으로 옳은 것은?** 21 국가직 7급

① 시민의 요구가 없다면 직권으로 조사활동을 할 수 없다.
② 부족한 인력과 예산으로 국민의 권익을 구제하는 데 한계가 있다.
③ 사법부가 임명한다.
④ 시정조치를 법적으로 강제할 수 있는 권한이 있다.

08 **옴부즈맨 제도에 대한 설명으로 옳지 않은 것은?** 19 지방직 9급

① 행정에 대한 통제 기능을 수행한다.
② 스웨덴에서는 19세기에 채택되었다.
③ 옴부즈맨을 임명하는 주체는 입법기관, 행정수반 등 국가별로 상이하다.
④ 우리나라의 국민권익위원회는 헌법상 독립성을 보장하기 위해 대통령 소속으로 설치되었다.

행정개혁에 대한 저항과 극복 방안 기출빈도 ★☆☆

09 행정개혁에 대한 저항이 나타나는 원인이나 요인으로 가장 옳지 않은 것은? 22 군무원 9급

① 행정개혁을 담당하는 조직의 중복성 혹은 가외성(redundancy)의 존재
② 행정개혁의 내용이나 그 실행계획의 모호성
③ 행정개혁에 요구되는 지식이나 기술의 부족
④ 행정개혁에 필요한 관련 법규의 제·개정의 어려움

10 행정개혁에 대한 저항을 극복하는 전략 및 방법에 관한 설명으로 옳은 것은? 21 국가직 7급

① 경제적 손실 보상, 임용상 불이익 방지는 규범적·사회적 전략이다.
② 개혁지도자의 신망 개선, 의사전달과 참여의 원활화, 사명감 고취는 공리적·기술적 전략이다.
③ 교육훈련과 자기계발 기회 제공은 규범적·사회적 전략이다.
④ 개혁 시기 조정은 강제적 전략이다.

11 1980년대 이후 미국, 영국, 일본 등 주요 국가의 정부개혁에 관한 설명으로 옳지 않은 것은? 21 군무원 7급

① 미국에서는 이보다 앞서 1970년대 후반 조세에 대한 저항운동이 일어났다.
② 영국에서는 종전의 Executive Agency를 폐지하고 중앙행정기관의 통합성을 지향했다.
③ 일본에서는 정부개혁의 일환으로 독립행정법인을 창설했다.
④ 정책집행의 자율성을 제고하고 그 결과에 대한 평가를 강화했다.

2 정보화와 행정(전자정부와 지식관리 행정)

해설편 p. 089

행정정보화 기출빈도 ★☆☆

01 4차 산업혁명에 관한 설명으로 옳지 않은 것은? 21 지방직 9급

① 초연결성, 초지능성 등의 특징이 있다.
② 대량 생산 및 규모의 경제 확산이 핵심이다.
③ 사물인터넷은 스마트 도시 구현에 도움이 된다.
④ 빅데이터를 활용한 맞춤형 공공 서비스 제공이 가능하다.

02 유연근무제도에 대한 설명으로 옳지 않은 것은? 18 지방직 9급

① 유연근무제도에는 시간선택제 전환근무제, 탄력근무제, 원격근무제가 포함된다.
② 원격근무제는 재택근무형과 스마트워크 근무형으로 구분된다.
③ 심각한 보안위험이 예상되는 업무는 온라인 원격근무를 할 수 없다.
④ 재택근무자의 재택근무일에도 시간외 근무수당 실적분과 정액분을 모두 지급하여야 한다.

전자정부의 역기능 기출빈도 ★☆☆

03 전자정부의 역기능에 대한 설명으로 옳은 것을 모두 고르면? 20 군무원 7급

㉠ 행정의 민주화를 저해할 수 있다. ㉡ 사이버 범죄가 발생할 수 있다. ㉢ 전자감시의 위험이 심화될 수 있다. ㉣ 정보격차가 심화될 수 있다.

① ㉠, ㉡
② ㉡, ㉢
③ ㉠, ㉡, ㉢
④ ㉡, ㉢, ㉣

※ 개정 · 변경된 내용으로 선지 교체

04 정보격차에 대한 설명으로 옳지 않은 것은? 17 국가직 9급 추가

① 경제협력개발기구(OECD)는 정보격차를 '개인, 가정, 기업 및 지역들 간에 상이한 사회 · 경제적 여건에서 비롯된 정보통신기술에 대한 접근 기회와 다양한 활동을 위한 인터넷 이용에서의 차이'로 정의 했다.
② '정보화마을'은 우리나라에서 도농 간 정보격차 해소를 위해 시행한 지역지능정보화정책의 사례이다.
③ 「지능정보화 기본법」은 국가기관과 지방자치단체뿐 아니라 민간기업에 대해서도 정보격차 해소 시책을 마련할 의무를 규정하고 있다.
④ 「장애인차별금지 및 권리구제 등에 관한 법률」은 정보통신 · 의사소통 등에서의 정당한 편의제공의무에 관한 규정을 두고 있다.

전자정부의 변천

기출빈도 ★☆☆

05 기존 전자정부 대비 지능형 정부의 특징에 대한 설명으로 가장 옳지 않은 것은? 22 군무원 9급

① 국민주도로 정책결정이 이루어진다.
② 현장 행정에서 복합문제의 해결이 가능하다.
③ 생애주기별 맞춤형 서비스를 제공한다.
④ 서비스 전달방식은 수요기반 온 · 오프라인 멀티채널이다.

06 유비쿼터스 전자정부에 대한 설명으로 옳은 것만을 모두 고르면? 20 지방직 9급

> ㉠ 기술적으로 브로드밴드와 무선, 모바일 네트워크, 센싱, 칩 등을 기반으로 한다.
> ㉡ 서비스 전달 측면에서 지능적인 업무수행과 개개인의 수요에 맞는 맞춤형 서비스를 제공한다.
> ㉢ Any-Time, Any-Where, Any-Device, Any-Network, Any-Service 환경에서 실현되는 정부를 지향한다.

① ㉠, ㉡
② ㉠, ㉢
③ ㉡, ㉢
④ ㉠, ㉡, ㉢

우리나라의 전자정부

기출빈도 ★★☆

07 「전자정부법」에서 정의하고 있는 다음의 개념은? 22 국가직 9급

> 일정한 기준과 절차에 따라 업무, 응용, 데이터, 기술, 보안 등 조직 전체의 구성요소들을 통합적으로 분석한 뒤 이들 간의 관계를 구조적으로 정리한 체제 및 이를 바탕으로 정보화 등을 통하여 구성요소들을 최적화하기 위한 방법

① 전자문서
② 정보기술아키텍처
③ 정보시스템
④ 정보자원

08 「전자정부법」상 전자정부 추진에 대한 설명으로 옳지 않은 것은? 21 지방직 7급

① 「고등교육법」상 사립대학은 적용받지 않는다.
② 행정기관 등의 장은 해당기관의 전자정부의 구현 · 운영 및 발전을 위한 기본계획을 5년마다 수립하여야 한다.
③ 전자정부의 날이 지정되었다.
④ 필요한 경우 둘 이상의 지방자치단체가 공동으로 지역정보통합센터를 설립 · 운영할 수 있다.

행운이란 100%의 노력 뒤에 남는 것이다.

– 랭스턴 콜먼 –

PART 7

지방행정론

챕터별 출제 비중

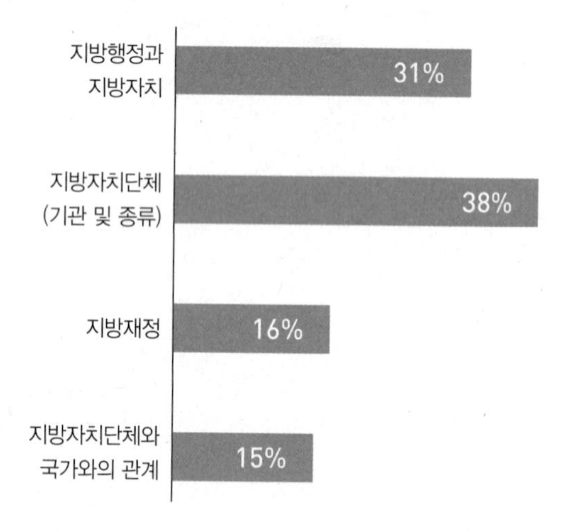

※ 2022년 출제기준

학습 포인트

행정환류론과 마찬가지로 모든 직렬에서 출제율이 적은 파트이다. 2022년 시험에서 가장 많이 출제된 챕터는 지방행정과 지방자치이다. 눈에 띄는 점은 군무원 시험에서는 우리나라의 주민참여제도를 묻는 문제에 개정된 법령이 답으로 출제되었다는 점이다. 따라서 주민투표법, 지방자치법의 사무배분, 주민참여제도에 관한 법령 등을 정확히 학습하여야 한다.

회독체크

구분	1회독	2회독	3회독
CHAPTER 1 지방행정과 지방자치	☐	☐	☐
CHAPTER 2 지방자치단체(기관 및 종류)	☐	☐	☐
CHAPTER 3 지방재정	☐	☐	☐
CHAPTER 4 지방자치단체와 국가와의 관계	☐	☐	☐

☐ 칸에 학습진도를 체크하세요.

1 지방행정과 지방자치

해설편 p. 092

중앙집권과 지방분권

기출빈도 ★★☆

01 다음 중 신중앙집권화와 관련된 특징에 대한 설명으로 가장 옳지 않은 것은? 22 군무원 7급

① 행정구역의 광역화가 나타날 수 있다.
② 중앙-지방 간의 관계는 기능적 · 협력적 관계이다.
③ 지방정부의 자율성을 상대적으로 제한할 수 있다.
④ 세계화와 신자유주의가 신중앙집권화를 촉진하였다.

02 도시행정 및 계획의 새로운 패러다임 이론에 대한 설명으로 가장 옳지 않은 것은? 22 군무원 7급

① '어반빌리지(Urban Village)'는 스프롤현상 및 공공 공간부족 문제를 해결하기 위하여 대두되었다.
② '뉴어바니즘(New Urbanism)'은 근린주구가 중심이 되는 도시개발 패턴으로 혼합토지이용 체계를 원칙으로 한다.
③ '스마트성장(Smart Growth)'은 도시의 무계획적인 확산을 방지하고 환경과 커뮤니티를 고려한 경제적 성장을 지향한다.
④ '압축도시(Compact City)'는 공간이용과 토지이용의 고도화로 효율적인 도시의 모습을 제안한다.

03 지방분권의 장점으로 가장 옳지 않은 것은? 21 군무원 9급

① 행정의 민주화 진작
② 지역 간 격차 완화
③ 행정의 대응성 강화
④ 지방공무원의 사기진작

지방자치의 개관 및 특성과 유형

기출빈도 ★★☆

04 우리나라의 자치입법권에 관한 설명으로 가장 옳지 않은 것은? 22 군무원 9급

① 법령의 범위 안에서 자치법규를 제정할 수 있다.
② 주민에 대하여 형벌의 성격을 지닌 벌칙은 정할 수 없다.
③ 자치입법권에 근거한 자치법규로는 조례, 규칙 및 교육규칙 등이 있다.
④ 조례는 지방의회의 의결을 필요로 하지만, 규칙은 지방의회의 의결을 필요로 하지 않는다.

05 우리나라 지방자치단체의 권한(자치권)으로 옳지 않은 것은?

21 국가직 9급

① 지방자치단체는 법률의 위임이 있어야 주민의 권리를 제한하는 조례를 제정할 수 있다.
② 지방자치단체는 주민의 복지증진과 사업의 효율적 수행을 위하여 지방공기업을 설치 · 운영할 수 있다.
③ 지방자치단체는 조례를 위반한 행위에 대하여 조례로써 1,500만 원 이하의 과태료를 정할 수 있다.
④ 지방자치단체조합도 따로 법률로 정하는 바에 따라 지방채를 발행할 수 있다.

06 단체자치에 대한 설명으로 옳은 것만을 모두 고르면?

21 군무원 9급

> 가. 자치권에 대한 인식은 전래권으로 본다.
> 나. 권한부여 방식은 포괄적 위임주의이다.
> 다. 중앙정부와 지방자치단체의 관계는 기능적 협력관계이다.
> 라. 유럽대륙을 중심으로 발전해 왔다.

① 가, 나
② 가, 다, 라
③ 나, 다, 라
④ 가, 나, 다, 라

지방자치분권 및 지방행정체제 개편에 관한 특별법 기출빈도 ★★☆

07 주민자치위원회와 주민자치회에 대한 설명으로 가장 옳지 않은 것은?

22 군무원 9급

① 주민자치위원회 위원은 시 · 군 · 구청장이 위촉하고, 주민자치회 위원은 읍 · 면 · 동장이 위촉한다.
② 주민자치회가 주민자치위원회보다 더 주민 대표성이 강하다.
③ 주민자치위원회는 읍 · 면 · 동의 자문기구이고, 주민자치회는 주민자치의 협의실행기구이다.
④ 지방자치단체와의 관계는 주민자치회가 주민자치위원회보다 더 대등한 협력적 관계이다.

08 중앙정부의 지방자치단체 사무배분 원칙에 대한 설명으로 옳은 것만을 모두 고르면?

21 국가직 7급

> ㉠ 지역주민생활과 밀접한 관련이 있는 사무는 원칙적으로 시 · 군 및 자치구의 사무로 배분하여야 한다.
> ㉡ 서로 관련된 사무들을 배분할 때는 포괄적으로 배분하여야 한다.
> ㉢ 시 · 군 및 자치구가 처리하기 어려운 사무는 국가보다는 시 · 도에 우선적으로 배분하여야 한다.
> ㉣ 시 · 군 및 자치구가 해당 사무를 원활히 처리할 수 있도록 행정적 · 재정적 지원을 병행하여야 한다.
> ㉤ 주민의 편익증진과 집행의 효과 등을 고려하여 지방자치단체 상호 간 중복되지 않도록 해야 한다.

① ㉠, ㉢, ㉤
② ㉡, ㉢, ㉣
③ ㉠, ㉡, ㉣, ㉤
④ ㉠, ㉡, ㉢, ㉣, ㉤

2 지방자치단체(기관 및 종류)

해설편 p. 094

기관 및 기관구성 기출빈도 ★☆☆

01 자치경찰제도에 대한 설명으로 옳지 않은 것은?
21 지방직 9급

① 지역 실정에 맞는 치안 행정을 펼칠 수 있다.
② 경찰 업무의 통일성과 효율성을 높일 수 있다.
③ 제주자치경찰단은 주민의 생활안전 활동에 관한 사무를 수행한다.
④ 자치경찰사무를 관장하기 위하여 광역자치단체에 시 · 도 자치경찰위원회를 둔다.

02 지방정부의 기관구성 형태에 대한 설명으로 옳지 않은 것은?
21 지방직 9급

① 강시장-의회(Strong Mayor-Council) 형태에서는 시장이 강력한 정치적 리더십을 행사한다.
② 위원회(Commission) 형태에서는 주민 직선으로 선출된 의원들이 집행부서의 장을 맡는다.
③ 약시장-의회(Weak Mayor-Council) 형태에서는 일반적으로 의회가 예산을 편성한다.
④ 의회-시지배인(Council-Manager) 형태에서는 시지배인이 의례적이고 명목적인 기능을 수행한다.

03 지방자치단체의 기관구성에 대한 설명으로 옳지 않은 것은?
17 지방직 9급 추가

① 「지방자치법」에서는 기관대립형 구조만을 채택하고 있다.
② 기관대립형은 행정책임의 소재가 분명하다는 장점이 있다.
③ 기관통합형은 영국의 의회형이 대표적이다.
④ 기관통합형은 의결기관과 집행기관을 이원적으로 구성해 상호 견제와 균형을 도모한다.

사무의 종류 및 사무배분 기출빈도 ★★☆

04 다음 중 기관위임사무에 대한 설명으로 가장 옳지 않은 것은?
22 군무원 7급

① 원칙적으로 국가가 경비를 전액 부담한다.
② 지방자치단체의 장은 국가기관적 지위를 갖는다.
③ 지방의회는 사업수행에 필요한 경비부담에 한해 관여한다.
④ 원칙적으로 중앙정부의 소송이 허용된다.

05 우리나라 「지방자치법」 제11조에서 정하는 사무배분의 원칙에 대한 설명으로 가장 옳지 않은 것은? 22 군무원 7급

① 국가는 지방자치단체가 사무를 종합적 · 자율적으로 수행할 수 있도록 국가와 지방자치단체 간 또는 지방자치단체 상호 간의 사무를 주민의 편익증진, 집행의 효과 등을 고려하여 서로 중복되지 아니하도록 배분하여야 한다.
② 국가는 지역주민생활과 밀접한 관련이 있는 사무는 원칙적으로 시 · 군 및 자치구의 사무로, 시 · 군 및 자치구가 처리하기 어려운 사무는 시 · 도의 사무로, 시 · 도가 처리하기 어려운 사무는 국가의 사무로 각각 배분하여야 한다.
③ 국가가 지방자치단체에 사무를 배분하거나 지방자치단체가 사무를 다른 지방자치단체에 재배분할 때에는 사무를 배분받거나 재배분받는 지방자치단체가 그 사무를 자기의 책임하에 종합적으로 처리할 수 있도록 관련 사무를 포괄적으로 배분하여야 한다.
④ 국가 및 지방자치단체는 민간부문의 자율성을 존중하여 국가 또는 지방자치단체의 관여를 최소화하여야 하며, 민간의 행정참여 기회를 확대하여야 한다.

06 다음 중 도시 공공서비스의 공급 체계에 대한 설명으로 가장 옳지 않은 것은? 22 군무원 7급

① 중앙 또는 지방정부가 직접 공급하는 서비스는 중앙정부가 해야할 사무는 「정부조직법」에서 지방정부의 사무는 「지방자치법」에서 규정하고 있으며, 각 정부 간의 업무가 명확히 확정되어 있다.
② 행정사무를 민간에게 완전히 이양하지 않고 행정기관이 그에 관한 권한을 보유하고 있으면서 해당 민간업체로 하여금 자신의 명의와 책임 하에 그 행정사무를 처리하게 하는 민간 부분과의 계약을 통해 도시 공공서비스를 공급하기도 한다.
③ 도시의 경제개발 과정에서 지방자치단체와 민간기업이 서로 합의하여 공통의 목적을 설정하고 협력하는 관민 파트너십을 통해 공공서비스를 공급하기도 한다.
④ 도시행정에서 시민들에 대한 공공서비스의 공급은 전통적으로 중앙정부나 지방정부에 의해 직접 공급되는 것이 일반적이다.

07 지방자치단체의 사무배분에서 특례가 적용되는 경우로 옳지 않은 것은? 20 군무원 9급

① 자치구
② 인구 30만 이상의 도시
③ 인구 50만 이상의 도시
④ 특별자치도

주민참여의 유형 및 우리나라의 주민참여제도 기출빈도 ★★☆

08 우리나라의 주민참여제도에 대한 설명으로 가장 옳지 않은 것은? 22 군무원 9급

① 주민은 지방자치단체의 장을 상대로 소송을 제기할 수 있다.
② 주민은 지방자치단체의 장 및 지방의회의원(비례대표 지방의회의원은 제외)을 소환할 수 있다.
③ 주민은 지방자치단체의 장에게 조례의 제정과 개폐를 청구할 수 있다.
④ 주민은 지방예산 편성 등 예산과정에 참여할 수 있다.

09 다음 중 아래의 주민감사청구에 대한 「지방자치법」에 들어갈 내용이 모두 맞는 것은? 22 군무원 7급

> 제21조(주민의감사청구) ① 지방자치단체의 ( ) 이상의 주민으로서 다음 각 호의 어느 하나에 해당 하는 사람은 시·도는 ( ), 제198조에 따른 인구 50만 이상 대도시는 ( ), 그 밖의 시·군 및 자치구는 ( ) 이내에서 그 지방자치단체의 조례로 정하는 수 이상의 ( ) 이상의 주민이 연대 서명하여 그 지방자치단체와 그 장의 권한에 속하는 사무의 처리가 법령에 위반되거나 공익을 현저히 해친다고 인정되면 시·도의 경우에는 ( )에게, 시·군 및 자치구의 경우에는 ( )에게 감사를 청구할 수 있다.

① 19세 - 300명 - 200명 - 150명 - 19세 - 대통령 - 주무부장관
② 18세 - 200명 - 150명 - 100명 - 18세 - 주무부장관 - 시·도지사
③ 19세 - 300명 - 250명 - 200명 - 19세 - 대통령 - 주무부장관
④ 18세 - 300명 - 200명 - 150명 - 18세 - 주무부장관 - 시·도지사

10 우리나라의 주민소환제도에 대한 설명으로 옳지 않은 것은? 21 국가직 9급

① 가장 유력한 직접민주주의 제도이다.
② 비례대표 지방의회의원은 주민소환 대상이 아니다.
③ 심리적 통제 효과가 크다.
④ 군수를 소환하려고 할 경우에는 해당 군의 주민소환 투표청구권자 총수의 100분의 10 이상의 서명을 받아 청구해야 한다.

※ 개정 · 변경된 내용으로 선지 교체

11 「주민투표법」상 주민투표에 관한 규정으로 옳지 않은 것은?

21 군무원 7급

① 18세 이상의 주민 중 투표인명부 작성기준일 현재 그 지방자치단체의 관할구역에 주민등록이 되어 있는 사람은 주민투표권이 있다.
② 「공직선거법」상 선거권이 없는 사람도 주민투표권이 있다.
③ 주민투표권자의 연령은 투표일 현재를 기준으로 산정한다.
④ 출입국관리 관계 법령에 따라 대한민국에 계속 거주할 수 있는 자격을 갖춘 외국인으로서 지방자치단체의 조례로 정한 사람은 투표권이 있다.

12 우리나라 「지방자치법」이 인정하는 주민직접참여제도로 옳은 것은?

20 군무원 9급

① 주민발안, 주민소환
② 주민소환, 주민참여예산
③ 주민투표, 주민감사청구
④ 주민소송, 주민총회

※ 개정 · 변경된 내용으로 선지 교체

13 주민참여제도에 대한 설명으로 옳지 않은 것은?

19 지방직 9급

① 주민참여제도에는 주민투표, 주민소환, 주민소송 등이 있다.
② 「지방자치법」에서는 주민소송에 관한 사항을 명시하고 있다.
③ 지역구지방의회의원에 대한 주민소환투표는 당해 지방의회의원의 지역선거구를 대상으로 한다.
④ 지방자치단체가 조례를 제정하면 해당 지역에 거주하는 19세 이상의 외국인에게도 주민투표권이 부여된다.

주민참여예산제도

기출빈도 ★★☆

14 우리나라 주민참여예산제도에 대한 설명으로 옳지 않은 것은?

21 국가직 7급

① 주민이 참여할 수 있는 예산의 범위는 「지방재정법」에 규정되어 있다.
② 지방자치단체의 장은 주민참여예산제도를 마련하여 시행해야 할 법적 의무가 있다.
③ 지방자치단체 중 최초로 주민참여예산조례를 제정한 곳은 광주광역시 북구이다.
④ 지방의회 예산심의권 침해 논란이 있다.

15 주민참여예산제도에 대한 설명으로 옳지 않은 것은?

20 군무원 7급

① 「지방재정법」에 근거조항이 마련되어 있다.
② 주민참여예산기구의 구성 · 운영과 그 밖에 필요한 사항은 해당 지방자치단체의 조례로 정한다.
③ 지방자치단체의 장은 주민참여예산제도를 통하여 수렴한 주민의 의견서를 지방의회에 제출하는 예산안에 첨부하여야 한다.
④ 지방자치단체의 장은 지방의회의 의결사항을 포함하여 예산과정에 주민참여예산제도를 마련하여 시행하여야 한다.

3 지방재정

해설편 p. 098

지방재정 기출빈도 ★★☆

01 지방재정 지표 중 총세입(總歲入)에서 자율적으로 사용 가능한 재원의 비율을 나타내는 것은? 21 군무원 9급

① 재정자립도
② 재정탄력도
③ 재정자주도
④ 재정력지수

02 우리나라 지방자치단체의 자치재정권에 대한 설명으로 옳지 않은 것은? 17 지방직 9급

① 지방세 탄력세율 제도는 지방자치단체 재정의 신축성과 자율성을 제고하기 위한 제도이다.
② 지방자치단체는 법령의 위임이 없더라도 조례의 제정을 통하여 지방세목을 설치할 수 있다.
③ 지방자치단체의 장은 재정투자사업에 관한 예산안을 편성할 경우 대통령령이 정하는 바에 따라 사전에 그 필요성과 타당성에 대한 심사를 하여야 한다.
④ 지방자치단체의 장은 재해예방 및 복구사업을 위한 자금조달에 필요할 때에는 지방채를 발행할 수 있다.

자주재원과 의존재원 기출빈도 ★★★

03 특별시 · 광역시의 보통세와 도의 보통세에 공통적으로 속하는 세목만을 모두 고르면? 22 지방직 9급

㉠ 지방소득세 ㉡ 지방소비세 ㉢ 주민세 ㉣ 레저세 ㉤ 재산세 ㉥ 취득세.

① ㉠, ㉡, ㉣
② ㉠, ㉢, ㉤
③ ㉡, ㉣, ㉥
④ ㉢, ㉤, ㉥

04 지방교부세에 대한 설명으로 옳지 않은 것은? 22 국가직 9급

① 지역 간 재정력 격차를 완화시키는 재정 균등화 기능을 수행한다.
② 보통교부세, 특별교부세, 부동산교부세, 소방안전교부세로 구분한다.
③ 신청주의를 원칙으로 하며 각 중앙관서의 예산에 반영되어야 한다.
④ 부동산교부세는 종합부동산세를 재원으로 하며 전액을 지방자치단체에 교부한다.

05 우리나라 지방재정조정제도에 대한 설명으로 옳은 것은?

21 지방직 7급

① 「지방교부세법」상 지방교부세는 보통교부세, 특별교부세, 부동산교부세 및 소방안전교부세로 구분된다.
② 지방교부세는 중앙정부가 국가 사무를 지방정부에 위임하거나 지방정부가 추진하는 사업 경비의 전부 또는 일부를 보조하거나 지원하기 위한 제도이다.
③ 조정교부금은 전국적 최소한 동일 행정서비스 수준 보장을 위해 중앙정부가 내국세의 일정 비율을 자치단체에 배분하는 것이다.
④ 지방교부세 대비 국고보조금의 비중 증가는 지방재정의 자율성을 강화한다.

06 지방재정의 세입항목 중 자주재원에 해당하는 것은?

20 지방직 9급

① 지방교부세
② 재산임대수입
③ 조정교부금
④ 국고보조금

07 지방재정조정제도 중 「지방교부세법」에서 규정하고 있지 않은 것은?

18 지방직 9급

① 소방안전교부세
② 보통교부세
③ 조정교부금
④ 부동산교부세

08 우리나라의 지방재정에 대한 설명으로 가장 옳지 않은 것은?

17 서울시 9급

① 지방자치단체의 세입재원은 크게 자주재원과 의존재원으로 나눌 수 있는데, 자주재원에는 지방세와 세외수입이 있고, 의존재원에는 국고보조금과 지방교부세 등이 있다.
② 지방세 중 목적세로는 담배소비세, 레저세, 자동차세, 지역자원시설세, 지방교육세 등이 있다.
③ 지방교부세는 지방자치단체 간 재정력의 불균형을 조정하는 재원으로, 보통교부세 · 특별교부세 · 부동산교부세 및 소방안전교부세로 구분한다.
④ 지방재정자립도를 높이기 위해 국세의 일부를 지방세로 전환할 경우 지역 간 재정불균형이 심화될 수 있다.

※ 개정 · 변경된 내용으로 선지 교체

09 지방공기업 유형 중 지방직영기업에 대한 설명으로 가장 옳지 않은 것은?

17 서울시 9급

① 지방자치단체가 행정조직 형태로 직접 운영하는 사업을 말한다.
② 지방자치단체의 장이 지방직영기업의 관리자를 임명한다.
③ 소속된 직원은 공무원 신분이 아니다.
④ 「지방공기업법 시행령」에 따라 경영평가가 매년 실시되어야 하나 행정안전부장관이 이에 대해 따로 정할 수 있다.

지방정부 예산과 재정력 평가

기출빈도 ★★☆

10 지방재정에 대한 설명으로 옳지 않은 것은?

21 지방직 9급

① 재정자립도는 일반회계 세입 중 지방세와 세외수입이 차지하는 비중을 말한다.
② 국고보조금은 지방재정운영의 자율성을 제고한다.
③ 지방교부세는 지역 간의 재정 불균형을 시정하기 위한 제도이다.
④ 지방자치단체는 재해예방 및 복구사업에 경비를 조달하기 위해서 지방채를 발행할 수 있다.

4 지방자치단체와 국가와의 관계

해설편 p. 100

정부 간 관계의 모형 기출빈도 ★☆☆

01 정부 간 관계모형에 대한 설명으로 가장 옳지 않은 것은?

22 군무원 9급

① 라이트(D. S. Wright)는 미국의 연방, 주, 지방정부 간 관계에 주목하여 분리형, 중첩형, 포함형으로 구분했다.
② 그린피스(J. A. Griffith)는 영국의 중앙 · 지방관계는 중세 귀족사회에서 지주와 그 지주의 명을 받아 토지와 소작권을 관리하는 마름(steward)의 관계에 가깝다고 하여 지주-마름 모형을 제시했다.
③ 로데스(R. A.W. Rhodes)는 집권화된 영국의 수직적인 중앙 · 지방 관계하에서도 상호의존 현상이 나타남을 권력의존모형으로 설명했다.
④ 무라마쓰(村松岐夫)는 일본의 중앙 · 지방 관계의 변화에 주목하여 수직적 행정통제모형과 수평적 정치경쟁모형을 제시했다.

지방재정의 사전예산관리제도 기출빈도 ★☆☆

02 지방재정의 사전예산관리제도로 옳지 않은 것은?

20 군무원 7급

① 지방재정위기 사전경보시스템
② 지방재정투융자심사
③ 성별영향평가제도
④ 지방채발행

특별지방행정기관 기출빈도 ★★☆

03 특별지방자치단체에 대한 설명으로 옳지 않은 것은?

22 국가직 9급

① 2개 이상의 지방자치단체가 공동으로 특정한 목적을 위하여 광역적으로 사무를 처리할 필요가 있을 때에는 특별지방자치단체를 설치할 수 있다.
② 보통의 지방자치단체와 같이 법인격을 갖는다.
③ 특별지방자치단체의 의회는 규약으로 정하는 바에 따라 구성 지방자치단체의 의회 의원으로 구성한다.
④ 구성 지방자치단체의 장은 「지방자치법」상 겸임 제한 규정에 의해 특별지방자치단체의 장을 겸할 수 없다.

04 지방자치단체에 대한 설명으로 옳지 않은 것은?

20 군무원 7급

① 특별지방행정기관은 지방자치단체가 특별 업무를 수행하기 위해서 설립한 기관이다.
② 지방환경청은 특별행정기관이다.
③ 우리나라에서는 지방자치법에서 특별지방자치단체의 설치 및 운영에 관하여 필요한 사항을 대통령령으로 정하도록 규정하고 있다.
④ 특별자치시와 특별자치도는 보통지방자치단체에 속한다.

05 특별지방행정기관에 대한 설명으로 옳지 않은 것은?

17 지방직 9급

① 고유의 법인격은 물론 자치권도 가지고 있지 않다.
② 관할 범위가 넓을수록 이용자인 고객의 편리성이 향상된다.
③ 주민들의 직접통제와 참여가 용이하지 않은 문제가 있다.
④ 특별지방행정기관의 예로 교도소, 세관, 우체국 등을 들 수 있다

통합론과 우리나라 광역행정 기출빈도 ★☆☆

06 시 · 군 통합의 긍정적 효과에 대한 설명으로 옳지 않은 것은?

20 군무원 9급

① 행정의 대응성 제고
② 규모의 경제 실현
③ 생활권과 행정권의 일치
④ 광역적 문제의 효과적 해결

07 광역행정에 대한 설명으로 옳지 않은 것은? 19 지방직 9급

① 기존의 행정구역을 초월해 더 넓은 지역을 대상으로 행정을 수행한다.
② 행정권과 주민의 생활권을 일치시켜 행정 효율성을 증진시킬 수 있다.
③ 규모의 경제를 확보하기 어렵다.
④ 지방자치단체 간에 균질한 행정서비스를 제공하는 계기로 작용해 왔다.

최종모의고사

제 1 회 최종모의고사

해설편 p. 104

01 신제도주의 학파에 대한 설명으로 옳은 것은?

① 사회학적 신제도주의 – 법제화된 도량형이 아닌 전통적 도량형이 사용되는 이유는 경쟁과 효율의 결과이다.
② 역사적 신제도주의 – 외국에서 성공적으로 운영된 법령이나 정책이 우리나라에 도입하여 실패한 것은 행위자들의 갈등과 상호작용 때문이다.
③ 합리적 선택 신제도주의 – 공동체의 구성원들이 사회적 딜레마를 해결하기 위해 자발적 합의를 통해 제도를 만드는 해법이 바람직하다.
④ 신제도주의 – 제도를 연구의 중심개념으로 사용하고 합리적 행동모형에 회의적이라는 점에서 구제도주의와 다르다.

02 혼돈이론에 대한 설명으로 옳은 것만을 〈보기〉에서 모두 고르면?

〈보 기〉

㉠ 혼돈이론은 안정된 운동상태를 보이는 계(系)가 어떻게 혼돈상태로 바뀌는가를 설명하고, 또 혼돈상태에서 숨겨진 질서를 찾으려는 시도이다.
㉡ 혼돈이론에 의하면, 혼돈은 스스로 불규칙하게 변화할 뿐 아니라 미세한 초기조건의 차이가 점차 증폭되어 시간이 얼마간 지나면 완전히 다른 결과를 나타낸다.
㉢ 혼돈이론은 선형적 변화를 가정하며, 이는 뉴턴(Newton)의 운동법칙을 계승한 것이다.
㉣ 혼돈이론에서 설명하는 혼돈 속에서 질서를 찾는 과정은 자기조직화(Self-Organizing)와 공진화(Coevolution)이다.

① ㉠, ㉡
② ㉡, ㉢
③ ㉠, ㉡, ㉣
④ ㉠, ㉢, ㉣

03 다음 중 직업공무원제에 대한 설명으로 옳지 않은 것은?

① 공무원의 신분을 보장해 행정의 연속성과 일관성을 유지하는 데 긍정적인 제도이다.
② 직업공무원제가 성공적으로 확립되기 위해서는 공직에 대한 사회적 평가가 높아야 한다.
③ 공무원이 환경적 요청에 민감하지 못하고 특권집단화할 염려가 있다.
④ 직업공무원제는 일반적으로 전문행정가 양성에 유리하기 때문에 행정의 전문화 요구에 부응한다.

04 시장실패를 야기하는 요인에 대한 설명으로 옳은 것은?

① 죄수의 딜레마는 공익에 대한 과정설적 입장과 일치한다.
② 집단행동의 딜레마는 대집단보다 소집단에서 무임승차가 더 많이 발생한다고 본다.
③ 강제보험제도는 역선택을 해결하기 위한 방안이고, 유인설계는 도덕적 해이를 해결하기 위한 방안이다.
④ 역선택과 도덕적 해이는 정보 보유자가 비합리적으로 행동함으로써 나타나는 현상이다.

05 메이(P. May)는 정책의제설정의 주도자와 대중의 관여 정도에 따라 정책의제설정과정을 네 가지 유형(A~D)으로 구분하였는데, 이에 대한 설명으로 옳지 않은 것은?

정책의제설정의 주도자 \ 대중의 관여 정도	높음	낮음
민간	A	B
정부	C	D

① A는 주도집단과 반대집단 간 진흙탕 싸움이 심하게 벌어지고 갈등경쟁이 심해 점진적 해결에 그치는 경우가 많다.
② B의 경우 정부가 행정PR을 통해 일반대중에게 정책의 중요성과 유용성을 적극적으로 설득하여 공중의제화한다.
③ C에서는 이미 민간집단의 광범위한 지지가 형성된 이슈에 대하여 정책결정자가 지지의 공고화(Consolidation)를 추진한다.
④ D의 사례는 경차보급운동, 4대강사업, 행정중심복합도시 건설사업 등의 정책의제설정이 이에 해당한다.

06 지방세에 대한 설명으로 옳은 것은?

> ㉠ 레저세와 담배소비세는 지방세의 중요한 원칙 중 보편성의 원칙에 위배된다.
> ㉡ 지방세가 재산과세 중심으로 이루어져서 신장성이 약하다.
> ㉢ 경기도 수원시의 시의회는 자동차세와 재산세의 세율을 일부 조정하는 조례를 제정할 수 있다.
> ㉣ 소방안전교부세는 담배개별소비세의 20%를 재원으로 하며 지방자치단체는 인건비를 제외한 소방안전 관련 비용으로 사용해야 한다.
> ㉤ 지방자치단체장은 그 지방자치단체의 항구적 이익이 되거나 긴급한 재난복구 등의 필요가 있을 때에는 지방의회의 의결을 얻어 지방채를 발행할 수 있다.

① ㉠, ㉡, ㉢
② ㉡, ㉣
③ ㉡, ㉢, ㉤
④ ㉢, ㉤

07 우리나라는 정권이 교체될 때마다 일부 중앙부처가 변경되어 왔다. 다음 중 현 정부의 중앙부처명칭으로 옳지 않은 것은?

① 기획재정부
② 과학기술정보통신부
③ 행정안전부
④ 교육인적자원부

08 정책집행과 그 연구방법에 대한 설명으로 옳지 않은 것을 모두 고른 것은?

> ㉠ 프레스맨(J. Pressman)과 윌답스키(A. Widavsky)는 오클랜드사업 집행과정을 분석하여 의사결정점이 증가할수록 정책집행의 성공가능성은 낮아진다고 제시했다.
> ㉡ 상향식 접근방법은 정책결정과 정책집행 간 엄밀한 구분을 하며, 집행현장에서 시작하여 상위계급이나 조직 또는 결정단계로 거슬러 올라가는 방식의 후방향 접근법(Backward Mapping)이다.
> ㉢ 나카무라(R. Nakamura)와 스몰우드(F. Smallwood)의 관료적 기업가(Bureaucratic Entrepreneur) 모형에 따르면 정보, 기술, 현실 여건들 때문에 정책결정자들은 구체적인 정책이나 목표를 설정하지 못하고 추상적인 수준에 머문다.
> ㉣ 립스키(M. Lipsky)는 하향적 접근 방법을 주장한 학자로서 분명한 정책목표의 가능성을 부인하고 집행 문제해결에 초점을 맞춘다.
> ㉤ 하향식 접근법은 정책목표를 달성하는 데 영향을 주는 집행요인을 밝히는 것에 초점을 둔다.

① ㉠, ㉡, ㉢
② ㉠, ㉣, ㉤
③ ㉡, ㉢, ㉣, ㉤
④ ㉠, ㉡, ㉢, ㉣

09 프렌치와 레이븐(J. R. French & B. Raven)의 권력원천에 따른 권력유형으로 옳지 않은 것은?

① 전문적 권력은 조직에서의 공식적 지위와 무관하게 형성된다.
② 일반적으로 직위가 높으면 높을수록 합법적 권력 또한 더욱 커지는 경향이 있다.
③ 보상적 권력은 다른 사람들에게 보상을 주거나 중개할 수 있는 능력으로부터 나온다.
④ 강압적 권력은 상대방을 처벌할 수 있을 때 발생하는 권력으로서 권한과 그 개념이 유사하다.

10 다음 중 기획과정이 순서대로 바르게 나열된 것은?

① 목표설정 → 상황분석 → 기획전제 설정 → 대안의 탐색 및 평가 → 최종안의 선택
② 목표설정 → 기획전제 설정 → 상황분석 → 대안의 탐색 및 평가 → 최종안의 선택
③ 상황분석 → 목표설정 → 기획전제 설정 → 대안의 탐색 및 평가 → 최종안의 선택
④ 상황분석 → 기획전제 설정 → 목표설정 → 대안의 탐색 및 평가 → 최종안의 선택

11 다음 중 지식정보사회에 대한 설명으로 옳지 않은 것은?

① 지식정보사회는 수평적인 네트워크구조나 가상조직의 형태를 주로 띠게 된다.
② 지식정보사회에서는 개인의 능력이 강조되는 데 반해 조직의 협력적인 부분에 대한 요구는 약해진다.
③ 지식정보사회가 도래함에 따라 오히려 정부의 계층제적 조직구조가 강해질 수 있다.
④ 지식정보사회는 조직의 신축성을 더욱 필요로 하며, 이를 보장해줄 이론의 도래를 강요하고 있다.

12 다음 중 정책의제의 설정에 영향을 미치는 요인에 대한 설명으로 가장 적절하지 않은 것은?

① 극적 사건 및 주도집단의 존재는 의제화를 용이하게 한다.
② 사회문제가 오랫동안 누적되어 왔거나 장기적으로 지속될 것으로 예상되는 경우에는 의제화가 곤란하다.
③ 선례나 유행성이 강할수록 의제화가 용이하다.
④ 문제가 구체적이면 지지 기반을 상실하여 의제화가 어려워지기도 한다.

13 다음 중 균형성과표(BSC)에 대한 설명으로 적절하지 않은 것은?

① 카플란과 노턴(R. Kaplan & D. Norton)이 재무적 수단에 의존하는 전통적 평가방법의 한계를 극복하기 위해 주장하였다.
② 균형성과표는 과정중심의 성과관리보다는 결과중심의 성과관리에 초점을 맞춘다.
③ 균형성과표(BSC)의 평가기준에는 재무적 관점, 고객 관점, 내부프로세스 관점, 학습과 성장 관점 등이 있다.
④ 재무상태가 양호해도 고객만족도나 내부프로세스의 효율성이 낮다면 전체적인 균형성과표의 점수는 낮게 나타난다.

14 정책오류에 대한 설명으로 옳지 않은 것은?

① 옳은 귀무가설을 기각하는 오류는 1종 오류이다.
② 정책효과가 있는데 없다고 판단하는 오류는 2종 오류이다.
③ 3종 오류는 주로 대안을 선정하는 과정에서 나타난다.
④ 정책문제 정의를 잘못하는 것은 3종 오류와 연관된다.

15 「공무원 임용령」상 보직관리의 기준에 따른 직위의 직무요건이 아닌 것은?

① 직위의 성과책임
② 직렬 및 직류
③ 직무수행의 난이도
④ 직무수행요건

16 정부회계를 발생주의 및 복식부기의 원리에 따라 기록할 경우 옳은 설명은?

① 정부가 민간에게 기계 장치를 무상으로 지원하는 경우 현금주의와 발생주의는 모두 비용으로 인식한다.
② 정부회계를 복식부기의 원리에 따라 기록할 경우 차입금의 감소, 순자산의 증가, 현금의 감소, 수익의 발생 등은 차변에 위치할 항목들이다.
③ 현금의 흐름을 쉽게 파악할 수 있고 자의적인 회계처리가 불가능하여 통제가 용이하다.
④ 복식부기는 공무원을 신규 채용할 때 연금충당부채를 계상하므로 정부부채를 증가시킨다.

17 다음 중 우리나라 공무원의 근무성적평정에 대한 설명으로 옳지 않은 것은?

① 4급 이하 공무원은 대부분 근무성적평가를 받는다.
② 중요사건기록법은 피평정자의 근무실적에 큰 영향을 주는 사건들을 평정자로 하여금 기술하게 하는 방법이다.
③ 근무성적 평가는 연 2회 실시한다.
④ 직무평가는 직무의 상대적 차이에 따라 구분하는 단계이다.

18 국가재정법상 추가경정예산안의 편성사유가 아닌 것은?

① 전쟁이나 대규모 재해가 발생한 경우
② 경기침체, 대량실업, 남북관계의 변화, 경제협력과 같은 대내·외 여건에 중대한 변화가 발생하였거나 발생할 우려가 있는 경우
③ 세계잉여금이 남았을 때
④ 법령에 따라 국가가 지급하여야 하는 지출이 발생하거나 증가하는 경우

19 다음 중 역대 정부 제도개혁의 연혁 내용으로 옳지 않은 것은?

① 김대중 정부 – 행정서비스헌장제도, 책임운영기관제도, 주민감사청구제도 도입
② 노무현 정부 – 주민투표제, 자율예산편성제도, 주민소송제도 도입
③ 이명박 정부 – 남녀평등예산제도, 조세지출예산, 고위공무원단제도, 주민소환제도 도입
④ 박근혜 정부 – 정부 3.0 추진, 부총리제 부활

20 다음 중 공직 윤리와 관련된 법령에 대한 설명으로 옳은 것은?

① 「국가공무원법」에는 충성의 의무가 규정되어 있다.
② 「부패방지 및 국민권익위원회의 설치와 운영에 관한 법률」은 퇴직 공직자 취업제한에 대한 내용을 담고 있다.
③ 「공직자윤리법」에는 비위면직자 취업제한에 대한 내용이 규정되어 있다.
④ 공무원 행동강령은 공무원의 청렴유지와 관련된 구체적인 행동기준을 제시하고 있다.

제 2 회 최종모의고사

모바일 OMR

해설편 p. 108

01 현행 우리나라 공무원 연금제도에 대한 내용 중 옳은 것만으로 짝 지어진 것은?

> ㉠ 우리나라의 공무원연금제도는 미국과 마찬가지로 연금을 일종의 거치된 보수로 보는 거치보수설에 입각하고 있으며 개인이 기여금을 부담하고 기금을 조성하여 운영하고 있다.
> ㉡ 연금지급률을 1.9%에서 1.5%로 2025년까지 단계적으로 인하한다.
> ㉢ 공무원이 부담하는 기여금의 납부기간이 33년을 초과한 자는 내지 않아도 된다.
> ㉣ 군인과 지방의회의원, 국회의원, 교육감은 공무원연금의 적용을 받지 않는다.

① ㉠, ㉡
② ㉠, ㉣
③ ㉡, ㉢
④ ㉠, ㉣

02 다음 행정학 연구접근방법의 발달과정을 시대순으로 옳게 나열한 것은?

> 가. 관료, 시민, 정치인이 모두 자기 이익을 극대화한다고 가정하고 공공재의 공급에 관한 의사결정을 교환으로써의 정치과정으로 분석한다.
> 나. 행정을 엽관주의로부터 보호해야 한다는 요청에 의하여 성립하였으며 행정학을 관리(집행)현상으로 보아 공사행정일원론, 정치행정이원론, 기계적 능률주의를 주장하였다.
> 다. 가우스(Gaus)와 리그스(Riggs)에 의하여 제시된 행정이 환경에 미치는 영향을 강조하는 연구접근법으로 환경의 영향을 최초로 언급한 점에서 의의가 있으나 결정론에 따라 행정을 피동적 존재로 본점, 신생국의 발전에서 패배주의적 견해, 창조적 엘리트의 환경변동능력을 무시한 점에서 비판받는다.
> 라. 제도이념 절차보다는 개인이나 집단에 내재하는 인간적 요인에 중점 두고 행정현상을 고찰하는 분야로써, 사실과 가치를 분리하는 논리실증주의에 따라서 행정학은 사실에 관한 학문이며 따라서 정치행정이원론, 공사행정일원론의 입장에 선다.
> 마. 미노브룩(Minnowbrook)회의를 기점으로 나온 개념으로써 사회적 형평성의 이념을 강조한다. 공행정의 특수성과 관료의 가치지향성을 강조하며 적극적 행정인을 중시한다. 개방 체제를 중요시하지만 수익자 집단에 대한 특혜가 공익과 대립되게 되는 문제점이 있게 된다.

① 나 → 다 → 라 → 마 → 가
② 나 → 가 → 다 → 라 → 마
③ 라 → 가 → 다 → 나 → 마
④ 라 → 마 → 가 → 나 → 다

03 다음 중 우리나라의 지방정부에 대한 중앙통제와 관련한 설명으로 가장 적절하지 않은 것은?

① 지방자치단체의 사무에 관한 그 장의 명령이나 처분이 법령에 위반되거나 현저히 부당하여 공익을 해친다고 인정되면 시 · 도에 대하여는 주무부장관이, 시 · 군 및 자치구에 대하여는 시 · 도지사가 기간을 정하여 서면으로 시정할 것을 명하고, 그 기간에 이행하지 아니하면 이를 취소하거나 정지할 수 있다.
② 중앙정부는 위법 · 부당한 명령 · 처분의 시정명령 및 취소 · 정지를 할 수 있고, 지방자치단체의 장이 이에 이의가 있을 때에는 대법원에 소를 제기할 수 있다.
③ 행정안전부장관이 국가위임사무나 시 · 도위임사무의 관리와 집행을 명백히 게을리 하는 경우 이행사항을 명령할 수 있다.
④ 지방자치단체에서 하는 자치사무는 법령위반사항에 대하여만 회계를 감사할 수 있다.

04 다음 중 목표의 변동에 관한 내용으로 옳지 않은 것은?

① 목표의 전환은 조직의 항구성 형성에 기여한다.
② 본래의 목표에 동종목표의 추가는 목표의 확대를 가져온다.
③ 복수목표 간에 우선순위가 바뀌는 것을 목표 간의 비중변동이라 한다.
④ 유형목표의 추구는 목표의 전환을 야기할 수 있다.

05 다음 글의 ㉠에 해당하는 것은?

> 톰슨(Thompson)의 이론에 따르면, (㉠)의 경우 단위부서들 사이의 과업은 관련성이 거의 없으며 각 부서는 조직의 공동목표에 독립적으로 공헌하게 된다. 이러한 (㉠)은 주로 중개형 기술을 활용하는 조직에서 나타나는데 부서들이 과업을 독자적으로 수행하면서 서비스를 제공하므로 단위작업 간의 조정 필요성이 크지 않다. (㉠)이 있는 경우 부서 간 의사소통의 빈도가 상대적으로 낮아 관리자들은 부서 간 조정을 위해 표준화된 절차와 규칙 등을 많이 사용하게 된다.

① 교호적 상호의존성(Reciprocal Interdependence)
② 연속적 상호의존성(Sequential Interdependence)
③ 집합적 상호의존성(Pooled Interdependence)
④ 과업의 상호의존성(Task Interdependence)

06 다음 중 행정 및 행정학의 발전에 대한 설명으로 옳지 않은 것은?

① 행정을 사회문제 해결을 위한 정부나 공공조직의 기능과 역할로 보는 관점에서는 공행정과 사행정을 구분한다.
② 윌슨(W. Wilson)이 1887년 발표한 '행정의 연구'는 행정은 순수한 관리현상으로서 수단의 영역에 해당한다고 주장했다.
③ 미국의 초기행정학은 정치학으로부터 출발했다.
④ 행정의 기본가치인 근검절약과 효율성 실천수단은 경영에서 도입되었다.

07 다음 중 조직과 환경에 관한 설명으로 옳지 않은 것은?

① 공동체 생태학 이론은 조직 간의 관계를 강조한 이론이다.
② 윌리엄슨(Williamson)은 조직 내 거래비용을 줄이기 위해 M형 조직 대신 U형 조직을 제시하였다.
③ 구조적 상황론(Contingency Theory)은 환경의 영향에 대한 조직관리자의 역할이 수동적이다.
④ 전략적 선택 이론은 조직 스스로 구조를 결정할 수 있다고 보고 인간의 자율성을 강조한다.

08 다음 중 계획예산제도(PPBS)의 특징으로 옳지 않은 것은?

① 예산결정은 점증적 접근방법이 아닌 총체 · 합리적 접근방법이다.
② 부서별 자원배분이 아닌 부서의 경계를 초월한 정책 또는 프로그램별로 자원배분이 이루어진다.
③ 영기준예산제도(ZBB)보다 운영 면에서 전문성을 적게 요구하므로 모든 조직 구성원들이 진지하게 참여한다.
④ 계획예산제도의 핵심 요소는 프로그램 예산 형식을 따른다.

09 다음 중 우리나라의 지방정부에 대한 중앙통제와 관련한 설명으로 가장 적절하지 않은 것은?

① 지방자치단체의 사무에 관한 그 장의 명령이나 처분이 법령에 위반되거나 현저히 부당하여 공익을 해친다고 인정되면 시 · 도에 대하여는 주무부장관이, 시 · 군 및 자치구에 대하여는 시 · 도지사가 기간을 정하여 서면으로 시정할 것을 명하고, 그 기간에 이행하지 아니하면 이를 취소하거나 정지할 수 있다.
② 중앙정부는 위법 · 부당한 명령 · 처분의 시정명령 및 취소 · 정지를 할 수 있고, 지방자치단체의 장이 이에 이의가 있을 때에는 행정법원에 소를 제기할 수 있다.
③ 지방자치단체의 장이 국가위임사무나 시 · 도위임사무의 관리와 집행을 명백히 게을리 하는 경우 이행사항을 명령할 수 있다.
④ 지방자치단체에서 하는 자치사무는 법령위반사항에 대하여만 회계를 감사할 수 있다.

10 다음 중 직업공무원제의 개선에 직접적으로 관련되지 않은 것은?

① 직장협의회
② 고위공무원단
③ 개방형 인사제도
④ 성과급

11 다음 중 전자정부법에서 규정하고 있는 전자정부의 원칙으로 옳지 않은 것은?

① 대민서비스의 전자화 및 국민편익의 증진
② 행정업무의 혁신 및 생산성 · 효율성의 향상
③ 정보시스템의 안전성 · 신뢰성의 확보
④ 전자적으로 확인할 수 있는 사항에 대한 민원인 정보제출의 원칙

12 다음 중 공공재의 적정 공급규모에 관한 논의 중 정부기능이 팽창되었다는 입장을 옳게 나열된 것은?

> ㉠ 갤브레이스(Galbraith)의 의존효과
> ㉡ 머스그레이브(Musgrave)의 조세저항
> ㉢ 피콕과 와이즈만(Peacock & Wiseman)의 전위효과
> ㉣ 보몰의 병리(Baumal's Disease)
> ㉤ 니스카넨(Niskanen)의 예산극대화 모형
> ㉥ 던스(Downs)의 합리적 무지

① ㉠, ㉡, ㉥
② ㉢, ㉣, ㉤
③ ㉠, ㉢, ㉥
④ ㉡, ㉣, ㉤

13 하위정부모형, 이슈네트워크(Issue Network)와 정책공동체(Policy Community)의 특성을 비교한 것으로 옳지 않은 것은?

① 네트워크 내 자원배분과 관련하여 정책커뮤니티는 근본적인 관계가 교환관계이고 모든 참여자가 자원을 보유하고 있으나, 이슈네트워크는 근본적인 관계가 제한적 합의이고 어떤 참여자는 자원보유가 한정적이다.
② 정책네트워크모형에 의하면, 국가는 자신의 정책이해관계를 가지고 이를 정책과정에서 관철시키고자 하는 하나의 행위자이다.
③ 하위정부모형(철의 삼각)의 주된 참여자는 정부관료, 선출직 의원, 이익집단이다.
④ 이슈네트워크는 쟁점을 통제하는 우월한 행위자가 있으며 이슈별로 참여자들 간 Positive-Sum Game이 일어나고 진행에 따라서 새로운 연합이 형성되기도 한다.

14 우리나라 재정 제도에 대한 설명으로 옳지 않은 것은?

① 예산집행은 예산배정 → 예산재배정 → 지출원인행위 → 지출순으로 이루어진다.
② 수입은 징수결정하고 수납하는 행위이며, 지출은 지출원인행위와 지급명령행위이다.
③ 정부가 국채를 발행하면 반드시 국가부채가 증가한다.
④ 세계잉여금은 한 해의 세입과 세출의 차이로 발생한 결산상 잉여금에서 다음 연도 이월액을 차감한 금액이다.

15 다음 중 엘리트 이론과 그에 대한 내용을 연결한 것으로 올바르지 않은 것은?

① 밀스의 연구 – 군부엘리트와 산업엘리트 사이의 연계관계를 군–산복합체로 표현하여 이들이 미국의 정책결정에서 핵심적인 역할을 담당한다고 주장하였다.
② 헌터의 연구 – 사회적 명성이 있는 소수자(기업인 · 변호사 · 고위 관료 등)들이 담배연기 자욱한 방에서 결정한 것을 일반대중은 조용히 수용한다고 하였다.
③ 미헬스의 연구 – 어떤 사회든 소수가 지배하는 것은 필연적이다.
④ 바흐라흐와 바라츠(Bachrach & Baratz)의 연구 – 무의사결정론을 통해 공익에 배치되는 주장은 의제화될 수 없다는 것을 주장하였다.

16 「국가공무원법」상 우리나라 인사제도에 대한 설명으로 옳은 것은?

① 인사혁신처장은 고위공무원단에 속하는 공무원이 갖추어야 할 능력과 자질을 설정하고 이를 기준으로 고위공무원단 직위에 임용되려는 자를 평가할 수 있지만 신규채용 · 승진임용 등 인사관리에 활용할 수는 없다.
② 국가공무원은 경력직 공무원과 특수경력직 공무원으로 구분하고, 특수경력직 공무원은 다시 특정직 공무원과 별정직 공무원으로 나뉜다.
③ 개방형직위로 지정된 직위에는 외부 적격자만 임용할 수 있다.
④ 고위공무원단에 속하는 일반직 공무원의 경우 소속 장관은 해당 기관에 소속되지 아니한 공무원에 대하여도 임용제청을 할 수 있다.

17 다음 중 책임성에 대한 설명으로 옳지 않은 것은?

① 파이너(H. Finer)는 내재적 책임을 강조하고, 프리드리히(C. Friedrich)는 외재적 책임을 강조했다.
② 롬젝(Romzek)과 데브닉(Dubnick)에 따르면 강조되는 책임성의 유형은 조직 특성에 따라 달라진다.
③ 신공공관리론은 책임성을 확보하기 위하여 객관적 · 체계적 성과측정을 중시한다.
④ 책임성은 수단적 가치이다.

18 다음 중 정책평가의 외적 타당성 저해요인으로 옳은 것은?

① 선발요소, 성숙효과
② 호손효과, 성숙효과
③ 크리밍효과, 호손효과
④ 역사효과, 크리밍효과

19 다음 중 행정의 본질적 가치에서 공익의 본질에 관한 설명으로 가장 옳은 것은?

① 과정설은 집단이기주의의 폐단이 발생하지 않는다.
② 실체설은 공익실현에 있어 정부의 소극적 개입을 강조한다.
③ 과정설은 고전경제학자인 애덤 스미스의 자유방임 사상과 맥을 같이 한다.
④ 국가의 이익과 소비자의 이익의 중간인 소비자 이익을 공익이라고 보는 것은 실체설적 입장이다.

20 균형성과표(BSC: Balanced Score Card)의 관점과 측정지표가 바르게 연결된 것은?

① 학습과 성장 관점 – 직무만족도
② 내부 프로세스 관점 – 민원인의 불만율
③ 재무적 관점 – 신규 고객의 증감
④ 고객 관점 – 조직 내 커뮤니케이션 구조

부록

최신기출문제

2023 국가직 9급 기출문제

모바일 OMR

01 행정이론에 대한 설명으로 옳은 것은?

① 과학적 관리론은 최고관리자의 운영원리로 POSDCoRB를 제시하였다.
② 행정행태론은 가치와 사실을 구분하고 가치에 기반한 행정의 과학화를 시도하였다.
③ 신행정론은 실증주의적 방법론을 비판하고 사회적 형평성과 적실성을 강조하였다.
④ 신공공관리론은 민간과 공공 부문의 파트너십을 강조하고 기업가 정신보다 시민권을 중요시하였다.

02 베버(Weber)의 이념형(ideal type) 관료제에 대한 설명으로 옳지 않은 것은?

① 관료제 성립의 배경은 봉건적 지배체제의 확립이다.
② 법적 · 합리적 권위에 기초를 둔 조직구조와 형태이다.
③ 직위의 권한과 임무는 문서화된 법규로 규정된다.
④ 관료는 원칙적으로 상관이 임명한다.

03 예산이론에 대한 설명으로 옳지 않은 것은?

① 총체주의는 계획예산(PPBS), 영기준예산(ZBB)과 같은 예산제도 개혁을 설명하기에 적합한 이론이다.
② 점증주의는 거시적 예산결정과 예산삭감을 설명하기에 적합한 이론이다.
③ 총체주의는 합리적 · 분석적 의사결정과 최적의 자원배분을 전제로 한다.
④ 점증주의는 예산을 결정할 때 대안을 모두 고려하지는 못한다는 것을 전제로 한다.

04 바흐라흐(Bachrach)와 바라츠(Baratz)의 무의사결정론에 대한 설명으로 옳지 않은 것은?

① 무의사결정의 행태는 정책과정 중 정책문제 채택단계 이외에서도 일어난다.
② 기존 정치체제 내의 규범이나 절차를 동원하여 변화요구를 봉쇄한다.
③ 정책문제화를 막기 위해 폭력과 같은 강제력을 사용하기도 한다.
④ 엘리트의 두 얼굴 중 권력행사의 어두운 측면을 고려하지 못한다고 비판했기 때문에 신다원주의로 불린다.

05 우리나라의 통합재정에 대한 설명으로 옳지 않은 것은?

① 세입과 세출은 경상거래와 자본거래로 구분하여 작성한다.
② 통합재정의 범위에는 일반정부와 공기업 등 공공부문 전체가 포함된다.
③ 정부의 재정이 국민 경제에 미치는 효과를 파악하고자 하는 예산의 분류체계이다.
④ 통합재정 산출 시 내부거래와 보전거래를 제외함으로써 세입 · 세출을 순계 개념으로 파악한다.

06 정책분석 및 평가연구에 적용되는 기준 중 내적 타당성에 대한 설명으로 옳은 것은?

① 분석 및 평가 결과를 다른 상황에서도 적용할 수 있는 정도를 의미한다.
② 이론적 구성요소들의 추상적 개념을 성공적으로 조작화한 정도를 의미한다.
③ 집행된 정책내용과 발생한 정책효과 간의 관계에 대한 인과적 추론의 정확성 정도를 의미한다.
④ 반복해서 측정했을 때 일관성 있는 결과를 얻는 정도를 의미한다.

07 「지방공무원법」상 인사위원회의 위원으로 임명되거나 위촉될 수 없는 사람은?

① 지방의회의원
② 법관 · 검사 또는 변호사 자격이 있는 사람
③ 공무원으로서 20년 이상 근속하고 퇴직한 사람
④ 초등학교 · 중학교 · 고등학교 교장 또는 교감으로 재직하는 사람

08 조직구조의 유형에 대한 설명으로 옳지 않은 것은?

① 사업(부) 구조는 조직의 산출물에 기반을 둔 구조화 방식으로 사업(부) 간 기능 조정이 용이하다.
② 매트릭스 구조는 수직적 기능 구조에 수평적 사업 구조를 결합시켜 조직운영상의 신축성을 확보한다.
③ 네트워크 구조는 복수의 조직이 각자의 경계를 넘어 연결고리를 통해 결합 관계를 이루어 환경 변화에 대처한다.
④ 수평(팀제) 구조는 핵심업무 과정 중심의 구조화 방식으로 부서 사이의 경계를 제거하여 의사소통을 원활하게 한다.

09 연공주의(seniority system)에 대한 설명으로 옳은 것만을 모두 고르면?

> ㉠ 장기근속으로 조직에 대한 공헌도를 높인다.
> ㉡ 개인의 성과에 따른 적절한 보상을 통해 사기를 높인다.
> ㉢ 계층적 서열구조 확립으로 조직 내 안정감을 높인다.
> ㉣ 조직 내 경쟁을 통해서 개인의 역량 개발에 기여한다.

① ㉠, ㉡　② ㉠, ㉢
③ ㉡, ㉣　④ ㉢, ㉣

10 앨리슨(Allison)의 관료정치모형(모형 Ⅲ)에 대한 설명으로 옳은 것은?

① 정책결정은 준해결(quasi-resolution)적 상태에 머무르는 경우가 많다.
② 정책결정자들은 국가 전체의 이익이나 전략적 목표를 극대화하기 위한 결정을 한다.
③ 정책결정에 참여하는 구성원들 간의 목표 공유 정도와 정책결정의 일관성이 모두 매우 낮다.
④ 정부는 단일한 결정주체가 아니며 반독립적(semi-autonomous) 하위조직들이 느슨하게 연결된 집합체이다.

11 재니스(Janis)의 집단사고(groupthink)의 특성에 해당하지 않는 것은?

① 토론을 바탕으로 한 집단지성의 활용
② 침묵을 합의로 간주하는 만장일치의 환상
③ 집단적 합의에 대한 이의 제기에 대한 자기 검열
④ 집단에 대한 과대평가로 집단이 실패할 리 없다는 환상

12 조직이론과 그 내용에 대한 설명으로 옳지 않은 것은?

① 구조적 상황이론 – 불안정한 환경 속에 있는 조직은 유기적인 조직구조를 선택하는 것이 효과적이다.
② 전략적 선택이론 – 동일한 환경에 처한 조직도 환경에 대한 관리자의 지각 차이로 상이한 선택을 할 수 있다.
③ 거래비용이론 – 시장에서의 거래비용이 조직의 내부 거래비용보다 클 경우 내부 조직화를 선택한다.
④ 조직군 생태학이론 – 조직군의 변화를 이끄는 변이는 우연적 변화(돌연변이)로 한정되며, 계획적이고 의도적인 변화는 배제된다.

13 직무평가 방법에 대한 설명으로 옳지 않은 것은?

① 점수법은 직무를 구성하는 하위요소별 점수를 합산하여 평가하는 방법이다.
② 분류법은 미리 정한 등급기준표와 직무 전체를 비교하여 등급을 결정하는 비계량적 방법이다.
③ 서열법은 직무의 구성요소를 구별하지 않고 직무 전체의 중요도를 종합적으로 평가하는 방법이다.
④ 요소비교법은 기준직무(key job)와 평가할 직무를 상호 비교해 가며 평가하는 비계량적 방법이다.

14 우리나라의 전자정부에 대한 설명으로 옳지 않은 것은?

① 정부는 '지능정보사회 종합계획'을 3년 단위로 수립하여야 한다.
② 과학기술정보통신부장관은 5년마다 행정기관 등의 기관별 계획을 종합하여 '전자정부기본계획'을 수립하여야 한다.
③ 「전자정부법」상 '전자화문서'는 종이문서와 그 밖에 전자적 형태로 작성되지 아니한 문서를 정보시스템이 처리할 수 있는 형태로 변환한 문서를 말한다.
④ 중앙행정기관의 장과 지방자치단체의 장은 해당기관의 지능정보사회 시책의 효율적 수립 · 시행과 대통령령이 정하는 업무를 총괄하는 '지능정보화책임관'을 임명하여야 한다.

15 롬젝(Romzeck)의 행정책임 유형에 대한 설명으로 옳지 않은 것은?

① 계층적 책임 – 조직 내 상명하복의 원칙에 따라 통제된다.
② 법적 책임 – 표준운영절차(SOP)나 내부 규칙(규정)에 따라 통제된다.
③ 전문가적 책임 – 전문직업적 규범과 전문가집단의 관행을 중시한다.
④ 정치적 책임 – 민간 고객, 이익집단 등 외부 이해관계자의 기대에 부응하는가를 중시한다.

16 우리나라의 재정사업 성과관리에 대한 설명으로 옳지 않은 것은?

① 재정사업 성과관리의 내용은 성과목표관리와 성과평가로 구성된다.
② 재정사업 성과평가 결과는 지출 구조조정 등의 방법으로 재정운용에 반영될 수 있다.
③ 재정사업 심층평가 결과 기획재정부장관이 필요하다고 판단하면 재정사업 자율평가를 실시할 수 있다.
④ 재정사업 자율평가는 미국 관리예산처(OMB)의 PART(Program Assessment Rating Tool)를 우리나라 실정에 맞게 도입한 제도이다.

17 공직자의 이해충돌에 대한 설명으로 옳지 않은 것은?

① 우리나라는 2021년 5월 「공직자의 이해충돌 방지법」을 제정하였다.
② 이해충돌은 그 특성에 따라 실제적, 외견적, 잠재적 형태로 분류할 수 있다.
③ 이해충돌 회피에 있어서는 '어느 누구도 자신이 연루된 사건의 재판관이 되어서는 안 된다'라는 원칙이 적용된다.
④ 「공직자의 이해충돌 방지법」의 위반행위는 감사원, 수사기관, 국민권익위원회 등에 신고할 수 있으나 위반행위가 발생한 기관은 제외된다.

18 공무원의 직위해제에 대한 설명으로 옳은 것은?

① 직위해제는 공무원 징계의 한 종류이다.
② 직위해제 처분을 받은 공무원은 잠정적으로 공무원 신분이 상실된다.
③ 직무수행 능력이 부족하거나 근무성적이 극히 나쁜 자에 대해서도 직위해제가 가능하다.
④ 직위해제의 사유가 소멸된 경우 임용권자는 인사위원회의 심의를 거쳐 3개월 이내에 직위를 부여하여야 한다.

19 2021년 1월 전부개정된 「지방자치법」에서 처음으로 도입된 주민참여 제도는?

① 주민소환
② 주민의 감사청구
③ 조례의 제정과 개정 · 폐지 청구
④ 규칙의 제정과 개정 · 폐지 관련 의견 제출

20 정책평가를 위한 사회실험에 대한 설명으로 옳지 않은 것은?

① 통제집단 사전 · 사후 설계는 검사효과를 통제할 수 있다.
② 준실험은 진실험에 비해 실행 가능성이 높다는 장점이 있다.
③ 회귀불연속 설계는 구분점(구간)에서 회귀직선의 불연속적인 단절을 이용한다.
④ 솔로몬 4집단 설계는 통제집단 사전 · 사후 설계와 통제집단 사후 설계의 장점을 갖는다.

2023 지방직 9급 기출문제

모바일 OMR

01 계급제에 대한 설명으로 옳지 않은 것은?

① 직무의 속성을 중심으로 공직을 분류하는 제도이다.
② 폐쇄형 충원방식을 원칙으로 한다.
③ 일반행정가 양성을 지향한다.
④ 탄력적 인사관리에 용이하다.

02 민츠버그(Mintzberg)가 제시한 조직유형이 아닌 것은?

① 기계적 관료제
② 애드호크라시(adhocracy)
③ 사업부제 구조
④ 홀라크라시(holacracy)

03 정책결정모형에 대한 설명으로 옳은 것은?

① 혼합주사모형(mixed scanning approach)은 1960년대 미국의 쿠바 미사일 위기사건을 설명하기 위해 연구된 모형이다.
② 사이버네틱스모형을 설명하는 예시로 자동온도조절장치를 들 수 있다.
③ 쓰레기통모형은 갈등의 준해결, 문제 중심의 탐색, 불확실성 회피, 표준운영절차의 활용을 설명하는 모형이다.
④ 합리모형은 만족할 만한 수준에서 의사결정이 이루어진다고 설명하는 모형이다.

04 행정이론의 발달을 오래된 순서대로 바르게 나열한 것은?

> (가) 과학적 관리론 – 테일러(Taylor)
> (나) 신공공관리론 – 오스본과 게블러(Osborne & Gaebler)
> (다) 신행정론 – 왈도(Waldo)
> (라) 행정행태론 – 사이먼(Simon)

① (가) – (다) – (라) – (나)
② (가) – (라) – (다) – (나)
③ (라) – (가) – (나) – (다)
④ (라) – (다) – (나) – (가)

05 엘리트이론과 다원주의이론에 대한 설명으로 옳지 않은 것은?

① 고전적 엘리트이론에서 엘리트들은 다른 계층에 대해 책임을 지지 않는다.
② 밀즈(Mills)는 명성접근법을 사용하여 엘리트들을 분석한다.
③ 달(Dahl)은 권력이 분산되어 있음을 전제로 다원주의론을 전개한다.
④ 바흐라흐와 바라츠(Bachrach & Baratz)는 무의사결정이 의제설정과정뿐만 아니라 정책결정과정에서도 발생할 수 있다고 주장한다.

06 예산 불성립에 따른 예산 종류에 대한 설명으로 옳지 않은 것은?

① 준예산은 전년도 예산을 기준으로 예산을 편성해 운영하는 제도이다.
② 현재 우리나라는 준예산제도를 채택하고 있다.
③ 가예산은 1개월분의 예산을 국회의 의결을 거쳐 집행하는 것으로 우리나라가 운영한 경험이 있다.
④ 잠정예산은 수개월 단위로 임시예산을 편성해 운영하는 것으로 가예산과 달리 국회의 의결이 불필요하다.

07 동기부여 이론에 대한 설명으로 옳은 것은?

① 로크(Locke)의 목표설정이론에서는 목표의 도전성(난이도)과 명확성(구체성)을 강조했다.
② 매슬로우(Maslow)의 욕구 5단계설에서는 욕구의 좌절과 퇴행을 강조했다.
③ 해크만과 올드햄(Hackman & Oldham)의 직무특성이론에서는 유의성, 수단성, 기대감을 동기부여의 핵심으로 보았다.
④ 앨더퍼(Alderfer)의 ERG이론에서는 위생요인이 충족되었다고 하더라도 동기부여가 되는 것은 아니라고 주장했다.

08 품목별 예산제도(line-item budget system)에 대한 설명으로 옳지 않은 것은?

① 미국에서 공무원의 부정부패를 막고 행정의 능률을 향상시키기 위해 도입되었다.
② 정부 활동에 대한 총체적인 사업계획과 우선순위 결정에 유리하다.
③ 예산 집행의 책임성을 확보할 수 있는 통제지향 예산제도이다.
④ 특정 사업의 지출 성과에 대해서는 파악하기 어렵다.

09 블랙스버그 선언(Blacksburg Manifesto)과 행정재정립운동(refounding movement)에 대한 설명으로 옳지 않은 것은?

① 블랙스버그 선언은 행정의 정당성을 침해하는 정치·사회적 상황을 비판했다.
② 행정재정립운동은 직업공무원제를 옹호했다.
③ 행정재정립운동은 정부를 재창조하기보다는 재발견해야 한다고 주장했다.
④ 블랙스버그 선언은 신행정학의 태동을 가져왔다.

10 정부예산의 종류에 대한 설명으로 옳지 않은 것은?

① 기금은 예산원칙의 일반적 제약으로부터 벗어나 탄력적으로 운용된다.
② 특별회계예산은 국가의 회계 중 특정한 세입으로 특정한 세출을 충당하기 위한 예산이다.
③ 특별회계예산은 일반회계예산과 달리 예산편성에 있어 국회의 심의 및 의결을 받지 않는다.
④ 기금은 예산 통일성 원칙의 예외가 된다.

11 지방정부의 사무에 대한 설명으로 옳지 않은 것은?

① 기관위임사무의 처리에 드는 경비는 중앙정부와 지방정부가 공동부담하는 것이 원칙이다.
② 단체위임사무는 집행기관장이 아닌 지방정부 그 자체에 위임된 사무이다.
③ 지방의회는 단체위임사무의 처리 과정에 관한 조례를 제정할 수 있다.
④ 중앙정부는 자치사무에 대해 합법성 위주의 통제를 주로 한다.

12 대표관료제에 대한 설명으로 옳지 않은 것은?

① 우리나라는 양성채용목표제, 장애인 의무고용제 등 다양한 균형인사제도를 통해 대표관료제의 논리를 반영하고 있다.

② 다양한 집단의 이익을 반영하는 실적주의 이념에 부합하는 인사제도이다.

③ 할당제를 강요하는 결과를 초래하고, 특정 집단에 대한 역차별 문제를 야기할 수 있다.

④ 임용 전 사회화가 임용 후 행태를 자동적으로 보장한다는 가정하에 전개되어 왔다.

13 킹던(Kingdon)이 제시한 정책흐름모형에 대한 설명으로 옳은 것만을 모두 고르면?

㉠ 경쟁하는 연합의 자원과 신념 체계(belief system)를 강조한다. ㉡ 쓰레기통모형을 발전시킨 것이다. ㉢ 정책 과정의 세 흐름은 문제흐름, 정책흐름, 정치흐름이 있다.

① ㉠ ② ㉢
③ ㉠, ㉡ ④ ㉡, ㉢

14 행정가치에 대한 설명으로 옳지 않은 것은?

① 합리성은 어떤 행위가 궁극적 목표 달성의 최적 수단이 되느냐의 여부를 가리는 개념이다.

② 효율성은 목표의 달성도를 나타내고, 효과성은 투입 대비 산출의 비율을 의미한다.

③ 자율적 책임성은 공무원이 직업윤리와 책임감에 기초해 전문가로서 자발적인 재량을 발휘할 때 확보된다.

④ 행정의 민주성은 국민과의 관계뿐만 아니라 관료조직의 내부의사결정 과정의 측면에서도 고려된다.

15 근무성적평정상의 오류에 대한 설명으로 옳지 않은 것은?

① 평정자가 피평정자를 잘 모르는 경우 집중화 경향이 발생할 수 있다.

② 평정자의 평정기준이 일정하지 않은 경우 총계적 오류(total error)가 발생할 수 있다.

③ 연쇄효과(halo effect)는 초기 실적이나 최근의 실적을 중심으로 평가함으로써 발생하는 시간적 오류를 의미한다.

④ 관대화 경향의 폐단을 막기 위해 강제배분법을 활용할 수 있다.

16 라이트(Wright)의 정부간관계(Inter-Governmental Relations: IGR) 모형에 대한 설명으로 옳지 않은 것은?

① 정부 간 상호권력관계와 기능적 상호의존관계를 기준으로 정부간관계(IGR)를 3가지 모델로 구분한다.

② 대등권위모형(조정권위모형, coordinate-authority model)은 연방정부, 주정부, 지방정부가 모두 동등한 권한을 가지고 있다고 설명한다.

③ 내포권위모형(inclusive-authority model)은 연방정부, 주정부, 지방정부를 수직적 포함관계로 본다.

④ 중첩권위모형(overlapping-authority model)은 연방정부, 주정부, 지방정부가 상호 독립적인 실체로 존재하며 협력적 관계라고 본다.

17 변혁적 리더십에 대한 설명으로 옳지 않은 것은?

① 도전적 목표와 임무, 미래에 대한 비전을 추구하도록 격려한다.
② 구성원 개개인에게 관심을 가지고 배려한다.
③ 상황적 보상과 예외관리를 특징으로 한다.
④ 새로운 관점에서 문제를 재구성하고 해결책을 찾도록 자극한다.

18 무어(Moore)의 공공가치창출론(creating public value)적 시각에 대한 설명으로 옳지 않은 것은?

① 행정의 정당성 위기를 극복하기 위한 대안적 접근이다.
② 전략적 삼각형 개념을 제시한다.
③ 신공공관리론을 계승하여 행정의 수단성을 강조한다.
④ 정부의 관리자들은 공공가치 실현에 힘써야 한다고 주장한다.

19 로위(Lowi)의 정책유형과 리플리와 프랭클린(Ripley & Franklin)의 정책유형에는 없지만, 앨먼드와 파월(Almond & Powell)의 정책유형에는 있는 것은?

① 상징정책
② 재분배정책
③ 규제정책
④ 분배정책

20 정부 예산팽창이론에 대한 설명으로 옳지 않은 것은?

① 바그너(Wagner)는 경제 발전에 따라 국민의 욕구 부응을 위한 공공재 증가로 인해 정부 예산이 증가한다고 주장한다.
② 피코크(Peacock)와 와이즈맨(Wiseman)은 전쟁과 같은 사회적 변동이 끝난 후에도 공공지출이 그 이전 수준으로 되돌아가지 않는 데에서 예산팽창의 원인을 찾고 있다.
③ 보몰(Baumol)은 정부 부문과 민간 부문 간의 생산성 격차를 통해 정부 예산의 팽창 원인을 설명하고 있다.
④ 파킨슨(Parkinson)은 관료들이 자신들의 권력 극대화를 위해 필요 이상으로 자기 부서의 예산을 추구함에 따라 정부 예산이 지속적으로 증가한다고 주장한다.

2023 국가직 9급 기출문제 정답 및 해설

01	02	03	04	05	06	07	08	09	10
③	①	②	④	②	③	①	①	②	③
11	12	13	14	15	16	17	18	19	20
①	④	④	②	②	③	④	③	④	①

01 난도 ★★☆ ③

출제 영역 행정학총론 > 행정학의 주요 이론

정답 분석 ③ 신행정론은 1970년대 전후 미국 사회의 격동기에 등장한 문제들을 해결하기 위하여 행태론의 논리실증주의 접근법을 비판하고 형평성과 적실성을 강조한 새로운 행정학 접근법이다.

오답 분석 ① 과학적 관리론은 최고관리자의 기능을 연구한 것이 아니라 현장의 실무를 담당하는 노동자의 직무를 분석한 이론이다. 귤릭(Gulick)의 POSDCoRB이론은 과학적 관리론이 아니라 최고관리자의 기능을 연구한 것으로 행정관리설에 해당한다.

② 사이먼(Simon)의 행정행태론은 가치를 기반으로 한 것이 아니라 가치와 사실을 구분하고 사실에 근거한 행정학의 과학화를 추구한 접근법이다.

④ 민간과 공공 부문의 파트너십을 강조하고 기업가 정신보다 시민권을 중요시한 것은 신공공관리론이 아니라 신공공서비스론이다. 신공공관리론은 민·관의 경쟁과 고객중심주의를 강조한 이론이다.

02 난도 ★★☆ ①

출제 영역 조직론 > 조직의 구조형태

정답 분석 ① 베버(Weber)의 이념형 관료제 성립배경은 봉건적·전근대적 지배체제의 확립이 아니라 법적·합리적 지배를 바탕으로 한 근대적 사회 확립이다.

오답 분석 ② 이념형 관료제는 법적·합리적 권위에 기초를 둔 근대사회의 조직구조이다.

③ 관료의 권한과 임무는 문서화된 법규에 의하여 규정된다.

④ 관료제 내에서 하급관료는 원칙적으로 상관이 임명하고 지휘·감독한다.

03 난도 ★☆☆ ②

출제 영역 재무행정론 > 예산이론

정답 분석 ② 점증주의는 거시적 예산결정이 아니라 미시적 예산결정이론이며, 다원화된 사회를 배경으로 한 예산결정이론이다. 거시적 예산결정과 예산삭감을 설명하기에 적합한 이론은 총체주의이다.

오답 분석 ① 계획예산(PPBS), 영기준예산(ZBB)은 총체주의의 대표적 예산제도이며, 품목별예산(LIBS), 성과주의예산(PBS)은 점증주의의 대표적 예산제도이다.

③ 총체주의는 합리적 분석을 통하여 자원을 효율적으로 배분하려는 합리주의 예산이다.

④ 점증주의는 예산을 결정할 때 모든 대안을 총체적으로 고려하는 것이 아니라 기본적인 대안(전년도 예산)을 인정하고 신규로 요구되는 추가 부분만 고려하여 분석한다. 모든 대안을 총체적으로 고려하는 것은 영기준예산(ZBB)이다.

04 난도 ★☆☆ ④

출제 영역 정책론 > 정책의제설정

정답 분석 ④ 무의사결정론은 신다원주의가 아니라 신엘리트이론에 해당한다. 무의사결정론을 대표하는 이론가인 바흐라흐(Bachrach)는 다원주의가 권력의 두 얼굴 중 '밝은 얼굴'만 고려하고 '어두운 얼굴'은 고려하지 못했다고 비판하였다.

오답 분석 ① 무의사결정은 정책의제 설정과정에서 주로 나타나지만 넓게는 정책의 모든 과정에서 나타난다고 볼 수 있다.

② 기존의 규범이나 절차·편견을 동원하여 변화 요구를 봉쇄하는 것도 무의사결정의 한 수단이다. 이를 샤츠슈나이더(Schattschneider)는 '편견의 동원'이라 하였다.

③ 무의사결정은 정책문제화를 막기 위해 폭력이나 강제력을 사용하기도 한다.

05 난도 ★★★ ②

출제 영역 재무행정론 > 재무행정의 기초이론

정답 분석 ② 통합재정은 일반회계, 특별회계, 기금을 포함한 국가재정 전체를 의미하지만, 공공 부문 전체가 포함되는 것은 아니다.

오답 분석 ① 세입과 세출은 거래의 성격에 따라 경상거래(단기적·소모적 계정)와 자본거래(장기적·투자적 계정)로 구분하여 작성한다.

③ 통합재정은 정부의 재정이 국민 경제에 미치는 효과를 총체적으로 파악하기 위하여 작성되는 예산의 분류체계이다.
④ 통합재정은 내부거래와 보존거래를 제외한 예산순계형식으로 작성된다.

06 난도 ★☆☆ ③

출제 영역 정책론 > 정책평가

정답 분석 ③ 내적 타당성은 정책수단(집행된 정책내용)과 정책효과 사이의 상관관계에 관한 인과적 추론의 정확성 정도를 의미한다.

오답 분석 ① 외적 타당성에 대한 설명이다. 외적 타당성은 분석 및 평가 결과가 다른 상황에서도 일반화될 수 있는지의 정도를 의미한다.
② 구성적 타당성에 대한 설명이다. 구성적 타당성은 이론적 구성요소들의 추상적 개념을 성공적으로 조작화한 정도를 의미한다.
④ 신뢰성에 대한 설명이다. 신뢰성은 반복해서 측정했을 때 일관성 있는 결과를 얻는 정도를 의미한다.

PLUS+ 정책평가 타당성의 종류

구성적 타당성	처리, 결과, 모집단 및 상황들에 대한 이론적 구성요소들이 성공적으로 조작화된 정도
통계적 결론의 타당성	정밀하고 강력하게 연구설계(평가기획)가 이루어진 정도로, 제1종 및 제2종 오류가 발생하지 않은 정도
내적 타당성	조작화된 결과에 대하여 찾아낸 효과가 다른 경쟁적인 원인(외생변수)들에 의해서라기보다는 조작화된 처리(원인변수)에 기인된 것이라고 볼 수 있는 정도 → 인과적 추론의 정확도 정도
외적 타당성	실험결과를 다른 상황에까지 일반화시킬 수 있는지의 정도

07 난도 ★★★ ①

출제 영역 지방행정론 > 지방공무원법

정답 분석 ① 지방의회의원, 정당의 당원, 공무원 임용결격사유가 있는 자 등은 지방공무원법상 시·도 인사위원회의 위원으로 임명 또는 위촉될 수 없다(지방공무원법 제7조 제6항).

> **제7조(인사위원회의 설치)**
> ⑥ 다음 각 호의 어느 하나에 해당하는 사람은 위원으로 위촉될 수 없다.
> 1. 제31조 각 호의 어느 하나에 해당하는 사람
> 2. 「정당법」에 따른 정당의 당원
> 3. 지방의회의원

오답 분석 ②·③·④ 지방공무원법 제7조 제5항

> **제7조(인사위원회의 설치)**
> ⑤ 지방자치단체의 장과 지방의회의 의장은 각각 소속 공무원(국가공무원을 포함한다) 및 다음 각 호에 해당하는 사람으로서 인사행정에 관한 학식과 경험이 풍부한 사람 중에서 위원을 임명하거나 위촉하되, 위원의 자격요건에 관하여 필요한 사항은 대통령령으로 정한다. 다만, 시험위원은 시험실시기관의 장이 따로 위촉할 수 있다.
> 1. 법관·검사 또는 변호사 자격이 있는 사람
> 2. 대학에서 조교수 이상으로 재직하거나 초등학교·중학교·고등학교 교장 또는 교감으로 재직하는 사람
> 3. 공무원(국가공무원을 포함한다)으로서 20년 이상 근속하고 퇴직한 사람
> 4. 「비영리민간단체 지원법」에 따른 비영리민간단체에서 10년 이상 활동하고 있는 지역단위 조직의 장
> 5. 상장법인의 임원 또는 「공공기관의 운영에 관한 법률」 제5조에 따라 지정된 공기업의 지역단위 조직의 장으로 근무하고 있는 사람

08 난도 ★☆☆ ①

출제 영역 조직론 > 조직의 구조형태

정답 분석 ① 사업(부) 구조는 조직의 산출물에 기반을 둔 구조화 방식으로, 사업부 내에서의 이질적 기능 조정이 용이하다.

PLUS+ 데프트(Daft)의 조직유형

조직	특징
기계적 구조	• 고전적이고 전형적인 관료제 조직 • 엄격한 분업과 계층, 좁은 통솔범위, 높은 공식화·표준화·집권화
기능 구조	• 전체 업무를 공동 기능별로 부서화한 조직 • 기능 간 수평적 조정 곤란, 높은 전문성, 규모의 경제 구현
사업 구조	• 산출(성과)중심의 자기완결적 조직 • 부서 내 기능 간 조정 용이, 사업부서(영역) 간 갈등, 전문성 저하, 규모의 불경제
매트릭스 구조	• 기능 구조와 사업 구조를 결합한 이중적 권한 구조로, 전문성과 대응성을 결합한 조직 • 수평적 조정, 규모의 경제
수평 구조	• 핵심업무과정 중심으로 조직화한 구조 • 의사소통·수평적 조정 용이, 팀 내 계층 타파, 절차의 병렬화
네트워크 구조	• 핵심역량만 조직화하고 나머지는 다른 조직에 아웃소싱하여 수행하는 구조 • 시장과 계층제의 중간 형태
유기적 구조	• 가장 유기적인 조직으로 학습조직(지식의 창조·공유·활용)이 대표적 • 낮은 표준화·공식화, 분권과 참여적 조직, 팀조직·네트워크·가상조직 등도 포함

09 난도 ★★☆ ②

출제 영역 인사행정론 > 인사행정의 기초이론

정답 분석 연공주의란 개인의 실적(성과)이나 능력보다는 경력, 특히 근속년수를 기준으로 하는 인사제도로 공직입문시기나 선임순위(seniority), 근무연한 등 연공서열을 중시하는 폐쇄형 인사제도를 말한다.

㉠ 연공주의는 장기근속으로 조직에 대한 충성도 및 공헌도를 높인다.

㉢ 연공주의는 연공서열에 따른 계층적 서열구조 확립으로 조직 내 안정감 및 질서유지에 기여한다.

오답 분석 ㉡·㉣ 성과주의에 대한 설명이다. 성과주의는 개인의 성과에 따라 적절한 보상을 제공하여 조직구성원의 사기를 진작시키고 조직 내 경쟁을 통해 개인의 역량 개발에 기여한다.

10 난도 ★☆☆ ③

출제 영역 정책론 > 정책결정모형

정답 분석 ③ 관료정치모형(모형 Ⅲ)은 참여자들 간의 갈등과 타협에 의해 이루어지는 의사결정모형으로 구성원 간 목표 공유 정도와 정책결정의 일관성이 매우 낮다.

오답 분석 ① 정책결정과정에서 갈등의 준해결을 중시하는 것은 조직과정모형(모형 Ⅱ)에 대한 설명이다.

② 정책결정자들이 국가 전체의 이익이나 전략적 목표를 극대화하기 위한 결정을 하는 것은 합리모형(모형 Ⅰ)에 대한 설명이다.

④ 정부를 독립적 하부조직의 느슨한 연합체라고 보는 것은 조직과정모형(모형 Ⅱ)에 대한 설명이다.

11 난도 ★★☆ ①

출제 영역 정책론 > 정책결정

정답 분석 ① 집단사고란 조직원들의 사회적 배경과 관념의 동질성이 높을 때 집단이 외부로부터 고립되어 충분한 토의가 일어날 수 없는 상황에서 의사결정이 이루어짐으로써 결국 잘못된 의사결정에 도달하게 되는 현상을 말한다. 따라서 토론을 바탕으로 한 집단지성의 활용은 집단사고를 방지할 수 있는 방안에 해당한다.

PLUS+ 재니스(Janis)의 집단사고 증상 8가지

무오류의 환상	집단이 절대 잘못될 리 없다는 생각
합리화의 환상	내·외부의 경고를 무시하기 위해 자신들의 주장을 집단적으로 합리화하는 현상. 집단의 생각과 맞지 않는 상호 모순되는 생각은 철저하게 무시
도덕성의 환상	자신들이 도덕적으로 우월하다고 생각
적에 대한 상동적인 태도	반대 집단에 대해 부정적 편견을 갖는 태도
동조압력	집단과 다른 견해에 대해 무언의 압력을 행사
자기검열	시키지는 않았지만 집단이 싫어할까봐 알아서 자기자신을 검열하는 것
만장일치의 환상	조직원 상호 간에 만장일치로 동의했다고 믿음
집단 초병	방어기제로 외부의 반대 정보를 적극적으로 차단

12 난도 ★★★ ④

출제 영역 조직론 > 조직이론

정답 분석 ④ 조직군 생태학이론은 조직군의 변화를 유발하는 변이가 외부환경에 의하여 계획적·우연적으로 일어나며 조직은 이에 수동적으로 대응할 수밖에 없다는 극단적인 환경결정론적 거시조직론이다.

오답 분석 ① 구조적 상황이론은 개별조직이 놓여 있는 상황에 따라 조직의 구조를 설계하는 것이 효과적이라고 보는 이론으로 안정된 환경에서는 기계적 구조가, 불안정한 환경에서는 유기적 구조가 적합하다고 여긴다.

② 전략적 선택이론은 환경이 조직을 지배하는 것이 아니라 관리자의 전략적 선택이 중요하다고 보는 이론으로 동일한 환경에서도 환경에 대한 관리자의 가치관이나 지각·신념 등의 차이로 상이한 구조나 전략이 선택될 수 있다는 이론이다.

③ 거래비용이론은 시장에서의 거래비용이 조직 내 거래비용(행정비용)보다 크면 거래가 필요 없는 거래의 내부화(내부조직화)가 나타난다고 본다.

13 난도 ★★☆ ④

출제 영역 인사행정론 > 인사행정의 기초이론

정답 분석 ④ 직위분류제의 직무평가 방법 중 요소비교법은 기준직무와 평가할 직무를 비교하여 점수를 설정하고 보수액을 정해주는 계량적 평가방법이다.

오답 분석 ① 점수법은 직무평가기준표에 의하여 직무의 구성요소별로 점수를 부여하고 이를 합산하여 평가하는 방법이다.

② 분류법은 미리 정한 등급기준표에 의하여 직무 전체를 평가하여 등급을 결정하는 비계량적 방법이다.

③ 서열법과 분류법은 직무를 구성요소별로 나누지 않고 직무 전체의 중요도를 종합적으로 평가하는 방법이다.

14 난도 ★★★ ②

출제 영역 조직론 > 전자정부와 지식정부론

정답 분석 ② '전자정부기본계획'은 행정안전부장관이 5년 단위로 수립한다. 과학기술정보통신부장관이 3년마다 작성하는 기본계획은 '지능정보사회종합계획'이다(전자정부법 제5조 제1항 · 제2조 제4호).

> **제5조(전자정부기본계획의 수립)**
> ① 중앙사무관장기관의 장은 전자정부의 구현 · 운영 및 발전을 위하여 5년마다 제5조의2 제1항에 따른 행정기관 등의 기관별 계획을 종합하여 전자정부기본계획을 수립하여야 한다.
>
> **제2조(정의)**
> 이 법에서 사용하는 용어의 뜻은 다음과 같다.
> 4. "중앙사무관장기관"이란 국회 소속 기관에 대하여는 국회사무처, 법원 소속 기관에 대하여는 법원행정처, 헌법재판소 소속 기관에 대하여는 헌법재판소사무처, 중앙선거관리위원회 소속 기관에 대하여는 중앙선거관리위원회사무처, 중앙행정기관 및 그 소속 기관과 지방자치단체에 대하여는 행정안전부를 말한다.

오답 분석 ① 정부는 지능정보사회 정책의 효율적 · 체계적 추진을 위하여 지능정보사회 종합계획을 3년 단위로 수립하여야 한다(지능정보화 기본법 제6조 제1항).
③ 전자정부법 제2조 제8호
④ 지능정보화 기본법 제8조 제1항

15 난도 ★★★ ②

출제 영역 행정환류 > 행정책임과 통제

정답 분석 ② 롬젝(Romzeck)은 행정책임의 원천과 통제의 정도에 따라 행정책임 유형을 4가지로 나누었다. 그중 법적 책임은 표준운영절차(SOP) 등 내부규칙이나 규정에 따른 통제가 아닌 입법부 · 사법부 등 외부 법률 관련 기관에 의한 통제를 의미한다.

오답 분석 ① 계층적 책임은 상명하복의 원칙에 따라 상급자에 대하여 하급자가 지는 책임을 의미한다.
③ 전문가적 책임은 전문가가 기관장에 대하여 지는 내부적 책임으로 전문직업적 규범이나 전문가 집단의 관행 등을 중시한다.
④ 정치적 책임이란 관료가 외부 유권자나 민간 고객, 이익집단, 일반대중 등 이해관계자의 기대에 부응하는 책임을 의미한다.

PLUS+ 듀브닉(Dubnick)과 롬젝(Romzek)의 행정책임성 유형

구분		관료조직 통제의 소재	
		내부	외부
조직의 자율성 (통제의 정도)	낮음(높음)	계층적 책임성	법률적 책임성
	높음(낮음)	전문적 책임성	정치적 책임성

16 난도 ★★☆ ③

출제 영역 재무행정론 > 예산과정

정답 분석 ③ 재정사업 자율평가 결과 기획재정부장관이 필요하다고 판단하면 재정사업 심층평가를 실시할 수 있다(국가재정법 시행령 제39조의3 제1항 제1호).

> **제39조의3(재정사업의 성과평가 등)**
> ① 기획재정부장관은 법 제85조의8 제1항에 따라 각 중앙관서의 장과 기금관리주체에게 기획재정부장관이 정하는 바에 따라 주요 재정사업을 스스로 평가(이하 "재정사업 자율평가"라 한다)하도록 요구할 수 있으며, 다음 각 호의 어느 하나에 해당하는 사업에 대해서는 심층평가를 실시할 수 있다. 다만, 「과학기술기본법」 제11조에 따른 국가연구개발사업에 대한 평가는 「국가연구개발사업 등의 성과평가 및 성과관리에 관한 법률」에 따른 성과평가로 재정사업 자율평가 또는 심층평가를 대체할 수 있다.
> 1. 재정사업 자율평가 결과 추가적인 평가가 필요하다고 판단되는 사업

오답 분석 ① 국가재정법 제85조의2 제1항

> **제85조의2(재정사업의 성과관리)**
> ① 정부는 성과중심의 재정운용을 위하여 다음 각 호의 성과목표관리 및 성과평가를 내용으로 하는 재정사업의 성과관리(이하 "재정사업 성과관리"라 한다)를 시행한다.
> 1. 성과목표관리: 재정사업에 대한 성과목표, 성과지표 등의 설정 및 그 달성을 위한 집행과정 · 결과의 관리
> 2. 성과평가: 재정사업의 계획 수립, 집행과정 및 결과 등에 대한 점검 · 분석 · 평가

② 국가재정법 제85조의10 제2항

> **제85조의10(재정사업 성과관리 결과의 반영 등)**
> ② 기획재정부장관은 재정사업의 성과평과 결과를 재정운용에 반영할 수 있다.

④ 재정사업 자율평가는 미국 클린턴(Clinton) 정부 시절(1992) 관리예산처(OMB)가 도입한 PART(Program Assessment Rating Tool)가 그 시초이며 우리나라는 2005년 이를 우리 실정에 맞게 수정 · 도입하였다. 미국의 PART는 2010년 폐지되었다.

17 난도 ★★☆ ④

출제 영역 인사행정론 > 사기앙양과 근무규율

정답 분석 ④ 이해충돌 위반행위는 감사원, 수사기관, 국민권익위원회 등에 신고할 수 있으며, 위반행위가 발생한 공공기관 및 그 감독기관에도 신고할 수 있다(공직자의 이해충돌 방지법 제18조 제1항).

> **제18조(위반행위의 신고 등)**
> ① 누구든지 이 법의 위반행위가 발생하였거나 발생하고 있다는 사실을 알게 된 경우에는 다음 각 호의 어느 하나에 해당하는 기관에 신고할 수 있다.
> 1. 이 법의 위반행위가 발생한 공공기관 또는 그 감독기관
> 2. 감사원 또는 수사기관
> 3. 국민권익위원회

18 난도 ★★☆ ③

출제 영역 인사행정론 > 사기앙양과 근무규율

정답 분석 ③ 직위해제는 일정기간 직위를 부여하지 않는 처분으로 직무수행능력이 부족하거나 근무성적이 극히 나쁜 자에 대해서는 직위해제가 가능하다.

오답 분석 ① 직위해제는 일정기간 직위를 부여하지 않는 것으로, 징계처분에 해당하지는 않는다(국가공무원법 제79조).

> **제79조(징계의 종류)**
> 징계는 파면 · 해임 · 강등 · 정직 · 감봉 · 견책(譴責)으로 구분한다.

② 직위해제는 공무원 신분은 유지되고 직무수행만 정지된다.

④ 직위해제의 사유가 소멸된 경우 임용권자는 지체 없이 직위를 부여하여야 한다(국가공무원법 제73조의3 제2항).

> **제73조의3(직위해제)**
> ① 임용권자는 다음 각 호의 어느 하나에 해당하는 자에게는 직위를 부여하지 아니할 수 있다.
> 1. 삭제
> 2. 직무수행 능력이 부족하거나 근무성적이 극히 나쁜 자
> 3. 파면 · 해임 · 강등 또는 정직에 해당하는 징계 의결이 요구 중인 자
> 4. 형사 사건으로 기소된 자(약식명령이 청구된 자는 제외한다)
> 5. 고위공무원단에 속하는 일반직공무원으로서 제70조의2 제1항 제2호부터 제5호까지의 사유로 적격심사를 요구받은 자
> 6. 금품비위, 성범죄 등 대통령령으로 정하는 비위행위로 인하여 감사원 및 검찰 · 경찰 등 수사기관에서 조사나 수사 중인 자로서 비위의 정도가 중대하고 이로 인하여 정상적인 업무 수행을 기대하기 현저히 어려운 자
>
> ② 제1항에 따라 직위를 부여하지 아니한 경우에 그 사유가 소멸되면 임용권자는 지체 없이 직위를 부여하여야 한다.

19 난도 ★★☆ ④

출제 영역 지방행정론 > 지방자치단체와 주민

정답 분석 ④ 주민의 법규 발안에 있어 종래에는 주민조례개폐청구만 인정되고 규칙에 대해서는 의견 제출 규정이 없었으나, 지방자치법 개정(2021.1.12. 개정, 2022.1.13. 시행)에 의하여 주민들이 자치단체장에게 규칙 개폐 의견을 제출할 수 있도록 하는 주민규칙개폐의견 제출제도가 처음 도입되었다(지방자치법 제20조).

> **제20조(규칙의 제정과 개정 · 폐지 의견 제출)**
> ① 주민은 제29조에 따른 규칙(권리 · 의무와 직접 관련되는 사항으로 한정한다)의 제정, 개정 또는 폐지와 관련된 의견을 해당 지방자치단체의 장에게 제출할 수 있다.
> ② 법령이나 조례를 위반하거나 법령이나 조례에서 위임한 범위를 벗어나는 사항은 제1항에 따른 의견 제출 대상에서 제외한다.
> ③ 지방자치단체의 장은 제1항에 따라 제출된 의견에 대하여 의견이 제출된 날부터 30일 이내에 검토 결과를 그 의견을 제출한 주민에게 통보하여야 한다.
> ④ 제1항에 따른 의견 제출, 제3항에 따른 의견의 검토와 결과 통보의 방법 및 절차는 해당 지방자치단체의 조례로 정한다.

오답 분석 ① · ② · ③ 우리나라의 주민참여제도는 조례 제정 · 개폐청구제도(1999) → 주민감사청구제도(1999) → 주민투표제도(2004) → 주민소송제도(2005) → 주민소환제도(2006)의 순으로 도입되었다.

20 난도 ★★★ ①

출제 영역 정책론 > 정책평가

정답 분석 ① 통제집단 사전 · 사후 설계는 무작위로 실험집단과 통제집단을 구분하기 때문에 검사 효과를 통제할 수 없다.

오답 분석 ② 준실험은 진실험에 비해 실현 가능성과 외적 타당도가 높다는 장점이 있다.

③ 회귀불연속 설계는 실험집단과 통제집단에 실험대상을 배정할 때 분명하게 알려진 자격기준에 따라 두 집단을 다르게 구성하여 집단 간 회귀분석의 결과를 비교하는 방식으로, 구분점(구간)에서 회귀직선의 불연속적인 단절을 이용한다.

④ 솔로몬 4집단 설계는 사전측정을 생략한 통제집단 사후 설계와 통제집단 사전 · 사후 설계를 결합한 방식으로, 검사효과를 방지할 수 있다는 통제집단 사후 설계의 장점과 최초의 차이점을 파악할 수 있다는 통제집단 사전 · 사후 설계의 장점을 갖는다.

2023 지방직 9급 기출문제 정답 및 해설

01	02	03	04	05	06	07	08	09	10
①	④	②	②	②	④	①	②	④	③
11	12	13	14	15	16	17	18	19	20
①	②	④	②	③	②	③	③	①	④

01 난도 ★☆☆ ①

출제 영역 인사행정론 > 인사행정의 기초이론

정답 분석 ① 직무의 속성을 중심으로 공직을 분류하는 제도는 직위분류제이다.

오답 분석 ② 계급제는 최하위 계층에만 문호가 개방되어 있는 폐쇄형 충원방식을 원칙으로 한다.

③ 계급제는 직위분류제와는 달리 직렬, 직군 등의 구분이 없으므로 일반행정가 양성을 지향한다.

④ 계급제는 직위분류제와는 다르게 일반행정가 양성을 강조하기에 변동하는 직무상황에 대응이 용이하고 융통성이 있으며, 탄력적으로 인사를 관리할 수 있다.

02 난도 ★☆☆ ④

출제 영역 조직론 > 조직의 양태와 조직유형

정답 분석 ④ 홀라크라시는 자율성과 의사결정 권한을 지닌 각각의 부문들이 유기적으로 협력하면서 공동의 목적을 달성하는 조직구조를 말한다.

오답 분석 ①·②·③ 민츠버그(Mintzberg)가 제시한 조직유형에는 기계적 관료제, 전문적 관료제, 사업부제, 애드호크라시 등이 있다.

03 난도 ★★☆ ②

출제 영역 정책론 > 정책결정모형

정답 분석 ② 사이버네틱스모형은 자동온도조절장치와 같이 시간의 흐름에 따라 환류되는 정보를 분석하여 잘못한 점이 있으면 수정·보완하는 방식의 모형이다.

오답 분석 ① 1960년대 미국의 쿠바 미사일 위기사건을 설명하기 위해 연구된 모형은 앨리슨(Allison) 모형이다. 혼합주사모형은 거시적 맥락의 근본적 결정에 해당하는 부분에서는 합리모형의 의사결정방식을 따른다.

③ 갈등의 준해결, 문제 중심의 탐색, 불확실성 회피, 표준운영절차의 활용을 설명하는 모형은 회사모형이다. 쓰레기통모형은 조직화된 무질서 상태에서 어떠한 계기로 인해 우연히 정책이 결정된다고 본다.

④ 만족할 만한 수준에서 의사결정이 이루어진다고 설명하는 모형은 만족모형이다. 합리모형은 정책결정자가 모든 문제에 대하여 완전한 정보를 가지고 있으며 문제해결을 위한 목표와 수단을 명확히 정의할 수 있다고 전제한다.

04 난도 ★★☆ ②

출제 영역 행정학총론 > 행정학의 주요 이론

정답 분석 (가) 테일러(Taylor)의 과학적 관리론은 1911년에 소개되었다.

(나) 신공공관리론은 1980년대 초에 영미국가 중심으로 등장하였으며 1990년대 초 클린턴(Clinton) 정부 시기 오스본과 게블러(Osborne & Gaebler)의 '정부재창조방안'에 의하여 제창되었다.

(다) 왈도(Waldo)의 신행정론은 1968년 시라쿠세 대학 미노브룩회의를 계기로 태동하였다.

(라) 사이먼(Simon)의 행정행태론은 1946년에 소개되었다.

따라서 행정이론의 발달을 오래된 순서대로 바르게 나열한 것은 ② (가) – (라) – (다) – (나)이다.

05 난도 ★★☆ ②

출제 영역 정책론 > 정책의제설정

정답 분석 ② 명성접근법은 헌터(Hunter)에 의하여 제시되었다. 밀즈(Mills)는 사회적인 지위가 높은 소수지배계층이 의제설정을 주도한다는 지위접근법을 사용하여 미국 엘리트들을 분석하였다.

오답 분석 ① 고전적 엘리트이론에서 엘리트들은 폐쇄적이고 동질적이며 다른 계층에 대해서 책임을 지지 않는다.

③ 달(Dahl)은 권력이 사회의 다양한 계층에게 분산되어 있음을 전제로 다원주의를 주장하였다.

④ 바흐라흐와 바라츠(Bachrach & Baratz)는 엘리트가 자신들에게 불리한 주장의 표출이나 채택을 의도적으로 방해하는 행위인 무의사결정이 의제설정뿐만 아니라 정책결정, 정책집행, 정책평가 등 정책과정 전반에 걸쳐 나타날 수 있다고 주장하였다.

06 난도 ★★☆ ④

출제 영역 재무행정론 > 재무행정의 기초이론

정답 분석 ④ 잠정예산은 가예산과 마찬가지로 국회의 의결이 필수적이다.

오답 분석 ①·② 현재 우리나라에서 채택하고 있는 준예산은 예산 불성립 시 헌법에 명시된 일정한 경비를 전년도에 준하여 국회 승인 없이 지출할 수 있는 임시예산제도이다.

③ 가예산은 최초 1개월분의 예산을 국회의 의결을 거쳐 집행하는 것으로, 우리나라는 1948년 정부수립 후 가예산제도를 채택하여 운영한 경험이 있다.

PLUS+ 비상적 예산제도 비교

구분	가예산	잠정예산	준예산
기간	1개월	무제한	무제한
국회의결	필요	필요	불필요
지출 항목	전반적	한정적	전반적
채택 국가	프랑스	영국, 미국, 캐나다, 일본	한국, 독일

07 난도 ★★☆ ①

출제 영역 조직론 > 조직관리

정답 분석 ① 로크(Locke)의 목표설정이론은 인간의 행동이 의식적인 목표와 성취의도에 의하여 결정된다고 보고, 욕구의 내용이 아니라 목표의 성격, 즉 난이도와 구체성, 목표성취도에 대한 환류 등에 따라 개인의 성과가 결정된다고 보았다.

오답 분석 ② 앨더퍼(Alderfer)의 ERG이론에서 욕구의 좌절과 퇴행을 강조했다.

③ 브룸(Vroom)의 기대이론은 유의성, 수단성, 기대감을 동기부여의 핵심으로 보았다. 해크만과 올드햄(Hackman & Oldham)의 직무특성이론에서는 직무의 특성이 직무수행자의 욕구수준에 부합할 때 긍정적인 동기유발 효과를 보인다고 하였다.

④ 허즈버그(Herzberg)는 위생요인이 충족되었다고 하더라도 동기부여가 되는 것은 아니라고 주장하였다.

08 난도 ★☆☆ ②

출제 영역 재무행정론 > 예산제도

정답 분석 ② 영기준 예산제도에 대한 설명이다. 품목별 예산제도는 사업이 아닌 항목 중심의 예산이므로 엄격한 통제를 특징으로 하나 정부 활동에 대한 총체적인 사업계획이나 우선순위 결정은 어렵다.

오답 분석 ① 품목별 예산제도는 1920년대 미국 공무원의 예산낭비와 부정부패를 막고 절약과 능률을 향상시키기 위한 재정개혁의 일환으로 1921년 미국의 예산회계법에 의하여 도입된 통제중심의 예산제도이다.

③ 품목별 예산제도는 예산을 세부품목별로 편성함으로써 예산의 책임성과 재정민주주의를 구현하기 위한 통제지향적 예산제도이다.

④ 품목별 예산제도는 품목 중심의 예산제도이므로 사업의 지출 성과에 대해서 파악하기는 어렵다.

09 난도 ★★☆ ④

출제 영역 행정학총론 > 행정학의 주요 이론

정답 분석 블랙스버그 선언(1983)은 미국 사회에서 일어나고 있는 필요 이상의 관료 공격, 대통령의 반관료적 성향, 정당 정치권의 반정부 어조 등 행정의 정당성을 침해하는 정치·사회적 문제점을 지적하고 그 원인의 일부를 행정학 연구의 문제점에서 찾는다.

④ 신행정학은 1968년 미노브루크 회의를 계기로 태동하였다.

10 난도 ★☆☆ ③

출제 영역 재무행정론 > 재무행정의 기초이론

정답 분석 ③ 특별회계예산은 일반회계예산와 함께 예산편성에 있어 국회의 심의 및 의결을 받는다.

오답 분석 ① 기금은 예산 외로 운영되기 때문에 단일성 예산원칙의 예외에 해당하고, 어느 정도 탄력적으로 운용되기에 통일성 원칙의 예외에 해당한다.

② 특별회계예산은 특정한 세입(조세 외 수입)으로 특정한 세출을 충당할 필요가 있을 때 법률로써 설치하는 예산으로, 일반회계와 구분하여 운용된다.

④ 기금은 특정한 세입이 특정한 세출로 지출되는 것을 허용하는 자금이므로 통일성 원칙의 예외에 해당한다.

11 난도 ★☆☆ ①

출제 영역 지방행정론 > 지방자치단체와 국가

정답 분석 ① 기관위임사무는 위임기관이 처리에 드는 경비를 전액 부담하는 것이 원칙이다.

오답 분석 ② 단체위임사무는 지방자치단체가 법령에 근거하여 국가 또는 상급 지방자치단체로부터 위임받아 처리하는 사무를 말한다.

③ 단체위임사무는 지방자치단체에 위임된 사무이므로 지방의회가 참여하며 조례제정권도 갖는다.

④ 자치사무는 지방자치단체 고유사무이므로 정부는 사후 감독을 주로 한다.

12 난도 ★☆☆ ②

출제 영역 인사행정론 > 인사행정의 기초이론

정답 분석 ② 대표관료제는 실적주의의 형식적인 기회균등이 실질적으로 형평성을 달성하지 못하는 문제를 비판하며 등장한 인사제도이다.

오답 분석 ① 양성채용목표제, 장애인 의무고용제 등은 대표관료제의 논리를 반영하고 있는 균형인사정책수단이다.

③ 대표관료제는 할당제를 강요하여 특정집단을 공직임용에 우대함으로써 역차별 문제를 야기할 수 있다.

④ 대표관료제는 임용 전 사회화가 임용 후 행태로 자동으로 이어진다는 가정, 즉 피동적 대표성이 능동적 대표성으로 이어진다는 가정하에 출발한 제도이다.

13 난도 ★★☆ ④

출제 영역 정책론 > 정책결정모형

정답 분석 ㉡ 킹던(Kingdon)의 정책흐름모형은 코헨과 마치(Cohen & March)의 쓰레기통모형을 발전시킨 모형이다.

㉢ 킹던(Kingdon)의 정책흐름모형에서 세 가지 흐름은 문제의 흐름, 정책의 흐름, 정치의 흐름이다.

오답 분석 ㉠ 경쟁하는 연합의 자원과 신념 체계를 강조하는 것은 사바티에(Sabatier)의 통합모형인 정책지지연합모형의 특성에 해당한다.

14 난도 ★★☆ ②

출제 영역 행정학총론 > 행정의 이념(가치)

정답 분석 ② 효과성은 목표의 달성도를 나타내고, 효율성(능률성)은 투입 대비 산출의 비율을 의미한다.

15 난도 ★★☆ ③

출제 영역 인사행정론 > 임용과 능력발전

정답 분석 ③ 초기 실적이나 최근의 실적을 중심으로 평가함으로써 발생하는 시간적 오류는 '근접행태에 의한 착오'이다. 연쇄효과란 특정 평정요소에 대한 선입견이 다른 요소의 평정에 영향을 주는 것을 의미한다.

오답 분석 ① 피평정자를 잘 모를 때 보통 중간점수를 주고자 하는 집중화(중심화) 오류가 나타난다.

② 평정기준이 일정하지 않을 때 불규칙적으로 나타나는 오류는 총계적 오류이고, 반대로 평정기준이 일정할 때 규칙적으로 나타나는 오류는 규칙(체계)적 오류이다.

④ 평정자가 후한 점수를 주는 관대화 경향의 폐단을 막기 위해서는 등급분포비율을 강제로 할당하는 강제배분법을 활용할 수 있다.

16 난도 ★★☆ ②

출제 영역 지방행정론 > 정부간관계모형

정답 분석 ② 대등권위모형은 연방정부와 주정부가 동등한 권한을 가지고 있지만 지방정부는 주정부에 예속되어 있는 형태이다.

오답 분석 ① 라이트(Wright)는 정부 간 상호권력관계와 기능적 상호의존관계를 기준으로 정부 간 관계(IGR)를 포함형, 분리형, 중첩형으로 구분한다.

③ 내포권위모형은 지방정부는 주정부에, 주정부는 연방정부에 예속되어 있는 수직적 포함관계로 본다.

④ 중첩권위모형에서는 연방정부, 주정부, 지방정부가 서로 일부 기능을 공유하면서 협력하는 관계로 본다. 그러나 어디까지나 각 정부는 상호독립적인 실체로 존재한다.

17 난도 ★☆☆ ③

출제 영역 조직론 > 조직관리

정답 분석 ③ 구성원 개개인에게 관심을 가지고 배려하는 것은 거래적 리더십에 대한 설명이다.

PLUS+ 거래적 리더십과 변혁적 리더십

구분	거래적 리더십	변혁적 리더십
초점	하급관리자	최고관리층
동기부여 전략	외재적 동기부여	내재적 동기부여
리더십 요인	• 업적에 따른 보상 • 예외에 의한 관리 • 현상유지적 관리	• 카리스마 · 영감 · 지적 자극 • 영감적 동기부여 • 이상적 영향력(역할모델)
변화관	안전지향	변화지향
조직구조	고전적 관료제	탈관료제

18 난도 ★★☆ ③

출제 영역 행정학총론 > 행정의 주요 이론

정답 분석 ③ 무어(Moore)의 공공가치창출론은 정부 역할을 지나치게 부정적으로 인식하며 행정의 수단적 가치(효율, 성과 등 기업적 가치)만을 중시하는 신공공관리론(NPM)에 대한 대안으로 등장하였다.

오답 분석 ① 공공가치창출론은 행정의 정당성을 부정적으로 접근하는 사회적 분위기를 극복하기 위한 대안적 접근에 해당한다.

② 무어(Moore)는 공공가치창출론에서 공공가치의 전략적 창출을 위한 세 가지 연계모형인 전략적 삼각형(strategic triangle)을 제시하였다.

④ 무어(Moore)는 시장에는 공공가치가 공급되지 못하므로 정부관리자들이 공공가치 실현에 적극 힘써야 한다고 주장하였다.

19 난도 ★☆☆ ①

출제 영역 정책론 > 정책유형

정답 분석 ① 로위(Lowi)는 정책유형을 분배정책, 규제정책, 재분배정책, 구성정책으로 구분하였고 리플리와 프랭클린(Ripley & Franklin)은 정책유형을 분배정책, 경쟁적 규제정책, 보호적 규제정책, 재분배정책으로 구분하였다. 앨먼드와 파월(Almond & Powell)은 정책유형을 분배정책, 규제정책, 추출정책, 상징정책으로 구분하였으므로, 로위의 정책유형과 리플리와 프랭클린의 정책유형에는 없지만 앨먼드와 파월의 정책유형에 있는 것은 '상징정책'이다.

20 난도 ★★☆ ④

출제 영역 재무행정론 > 예산팽창이론

정답 분석 ④ 니스카넨(Niskanen)의 관료예산극대화 가설에 대한 설명이다. 니스카넨은 관료가 자신들의 권력 극대화를 위하여 예산팽창을 등장시킨다고 보았다. 파킨슨(Parkinson)도 정부팽창을 주장하기는 하였지만 본질적인 업무량에 관계 없이 관료들의 심리적인 요인에 의하여 공무원 수가 늘어난다고 주장하였다.

오답 분석 ① 바그너(Wagner)는 경제 발전에 따라 국민의 욕구 부응을 위한 공공재 증가로 인해 정부 예산이 증가한다는 경비팽창의 법칙을 제시하였다.

② 피코크(Peacock)와 와이즈맨(Wiseman)의 단속효과에서는 전쟁과 같은 사회적 변동이 끝난 후에도 공공지출이 그 이전 수준으로 되돌아가지 않는 데에서 예산팽창의 원인을 찾고 있다.

③ 보몰(Baumol)은 정부 부문과 민간 부문 간의 생산성 격차를 통해 정부 예산의 팽창 원인을 설명한다. 이를 일명 '보몰의 병'이라 한다.

배움은 우연히 얻어지는 것이 아니라
열성을 다해 갈구하고 부지런히 집중해야
얻을 수 있는 것이다.

애비게일 애덤스

2024 최신개정판

SD에듀

공무원 · 군무원 채용시험 대비

단원별 기출 문제집

편저 | SD 공무원시험연구소

2023 최신기출문제 수록 (국가직, 지방직 9급) 한권으로 끝내기

공무원 · 군무원

행정학

정답 및 해설

SD에듀
(주)시대고시기획

PART 1

행정학 총론 정답 및 해설

1 행정이란 무엇인가

문제편 p. 004

01	02	03	04	05	06	07	08		
③	①	④	④	④	②	④	①		

01 난도 ★★☆ ③

정치 · 행정이원론은 정치로부터 행정의 독자성을 강조하면서 과학적 관리법에 기반한 행정주의설의 관점을 지지한다. 행태주의적 관점은 과학적 관리법의 기계적 인간관을 비판한 이론으로 정치 · 행정이원론과는 무관하다.

오답 분석 ① 정치 · 행정이원론은 행정을 정치적인 권력의 작용이라는 측면으로 보지 않고, 정치와는 분리된 관리 또는 기술적인 과정으로 보았다.

② 정치 · 행정이원론은 엽관주의의 비효율을 극복하기 위해 실적주의를 확립하는 과정에서 등장하였으며, 우드로 윌슨(W. Wilson)은 1883년 펜들턴법을 제정하여 정치와 행정을 분리시키기 위한 공무원 개혁을 시행하였다.

④ 엽관주의의 폐해로 등장한 정치 · 행정이원론은 관료들의 행정운영에 있어 비전문성과 비능률성을 극복하고자 행정개혁운동을 전개하여 행정의 능률성과 전문성을 강조하였다.

02 난도 ★★☆ ①

정치 · 행정일원론은 1930년대 경제대공황의 발생으로 인한 뉴딜정책 등 행정국가의 등장과 연관성이 깊다.

오답 분석 ② 윌슨(Wilson)의 「행정연구」는 정치 · 행정이원론에 공헌하였다.

③ 정치는 의사결정의 영역이고 행정은 결정된 내용을 집행한다고 보는 것은 정치 · 행정이원론의 입장이다.

④ 행정과 경영의 유사성과 행정이 지향하는 가치로 절약과 능률을 강조한 것은 정치 · 행정이원론이다.

03 난도 ★☆☆ ④

행정과 경영은 법적 규제의 정도가 다르다. 행정은 엄격한 법적 규제를 받지만 경영은 느슨한 법적 규제를 받는다.

04 난도 ★★☆ ④

하이에크(Hayek)는 「노예의 길」에서 정부실패를 비판하고 작은 정부를 강조하였다.

오답 분석 ① 19세기 근대 자유주의 국가는 정부의 간섭과 개입을 최소화하고 개인의 자유주의를 강조하는 '야경국가'를 지향하였다.

② 경제대공황 이후 케인스주의와 루스벨트 대통령의 뉴딜정책 등을 통해 정부의 적극적인 개입의 필요성을 주장하는 큰 정부관이 강조되었다.

③ 영국의 대처리즘, 미국의 레이거노믹스는 신자유주의를 바탕으로 작은 정부를 지향하였다.

05 난도 ★★☆ ④

집행기관은 1980년대 말 영국에서 처음 도입되었다. 우리나라의 경우 1990년대 말에 영국으로부터 도입되었고, 2000년대에 들어 운영하기 시작했다.

오답 분석 ① · ② · ③ 책임운영기관은 공공성이 강하여 민영화하기는 어려우나 전문성과 경쟁이 요구되는 업무를 정부가 직접 수행하기 위해 중앙행정기관으로부터 분리하여 전담하게 한 공무기관으로, 기관장에게 기관 운영의 자율성을 보장하나, 그 책임을 지게 한다. 경쟁을 통해 성과가 나타나므로 신뢰성을 바탕으로 성과에 대해 객관적으로 평가할 수 있는 성과평가 시스템이 강조된다.

06 난도 ★★★ ②

소속책임운영기관에 두는 공무원의 총 정원 한도는 대통령령으로 정하고, 공무원의 종류별 · 계급별 정원, 고위공무원단에 속하는 공무원 정원의 경우 총리령 또는 부령으로 정하되, 대통령령으로 정하는 바에 따라 통합하여 정할 수 있다(책임운영기관의 설치 · 운영에 관한 법률 제16조 제1항).

오답 분석 ① 책임운영기관은 기관장에게 재정상의 자율성을 부여하고 그 운영성과에 대해 책임을 지도록 하는 행정기관의 특성을 갖는다.

③ 소속책임운영기관 소속 공무원의 임용시험은 기관장이 실시한다(동법률 제19조 제1항).

④ 기관장의 근무기간은 5년의 범위에서 소속중앙행정기관의 장이 정하되, 최소한 2년 이상으로 하여야 한다(동법률 제7조 제3항).

07 난도 ★★★ ④

우리나라의 책임운영기관은 책임운영기관의 설치 · 운영에 관한 법률에 근거하여 1999년부터 제도가 시행되었고 2000년대에 본격적으로 도입되었다.

오답 분석 ① 책임운영기관은 신공공관리론의 조직원리에 따라 등장한 새로운 형태의 제도로서 인사 · 예산 등 운영에서 자율성을 갖는 집행적 성격의 행정기관을 말한다.

② 책임운영기관이란 정부가 수행하는 사무 중 공공성을 유지하면서도 경쟁 원리에 따라 운영하는 것이 바람직하거나 전문성이 있어 성과관리를 강화할 필요가 있는 사무에 대하여 책임운영기관의 장에게 행정 및 재정상의 자율성을 부여하고 그 운영 성과에 대하여 책임을 지도록 하는 행정기관을 말한다(책임운영기관의 설치 · 운영에 관한 법률 제2조 제1항).

③ 책임운영기관은 사무성격에 따라 조사연구형, 교육훈련형, 문화형, 의료형, 시설관리형, 그 밖에 대통령령으로 정하는 기타 유형으로 구분하되 효율적인 관리 · 운영을 위하여 다시 세분화할 수 있다.

08 난도 ★★☆ ①

부속기관이란 중앙행정기관 등에 부속하여 그 기관을 지원하는 기관(시험연구 · 교육훈련 · 문화 · 의료 · 제조 · 자문기관 등)을 말한다.

오답 분석 ② 보조기관이란 행정기관 의사의 결정이나 표시를 통해 조직목표 달성을 위해 직접적으로 기여하는 기관을 말한다. 행정기관이 그 기능을 원활하게 수행할 수 있도록 그 기관장을 보좌함으로서 행정기관의 목적달성에 공헌하는 기관은 보좌기관이다.

③ 하부기관이란 중앙행정기관의 하위기관으로서 보조기관과 보좌기관으로 구성된다. 중앙행정기관에 소속된 기관으로서, 특별지방행정기관과 부속기관을 말하는 것은 소속기관이다.

④ 방송통신위원회, 공정거래위원회, 소청심사위원회 등은 행정위원회로서 행정기관에 해당한다.

PLUS+ 행정기관의 조직과 정원에 관한 통칙 제2조(정의)

3. "부속기관"이라 함은 행정권의 직접적인 행사를 임무로 하는 기관에 부속하여 그 기관을 지원하는 행정기관을 말한다.
6. "보조기관"이라 함은 행정기관의 의사 또는 판단의 결정이나 표시를 보조함으로써 행정기관의 목적달성에 공헌하는 기관을 말한다.
7. "보좌기관"이라 함은 행정기관이 그 기능을 원활하게 수행할 수 있도록 그 기관장이나 보조기관을 보좌함으로써 행정기관의 목적달성에 공헌하는 기관을 말한다.
8. "하부조직"이라 함은 행정기관의 보조기관과 보좌기관을 말한다.

2 행정과 환경

문제편 p. 006

01	02	03	04	05	06	07	08	09
④	③	②	①	④	③	④	④	②

01 난도 ★★☆ ④

바그너(Wagner)는 1인당 국민소득이 증가할 때 공공부문의 상대적 크기가 증가한다고 주장하였다.

오답 분석 ① 니스카넨(Niskanen)은 '관료는 자기가 차지하고 있는 자리가 가지는 힘을 극대화하려는 동기를 가지고 있다'고 보았으며, 그 힘은 자신에게 배정되는 예산과 비례관계에 있다고 가정하였다.

② 파킨슨(Parkinson)은 공무원 수는 본질적 업무량(행정수요를 충족시키기 위한 업무량)의 증감과 무관하게 일정비율로 증가한다고 주장하였다.

③ 피콕-와이즈만(Peacock-Wiseman)은 공공지출이 결정되는 과정을 분석하여 전위효과·점검효과 등의 개념을 분석하고 공공지출이 불연속적으로 증대되는 과정을 설명하였다.

02 난도 ★★★ ③

X-비효율성은 경쟁체제가 아님으로 인하여 비용이 상승하거나 생산성이 저하되는 현상을 말한다. 이는 시장실패가 아니라 정부실패의 원인이며 정부의 독점적 성격, 종결메커니즘의 결여, 산출물 측정의 곤란성, 생산기술의 불확실성 등으로 인해 발생한다.

오답 분석 ①·②·④ 모두 시장실패의 원인에 해당한다.

PLUS+ 시장실패와 정부실패의 원인

구분	원인
시장 실패	• 공공재의 존재 • 외부경제 및 외부불경제 • 불완전경쟁 • 규모의 경제 • 정보의 격차로 인한 대리손실 • 소득분배의 불공평성
정부 실패	• 정부조직의 내부성 • 파생적 외부효과 • 비용과 수익의 분리 • X의 비효율성 • 공공서비스의 공급 독점 • 특혜에 의한 가치 배분의 불공평성

03 난도 ★★☆ ②

바우처(Vouchers)는 특정 소비를 장려하기 위해 특정 재화나 서비스를 구매할 수 있는 이용권·증서를 지급하여 소비자가 이를 시장에서 자유로이 선택하도록 하고, 그 비용은 정부가 지불하는 제도이다. 선택권을 보장하기 때문에 서비스 혜택자의 만족도가 높지만, 관료와 서비스 제공자 간의 유착으로 부정부패가 발생할 수 있다.

오답 분석 ① 면허(Franchise) 방식에서는 시민이 서비스 제공자에게 비용을 지불하는 대신 정부는 서비스의 수준과 질을 규제하며, 서비스 제공자들 사이에 경쟁이 미약하면 이용자의 비용부담이 과중된다.

③ 민간위탁(Contracting-Out)은 기업 간 경쟁 입찰을 통해 서비스 생산주체를 결정하여 정부 재정부담을 경감시킬 수 있고, 인력 운영의 유연성을 제고시켜 관료조직의 팽창을 억제할 수 있다.

④ 집합적 공동생산(Collective Co-Production)은 공동생산의 한 유형으로 서비스 투입을 위해 참여하는 사람과 관계없이, 그 편익은 공동체 전체에게 돌아가게 한다는 재분배적 특징이 있다.

04 난도 ★★☆ ①

㉠·㉣·㉤은 민자유치 사업방식에 대한 설명으로 옳은 설명이다.

오답 분석 ㉡ BOT방식 - 민간투자기관이 민간자본으로 공공시설을 건설하고, 시설완공 후 일정기간 동안 민간투자기관이 소유권을 가지고 직접 운영하여 투자비를 회수한 다음, 기간만료 시 시설소유권을 정부에 이전하는 방식

㉢ BOO방식 - 민간투자기관이 민간자본으로 공공시설을 건설하고 시설완공 후 일정기간 동안 민간투자기관이 소유권을 가지고 직접 운영하여 투자비를 회수하는 방식

05 난도 ★★☆ ④

사회기반시설에 대한 민간투자사업에 있어서 사업시행자가 시설을 건설한 후 해당 시설의 소유권 및 운영권을 사업시행자가 가지는 방식은 BOO(Build-Own-Operate)이다.

오답 분석 ① BTL(Build-Transfer-Lease)은 민간이 건설하고 정부에 임대하는 형태로 그 임대료를 받아 시설투자비를 회수하는 방식이다.

② BTO(Build-Transfer-Operate)는 민간이 시설을 건설·운영하는 형태이다. 사회기반시설의 준공과 동시에 시설의 소유권이

국가 또는 지방자치단체에 이전되면 사업시행자에게 일정기간의 관리운영권을 인정하고, 사업시행자는 시설을 운영함으로써 투자비를 회수하는 방식이다.

③ BLT(Build-Lease-Transfer)는 민간이 건설하고 정부가 시설을 임대 · 운영하며 임대 기간 종료 후에 시설물을 국가 또는 지방자치단체로 이전하는 민간 자본 활용 방식이다.

06 난도 ★★☆ ③

민영화는 서비스공급의 경쟁을 촉진시켜 가격을 낮추고, 선택의 기회를 넓히기 위해 시행되는 것이므로 경쟁의 심화는 민영화의 문제점으로 볼 수 없다.

오답 분석 ① · ② · ④ 민간은 영리추구가 우선시되므로 행정의 공공성 및 형평성, 책임성, 서비스의 품질이 저해되는 문제점을 가지고 있다.

07 난도 ★☆☆ ④

사회적 자본은 신뢰와 협력을 바탕으로 불필요한 거래비용을 감소시키는 순기능이 있다.

오답 분석 ① 사회적 자본이 증가하면 사회적 제재력이 강화되는 순기능이 있다.

② 타인에 대한 신뢰는 사회적 자본의 구성요소에 해당한다.

③ 상호 이익을 주고받는 호혜주의는 신뢰형성에 도움이 되므로 사회적 자본에 영향을 준다.

08 난도 ★★★ ④

사회적 자본은 사회문제 해결을 위한 구성원 간 신뢰와 협력, 네트워크 등을 특징으로 한다. 따라서 특정한 공동체에서 과도한 폐쇄성이나 결속성으로 인한 부작용이 나타나기도 한다.

오답 분석 ① 사회자본은 참여자들의 협력을 바탕으로 공유한 목적을 보다 효과적으로 성취하게 만드는 신뢰, 규범, 네트워크 같은 사회조직의 특성을 의미한다.

② 이탈리아를 사례로 한 연구에서 사회적 자본이 제도적 성과나 효율성을 높여준다고 설명하였다.

③ 사회적 자본에 의한 신뢰와 믿음은 거래비용을 낮추고 경제발전을 촉진할 수 있다.

09 난도 ★★☆ ②

분권화 전략을 사용하지만 중앙정부로부터 대리정부가 이관 받은 임무를 성공적으로 수행하지 못할 경우 생기는 오류를 교정하는 데 비용이 들 수 있다.

오답 분석 ① 주인-대리인 관계에서 나타나는 정보의 왜곡현상(정보의 비대칭현상)이 발생할 수 있다.

③ 대리정부의 형태가 다양하므로 행정관료가 전문적 리더십을 가져야 한다.

④ 시민 개개인의 행동이 정부정책의 성과를 결정하기 때문에 대리정부가 공공서비스 공급을 제대로 할 수 있도록 대리정부에 대한 시민들의 관심과 통제가 중요하다.

3 행정이 추구하는 가치

문제편 p. 009

01	02	03	04	05	06	07	08	09	10
④	③	③	③	①	③	①	④	①	①
11	12	13							
②	②	④							

01 난도 ★☆☆ ④

수직적 형평성과 수평적 형평성의 설명이 반대로 되어 있다. 다른 것을 다르게 취급하는 것은 수직적 형평성, 같은 것을 같게 취급하는 것은 수평적 형평성에 해당한다.

02 난도 ★★☆ ③

㉠ 공리주의적 관점은 이익의 공평한 분배보다 공동체의 이익 향상에 집중하는 것이 공익 향상에 도움이 된다고 본다. 즉, 사회 전체의 효용이 증가하면 공익이 향상된다고 본다.

㉡ 공리주의는 절대적 가치에 회의적인 상대주의적 윤리관으로, 공리주의적 관점은 목적 달성과 결과를 중시하는 목적론적 윤리론을 따른다.

오답 분석 ㉢ 공리주의적 관점은 목적 달성과 결과를 위한 효율성을 윤리적 행정의 판단기준으로 본다.

03 난도 ★☆☆ ③

파레토 최적이란 어느 누구의 효용을 줄이지 아니하고서는 다른 어떤 누구의 효용도 늘릴 수 없을 정도로 자원 배분의 최적화가 이루어진 상태이며 능률성 가치를 뒷받침하는 대표적인 기준이다.

오답 분석 ① 실체설과 대립되는 공익개념인 과정설에서는 공익과 사익의 구별은 상대적이며 사익의 합이 공익이 된다는 소극적 입장이다.

② 롤스는 정의의 제1원리와 제2원리가 충돌할 때 제1원리가 우선하고, 제2원리 중에서 기회균등의 원리와 차등의 원리가 충돌할 때는 차등의 원리가 우선한다고 주장한다.

④ 합리성이란 어떤 행위가 궁극적 목표달성의 최적 수단이 되느냐의 여부를 가리는 개념이다.

04 난도 ★☆☆ ③

㉠ 실체설에 의하면 공익은 사익을 초월한 규범적 · 도덕적 개념이다.

㉡ 과정설에 의하면 공익은 사익 간 갈등을 조정 · 타협하는 과정에서 산출되는 것이라고 본다.

㉣ 플라톤(Plato)과 루소(Rousseau)는 모두 공익의 실체설을 주장하였다.

오답 분석 ㉢ 과정설은 공익을 사익의 조정과 타협의 산물로 보는 것이므로 다원적 민주주의에 도움을 준다.

05 난도 ★★☆ ①

과정설이 아닌 실체설에 대한 설명이다. 실체설(적극설)은 사익을 초월한 실체적 · 규범적 · 도덕적 개념으로서, 공익과 사익의 갈등이란 있을 수 없다고 본다. 구체적으로 정의 · 형평 · 복지 · 인간존중 등 매우 다양하다. 반면, 과정설은 공익은 상호경쟁적 · 대립적인 다원적 이익이 조정되고 균형화된 결과(경험적 공익관)이며, 사익과 본질적으로 구분되는 사회전체의 이익은 존재하지 않는다고 보는 입장이다.

06 난도 ★★☆ ③

정부의 환경보존사업에 필요한 비용을 현 세대에게만 부담하는 것은 형평성에 어긋나므로 공채 발행으로 다음 세대에게 일부 비용의 부담을 전가하는 것은 수평적 형평성에 해당한다.

오답 분석 ① 대표관료제는 사회를 구성하는 모든 주요 집단으로부터 인구비례에 따라 관료를 충원하고, 그들을 정부 관료제 내의 모든 직무분야와 계급에 비례적으로 배치함으로써, 정부 관료제가 사회의 모든 계층과 집단에 공평하게 대응하도록 하는 것으로, 수직적 형평성을 확보하기 위한 제도이다.

② 롤스(J. Rawls)의 『정의론(The Theory of Justice)』에서 말하는 원초적 상태하에서 합리적 인간은 최대 극소화의 원리가 아니라 최소 극대화의 원리에 따른다. 즉, 최악의 상황을 가정하고 대안을 선택하는 것이다.

④ 사회적 형평성이란 사회정의 · 평등과 유사한 것으로, 부유층이나 특정집단 대신 사회적 · 경제적 · 정치적으로 불리한 입장에 있는 계층을 위하여 국가의 특별한 배려에 의해 서비스 배분이 공평성과 평등성을 보장받는 것을 말한다. 총체적 효용 개념을 강조하는 공리주의 관점이다.

07 난도 ★☆☆ ①

개인의 사익을 초월한 공동체 전체의 공익이 따로 있다고 보는 견해는 실체설이다. 실체설에서 공익을 선험적으로 존재하는 것이라고 보는 반면, 과정설에서는 개인 이익의 총합이 사회 전체의 이익이며 따라서 사익들의 합의의 과정 자체를 공익이라고 본다.

PLUS+ 공익의 실체설과 과장설

실체설	과장설
• 공익과 사익은 명확히 구분 • 공익과 사익은 별개로서 공익의 실체가 별도로 존재 • 선험적 공익관 중시 • 주관적 · 비과학적 • 사익보다 공익의 우선 • 집단의 이익을 중시하는 단체주의적 입장	• 공익과 사익의 구별은 상대적 • 개인의 이익의 합이 곧 공익 • 다원화된 이익의 조정과 타협의 결과가 공익 • 개인의 이익을 중시하는 개인주의 입장

08 난도 ★★☆ ④

적법절차의 준수를 강조하며 국민주권 원리에 의한 행정의 중심적 역할을 강조하는 것은 과정설이다. 과정설은 사익을 초월한 별도의 공익이란 존재할 수 없으며, 공익이란 사익의 총합이거나 사익 간의 타협 또는 집단 상호작용의 산물이라고 본다.

오답 분석 ① 과정설에서는 공익을 서로 충돌하는 이익을 가진 집단들 사이에서 상호조정 과정을 거쳐 균형상태의 결론에 도달했을 때 실현되는 것이라고 보고 있다.

② 실체설 중에서도 과정설의 입장을 일부 수용하여 전체효용을 극대화하려는 절충적 실체설에 대한 설명이다.

③ 실체설은 공익으로서의 국민의 기본권과 중요 가치들이 실체로서 존재한다고 본다. 즉, 자유와 평등의 기본권과 정의, 사회적 안정 등의 사회적 가치는 중요한 공익의 내용으로 단순한 사익의 합계가 아니라 본질적으로 다른 속성을 지닌 것으로 본다.

09 난도 ★★★ ①

위계 문화는 경쟁가치모형 중 내부과정모형에 해당하며 안정성과 균형을 강조한다. 응집성을 강조하는 것은 인간관계모형이다.

오답 분석 ② 혁신지향 문화는 개방체제모형에 해당하며 융통성과 창의성을 강조한다.

③ 과업지향 문화는 합리목표모형에 해당하며 생산성과 능률성을 강조한다.

④ 관계지향 문화는 인간관계모형에 해당하며 응집성과 사기 유지를 강조한다.

10 난도 ★☆☆ ①

사회적 능률은 형평성이 아닌 능률성(합목적적 능률, 상대적 능률, 장기적 능률, 인간적 능률)을 보장하기 위한 개념이다.

PLUS+ 기계적 능률과 사회적 능률의 비교

구분	기계적 능률	사회적 능률(민주성)
의미	투입에 대한 산출의 비율을 높이는 것	인간가치의 실현(조직 내 인간관리의 인간화)
행정 이론	행정관리론, 고전적 조직론(과학적 관리론, 베버의 관료제, 원리접근법)	인간관계론(메이요, Mayo): 대내적 민주성 강조(인간≠기계)
관련 조직	공식적 조직, 관료제, 계층제	비공식적
인간관	경제적 · 합리인, X이론	사회인, Y이론

11 난도 ★★☆ ②

합리목표모형은 조직의 생산성과 능률성을 목적으로 조직의 기획, 목표성, 합리적 통제를 중요하게 생각한다. 조직의 성장과 자원확보를 목표로 하는 것은 개방체제모형이며, 정보관리를 중요하게 생각하는 것은 내부과정모형이다.

12 난도 ★☆☆ ②

능률성은 투입 대비 산출의 비율을, 효과성은 목표의 달성도를 나타내는 개념이다.

오답 분석 ① 합리성은 목적-수단의 연쇄관계에 타당한 근거를 갖고 있는가의 정도를 말한다.

③ 민주성은 행정과정의 민주화인 대외적 민주성과 행정조직 관리의 인간화인 대내적 민주성으로 구분된다.

④ 수평적 형평성은 동일 대상은 동일하게 대우하는 것을 말하며, 수직적 형평성은 다른 대상은 다르게 대우하는 것을 말한다.

13 난도 ★☆☆ ④

과학적 관리에서 강조한 것은 기계적 효율성(능률성)이다. 사회적 능률은 디목(Dimock)이 주장한 것으로 인간관계론(HR)과 오스트롬(Ostrom)의 공공선택이론에서도 강조되었다.

오답 분석 ① 행정통제의 목적은 대외적 민주성이라는 행정책임을 확보하는 데 있다.

② 수단가치는 본질적 행정가치를 달성하기 위한 수단이 되는 가치로서, 실제적인 행정과정에 구체적 지침이 된다.

③ 전통적으로 책임성은 제도적 책임성(외재적 책임, 객관적 책임)과 자율적 책임성(내재적 책임, 주관적 책임)으로 구분된다.

4 행정학의 이해 및 주요 접근

문제편 p. 012

01	02	03	04	05	06	07	08	09	10
①	②	②	①	③	④	③	①	②	③
11	12	13	14	15	16	17	18	19	20
①	②	③	①	①	③	②	②	④	③
21	22	23	24	25	26	27	28	29	30
②	①	③	①	①	②	④	②	③	②
31	32	33	34	35	36				
③	①	②	④	④	④				

01 난도 ★★★ ①

왈도(D. Waldo)는 기술성을 'Art' 또는 'Profession'이라는 용어로 지칭하였고, 'Practice'라는 용어로 지칭한 학자는 사이먼(Simon)이다.

02 난도 ★★★ ②

오답 분석 ① 직업공무원제를 옹호했으며, 직업공무원의 적극적 역할을 주장하였다.

③ · ④ 정부를 재구축하고 민간부문이 공공서비스 공급에 참여할 필요가 있다고 강조하고, 고객중심적 행정을 주요대상으로 하는 입장은 오스본과 개블러(Osborne & Gaebler)의 '정부재창조론'이다.

PLUS+ 정부재창조론

오스본과 게블러는 「정부재창조(Reinventing Government)」라는 저서를 통해 미래의 정부를 10가지로 구분하고 있다.

① 촉진적 정부(노젓기보다는 방향잡기)
② 경쟁적 정부
③ 지역사회에 힘을 부여하는 정부(서비스 제공보다 권한을 부여)
④ 성과지향적 정부(투입이 아닌 성과와 연계)
⑤ 사명지향적 정부(규칙중심의 조직을 개혁)
⑥ 고객지향적 정부(관료제가 아닌 고객 요구의 충족)
⑦ 기업가형 정부(지출보다는 수익 창출)
⑧ 분권형 정부(위계조직에서 참여와 팀워크 중심)
⑨ 미래지향적 정부(치료보다는 예방)
⑩ 시장지향적 정부(시장기구를 통한 변화 촉진)

03 난도 ★☆☆ ②

인간관계론에 대한 설명으로 테일러(Taylor)의 과학적 관리론은 경제적 욕구를 지나치게 강조하여 자기실현 욕구나 사회적 욕구를 간과했다는 비판을 받는다.

PLUS+ 인간관계론과 과학적 관리론의 비교

구분	인간관계론	과학적 관리론
인간관	사회적 인간관 (Y인간)	합리적 · 경제적 인간관 (X인간)
연구의 중점	인간 중심	직무 중심
분석대상	비공식적 인간관계	공식적 구조
능률관	규범적 · 사회적 능률관	가치중립적 · 기계적 능률관
동기부여 요인	사회심리적 욕구충족	경제적 유인체계 강조
이론적 기초	호손실험	시간과 동작연구
공헌	민주성 확립	절약과 능률 증진

04 난도 ★★★ ①

테일러(Taylor)는 과학적 관리의 핵심을 조직구조의 능률향상에 두고, 노동자가 과학적인 방법을 활용함에 따라 작업이 되도록 하는 것이다.

05 난도 ★★★ ③

가치개입은 신행정이론의 특징이다. 사이먼(Simon)을 필두로 대두되기 시작한 행태주의는 행정의 과학화를 목표로 한다. 가치문제에 대한 진위는 과학적으로 검증될 수 있는 것이 아니기에, 가치문제는 행태주의가 추구하는 영역 밖의 문제라고 보았다.

오답 분석 ① 사회현상의 연구도 자연과학처럼 실증적 연구가 가능하다는 전제하에 논리실증주의를 행정의 연구에 도입했다.

② 개념의 조작적 정의를 통해 객관적인 측정방법을 사용하여 자료를 계량적으로 분석하고 이를 통해 규칙성, 상관성 및 인과성을 경험적으로 입증하고 설명할 수 있다고 본다.

④ 규칙성과 인과성을 경험적으로 입증하고 설명할 수 있음을 전제로 한다.

06 난도 ★★★ ④

자율적 인간관은 비판이론의 인간관에 해당한다. 비판이론은 행태주의의 도구적 이성을 비판하고 실천을 주도하는 자율적 인간관을 주장한다. 반면 행태주의 인간관은 외부자극에 수동적으로 반응하고, 인과의 논리에 지배당하는 수동적 존재라고 본다.

오답 분석 ① 행태론적 접근방법(행태주의)은 가치와 사실을 구분(분리)하여, 검증이 불가능한 가치를 연구대상에서 제외하고 검증이 가능한 사실만을 연구대상으로 삼는 가치중립적인 특징을 지닌다.

② 행태주의는 사회현상도 자연현상과 마찬가지로 과학적 연구가 가능하다고 보았으며, 논리 실증주의, 계량적 접근 등의 과학적 방법을 적용하여 사회현상에서 보편적 원리를 도출하려 하였다.

③ 행태론은 다학문성(종합학문성)을 강조하였다.

07 난도 ★★☆ ③

신행정론자 왈도(Waldo)는 행정학의 정체성 확립을 위하여 전문직업주의를 강조하였으나, 대다수의 신행정론 학자들은 전문직업주의와 가치중립성을 비판하였다.

오답 분석 ① 신행정학은 1960년대 후기행태론의 적실성의 신조를 바탕으로 사회현실문제의 해결을 중시하였다.

② 신행정학은 외부지향성(고객지향성)과 인본주의적 행정과 민주적 행정모형을 강조한다.

④ 신행정학은 격동의 상황 속에서 사회적 취약계층의 인권보장을 위하여 사회적 형평성을 강조한다.

08 난도 ★★☆ ①

미국이 가지고 있는 심각한 도시빈민의 문제, 인종문제 등과 연계된 분배적 정의에 관한 문제를 해결하고자 왈도(D. Waldo)를 구심점으로, 소장학자들이 시대가 요구하는 새로운 패러다임 정립을 위한 제1차 미노브룩 회의를 1968년에 개최하였다. 왈도, 프리드릭슨(H. G. Frederickson), 마리니(F. Marini), 페이지(R. S. Page) 등이 참여했다. 이때 행정학의 새로운 이론으로 신행정론이 제시되었다.

오답 분석 ② 발전행정론은 개발도상국의 국가발전을 이룩하기 위한 국가의 모든 발전사업을 행정이 주도적으로 수행하며, 또한 그런 역할과 기능을 수행하기 위해 자체의 능력 내지 역량을 발전시키는 것을 의미한다. 하지만 행정학에서 가치에 관한 연구가 본격적으로 관심을 끌기 시작한 학문적 계기라고 할 수는 없다.

③ 뉴거버넌스론은 1980년대 이후 신공공관리론에 대한 비판으로 국정운영에 기존의 불평등하고 정부우위적인 시장과의 관례를 청산하고, 정부와 시장 그리고 시민사회가 자발적으로 협조하여 보다 효과적이고 민주적으로 국가를 운영한다.

④ 공공선택론은 정치과정을 경제학의 원리와 방법으로 분석한 이론이다.

09 난도 ★☆☆ ②

신행정학은 정치 · 행정일원론에 입각하여 독자적인 행정이론의 발전을 이루고자 하였다.

오답 분석 ① 신행정학은 1960년대 미국 내의 산적한 사회문제(인종갈등, 베트남전쟁 등) 해결에 대한 처방을 탐색하기 위한 이론이다. 이에 비해 발전행정론은 1950년대 이후 기존의 비교행정론의 정태성과 소극성을 비판하고 제3세계의 발전 전략을 연구하기 위해 등장한 이론이다.

③ 신행정학은 기존 행정학의 학문 자세를 비판하고 당시의 사회문제를 해결하기 위한 규범적이며 처방적인 연구를 강조하였다.

④ 신행정론은 1968년 왈도(Waldo)가 주도한 미노브룩(Minnowbrook) 회의에 참여하였던 젊은 학자들이 기존의 행정학과 성격을 달리하는 신행정론을 전개할 것을 주장하며 등장하였다.

10 난도 ★☆☆ ③

티부(Tiebout) 모형은 최소한 한 가지 이상의 고정적 생산요소가 존재한다고 가정한다.

오답 분석 ① · ② · ④ 모두 티부 모형의 전제조건에 해당한다.

PLUS+ 티부 가설의 내용

- 공공재는 중앙정부에 의해서만 공급될 수 있다는 사무엘슨(Samuelson)의 공공재이론에 대한 반론으로 제시한다.
- 주민들의 자유로운 선택으로 지방공공재의 적정규모를 결정한다.
- 소규모의 지방자치의 당위성을 옹호하는 이론으로서 경쟁의 원리에 의한 지방행정의 효율성, 지역 내의 동질성과 소통 · 접촉은 높아지지만 지역 간 형평성은 저하될 우려가 있다.

11 난도 ★☆☆ ①

공공선택론은 방법론적 집단주의가 아니라 방법론적 개체주의(개인주의)를 지향한다. 공공정책의 결정에 참여하는 모든 개인들은 모두 이기적이고 합리적인 경제인이라 가정하고, 정부의 일방적이고 독점적인 공급이 정부실패를 가져온다고 본다. 특히 공공선택론은 파레토 최적을 찾을 때 개체주의 방법론을 취한다.

12 난도 ★★☆ ②

제도의 횡단적 측면을 중시하면서 국가 간에 어떻게 유사한 제도의 형태를 취하는가에 관심을 갖는 것은 사회학적 제도주의이다. 역사적 제도주의는 제도의 종단적 측면을 중시하면서 국가 간 제도의 차이점에 관심을 갖는다.

오답 분석 ① 사회학적 제도주의는 제도의 변화에서 개인의 역할을 인정하지 않고, 개인은 자신의 의도에 따라 제도를 만들거나 변화시킬 수 없으며 제도에 종속될 뿐이라고 본다.

③ 역사적 제도주의는 주로 국가 간 사례연구와 비교연구를 통한 귀납적 방법으로 이론화를 시도하려는 경향이 있는 것이 특징이다.

④ 개인의 이기심을 전제로 한 철저히 계산된 행동을 중요시한 합리적 선택 제도주의는 방법론적 개인주의를 취하는 반면 제도의 범위를 관습과 문화를 포함하는 폭넓은 개념으로 이해하는 사회학적 제도주의는 방법론적 전체주의 입장을 취한다.

13 난도 ★★☆ ③

사회학적 신제도주의는 결과성의 논리보다 적절성의 논리를 중시한다.

오답 분석 ① 신제도주의에서 제도는 공식적인 법률 외에도 규범이나 관습 등을 포함한다.

② 역사적 신제도주의하에서는 제도가 역사적 경로에 의존한다고 본다.

④ 합리적 선택의 신제도주의에서 제도는 합리적이며 자기 이익을 추구하는 개인의 행태를 제약한다고 본다.

14 난도 ★★★ ①

구제도주의에서는 정책을 법규로서만 이해하고, 행정환경을 경시하였다. 이와 달리 신제도주의에서는 정책과 환경을 내생변수로 취급하여 제도와의 연관성까지도 종합적으로 다룬다.

15 난도 ★★☆ ①

신공공관리론은 전통적인 관료제를 극복하고 작은 정부를 구현하기 위해 개발된 이론으로, 시장에 대한 규제를 완화하고 관료에 대한 내부 규제를 완화하여 관리자에게 예산과 인사상의 권한을 위임해주는 형태로 실시되었다.

오답 분석 ② 신공공관리론은 현대국가의 팽창과 복지국가 위기에 대한 대응방안으로 등장하여 작고 효율적인 정부를 추구한 이론이다.

③ 신공공관리론은 시장주의와 신관리주의를 결합해 전통적인 관료제 패러다임의 한계를 극복하기 위해 개발되었다.

④ 신공공관리론에서는 수익자부담원칙의 강화, 민간부문 상호 간 경쟁원리를 활용한 공공서비스 제공을 위한 민간위탁 및 민영화의 확대, 정부부문 내 경쟁원리 도입, 규제완화 등을 행정개혁의 방향으로 제시하였다.

16 난도 ★★☆ ③

탈신공공관리론의 주요 아이디어는 ㉠·㉢·㉤·㉥ 외에 구조적 통합을 통한 분절화의 축소, 재집권화와 재규제화의 주창, 역할 모호성의 제거 및 명확한 역할 관계의 안출(案出), 집권화, 역량 및 조정의 증대로 정리될 수 있다.

오답 분석 ㉡·㉣은 신공공관리의 특징이다.

17 난도 ★★☆ ②

신공공관리(NPM)는 정부의 크기와 관계없는 것이 아니라, 거대정부의 문제점인 정부실패에 대응하고자 정부의 역할과 규모를 줄이고 민간기업의 관리방식과 시장논리를 도입하려는 행정개혁운동으로 1980년대 영·미 중심으로 전개된 신자유주의를 기반으로 등장하였다.

18 난도 ★★☆ ②

신공공관리론에서 지향하는 기업가적 정부는 노젓기가 아니라 방향 잡기를 강조한다.

오답 분석 ①·③·④ 기업가적 정부는 전통적 관료제와 달리 경쟁적 정부, 성과지향적 정부, 미래지향적 정부 등을 특징으로 한다.

19 난도 ★★☆ ④

전통적 관료제가 지출 절감 위주인 것과 달리 기업가적 정부는 지출 절감보다 수익 창출을 중시한다.

20 난도 ★★☆ ③

거버넌스는 정부우위적인 시장과의 관례를 청산하고 정부와 시장 그리고 시민사회가 자발적으로 협조하여 보다 효과적이고 민주적으로 국가를 운영하고자 하는 새로운 패러다임으로, 지역 거버넌스를 구축함으로써 지역주민이 배제되는 문제를 해결할 수 있다.

오답 분석 ① 경제적 효과 극대화는 지역주민이 배제되는 문제를 야기한 기존의 재정비 방식이므로, 반성의 방안이 될 수 없다.

② 하향식 의사결정은 지역주민이 배제되는 문제를 야기한 기존의 재정비 방식이므로, 반성의 방안이 될 수 없다.

④ 기존의 재정비 방식이 문제를 야기했으므로 지속적으로 기존의 재개발 사업을 추진하는 것은 반성의 방안이 될 수 없다.

21 난도 ★★☆ ②

참여적 정부모형에 대한 설명이다.

오답 분석 ① 신축적 정부모형은 조직의 영속성에 대한 비판에서 출발하여, 환경변화와 현 국정관리 속성의 변화에 따라 창조적 대응을 하기 위해서 신축적 조직인 임시조직이나 가상조직을 강조한 모형이다.

③ 시장적 정부모형은 정부 관료제의 비효율성과 시장의 효율성에 대한 신뢰를 전제로 하며 이는 신고전 경제학에 기초한 것이다.

④ 탈규제적 정부모형은 정부 내부의 규제를 철폐함으로써 공공부문에 내재하고 있는 잠재력과 독창성을 분출시키는 모형이다.

PLUS+ 피터스(B. Guy Peters)의 정부개혁모형

구분	전통적 정부모형	시장적 정부모형	참여적 정부모형	신축적 정부모형	탈내부규제 정부모형
문제의식	전근대적 권위	독점	계층제	영속성	내부규제
관리개혁	직업 공무원제, 절차적 통제	성과급, 민간기법	총체적 품질관리 (TQM), 팀제	가변적 인사관리, 임시조직	재량권 확대
조직개혁	계층제	분권화	평면조직	가상조직	–
공익기준	안정성, 평등	저비용	참여, 협의	저비용, 조정	창의성, 능동성, 활동주의
조정방안	상의 하달식 명령통일	보이지 않는 손	하의 상달식	조직개편	관리자의 자기이익
공무원제 개혁방안	실적제	시장기제로 대체	계층제 축소	임시고용, SES	내부규제 철폐

22 난도 ★☆☆ ①

뉴거버넌스와 신공공관리론은 정부의 역할을 방향잡기(Steering)로 본다.

오답 분석 ② 신자유주의는 신공공관리의 인식론적 기초이다.

③ 신공공관리가 중시하는 관리 가치는 경쟁이다.

④ 뉴거버넌스가 중시하는 관리기구는 서비스연계망이다.

PLUS+ 신공공관리론과 뉴거버넌스의 비교

구분	신공공관리론	뉴거버넌스
인식론적 기초	신자유주의 · 신공공관리	공동체주의 · 참여주의
관리가치	결과(생산성)	과정(민주성, 신뢰)
관리기구	시장주의	서비스연계망(공동체)에 의한 공동생산
관료역할	공공기업가	조정자
서비스	민영화, 민간위탁	공동생산 (시민 · 기업의 참여)
작동원리	시장 메커니즘	신뢰와 협력체제
관리방식	고객지향	임무 중심
분석수준	조직 내	조직 간
정치성	정치 · 행정이원론	정치 · 행정일원론
정부역할	방향키(수비수)	방향키(심판관)

23 난도 ★☆☆ ③

참여정부모형의 관리개혁방안은 TQM과 팀제이며, 가변적 인사관리는 신축적 정부모형이다.

24 난도 ★★★ ①

포스트모더니티 사회의 행정의 특징 중 하나로 상상(Imagination)은 소극적으로는 과거의 관행과 규칙에 얽매이지 않는 행정의 운영이며, 적극적으로는 문제(사안)의 특수성을 인정하는 것이다.

오답 분석 ② 해체(Deconstruction)는 종전의 합리주의나 지배적인 과학적 지식에 대하여 우월적 지위를 인정하지 않고, 텍스트(언어, 몸짓, 이야기, 설화, 이론)의 근거를 끊임없이 파헤치는 입장을 취한다.

③ 영역 해체(Deterritorialization)는 지식의 고유영역과 학문영역의 경계를 타파함으로써 더 풍부한 지식의자원을 원용할 수 있음을 강조한다.

④ 타자성(Alterity)이란 타인의 존재와 견해에 대한 개방성과 다양성 인정, 기존 제도에 대한 반대 등의 특성을 지향하며, 다른 사람을 인식적 객체로서가 아니라 도덕적 타자로 인정하는 것이다.

25 난도 ★★★ ①

구성주의, 상대주의, 다원주의, 해방주의를 토대로 탈영역, 탈전체, 탈물질, 탈규제, 탈계서, 탈제약, 탈근대, 해체와 해방 등을 제창하는 1980년대 이후의 후기 산업사회에서의 행정이론을 포스트모더니즘 행정이론이라고 한다. 모더니즘은 과학적 지식은 보편적이며, 특정한 맥락과 상관없는 방식으로 정당화될 수 있다고 보는 반면, 포스트모더니스트들은 진리의 기준들은 맥락 의존적이라고 주장한다.

오답 분석 ② 타자성(Alterity)은 나 아닌 다른 사람을 인식적 객체로서가 아니라 도덕적인 타자로 인정하는 것이다. 타자성은 타인에 대한 개방성, 다양성의 선호(다른 것에 비해 어떤 특권적 지위를 누리는 의미가 없다는 것을 인정하는 것), 상위설화에 대한 반대(비현실적인 근거들을 해체하는 것), 기존질서에 대한 반대 등을 특징으로 한다.

③ 포스트모더니즘에 있어서의 모든 지식은 그 성격과 조직에 있어서 고유 영역이 해체된다. 즉, 지식의 경계가 사라진다.

④ 포스트모더니즘에서는 비판과학에서 묘사하는 해방주의 성향을 추구하며 탈물질화, 탈관료제화를 강조하고 규칙이나 계급으로부터의 해방을 추구한다. 이는 개인이 거시적인 사회적 구조의 지시와 제약으로부터 해방되어야 하고 서로의 상이성(타자성)을 인정받는 자유로운 존재여야 한다는 원자적 · 분권적 사회로의 이행을 의미한다.

26 난도 ★★★ ②

신공공서비스론에서는 공익을 공동체가 공유하는 가치에 대한 담론의 결과로 인식한다. 공익을 개인적 이익의 집합체로 보는 것은 신공공관리론이다.

오답 분석 ① 신공공서비스론에서 정부는 서비스 제공자로서, 시민에 대해 봉사하여야 한다.

③ 신공공서비스론에서의 책임은 다원적이고 복잡하다. 따라서 관료들은 헌법과 법률, 지역사회의 가치, 정치적 규범 등 다양한 측면에 관심을 기울여야 한다.

④ 신공공서비스론에서 공공조직은 단순히 생산성이 아니라 인간 존중 의식을 바탕으로 한 리더십과 협력의 과정을 통해 작동되어야 한다고 본다.

27 난도 ★★☆ ④

관료의 역할을 방향을 잡고(Steering) 시민을 지원하는 데 있다고 보는 이론은 신공공관리론이다. 신공공서비스론에서 관료의 역할은 시민에게 봉사하는 것이다.

28 난도 ★☆☆ ②

신공공서비스론의 관점에서 정부의 역할은 노젓기나 방향잡기보다는 시민에게 적극 봉사하는 것을 강조한다. 정부의 역할을 노젓기로 보는 입장은 전통적 행정이론이다.

오답 분석 ① 신공공서비스론에서는 관료의 반응대상을 시민으로 본다.

③ 관료의 동기부여 원천은 신공공관리론은 기업가 정신이지만 신공공서비스론에서는 공공서비스 제고이다.

④ 공익을 개인이익의 단순한 합으로 보는 것은 신공공관리론이고, 신공공서비스론은 공유가치에 대한 대화와 담론을 통해 얻은 결과물로 본다.

PLUS+ 행정이론의 비교

구분	전통적 행정이론	신공공관리론	신공공서비스론
대상	고객 · 유권자	고객	시민
정부 역할	노젓기	방향제시	봉사, 서비스
관료 역할	행정인	기업가	조정자
조직	기존 정부기구	민간 · 비영리기구	연합체 구축
합리성	개괄적 합리성	기술적 · 경제적 합리성	전략적 합리성
공익	법률로 표현된 정치적 결정	개인들의 총 이익의 합	공유가치에 대한 담론의 결과
책임	계층제적	시장지향적	다면성 · 복잡성
구조	관료적 조직	분권적 조직	협동적 구조
동기 유발	보수와 편익	기업가 정신	공공서비스 제고

29 난도 ★★☆ ③

공공선택이론은 단일의 대규모 조직에 의해 독점적으로 공급되는 것보다 다양한 소규모 조직에 의해 공공서비스가 공급되는 것을 선호한다고 주장한다.

오답 분석 ① 생태론적 접근 방법은 행정을 유기체로 파악하고 특정사회의 행정행태는 환경요인에 의하여 수동적으로 결정된다는 입장으로 환경에 대한 행정의 주체적인 역할을 경시했다는 비판을 받는다.

② 후기행태주의는 실천적 성격과 적실성을 회복하기 위해 정책지향적인 행정학을 요구했으며 가치중립적인 과학적 연구에 대한 집착을 비판하면서 가치평가적인 정책연구를 강조하였다.

④ 역사적 제도주의가 보는 제도는 강력한 영향력을 행사할 뿐만 아니라 정책형성에 지속력을 발휘하는 것으로 간주하여 환경 변화에 적절히 대응하지 못할 수도 있다는 비판이 있다.

30 난도 ★☆☆ ②

생태론은 환경변수를 최초로 고려한 접근방법이며 유기체로서의 행정체제에 영향을 미치는 환경과의 관계를 연구한 거시적 접근법이다. 행정체제 내부적인 요소인 사람의 행태나 권력적 측면, 소통 등 미시적 요소에 대해서는 소홀하였다는 비판을 받는다. 사람의 행태를 주된 연구대상으로 한 이론은 행태론적 접근법이다.

31 난도 ★☆☆ ③

신제도주의는 제도를 중시하지만 제도가 개인과 조직, 국가의 성패를 결정하는 절대적인 요소는 아니다.

PLUS+ 신제도주의의 유형

유형	내용
사회학적 신제도론	제도가 개인과 조직, 국가의 성패를 결정함
경제학 (합리선택적) 신제도론	제도와 관련 행위자 간의 상호작용을 동태적으로 분석하였으며, 제도는 개인의 선호와 행위를 결정하는 것이 아니라 제약한다고 보았음
정치학 (역사론적) 신제도론	제도만이 개인의 선호와 행위를 결정하는 것이 아니라 다른 요인도 영향을 미칠 수 있다는 가능성을 열어둠

32 난도 ★★☆ ①

오답 분석 ② 행태론적 접근방법은 인접과학의 협동연구를 중시하는 입장에서 인간행태에 대해 연구하고, 행위자의 의도나 동기보다는 관찰이 가능한 외면적 행태(표출된 행태)에 관심을 가진다. 인간행위의 의도에 대해 관심을 가지고 연구하는 것은 현상학이다.

③ 공공선택론적 접근방법은 방법론적 개체주의 입장에서 공공재의 수요자들 간의 효율적 자원배분에 관심을 가진다.

④ 신제도주의의 역사적 접근방법은 각종 행정제도의 성격과 그 형성에 있어서 종적 연구를 진행함으로써 보편적 방법이 아닌 특수성을 인식하는 수단을 제공한다.

33 난도 ★★☆ ②

(가) 1990년대 등장한 뉴거버넌스에 대한 설명이다.
(나) 1970년대 등장한 공공선택론에 대한 설명이다.
(다) 1900년에 등장한 정치 · 행정이원론에 대한 설명이다.
(라) 1960년대 말 등장한 신행정론에 대한 설명이다.
따라서 행정이론의 등장 시기를 순서대로 나열하면 (다) → (라) → (나) → (가) 순이다.

34 난도 ★★☆ ④

뉴거버넌스론은 정부 · 시장 · 시민사회 간 네트워크를 통한 협력을 중요시하는 이론으로 대표적인 학자로는 로즈(Rhodes)와 피터스(Peters)가 있다.

오답 분석 ① 행정생태론은 환경 요인을 중요시하는 이론으로 대표적인 학자로는 가우스(Gaus)와 리그스(Riggs)가 있다. 오스본(Osborne)과 게블러(Gaebler)는 신공공관리론의 대표적인 학자이다.

② 후기행태주의는 가치지향적인 연구를 중요시하는 이론으로 대표적인 학자로는 이스턴(Easton)이 있다. 가치중립적 · 과학적 연구를 강조하는 것은 사이먼(Simon)의 행태론이다.

③ 신공공관리론은 시장원리인 경쟁의 도입을 강조하는 이론으로 대표적인 학자로는 오스본(Osborne)과 게블러(Gaebler)가 있다. 리그스(Riggs)는 생태론, 비교행정론의 대표적인 학자이다.

35 난도 ★★☆ ④

사이먼(H. Simon)은 전통적 원리들이 경험적 검증을 거치지 않은 격언에 불과하다고 비판하였다.

오답 분석 ① 가우스(J. Gaus)는 초기 행정학자들이 행정을 너무나 협의로 인식하여 정치와 행정의 분리에 집착한 나머지 행정을 현실과 거리가 먼 것으로 만들었다고 비판하면서 우리 시대에 있어서 행정이론은 동시에 정치이론을 의미한다고 주장하였다.

② 최고관리층이 수행할 기능으로서 7가지를 POSDCoRB이라고 제시한 사람은 고전적 행정학자인 귤릭(Gulick)이다.

③ 정치와 행정관계가 연속적 관계라는 정치 · 행정일원론을 주장한 대표적 학자는 애플비(Appleby)와 디목(Dimock)이다. 애플비는 "정치와 행정의 과정은 연속적이므로 결합적 관계를 형성해야 한다."라고 주장하면서 행정을 정책형성과정으로 인식하였다.

36 난도 ★★☆ ④

과거의 한국사회는 공동체의식이 강하였지만, 현재는 단절화 · 파편화가 지속되면서 공동체의식은 약화되어 가고 있으며 저출산, 고령화에 따른 인구문제 등으로 인해 사회환경이 복잡하거나 불확실할 가능성이 높다.

얼마나 많은 사람들이
책 한 권을 읽음으로써
인생에 새로운 전기를 맞이했던가.

헨리 데이비드 소로

PART 2

정책학 정답 및 해설

1 정책학의 기초

문제편 p. 022

01	02	03	04	05	06	07	08	09	10
①	②	③	③	①	④	②	①	②	②
11	12	13	14	15					
①	④	①	①	④					

01 난도 ★☆☆ ①

정책혁신은 기존의 조직이나 예산을 기반으로 하지 않고 완전히 새로운 형태의 개입을 결정하는 것을 의미한다. 즉, 무에서 유를 창조하는 정책을 말한다.

오답 분석 ② 정책승계는 정책의 기본 목표를 유지하면서 정책의 일부나 전부를 변경하는 것으로 선형적 승계, 정책통합, 정책분할, 부분종결 등의 유형이 있다.

③ 정책유지는 기존 정책의 목표나 수단 등 기본 골격은 유지하면서 부분적인 변화만 이루어지는 경우를 말한다.

④ 정책종결은 다른 정책으로의 대체 없이 기존 정책을 완전히 폐지하는 것이다.

02 난도 ★☆☆ ②

정책은 인간의 존엄성 구현을 궁극목표로 하는 규범(가치)지향성을 특징으로 한다.

03 난도 ★☆☆ ③

정부조직은 행정수요의 다원화로 2개 이상의 목표를 지닌다. 이를 목표의 다원성이라 한다.

PLUS+ 합리적 의사결정의 저해요인

- 정책결정자의 요인
  - 결정자의 가치관 · 태도의 차이 및 편견 · 선입관의 작용: 모든 결정자가 자신의 가치관과 신념에 근거하여 자신에게 유리한 결정을 하게 될 경우에는 합리적 결정은 저해된다.
  - 정보 및 정책분석 능력의 부족: 문제의 인지, 해결대안의 탐색, 결과의 분석 · 평가에 있어서 인간능력의 한계는 상존하게 되는데, 이는 합리적 결정을 저해하게 된다.
  - 권위주의적 의식: 권위의식에 사로잡혀 결정을 하게 되면 합리성을 결여하게 된다.
  - 과거의 경험에 대한 지나치게 의존하게 되면 합리적 결정을 어렵게 한다.
  - 사람들이 심리적으로 다른 사람의 의견을 따라가는 성향의 에쉬효과(Asch Effect)의 작용도 합리성을 약화시키는 요인이 된다.
  - 미국에 의한 쿠바 피그만 침공실패를 일으킨 '집단사고(Groupthinks)의 작용'에 의한 의사결정은 합리성을 약화시킨다.
- 구조적 요인
  - 표준운영절차(SOP)의 강조: 표준운영절차(SOP)의 강조는 선례를 강조하면서 쇄신적 결정을 저해하게 되는데, 기존의 방식과 절차에 얽매여 결정을 하게 되어 급격한 상황변화에 신속히 적응하지 못하는 문제가 있게 된다.
  - 정책결정구조의 집권화(行政官廳論): 최고결정자만이 결정권을 장악하고 일반 직원들은 보조기관화 되는 집권화 현상을 띠는 경우에는 참여의 제약과 아울러 대안의 탐색과 분석이 불충분하게 되어 정책의 질은 떨어진다.
  - 의사전달체제의 미비: 조직 내 의사전달 망이 원활하지 못한 경우에는 정보의 왜곡을 초래하게 되어 합리성이 떨어진다.
  - 지나친 분화나 전문화: 지나친 분화나 전문화는 할거주의로 작용하여 타 분야의 이해를 소홀히 함으로써 부분적(국지적) 합리성만 강조될 뿐 오히려 전체적 합리성은 저해 받게 된다.

04 난도 ★★★ ③

오답 분석 ㉣ 슈나이더와 잉그램(Schneider & Ingram)의 사회구성주의에서 이탈집단은 집단에 대한 사회적 인식은 부정적이며 권력도 약한 집단이다. 이들에게는 강력한 제재가 허용되지만 그것에 대해 강력히 저항하지는 못한다.

05 난도 ★★☆ ①

살라몬(Salamon)의 정책도구 분류에서 강제성이 가장 높은 것은 경제적 규제이다.

오답 분석 ② · ④ 바우처와 직접대출은 강제성이 중간인 정책수단이다.

③ 조세지출은 강제성이 낮은 정책수단이다.

PLUS+ 살라몬(Salamon)의 강제성 정도에 따른 정책수단의 분류

강제성	정책수단
높음	경제적 규제, 사회적 규제
중간	바우처, 보험, 직접대출, 계약, 벌금, 보조금
낮음	조세지출, 손해책임법, 대출보증, 정보제공

06 난도 ★☆☆ ④

공기업은 살라몬(Salamon)의 정책수단 유형 중 직접 수단에 해당한다.

오답 분석 ①·②·③ 사회적 규제, 보조금, 조세지출은 모두 살라몬의 정책수단 유형 중 간접 수단에 해당한다.

PLUS+ 살라몬(Salamon)의 정책수단 유형

직접 수단	정부소비, 경제적 규제, 직접 대출, 정보제공, 공기업 등
간접 수단	계약, 대출보증, 사회적 규제, 보조금, 조세지출, 바우처, 손해책임법 등

07 난도 ★★☆ ②

㉠ 규제정책은 개인이나 일부집단에 대한 권리행사의 제한이나 의무를 부과하는 정책 유형으로 그 행사에 있어서 강제력을 갖는다.

㉢ 재분배정책은 고소득층으로부터 저소득층으로 소득이전을 목적으로 하기 때문에 가진 자와 못 가진 자, 노동자계급과 자본계급의 대립 형태인 계급대립적·계급정책적 성격을 갖는다.

㉤ 구성정책은 주로 정부기구의 구조와 기능의 변화와 관련되며, 정치체제에서 투입을 조직화하거나 체제의 구조와 운영에 관련된 정책이다.

오답 분석 ㉡ 사회보장 및 의료보장정책은 재분배정책에 해당한다.

㉣ 대덕 연구개발 특구 지원은 분배정책에 해당한다.

08 난도 ★★☆ ①

구성정책은 행정수행에 필요한 운영규칙과 관련된 정책으로서 주로 정부기구의 조정과 운영을 목적으로 한다.

오답 분석 ② 배분정책은 권리나 이익, 공공서비스 등을 특정한 개인, 조직, 집단에게 배분하는 것을 목적으로 하는 정책이다.

③ 규제정책은 특정한 사회 구성원이나 집단에 대해 재산권행사나 행동의 자유를 제한함으로써 다수의 사람이나 집단을 보호하려는 것을 목적으로 하는 정책이다.

④ 재분배정책은 사회 내의 계층 또는 집단에게 나타나 있는 재산·소득·권리 등의 불균형 상태를 사회적 형평성에 맞게 변화시키는 것을 목적으로 하는 정책이다.

09 난도 ★☆☆ ②

제시문은 윌슨(Wilson)의 규제정치 유형 중 고객정치에 대한 설명이다. 고객정치는 정부규제로 인하여 발생하게 될 비용이 불특정 다수에게 분산되고 편익은 소수에게 집중되어 있는 상황이므로 소수 집단은 자신들의 이익을 보장받기 위하여 적극적으로 압력을 행사하게 된다.

오답 분석 ① 대중정치는 정부규제로 인하여 발생되는 비용과 편익이 모두 이질적인 불특정 다수에게 분산되는 상황이다.

③ 기업가정치는 비용은 소수에게 집중되어 있으나 편익은 불특정 다수에게 분산되어 있는 상황이다.

④ 이익집단정치는 비용과 편익이 모두 소수에게 집중되어 있는 상황이다.

10 난도 ★★☆ ②

신문·방송·출판물의 윤리규제는 대중정치의 사례에 해당한다. 이익집단정치의 사례에는 의약분업, 노사관계에 관한 규제, 대기업과 중소기업 관계에 관한 규제 등이 해당한다.

오답 분석 ① 농산물에 대한 최저가격 규제 등 소수 생산자를 보호하기 위해 편익은 좁게 집중되고 비용은 넓게 분산되는 경제적 규제는 고객정치 모형에 해당한다.

③ 낙태, 음란물 등에 대한 규제는 비용과 편익이 모두 이질적인 불특정 다수에게 넓게 분산되어 있기 때문에 개개인으로 보면 관심이 낮은 대중정치 모형에 해당한다.

④ 식품에 대한 위생규제 등 비용은 소수의 집단에게 집중되어 있으나 편익은 불특정 다수에게 분산되어 있는 사회적 규제는 기업가정치 모형에 해당한다.

PLUS+ 윌슨(Wilson)의 규제정치 모형

구분		감지된 편익	
		넓게 분산	좁게 집중
감지된 비용	넓게 분산	대중적 정치	고객의 정치
	좁게 집중	기업가적 정치 (운동가의 정치)	이익집단 정치

11 난도 ★★☆ ①

정책목표에 의해 일반 국민들로 하여금 인적·물적 자원을 동원하고 부담시키는 정책은 추출정책이다. 징병, 조세, 각종 부담금 및 성금, 토지수용 등과 관련된 정책이 이에 해당한다.

오답 분석 ② 구성정책은 정부기관의 신설 및 변경 등 체제의 구조와 운영에 관련된 정책을 말한다.

③ 분배정책은 정부가 국민들이 필요로 하는 재화나 서비스 등의 가치를 분배하는 정책을 말한다.

④ 상징정책은 정부의 정통성과 국가 권력에 대한 순응을 확보하기 위해 국가적 상징물을 활용하는 정책을 말한다.

12 난도 ★★☆ ④

정부가 사회적 · 경제적 보상의 기본적 관계를 재구성하는 것과 관련된 정책, 부 · 소득 · 재산 등의 가치를 고소득층에서 저소득층으로 이전하는 것을 목적으로 하는 것은 재분배정책이다. 추출정책은 정부가 체제의 존립을 위해 인적 · 물적 자원을 동원해 내는 것과 관련된 정책을 말한다.

오답 분석 ① 구성정책은 대외적 가치배분에는 직접적인 영향을 주지 않지만 대내적으로는 게임의 규칙(Rule of Game)이 일어나며, 총체적 기능과 권위적 성격을 특징으로 한다.

② 규제정책은 개인이나 일부집단에 대해 재산권 행사나 행동의 자유를 제한 · 억제하여 반사적으로 다른 많은 사람들을 보호하려는 정책(예 환경오염과 관련된 규제, 독과점규제, 최저임금제도 등)이다.

③ 분배정책은 수혜자집단들이 서비스와 편익을 더 많이 배분받으려는 나눠먹기식 다툼(Pork-Barrel)이 나타나거나 승자와 패자 간 정면대결의 필요성이 없으므로 서로 상부상조하는 로그롤링(Log-Rolling) 현상이 발생한다.

13 난도 ★★☆ ①

종합편성 채널의 운영권을 부여하고, 이를 확보한 방송사에 대한 규제는 리플리와 프랭클린(Ripley & Franklin)의 경쟁적 규제 정책을 시행한 것으로 볼 수 있다. 보호적 규제 정책은 개인이나 집단의 권리행사나 행동의 자유를 구속 · 통제하여 일반 대중을 보호하려는 정책으로 식품 및 의약품의 허가, 근로기준설정 등이 해당한다.

오답 분석 ② 네거티브 규제(Negative Regulation)는 원칙적 허용 · 예외적 금지이므로, 원칙적 금지 · 예외적 허용인 포지티브 규제(Positive Regulation)보다 피규제자의 자율성이 보장된다.

③ 우리나라는 신기술과 신산업을 육성하기 위하여 새로운 제품이나 서비스가 출시될 때 일정기간 기존 규제를 면제 · 유예해주는 규제샌드박스 제도를 도입하였다.

④ 윌슨(Wilson)의 규제정치 이론에 따르면, 대체로 경제적 규제는 고객의 정치에 해당하고, 사회적 규제는 기업가의 정치에 해당한다.

14 난도 ★☆☆ ①

정부기관의 개편은 구성정책이지만, 국경일의 제정은 상징정책에 해당한다.

15 난도 ★☆☆ ④

분배정책은 관료나 하위정부가 주요행위자이고, 재분배정책은 대통령이 주요행위자이다.

오답 분석 ① 분배정책은 한정된 자원을 여러 대상에게 배분하는 것을 목표로 하는 자원적 효율성을 추구한다면, 재분배정책은 자원의재분배를 통한 계층 간 형평성을 추구한다.

② · ③ 분배정책은 불특정다수가 비용부담자이기 때문에 정책순응도가 높은 편이고, 재분배정책은 고소득층이 비용부담자이기 때문에 정책순응도가 낮다.

2 정책환경 및 정책과정의 참여자

문제편 p. 025

01	02	03	04	05	06	07	08	09	
③	④	④	③	③	①	③	②	①	

01 난도 ★★★ ③

정책결정요인론은 정책의 내용을 결정 또는 좌우하는 요인이 무엇인가를 밝히는 이론으로, 정치체제 중 정량적 변수(투표율, 소득수준 등)는 포함되나, 그보다 더 중요하지만 계량화가 곤란한 정성적 변수(단체행동, 규제정책 등)는 무시하였다는 비판을 받는다.

오답 분석 ①·② 정치체제의 매개·경로적 역할과 정치체제나 정책의 환경에 대한 영향력을 무시하였다는 비판을 받는다.

④ 사회·경제적 환경변수가 정책에 미치는 영향은 과대평가하고 정치적 변수(정치체제의 특성)가 정책에 미치는 영향은 과소평가했다는 비판을 받는다.

02 난도 ★★☆ ④

신엘리트이론에 해당하는 무의사결정론은 현 체제 또는 기득권층에 있어 방해가 되는 정책의제의 채택을 의도적으로 회피하거나 억압한다. 주의집중력, 가용자원 차원의 문제는 만족모형에 대한 설명에 해당한다.

오답 분석 ① 무의사결정론에서는 현 정치체제 내의 지배적 규범이나 절차가 강조되어, 이에 위협이 되는 변화를 위한 주장은 통제된다고 본다.

② 무의사결정론에서는 현 기득권층인 엘리트들에게 안전한 이슈만이 논의되고 불리한 것은 거론조차 못하게 봉쇄된다고 본다.

③ 무의사결정론에서는 현 정치체제를 위협할만한 특정한 이슈는 위협과 같은 폭력적 방법을 통해 방해받기도 한다고 주장한다.

03 난도 ★★☆ ④

무의사결정은 의사결정의 범위를 기존의 가치나 권력에 악영향을 주지 않는 것에 한정시킴으로써 어떤 유형의 문제는 정책문제화되지 못하게 하거나 그것이 실패하면 집행단계에서 그 문제를 좌절시키는 현상을 말한다.

오답 분석 ① 지배적인 엘리트집단은 자신들의 이해관계와 부합하지 않는 이슈는 정책의제설정단계에서 논의하려 하지 않고 기각 또는 억압한다.

② 무의사결정은 중립적인 행동도 아니며 다원주의이론이 아닌 신엘리트론의 관점을 반영한다.

③ 무의사결정은 특정한 과정에서만 나타나는 것이 아니라 정책의 모든 과정에서 등장한다.

04 난도 ★★☆ ③

시민단체의 해석에서 개인의 자유를 중시하는 전통적 자유주의와 개인의 책임을 강조하는 보수주의를 절충한 입장은 다원주의가 아닌 공동체주의에 대한 설명이다. 다원주의는 사회적 다원성을 전제로 하는 민주주의 체제에서 정부를 보완하는 차원으로 시민사회와 시민단체가 등장한 것으로 본다.

05 난도 ★★★ ③

다원주의는 개인이나 집단이 정부의 정책 과정에 대한 동등한 접근 기회를 갖고 있다고 보는 입장이다. 이익집단들 간의 영향력 차이는 주로 정치적 자원(권력, 부, 자금, 명성 등)이 상대적으로 불균등하게 분배된 경우에 발생한다.

오답 분석 ① 다원주의의 입장에서 정치권력은 다양한 세력들에게 분산되어 있다고 본다.

②·④ 다원주의에 따르면 정치적 자원은 다양하게 분산되어 있기 때문에 정책영역별로 영향력을 행사하는 엘리트들이 각기 다르며, 다수의 엘리트집단과 엘리트 간의 경쟁으로 이익집단들 간의 영향력 차이는 있지만 전체적으로 균형을 유지하고 있다고 본다.

06 난도 ★★★ ①

헌터(Hunter)의 명성접근법은 조지아 주 애틀랜타 지역사회의 권력구조에 관한 연구를 토대로 사회적 명성이 있는 소수자(기업인·변호사·고위관료 등)들이 좁은 방에서 결정한 것을 일반대중은 조용히 수용한다고 보았다. 유럽의 엘리트이론은 동질적이고, 폐쇄적인 정치엘리트가 정책결정을 주도한다고 본 반면, 미국의 엘리트론자인 헌터(Hunter)나 밀스(Mills)는 민간, 즉 사회엘리트들이 정책의 주도권을 갖는 것으로 보았다.

오답 분석 ② 신엘리트이론의 주장인 무의사결정론에 대한 설명이다.

③ 다알(Dahl)은 엘리트의 존재를 인정하면서도, 엘리트는 다수이며, 다양한 엘리트들이 존재함을 강조하여 미국사회가 다원주의의 사회임을 주장하였다.

④ 신다원론은 이익집단 간 경쟁을 중시하면서도 정부의 순수 다원론과 달리 전문적·능동적인 역할을 강조한다.

07 난도 ★★☆ ③

조합주의는 정책결정과정에서 사회적 합의를 유도하기 위하여 정부가 이익집단 등 민간부문에 대해 강력한 주도권을 행사한다는 이론으로, 조합주의 아래에서 이익집단은 국가로부터 자유롭지 못하고 확장된 정부의 일부분으로 기능하게 된다.

PLUS+ 조합주의

- 개념: 국가에서 공인받은 소수의 유력한 이익조직들과 국가 사이에 독점적 이익표출과 정책순응이 정치적으로 교환되는 이익대표 체계이다.
  예 영국의 국민경제발전평의회, 독일의 협력위원회, 오스트리아의 가격, 임금규제문제위원회, 스웨덴의 국가노동시장위원회 등 삼자협의체제 등장
- 특징
  - 이익집단은 기능적으로 분화된 범주를 가지고 단일의 비경쟁적, 계층적 질서에 따라 조직화되었다. 이익집단들 사이에는 경쟁보다는 협력이 이루어진다.
  - 국가는 중립적이지 않고 특정집단은 차별적으로 배제하며, 특정집단에게는 독점적인 이익대표권을 부여할 수 있다.

08 난도 ★★☆ ②

정책공동체는 이슈네트워크에 비해서 전문지식을 공유하는 집단으로 참여자가 더 제한적이며, 경계의 개방성이 낮은 특성이 있다.

오답 분석 ① 정책네트워크의 참여자는 정부뿐만 아니라 민간부문의 공식적 · 비공식적 참여자들까지 포함한다.

③ 헤클로(Heclo)는 하위정부모형을 비판적으로 검토하면서 정책이슈를 중심으로 유동적이며 개방적인 참여자들 간의 상호작용 현상을 묘사하기 위한 대안적 모형으로 이슈네트워크를 제안하였다.

④ 하위정부모형은 선출직 의원, 정부관료, 이익집단이 각 정책 영역별로 안정적인 관계를 형성하기 위하여 서로에게 이익이 되는 방향으로 정책을 결정하는 정책네트워크 유형이다.

09 난도 ★★☆ ①

철의 삼각이라고도 불리는 하위정부모형에 의하면 비공식적인 참여자로 분류되는 이익집단과 공식적 참여자인 소관부처(관료조직)와 의회의 위원회 간 3자 연합(트로이카 체제)이 각 정책영역별로 정책의 결정과 집행에 주도적인 영향을 미친다고 본다.

PLUS+ 하위정부모형(철의 삼각)의 특성과 한계

- 관련 이익집단, 상임의회의 위원회, 관료조직이 정책을 결정하는 데 영향을 미친다고 주장한다.
- 상대적으로 자율성과 안정성이 높다.
- 폐쇄적 관계를 강조하고 다른 이익집단의 참여를 배제한다.
- 엘리트론적 특성과 다원론적 특성을 지니며, 제3자는 상호이익을 추구하고, 조용한 협상에 의해 합의를 도출(폐쇄적 네트워크)한다.
- 하위정부모형은 행정수반(대통령)의 관심이 약하거나 영향력이 적은 분배정책에서 주로 나타난다.
- 한계: 1980년대 이후 경쟁적 이익집단의 급증, 집단 간 갈등, 의회 소위원회의 증가와 이들 간의 관할권 중첩 등의 요인으로 점차 쇠퇴하였다. 또한 이익집단이 활성화되지 않은 개발도상국 등에서는 적용하기 곤란하다.
- 헤클로(Heclo)는 이익집단이 늘어나고 다원화됨에 따라 적용의 한계가 있다고 지적한다.

정책의제설정 및 정책분석

문제편 p. 027

01	02	03	04	05	06	07	08	09	10
④	③	④	④	①	②	③	①	②	①

01 난도 ★★★ ④

확률 1−α(제1종 오류)는 신뢰수준을 나타내며, 확률 1−β(제2종 오류)는 검정력을 나타낸다.

오답 분석 ① 제1종 오류는 정책효과가 없음에도 있다고 잘못 판단하는 오류이며, 옳은 영가설을 기각하는 오류이다.

② 제2종 오류는 정책효과가 있음에도 없다고 잘못 판단하는 오류이며, 틀린 영가설을 기각하지 않고 채택하는 오류이다.

③ 일반적으로 제1종 오류는 α로 표시하고, 제2종 오류는 β로 표시한다.

02 난도 ★★★ ③

던(Dunn)은 문제의 원인과 문제의 발생에 영향을 미치는 요인은 무엇인가를 기준으로 문제를 구조화하는 4가지의 단계를 문제의 감지, 문제의 탐색, 문제의 정의, 문제의 구체화의 과정으로 제시하였다.

오답 분석 ① 던(Dunn)은 정책문제를 구조화된 정도에 따라 잘된 문제, 어느 정도된 문제, 잘 안된 문제로 분류하였다.

② 구조화가 잘된 문제는 문제가 명확하고 대안의 결과도 예측이 가능하기 때문에 전통적인 방법을 사용할 수 있다.

④ 문제구조화의 방법으로는 경계분석, 분류분석, 계층분석, 복수관점분석, 가정분석 등이 있다.

03 난도 ★★☆ ④

정책의제설정 유형 중 (라)는 동원형에 해당한다. 동원형은 정책결정자가 이슈를 제기하면 자동적으로 정책의제화가 되지만 성공적인 집행을 위해서는 공중의 지지가 필요하므로 정부의 주도적인 PR 활동 등이 이루어지는 모형이다.

오답 분석 ① (가)는 외부주도형으로 시민사회단체 등과 같은 민간집단이 이슈를 제기하면 확산의 과정을 거쳐 정책의제에 이르는 유형이다.

② (나)는 내부주도형으로 특별히 의사결정자에게 접근할 수 있는 영향력 있는 집단이 정책을 주도하는 유형이다.

③ (다)는 굳히기(공고화)형으로 이미 공중의 지지가 높은 정책문제에 대하여 정부가 공고화를 시도하는 유형이므로 정책이 결정된 후 집행이 용이하다.

04 난도 ★☆☆ ④

(가) 내부접근형은 사회문제가 정책결정자에게 쉽게 접근할 수 있는 외부집단에 의해 주도되어 공중의제화의 과정 없이 정부의제화가 되는 유형을 말한다.

(나) 외부주도형은 민간집단에 의해 사회문제가 제기되어 먼저 성공적으로 공중의제에 도달한 후 최종적으로 정부의제에 이르는 유형을 말한다.

(다) 동원형은 정책결정자가 사회문제를 제기하여 자동적으로 정부의제가 되고, 그 성공적인 집행을 위하여 공중의제로 전환되는 유형을 말한다.

PLUS+ 정책의제 설정모형

단계	내부접근형 (음모형)	외부주도형	동원형 (내부주도형)
제기	정부의제화(정책결정자나 측근자가 정책안 제시)	환경에서 논제 제기(개인 · 집단의 고충 표명)	정부의제화(정책결정자가 새로운 정책을 공표)
구체화	정부가 구체화(일반적 대안을 구체적 대안으로 전환)	매스컴 · 이익집단 등이 논의를 구체화(고충을 구체적 요구로 전환, 대안의 제시)	정부가 구체화(공표된 정책의 세목 결정)
확산	–	공중의제화(대중매체 · 상징 활용)	공중에게 정책의 중요성 · 유용성을 인식시킴(대중매체 · 상징 활용)
진입	–	정부의제화(정부기관의 관심 표명)	공중의제화(정책에 대한 공중의 지지 표명)

05 난도 ★★☆ ①

내부접근형은 일종의 음모형으로, '사회문제 → 정부의제'의 순서로 정책의제화가 진행되며, 의사결정자들(주로 낮은 지위에 있는 고위관료들)에게 접근할 수 있는 영향력 있는 집단이 정책을 주도하는 모형이다. 정책경쟁을 하지 않고, 공중의제화를 막으려 하는 특징을 보인다.

오답 분석 ② 동원형은 주로 후진국에서 나타나며, 정부 내의 정책결정자들이 주도하여 정책의제를 채택한다. 관련 집단의 지원을 목적으로 공중의제화를 위해 노력하는 특징을 보인다.

③ 〈보기〉에 '외부집단이 주도한다'는 표현이 사용되어 외부주도형으로 판단할 위험성이 크다. '외부주도형'과 '내부접근형'은 외부집단이 정책의제화를 주도한다는 점에서 공통점을 갖지만, 외부주도형은 공중의제를 수반하고 다원적인 사회에서 이해와 타협으로 이루어지는 데 반해, 내부접근형은 공중의제화를 수반하지 않고, 권위주의적인 사회에서 밀실 야합으로 이루어진다는 점에서 차이를 보인다.

④ 굳히기형은 메이(P. J. May)의 정책의제형성과정 모형의 하나로, 대중의 지지가 필요한 정책에 대하여 대중의 지지가 높을 것으로 기대될 때, 정부 내의 정책결정자들이 주도하여 정책의제를 채택하는 모형이다.

06 난도 ★★☆ ②

킹던(J. Kingdon)의 정책의 창(Policy Windows) 이론은 쓰레기통모형을 정책에 적용시킨 것으로 3가지 흐름(정책문제의 흐름, 정치의 흐름, 정책대안의 흐름)이 우연히 결합하여 정책의 창이 열리고 새로운 정책이 결정된다는 이론이다.

07 난도 ★☆☆ ③

정책 델파이는 정책대안에 대한 주장들이 어느 정도 표면화된 후에는 참가자들로 하여금 공개적으로 토론을 벌이게 한다.

오답 분석 ① 정책 델파이는 참여자 간의 대립을 유도하면서 가정과 논증을 표면화시키고 명백하게 하기 위하여 노력하는 방법이다.

② 정책 델파이는 개인의 판단을 집약할 때 불일치와 갈등을 의도적으로 강조하는 수치를 사용한다.

④ 정책 델파이의 참가자들은 전문성보다는 정책과 관련된 이해관계와 식견이라는 기준에 바탕을 두어 선발된다.

08 난도 ★☆☆ ①

추측을 대표하는 델파이, 정책 델파이, 브레인스토밍, 명목집단법, 스토리보딩 등이 이에 해당된다.

PLUS+ 미래예측기법의 유형

- 투사(Projection): 현재까지의 역사적인 경향을 장래로 연결하여 미래를 예측하는 기법으로 시계열분석이 이를 대표한다.
- 예견(Prediction): 예견은 명확한 이론적인 가정을 통하여 예측이 이루어지며 법칙이나 명제 또는 수리적 기법을 이용한다. 선형계획, 회귀분석, 상관관계 등이 이에 해당한다.
- 추측(Conjscture): 이는 미래상태를 주관적인 판단이나 직관적인 진술의 형태로 파악하는 기법으로 델파이기법이나 패널기법, 브레인스토밍 등이 이에 해당한다.

예측의 유형	접근방법	근거	기법
투사	추세 연장적 예측	지속성과 규칙성	시계열분석, 선형경향추정, 비선형경향추정(지수가중, 자료변환), 불연속추정(격변방법론)
예견	이론적 예측	이론	선형계획, 회귀분석, 상관관계분석, 이론지도작성(구조모형), 인과모형화, 구간추정
추측	주관적 예측	주관적 판단	델파이기법, 패널기법, 브레인스토밍, 교차영향분석, 실현가능성 평가, 명목집단 기법(normal group technique), 스토리보딩, 변증법적 토론

09 난도 ★★☆ ②

㉠ 할인율이 높을 때는 미래가치를 더 낮게 평가하게 되므로 할인기간이 긴 장기투자사업의 경우 순현재가치가 낮아져 불리하지만, 단기투자사업은 유리하다.

㉣ 내부수익률은 편익과 비용의 현재가치가 같아지도록 만드는 할인율로, 할인율이 제시되지 않은 경우에 유용하게 사용될 수 있다.

오답 분석 ㉡ 직접적이고 유형적인 비용과 편익뿐만 아니라 간접적이고 무형적인 비용과 편익까지도 모두 포함되어야 한다.

㉢ 순현재가치란 편익의 총현재가치에서 비용의 총현재가치를 뺀 것을 말하며, 0보다 클 경우 사업의 타당성을 인정할 수 있다.

10 난도 ★☆☆ ①

비용편익분석은 비용과 편익을 모두 금전적 가치로 환산하여 비교 · 평가하기 때문에 분야가 다른 정책이나 프로그램도 비교할 수 있다.

오답 분석 ② 비용편익분석은 비용과 편익을 모두 가시적인 화폐가치로 바꾸어 측정이 가능하다.

③ 비용편익분석은 할인율을 적용하여 미래의 비용과 편익의 가치를 모두 현재가치로 환산할 수 있다.

PLUS+ 비용편익분석과 비용효과분석의 비교

구분	비용편익분석	비용효과분석
표현방식	비용과 편익을 금전적인 가치로 평가	비용은 금전적 가치로, 편익은 금전 외의 산출물로 평가
비용 · 효과의 고정여부	가변비용과 효과의 분석에 사용	고정비용과 효과의 분석에 사용
성격	• 양적 분석 • 공공부문 적용에 한계	• 질적 분석 • 공공부문 적용에 적합
중점	경제적인 합리성 강조	기술적인 합리성 강조
적용 사례	수력발전, 관개, 관광, 교통, 인력개발, 도시개발 등의 영역에 사용	국방, 경찰행정, 운수, 보건, 기타 영역에 사용

4 정책결정

문제편 p. 029

01	02	03	04	05	06	07	08	09	10
①	②	③	①	③	④	②	④	④	①
11	12	13	14	15	16				
④	④	③	②	①	③				

01 난도 ★☆☆ ①

정책과정에서 관료가 우월적 지위를 차지할 수 있는 근원으로는 전문성, 정보의 통제, 사회적 신뢰와 지지, 전략적 지위, 리더십 등이 있다.

02 난도 ★☆☆ ②

정책효과의 능률적 평가와 정책결정과정의 민주화의 요청은 아무런 관련성이 없다.

03 난도 ★★☆ ③

쓰레기통모형의 의사결정 방식에는 다른 문제들이 제기되지 전에 재빨리 의사결정을 하는 끼워넣기(날치기 통과)와 문제가 사라질 때까지 기다렸다가 결정을 하는 미뤄두기(진빼기 결정)가 포함된다.

오답 분석 ① 쓰레기통모형은 조직구성원의 응집성이 아주 약한 혼란상태에 있는 조직에서 의사결정이 어떻게 이루어지는가를 기술하고 설명하려는 모형이다.

② 조직에서 의사결정 참여자의 범위와 그들이 투입하는 에너지가 유동적임을 의미하는 것은 일시적 참여자에 대한 설명이다.

④ 목표와 수단 사이의 인과관계가 명확하지 않음을 의미하는 것은 불명확한 기술에 대한 설명이다.

04 난도 ★★☆ ①

정책결정과정에서 집단 간에 요구가 모두 수용되지 않고 타협하는 수준에서 대안을 찾는다는 갈등의 준해결은 쓰레기통모형이 아니라 연합(회사)모형이다.

05 난도 ★★☆ ③

합리모형에서 의사결정자는 경제인으로서 완전한 합리성하에서 결정을 하고, 만족모형에서 의사결정자는 행정인으로서 제한된 합리성하에서 결정을 한다. 직관과 영감에 기초한 결정을 하는 것은 드로어의 최적모형이다.

오답 분석 ①·②·④ 사이먼(Simon)은 인간을 경제인이 아닌 행정인으로 제시하였는데, 종합적 합리성의 요구조건을 충족하는 데 필요한 정보가 과다하고, 인간의 분석적 능력은 너무 낮기 때문에 행정인이 경제적 인간으로서 합리적 결정을 내리는 것은 불가능하다고 보았다. 따라서 행정인은 완전한 합리성이 아닌 제한된 합리성하에서 결정을 한다고 보았으며, 모든 대안의 탐색이 아닌, 무작위적이고 순차적으로 몇 개의 대안만을 탐색하여 만족할 만한 결과를 가져오는 대안이 나타나면 의사결정을 끝낸다고 보았다.

06 난도 ★★★ ④

제시문은 앨리슨모형 중 모형Ⅲ 관료정치모형의 내용이다. 관료정치모형에서는 각 부처를 대표하는 개인들이 갈등과 타협 등의 과정을 거치면서 정책결정을 하게 된다. 앨리슨은 국가적 위기 시에 모형Ⅰ인 합리적 행위자모형에 의하여서만 정책결정이 이루어지는 것이 아니라, 모형Ⅲ에서와 같이 정치적 결정도 함께 고려하여 정책결정이 이루어질 수 있음을 주장하였다.

PLUS+ 앨리슨(Allison) 모형의 비교

구분	합리적 행위자 모형 (Rational Actor)	조직과정모형 (Organizational Process)	관료정치모형 (Bureaucratic Politics)
조직관	조정과 통제가 잘된 유기체	느슨하게 연결된 반독립적인 하위 조직들의 연합체	독립적인 개인적 행위자들의 집합체
목표의 공유감	강함	중간	약함
행위자의 목표	조직전체의 목표	조직전체의 목표 +하위조직의 목표	조직전체의 목표 +하위조직의 목표 +행위자 개인의 목표
정책결정 일관성	매우 강함	약함	매우 약함
권력의 소재	조직의 두뇌와 같은 최고 지도자가 보유	반독립적인 하위 조직에 분산	개인적 행위자들의 정치적 자원에 의존
정책결정 양태	최고 지도자의 명령과 지시	SOP에 의한 관습적 결정	정치적 결정 (타협 · 협상)

적용 계층	전체계층	하위계층	상위계층
합리성	완전한 합리성	제한된 합리성	정치적 합리성

07 난도 ★★★ ②

문제를 해결하고 목표를 달성하기 위해 정보와 대안의 광범위한 탐색을 강조하는 모형은 합리모형이다. 사이버네틱스(Cybernetics) 모형은 합리모형과 가장 극단적으로 대립되는 적응적 · 관습적 의사결정모형으로 분석적 합리성이 완전히 존재하지 않은 상태에서 습관적 · 적응적 의사결정을 다룬 모형이다. 즉, 광범위하고 복잡한 탐색을 거치지 않고 표준운영절차에 따라 처리하고 미리 개발해둔 해결 목록(SOP)에 의하여 문제를 해결한다.

오답 분석 ① 사이버네틱스 모형은 적응적 의사결정을 강조한다.
③ 사이버네틱스 모형은 자동온도조절장치와 같이 사전에 프로그램된 메커니즘에 따라 일정한 중요변수에 대한 적응적 · 기계적 의사결정이 이루어진다.
④ 한정된 변수나 문제에만 관심을 집중시키는 문제 중심의 탐색을 통하여 불확실성을 통제하려는 모형이다.

PLUS+ 사이버네틱스(Cybernetics) 모형

- 사이버네틱스란 생물 · 기계에 있어서 제어 · 통제 · 환류를 의미한다.
- 사이버네틱스 모형은 습관적인 의사결정을 설명하는 데 유용하며 반복적 의사결정과정의 수정이 환류된다.

구분	분석적 패러다임	사이버네틱 패러다임
합리성	완전한 합리성	제한된 합리성 (인지능력의 한계)
대안의 분석	동시적 분석	순차적 분석
의사결정 문제해결	• 최적수단의 선택(목표의 극대화) • 알고리즘(연역적 방식)	• 비목적적 적응 • 휴리스틱(귀납적 방식)
학습	인과적 학습	도구적 학습 (시행착오적 학습)
불확실성 대응	불확실성 감소 추구	불확실성의 통제
관련 모형	합리모형, Allison I 모형	조직모형, 회사모형, Allison II 모형

08 난도 ★★☆ ④

회사모형은 조직의 불확실한 환경을 회피하고 조직 내 갈등을 극복하기 위하여 단기적인 전략과 문제중심 탐색의 중요성을 강조한다.

오답 분석 ① 최적모형은 경제적 합리성뿐만 아니라 직관 · 판단 · 통찰 등과 같은 초합리성을 함께 고려해야 한다고 보는 규범적 · 처방적 모형이다.
② 쓰레기통모형은 조직 구성원 사이의 응집성이 약하고 혼란스러운 상황, 즉 조직화된 무정부상태에서 이루어지는 의사결정형태를 설명하려는 비합리모형이다.
③ 점증모형은 기존 정책을 바탕으로 현실을 긍정하고 그보다 약간 향상된 내용을 추구하는 의사결정모형으로 정치적 합리성을 중시한다.

09 난도 ★★☆ ④

드로어(Y. Dror)는 합리모형과 점증모형 양자에 모두 불신을 가지고, 합리모형의 경제적 합리성과 점증모형의 정치적 합리성을 조화시키기 위해 직관, 판단력, 창의력과 같은 초합리적 요인을 추가하여 합리모형을 보완하는 최적모형을 제시하였다.

오답 분석 ① 합리모형은 정책결정자가 이성과 고도의 합리성에 따라 목표 달성의 극대화를 위한 최적의 대안을 탐색 · 선택하게 된다는 이상적 · 규범적 모형이지만, 정책과정의 역동성, 변화 가능성을 고려하지 못한다는 한계가 있다.
② 만족모형은 인간의 주관적 합리성과 제한된 합리성을 전제로 여러 대안 중에서 어느 정도 만족스러운 정책 대안을 선택함으로써 정책 결정이 이루어진다는 이론이다.
③ 점증모형은 합리모형의 비현실성을 비판하면서 정치적 현실을 반영하고, 기존의 정책이나 결정을 점증적이고 부분적으로 수정 · 개선해 나가는 모형으로, 정책을 이해관계자들 사이의 타협과 조정의 산물로 본다.

PLUS+ 초합리성의 필요성

자원 · 시간 · 노력이 부족하고 상황이 불확실한 경우, 특히 선례가 없거나 매우 중요한 비정형적 결정에는 직관 · 창의 · 판단과 같은 초합리적 요소가 필요하다.

10 난도 ★★☆ ①

공공선택론은 정책에 대한 정치경제학적 접근을 취한다. 따라서 경제학적 관점에 근거하여 모든 개인은 자신의 선호만을 고려하여 행동하는 이기적인 개인들이라고 가정한다. 또한 시민 개개인의 선호가 동시에 최적화할 수 있는 최적점에서 공공재의 배분을 강조하기에 민주행정 구현을 추구한다. 그리고 공공재와 공공서비스의 효율적 공급을 가져올 수 있는 연역적 설명을 제공함으로써 행정의 분권화와 민주행정의 실현과 자원 배분상 효율성을 달성할 수 있게 한다.

11 난도 ★★☆ ④

제시문은 합리모형에 대한 설명이다. 합리모형은 의사결정자의 완전한 합리성을 전제하고, 목표나 대안 선택의 기준 등이 모두 명확하게 고정되어 있다는 가정 하에 최선의 대안을 선택할 수 있다고 보는 모형이다. 그러나 모든 가정이나 전제가 이상적이어서 현실적합성이 떨어진다는 비판도 있다.

오답분석 ① 시간의 흐름에 따라 환류되는 정보를 분석하여 잘못한 점이 있으면 수정 · 보완하는 방식의 모형은 사이버네틱스모형이다.

② 문제성 있는 선호, 불명확한 기술, 일시적 참여자를 전제조건으로 하는 모형은 쓰레기통모형이다.

③ 갈등을 완전히 해결하지 못하고, 타협을 통한 봉합을 모색하는 모형은 회사모형이다.

12 난도 ★☆☆ ④

지난 30년간 자료를 중심으로 기본적인 사항을 확인하고, 홍수와 지진 등 두 가지 이상의 재난이 한 해에 동시에 발생한 지역을 중심으로 다시 면밀히 관찰하여 세부적인 사항을 확인하는 점에서 혼합탐사모형임을 알 수 있다. 혼합탐사모형은 합리모형과 점증모형을 결합한 모형으로, 기본적인 사안에 대하여 포괄적으로 검토하고, 세부적인 사안을 한정적으로 결정하되 정해진 사안에 대하여 면밀히 관찰하는 모형이다.

오답분석 ① 만족모형은 발생한 특정 사안만을 고려하여 최선의 대안을 제시하기보다는 그 외의 여러 요인을 파악하여 해당 사안에 대해 만족할 수준 정도로 정책을 결정하는 모형이다.

② 점증모형은 발생한 어떤 사안에 대하여 모든 상황을 고려하지는 못하나 현실적으로 가능성이 높은 정책을 결정하는 모형이다.

③ 최적모형은 발생한 사안에 대한 정책결정의 전체 과정을 검토하고, 결정자의 직관, 판단력 등의 초합리적인 요소까지 고려하여 최적의 정책을 결정하는 모형이다.

13 난도 ★☆☆ ③

에치오니(Etzioni)는 합리모형과 점증모형의 단점을 극복하기 위하여 혼합탐사모형을 주장하였다. 최적모형은 드로(Y.Dror)가 주장한 모형이다.

오답분석 ① 합리모형은 완벽한 합리성을 추구하기 때문에 린드블룸(Lindblom) 같은 점증주의자들은 합리모형이 현실적으로 불가능한 일을 정책결정자에게 강요함으로써 바람직한 정책결정에 도움을 주지 못한다고 주장한다.

② 사이먼(Simon)의 만족모형은 합리모형의 현실적인 제약점을 극복하기 위해 제한된 합리성을 바탕으로 제시된 모형이다. 따라서 합리모형에 대한 심각한 도전이자, 인간의 인지능력이라는 기본적인 요소에서 출발했기에 이론적 영향이 컸다.

④ 사이버네틱스(Cybernetics)모형은 주요 변수에 대한 불확실성을 통제하려는 모형으로 스타인부르너(Steinbruner)는 시스템공학의 사이버네틱스 개념을 응용하여 관료제에서 이루어지는 정책결정을 단순하게 묘사하고자 노력하였다.

14 난도 ★★★ ②

정책딜레마는 정책결정을 해야 하는데 상충되는 정책 대안들 가운데서 어떤 것도 선택하기 어려워 선택이 불가능하거나 어려운 상태를 말하며 대안을 선택하지 않는 비결정(결정의 회피)도 딜레마에 대한 대응 전략의 하나이다.

오답분석 ① 딜레마는 부정확한 정보와 결정자의 능력 한계 때문에 발생하는 것이 아니라 정책대안들이 구체적이고 명료할 때 발생한다.

③ 두 대안이 추구하는 가치 간 충돌이 있는 경우이므로 두 대안 간 절충이 불가능한 경우에 발생한다.

④ 딜레마의 구성 요건은 선택요구의 압력이 있는 경우에 발생한다.

15 난도 ★☆☆ ①

미래예측 기법 중에서 전문가집단의 반복적인 설문조사를 통하여 의견일치를 유도하는 방식은 델파이기법(Delphi Method)에 해당한다.

오답분석 ② 브레인스토밍(Brainstorming)은 전문가의 창의적 의견이나 아이디어를 교환하는 집단 자유 토의 기법이다.

③ 지명반론자기법은 대안의 장단점을 최대한 노출시키기 위해 인위적으로 반대팀을 구성하여 반론을 제기하는 기법으로 악마의 주장법이라고도 한다.

④ 명목집단기법은 대안을 제시한 뒤에 제한된 토론을 한 후에 표결로 대안을 확정짓는 집단적 미래예측 기법이다.

16 난도 ★★☆ ③

의사결정자에 의해 조직의 의사결정이 통제된다고 보는 것은 합리모형이다. 합리모형에서 조직관은 일사불란한 계층적 구조로서 의사결정자는 완벽한 결정을 한다고 가정한다. 반면 회사모형은 조직이란 다양한 하위조직의 연합체이므로 완전한 갈등의 해결은 불가능하며, 의사결정자에 의하여 조직의 의사결정이 완전하게 통제되지 못한다고 본다.

오답분석 ① 만족모형에 의하면 인간은 인지상의 한계를 가지고 있기 때문에, 선별적인 지각을 통해 문제해결의 목표를 간소화시킨다. 인간은 완전한 합리성이 아닌 제한된(주관적) 합리성만 추구한다.

② 점증모형은 합리모형의 비현실성을 비판하면서 정치적 현실을 반영하고, 기존의 정책이나 결정을 점증적이고 부분적으로 수정 · 개선해 나가는 이론모형이다.

④ 앨리슨(G. T. Allison)은 집단의 응집력과 권력을 중심으로 합리적 행위자모형 · 조직과정모형으로 대변하며, 과거에 논의된 여러 가지 모형을 재정리하여 관료제 정치모형을 새로이 제시하고 있다.

5 정책집행

문제편 p. 033

01	02	03	04	05	06	07	08	09
④	②	④	③	①	①	②	④	④

01 난도 ★☆☆ ④

지시적 위임형은 정책결정자가 구체적인 목표는 설정하지만 목표 달성에 필요한 수단(권한)은 정책집행자에게 위임하는 유형이다. 따라서 정책결정자가 구체적인 목표를 설정한 다음 권한을 위임하면 정책집행자들은 집행자 상호 간의 협상을 통해 정책을 집행한다.

오답 분석 ① 고전적 기술자형은 정책결정자가 구체적인 목표를 설정하면 정책집행자는 그 목표를 지지하고 목표 달성을 위한 기술적인 수단을 강구하여 충실하게 정책을 집행하는 유형이다.

② 재량적 실험형은 정책결정자가 추상적인 목표를 설정하고 정책집행자에게 목표와 수단을 명확하게 달성할 수 있도록 광범위한 재량권을 부여하는 유형이다.

③ 관료적 기업가형은 정책집행자가 목표를 설정하여 수단을 강구한 다음 정책결정자를 설득하고, 정책결정자는 정책집행자가 설정한 목표와 수단을 지지하는 역할을 담당하는 유형이다.

PLUS+ 나카무라(Nakamura)와 스몰우드(Smallwood)의 정책집행유형 분류

집행유형	정책결정자	정책집행자
고전적 기술자형	• 구체적인 목표를 설정 • 목표 달성을 위해 정책집행자에게 기술적 문제에 관한 권한 위임	• 정책결정자가 설정한 목표를 지지 • 목표 달성을 위한 기술적 수단을 강구
지시적 위임형	• 구체적인 목표를 설정 • 정책집행자에게 목표 달성에 필요한 수단을 강구할 행정적 권한 위임	• 정책결정자가 설정한 목표를 지지 • 목표 달성 수단에 관하여 집행자 상호 간 협상
협상형	• 정책결정자가 목표를 제시하지만 정책집행자는 무조건 동의하지는 않음 • 정책결정자와 정책집행자는 목표와 수단에 관하여 협상	
재량적 실험형	• 추상적 목표를 설정 • 정책집행자가 목표와 수단을 설정할 수 있도록 광범위한 재량권 위임	정책결정자를 위하여 목표와 수단을 구체화
관료적 기업가형	정책집행자가 설정한 목표와 수단을 지지	목표와 수단을 강구하여 정책결정자를 설득

02 난도 ★★☆ ②

프레스먼(Pressman)과 윌다브스키(Wildavsky)는 정책집행연구의 초기학자들로서 정책집행은 정책결정과 분리되지 않고 연결되는 과정이라고 보았다.

오답 분석 ①·③·④ 프레스먼과 윌다브스키는 정책집행의 실패 사유를 과다한 참여기관과 참여자, 부적절한 기관의 정책집행, 타당한 인과모형의 결여, 리더의 빈번한 교체 등으로 보았다.

PLUS+ 프레스먼(Pressman)과 윌다브스키(Wildavsky)의 연구 결론

- 집행과정에 개입하는 참여자의 수는 적어야 한다.
- 집행은 정책으로부터 분리되어서는 안 되며 정책설계와 정책집행의 밀접한 상호관계가 강조되어야 한다.
- 정책입안자는 보다 적절한 정책집행기관을 고려하여야 한다.
- 정책은 되도록 단순화하여야 한다.
- 집행관료(리더)는 지속해서 정책집행을 이끌어야 한다.
- 정책목표와 수단 간의 인과관계가 분명해야 한다.

03 난도 ★☆☆ ④

립스키(Lipsky)의 일선관료제란 정책의 최종적 과정에서 고객과 접촉하며 상당한 재량권을 행사하는 하위직(교사, 경찰, 복지요원 등)으로 구성된 공공서비스 집단을 말한다. '단순하고 정형화된 정책대상집단'은 일선관료들의 적응방식에 해당한다. 일선관료들은 문제가 발생하게 되면 상황에 유연하게 대처하기보다는 습관적이고 정형화된 형태로 문제를 해결하려고 한다.

오답 분석 ① 일선관료들은 과중한 업무량에 비하여 인적·물적 자원이나 시간적·기술적 자원이 부족하다.

② 일선관료들의 업무현장에서는 권위에 대한 도전과 위협이 존재한다.

③ 일선관료들의 업무현장에서 고객의 목표와 기대는 모호하고 대립되며 비현실적인 경우가 많다.

04 난도 ★★★ ③

일선관료는 업무량에 비하여 제공되는 인적·물적 자원이 만성적으로 부족하기 때문에 이를 해결하기 위해 부분적이고 간헐적으로 정책을 집행한다.

오답 분석 ① 일선관료는 고객에 대한 고정관념(Stereotype)을 가짐으로써 복잡한 문제와 불확실한 상황에 대처하지 못하게 된다. 주로 고객을 범주별로 구별하여 서비스를 공급한다.

② 일선관료에 대한 고객들의 목표와 기대는 일치하지도 못하고, 명확하지도 못하다.

④ 일선관료는 직무의 자율성이 높고, 의사결정에 있어서 재량권의 범위가 넓다.

PLUS+ 립스키(M. Lipsky)의 일선관료제

- 일선관료란 시민들과 직접 접촉하는 공무원, 즉 교사, 경찰, 복지요원, 하급 법원 판사 등을 말한다.
- 규칙적인 직무수행과정에서 시민들과 끊임없이 상호작용한다.
- 일선행정관료들의 업무는 기계적이기보다는 인간적인 차원에서 대처해야 할 상황이 많다.
- 서류업무보다 대민업무가 많다. 따라서 의사결정에 필요한 준비시간이 절대적으로 부족하다.
- 재량권은 일선행정관료들이 고객들의 복지에 아주 중요한 역할을 하고 있다고 믿게 하고 싶은 그들의 욕망을 충족시켜줌으로써 그들의 자부심을 높여준다.
- 일선관료의 전문지식 독점은 중앙관료에 대항할 수 있는 무기가 된다.

05 난도 ★★★ ①

버먼(Berman)은 미시집행 국면에서 발생하는 정책과 집행조직 사이의 상호적응 자체가 성공적 집행이며, 정책집행의 성과는 이러한 미시집행 과정에서 결정됨을 강조하였다.

오답 분석 ② 거시적 집행구조의 통로는 행정, 채택, 미시적 집행, 기술적 타당성의 네 가지로 구성된다. 동원, 전달자의 집행, 제도화는 미시적 집행구조이다.

③ 구체화된 정부프로그램이 집행을 담당하는 지방정부의 사업으로 받아들여지는 것을 의미하는 것은 채택이다. 행정은 정책결정을 구체적인 정부프로그램으로 전환하는 단계를 말한다.

④ 지방정부가 채택한 사업을 실행사업으로 변화시키는 것을 의미하는 것은 미시적 집행단계이다.

PLUS+ 거시적 집행구조와 미시적 집행구조

- 거시적 집행구조
  - 행정(Administration): 정책을 구체적인 정부 프로그램으로 전환하는 것을 말한다.
  - 채택(Adoption): 구체화된 정부 프로그램을 지방정부가 받아들이는 것을 의미한다.
  - 미시적 집행(Micro-Implementation): 지방정부가 채택한 사업을 실행사업으로 변화시키는 것을 의미한다.
  - 기술적 타당성(Technical Validity): 정책성과가 산출되기 위한 마지막 통로로서 정책목표와 정책수단의 인과관계를 말한다.
- 미시적 집행구조
  - 동원: 집행조직에서 사업을 채택하고 실행계획을 세우는 국면이다.
  - 전달자의 집행: 채택된 사업을 실제로 집행하는 단계이다. 전달자 집행 국면의 핵심은 적응(Adaptation)이다.
  - 제도화: 채택된 사업을 정형화 · 지속화시켜 나가는 것이다.

06 난도 ★☆☆ ①

㉠ · ㉢ 엘모어(Elmore)의 후방향적 집행연구와 립스키(Lipsky)의 일선관료제는 상향적 접근방법에 해당한다.

오답 분석 ㉡ · ㉣ 사바티어(Sabatier)와 매즈매니언(Mazmanian)의 집행과정모형, 반 미터(Van Meter)와 반 호른(Van Horn)의 집행연구는 하향적 접근방법에 해당한다.

PLUS+ 하향적 접근과 상향적 접근의 비교

구분	하향적 접근	상향적 접근
정책 상황	안정적 · 구조화된 상황 (목표 수정 필요성 낮음)	유동적 · 동태화된 상황 (목표 수정 필요성 높음)
주요 행위자	정책결정자	정책집행자(일선관료)
집행자의 재량	재량 불인정	재량 인정
정책평가의 기준	집행의 충실성과 성과	환경에의 적응성
결정과 집행	정책결정과 집행을 분리 (정치 · 행정이원론)	정책결정과 집행을 통합 (정치 · 행정일원론)
버먼(Berman)	정형적 집행	적응적 집행
엘모어(Elmore)	전방향적 집행	후방향적 집행
주요 학자	Sabatier & Mazmanian, V. Meter & V. Horn	Berman, Elmore, Lipsky

07 난도 ★★☆ ②

정책옹호연합모형에서 중시하는 정책지지연합별 행위자들의 기저핵심신념은 쉽게 변화되지 않는다. 행위자들은 이러한 신념을 관철시키기 위하여 경쟁 · 갈등하며 그 과정에서 정책이 변동된다.

오답 분석 ① 정책지지연합 등 정책을 둘러싸고 있는 외적인 환경변수를 집행과정과 연계하여 정책변동을 설명한다.

③ 정책중개자는 옹호연합 간 갈등이 발생했을 때 이를 조정 · 중재하는 중요한 역할을 맡는다.

④ 옹호연합은 자신들의 신념 체계를 정부 정책에 관철시키기 위해 여론, 정보, 인적 · 물적자원 등을 동원 · 활용한다.

08 난도 ★★★ ④

윈터(Winter)는 정책집행의 성과를 결정하는 주요변수 중 하나로 정책형성과정상의 특징을 제시함으로써 정책결정과 정책집행의 연계성을 강조한다. 정책결정자의 행태는 주요변수에 포함되지 않는다.

PLUS+ 윈터(S. Winter)의 통합모형

정책집행 성과를 결정하는 주요 변수로서 정책형성과정의 특성, 조직 내 혹은 조직상호 간의 집행행태, 일선집행관료의 행태, 정책대상집단의 행태 등 네 가지를 들고 있다. 또한 정책집행의 성과를 결정하는 주요 변수 중 하나로 정책형성과정상의 특징을 제시함으로써 정책결정과 정책집행의 연계성을 강조한다.

09 난도 ★★☆ ④

엘모어(Elmore)는 정책집행모형에서 정책집행을 전방접근법과 후방접근법으로 구분하고, 일선현장에 종사하는 집행관료의 역할을 중시하는 것은 후방접근법이라고 하였다.

오답 분석 ① 나카무라(Nakamura)와 스몰우드(Smallwood)는 정책결정자와 집행자 간의 관계에 따라 정책집행을 5개로 유형화하였다.

② 사바티어(Sabatier)는 하향적 접근과 상향적 접근의 한계를 극복할 수 있는 방법으로 비교우위접근법과 정책옹호연합모형(정책지지연합모형)을 제시하였다.

③ 버만(Berman)은 집행성과는 미시적 집행과정에서 결정된다고 보고 미시적 집행국면에서 발생하는 정책과 집행조직의 특성 간 상호적응을 중시하고, 이러한 상호적응의 관점에서 집행현장의 중요성을 강조하였다.

6 정책평가

문제편 p. 035

01	02	03	04	05	06	07	08	09	10
④	③	③	④	④	③	①	①	①	④
11	12	13	14	15	16	17	18	19	
①	①	①	④	③	③	②	④	③	

01 난도 ★★☆ ④

데이터 수집을 심층면담, 참여관찰, 집단면담, 인터뷰 등 질적인 방법에 의존하는 것은 질적평가방법에 해당한다.

PLUS+ 양적평가방법과 질적평가방법의 비교

구분	양적평가방법(계량평가)	질적평가방법(비계량평가)
자료 수집	통계, 비율 등 수치적 · 정량적 자료	인터뷰, 관찰, 사례연구, 설문지 등 정성적 자료
자료 성격	강성자료	연성자료
자료 해석	객관적	주관적
자료 분석	연역적 방법	귀납적 방법

02 난도 ★★☆ ③

평가성 사정은 본격적인 평가가 실시되기 이전에 평가의 유용성(소망성)과 실행 가능성을 개략적으로 검토하는 것이다. 또한 평가가 정책성과를 향상시키는 데에 공헌할 수 있는가(평가의 소망성) 등을 검토하는 사전적 평가이다.

오답 분석 ① 총괄평가란 집행이 완료된 후 정책이 사회에 미친 영향이나 충격(Impact) 등과 같이 그 효과를 평가하는 것으로 효과평가 또는 영향평가가 핵심이다.

② 메타평가란 기존평가들의 방법 · 절차 · 결과 등이 제대로 진행되었는가를 검토하고 종합적으로 평가하는 것이다. 정책평가의 결과를 다시 평가하는 것으로, 기존의 평가자가 아닌 제3의 기관(상급기관, 독립기관, 외부전문기관 등)이 기존의 평가에서 발견했던 사실을 다양한 관점에서 재분석하는 것을 말한다.

④ 형성평가란 하나의 사업을 집행하는 과정에서 발생하는 문제점을 개선하고 조정하기 위해 진행하는 평가이다.

03 난도 ★★☆ ③

평가의 일반적 절차는 첫째, 정책평가의 목적을 확인하고 평가기준을 설정한다. 둘째, 평가의 대상을 구체적으로 확정한다(인과모형 설정). 셋째, 평가방법(연구설계)을 결정한다. 넷째, 자료의 수집과 분석을 한다. 다섯째, 평과결과를 제시한다. 여섯째, 평가결과를 활용한다. 이상의 절차 중 첫째와 둘째는 흔히 평가성 검토라고도 한다. 따라서 정책평가의 일반적인 절차를 순서대로 나열하면 ㉤ → ㉠ → ㉢ → ㉣ → ㉡ 순이다.

04 난도 ★★☆ ④

㉡ 조절변수는 독립변수와 종속변수 간의 효과를 강화 혹은 약화시키는 변수로, 상호작용 효과를 나타나게 하는 제3의 변수이다.

㉣ 허위변수는 독립변수와 종속변수 간에 상관관계가 없으나 있어 보이게 하는 변수로, 독립변수와 종속변수 모두에게 영향을 미치며 이들 사이의 공동변화를 설명하는 제3의 변수이다.

오답 분석 ㉠ 매개변수는 독립변수의 결과이자 종속변수의 원인으로 두 변수를 매개하는 제3의 변수이다.

㉢ 억제변수는 독립변수와 종속변수 간에 상관관계가 있으나 없어 보이게 하는 제3의 변수이다.

05 난도 ★★☆ ④

정책평가의 논리모형에서 수단과 목표 간의 인과관계의 요건은 시간적 선행성, 비허위적 관계, 공동변화 3가지이다.

㉡ 특정 정책수단 실현과 정책목표 달성 간 관계를 설명하는 다른 요인이 배제되어야 한다(비허위적 관계).

㉢ 정책과 목표 달성은 모두 일정한 방향으로 변화해야 한다(공동변화).

오답 분석 ㉠ 정책수단의 실현(독립변수)이 정책목표의 달성(종속변수)에 선행해야 한다(시간적 선행성).

06 난도 ★★★ ③

신뢰성은 측정도구의 타당성을 담보할 수 있는 필요조건이다.

오답 분석 ① · ② 신뢰성은 타당성의 필요조건이므로, 타당성이 없고 신뢰성이 높은 측정도구가 있을 수 있지만 신뢰성이 없고 타당성이 높은 측정도구는 있을 수 없다.

④ 1종 오류는 정책효과가 없음에도 이를 선택하는 오류를 말하며 타당성이 없는 측정도구는 측정에 있어 정확도를 잃은 것이므로

정책효과를 오인할 소지가 있다. 따라서 1종 오류를 범하는 원인이 될 수 있다.

07 난도 ★★☆ ①

신뢰도는 타당도의 필요조건으로, 신뢰성이 없는 측정은 항상 타당성이 없다.

오답 분석 ② 신뢰성은 척도 또는 측정도구가 얼마나 일관성 있게 작용하는가에 영향을 받는다.

③ 타당성이 있는 측정은 항상 신뢰성도 높다.

④ 타당성은 척도 또는 측정도구가 측정하고자 하는 것을 얼마나 정확히 반영하는가에 영향을 받는다.

08 난도 ★★☆ ①

연구자의 측정기준이나 측정도구가 변화되는 경우, 내적 타당성을 저해하는 요인으로 작용할 수 있다.

오답 분석 ② 표본의 대표성이 부족하면 그 결과를 일반화하기 곤란하여 외적 타당성을 저해하는 요인이 된다.

③ 호손효과(Hawthorne Effect)에 대한 설명으로, 외적 타당성을 저해하는 대표적인 요인이다.

④ 크리밍(Creaming) 효과에 대한 설명으로, 외적 타당성을 저해하는 요인에 해당한다.

PLUS+ 외적 타당성 저해 요인

호손효과	실험집단이 실험대상이라는 사실을 인지하여 평소와 다른 심리적 행동을 하는 현상(실험조작 반응효과)
다수적 처리에 의한 간섭	동일 집단에 여러 번 실험적 처리를 가하여 실험조작에 익숙해짐으로 인해 발생하는 현상
표본의 대표성 부족	집단의 사회적 대표성 부족으로 인해 일반화가 곤란한 현상
크리밍효과	큰 효과가 나타날 집단만을 의도적으로 실험 집단에 배정하여 일반화가 곤란한 현상

09 난도 ★★☆ ①

제시문은 내적 타당성 저해요인 중 검사요인 또는 측정요소(시험효과)에 해당한다. 검사요인은 실험 전 측정한 그 자체가 실험에 영향을 주는 것을 말한다.

오답 분석 ② 선발요인은 실험집단을 구성할 때 선발의 차이로 인해 나타나는 오류를 말한다.

③ 상실요인은 연구기간 중 실험대상의 일부 탈락으로 인해 발생하는 오류를 말한다.

④ 역사요인은 실험기간 중 일어난 역사적 사건이 실험에 영향을 미치는 것을 말한다.

10 난도 ★★★ ④

㉢ 아직 검증되지 않은 정책 프로그램에 대규모 투자를 하기 전에 그 결과를 미리 계획적으로 평가해 보는 것은 사회실험의 중요한 목적 중 하나이다.

㉣ 무작위 배정(Random Assignment)에 의하여 실험집단과 비교집단을 동질적으로 구성할 수 없을 때에는 준실험 방법을 채택하여 진행할 수 있다.

오답 분석 ㉠ 사회실험은 자연과학의 실험실 실험으로서 통제집단 또는 비교집단을 구성하여 진행할 수 있다.

㉡ 진실험 방법을 활용하여 사회실험을 진행하면 평소와 다른 행동을 하게 되는 호손 효과가 발생할 수 있다는 단점이 있다.

11 난도 ★★★ ①

설문은 크리밍효과에 대한 설명에 해당한다. 크리밍효과는 정책효과가 크게 나타날 우수한 집단을 실험집단으로 하여 정책효과를 부풀릴 경우 그 효과를 다른 상황에 일반화시킬 수 없다는 것으로 외적 타당성의 저해요인이다.

PLUS+ 타당도의 저해요인

내적 타당도의 저해요인	외적 타당도의 저해요인
• 선발(선정)요인 • 역사적 요소 • 성숙요인 • 선발과 성숙의 상호작용 • 상실요인 • 처치와 상실의 상호작용 • 측정(검사)요인 • 측정도구요인 • 회귀인공요인	• 표본의 대표성 부족 • 호손효과(실험조작의 반응효과) • 실험조작과 측정의 상호작용 • 크리밍효과 • 다수적 처리에 의한 간섭

12 난도 ★★☆ ①

특정평가는 중앙행정기관을 대상으로 하며, 공공기관은 대상이 아니다.

> **정부업무평가 기본법**
> **제2조(정의)** 4. "특정평가"라 함은 국무총리가 중앙행정기관을 대상으로 국정을 통합적으로 관리하기 위하여 필요한 정책 등을 평가하는 것을 말한다.

오답 분석 ② 정부업무평가의 실시와 평가기반의 구축을 체계적 · 효율적으로 추진하기 위하여 국무총리 소속하에 정부업무평가위원회를 둔다(정부업무평가 기본법 제9조 제1항).

③ 행정안전부장관은 평가의 객관성 및 공정성을 높이기 위하여 평가지표, 평가방법, 평가기반의 구축 등에 관하여 지방자치단체를 지원할 수 있다(동법 제18조 제4항).

④ 자체평가라 함은 중앙행정기관 또는 지방자치단체가 소관 정책 등을 스스로 평가하는 것을 말한다(동법 제2조 제3호).

13 난도 ★★☆ ①

정부업무평가의 실시와 평가기반의 구축을 체계적 · 효율적으로 추진하기 위해 국무총리 소속하에 정부업무평가위원회를둔다(정부업무평가 기본법 제9조 제1항).

오답 분석 ② 행정안전부장관은 평가의 객관성 및 공정성을 높이기 위하여 평가지표, 평가방법, 평가기반의 구축 등에 관하여 지방자치단체를 지원할 수 있다(동법 제18조 제4항).

③ 중앙행정기관장은 성과관리 전략계획에 기초하여 연도별 시행계획을 수립 및 시행하여야 한다(동법 제6조 제1항).

④ 중앙행정기관장과 지방자치단체장은 매년 자체평가위원회를 통해 자체평가를 실시한다(동법 제14조 제1항, 제18조 제1항).

14 난도 ★★☆ ④

정부업무평가위원회는 2인의 위원장을 포함한 15인 이내의 위원으로 구성한다(정무업무평가 기본법 제10조 제1항).

오답 분석 ① 지방자치단체의 장은 정부업무평가시행계획에 기초하여 소관 정책 등의 성과를 높일 수 있도록 제15조 각 호의 사항이 포함된 자체평가계획을 매년 수립하여야 한다(동법 제18조 제3항).

② 국무총리는 2 이상의 중앙행정기관 관련 시책, 주요 현안시책, 혁신관리 및 대통령령이 정하는 대상부문에 대하여 특정평가를 실시하고, 그 결과를 공개하여야 한다(동법 제20조 제1항).

③ 중앙행정기관 또는 지방자치단체의 소속기관이 행하는 정책은 정부업무평가의 대상에 포함된다(동법 제2조 제3호).

15 난도 ★★★ ③

지방자치단체 합동평가위원회의 위원장은 민간위원 중에서 행정자치부장관이 지명한다.

> **정부업무평가 기본법 시행령**
> **제18조(지방자치단체합동평가위원회의 구성 · 운영 등)** ② 지방자치단체합동평가위원회의 위원장은 제3항의 민간위원 중에서 행정안전부장관이 지명한다.

오답 분석 ① 지방자치단체인 김포시와 공공기관인 도로교통공단은 정부업무평가 기본법상 평가대상에 포함된다.

> **정부업무평가 기본법**
> **제2조(정의)** 이 법에서 사용하는 용어의 정의는 다음과 같다.
> 2. "정부업무평가"라 함은 국정운영의 능률성 · 효과성 및 책임성을 확보하기 위하여 다음 각 목의 기관 · 법인 또는 단체(이하 "평가대상기관"이라 한다)가 행하는 정책 등을 평가하는 것을 말한다.
> 가. 중앙행정기관(대통령령이 정하는 대통령 소속기관 및 국무총리 소속기관 · 보좌기관을 포함한다. 이하 같다)
> 나. 지방자치단체
> 다. 중앙행정기관 또는 지방자치단체의 소속기관
> 라. 공공기관

② 중앙행정기관의 장인 관세청장은 자체평가위원회를 운영한다.

> **동법**
> **제14조(중앙행정기관의 자체평가)** ② 중앙행정기관의 장은 자체평가조직 및 자체평가위원회를 구성 · 운영하여야 한다. 이 경우 평가의 공정성과 객관성을 확보하기 위하여 자체평가위원의 3분의 2 이상은 민간위원으로 하여야 한다.

④ 기획재정부장관은 정부업무평가위원회의 위원이다.

> **동법**
> **제10조(위원회의 구성 및 운영)** ③ 위원은 다음 각 호의 자가 된다.
> 1. 기획재정부장관, 행정안전부장관, 국무조정실장

16 난도 ★☆☆ ③

환경영향평가는 정책평가가 아니라 정책분석에 해당하며 환경영향평가법에 의해 실시된다.

오답 분석 ① · ② · ④ 정부업무평가 기본법상 정부업무평가의 종류는 중앙행정기관의 자체평가 및 재평가, 지방자치단체의 자체 평가, 특정 평가, 공공기관에 대한 평가 등이 있다.

17 난도 ★★★ ②

전략기획(Strategic Planning)은 내 · 외부 환경에 대한 분석이 중요하므로 상대적으로 정치 · 경제 등이 안정적인 환경 속에서 유용성이 높다.

오답 분석 ① 전략기획이란 미래의 불확실한 상황에 대비하여 목표를 설정하고, 이를 가능케 할 수 있는 절차와 방식을 통해 집행하고, 그 결과를 평가한 뒤, 다시 새로운 전략기획을 통해 새롭게 혁신하는 일련의 과정이다.

③ 전략기획은 미래를 대비하고 문제를 예측하기 위함이므로 전략기획 과정에서 전문가의 역할이 강조되며, 정책결정에 비해 외부 환경에 덜 개방적이다.

④ 전략기획은 조직 내부의 역량과 외부환경의 분석을 통해 조직이 장기적으로 성과를 높이기 위한 전략적 이슈를 선택하여 보다 실현 가능한 설계에 초점을 맞춘다.

18 난도 ★☆☆ ④

기획은 확실한 가정이 아닌 불확실한 가정이다. 미래의 바람직한 활동계획을 준비하는 예측과정으로 불확실성이 지배한다.

19 난도 ★★☆ ③

실질적인 정책내용이 변하더라도 정책목표가 변하지 않는 것은 정책승계라고 한다. 정책유지는 구체적인 수단은 변동되면서 실질적인 정책내용은 변하지 않는 것을 말한다.

PLUS+ 정책의 변동 유형

구분	정책유지	정책승계	정책혁신	정책종결
정책목표	–	–	+	+
정책내용	–	+	+	+
구체적 수단	+	+	+	+

* 변동 가능은 +, 변동 불가능은 –로 표시

PART 2 정책학

우리 인생의 가장 큰 영광은
결코 넘어지지 않는 데 있는 것이 아니라
넘어질 때마다 일어서는 데 있다.

– 넬슨 만델라 –

PART 3

조직론 정답 및 해설

1 조직연구의 기초

문제편 p. 042

01	02	03	04	05	06	07	08	09	10
④	③	②	①	①	③	④	④	①	①
11	12	13	14						
④	①	④	①						

01 난도 ★☆☆ ④

조직목표는 조직의 존재 그 자체와 조직활동을 사회 내에서 정당화하는 정당성의 근거를 제공한다.

PLUS+ 조직목표의 기능

조직 활동의 방향 제시	조직이 추구하는 미래의 상태를 밝혀줌으로써 조직구성원들에게 방향감각과 행동기준을 제공
정당화의 근거	조직의 존재 그 자체와 조직활동을 사회 내에서 정당화하는 정당성의 근거를 제공
동기유발	조직구성원들이 조직에 일체감을 느끼고 조직활동의 동기를 유발하게 하는 데 필요한 기초를 제공
조직평가의 기준	조직의 성공도와 그에 대한 기여도를 평가하는 기준을 제공
조직설계의 준거	조직의 구조와 과정을 설계하는 준거를 제공

02 난도 ★☆☆ ③

행정조직이 사회적 · 경제적 환경과 조건의 변동에 따라 탄력적으로 대응하기 위해서는 그 구조와 형태가 신축성을 띠어야 한다. 즉, 안정된 환경에서는 기계적 구조가, 불확실한 환경에서는 유기적 구조가 적합하다.

오답 분석 ① 신속 정확한 결정과 조치가 필요할 경우에는 원칙적으로 단독제를, 반면에 신중하고 공정한 결정을 할 경우에는 합의제 형태를 취하고 있다.

② 합의제의 채택은 행정조직의 기본원리인 단독제와는 모순되지만 다수의 합의를 통한 결정이기에 행정의 민주화의 요청이 양자를 공존시키고 있다.

④ 현대행정조직은 행정수요의 변동에 적응하는 탄력성을 지닌 유기적 구조이다.

03 난도 ★★★ ②

모건(Morgan)은 조직에 대한 다양한 시각을 가질 수 있도록 은유를 통하여 8가지의 이미지를 제시하였는데, 적응적 사회구조로서의 조직은 이에 해당하지 않는다.

PLUS+ 모건(Morgan)의 조직의 8가지 이미지

- 기계장치로서의 조직: 조직이 기계와 같이 효율적인 존재로 간주한다.
- 유기체로서의 조직: 조직을 생명이 있는 유기체로 간주한다.
- 두뇌로서의 조직: 학습을 통해 끊임없이 발전하는 조직이다.
- 문화로서의 조직: 조직을 조직문화 그 자체로 간주한다.
- 정치체계로서의 조직: 다원주의적인 관점에서 각 조직 주체의 이해관계의 다양성 그리고 갈등을 의미한다.
- 심리적 감옥으로서의 조직: 구성원 스스로가 만들고 갇히는 심리적 감옥으로 조직을 바라본다.
- 흐름과 변환 과정으로서의 조직: 끊임없는 변화 속에서 조직이 그와 함께하고 있는 지를 바라본다.
- 지배를 위한 도구로서의 조직: 정치적 존재와 유사하지만 권력행사의 목적이 아닌 수단으로 조직을 바라본다.

04 난도 ★☆☆ ①

제시문은 합리적 · 경제적 인간관에 대한 설명이다. 이 인간관에 따르면 인간은 자신의 이익을 극대화하기 위해 행동하며, 수동적이고 외재적인 요인에 의해 동기가 유발된다고 본다.

오답 분석 ② 사회적 인간관은 인간을 사회적 욕구를 지닌 존재로 파악하며 애정, 우정, 소속감 등 감정과 같은 요인들에 의해 동기가 유발된다고 보는 유형이다.

③ 자아실현적 인간관은 인간의 자율성을 강조하며 자신의 잠재력을 실현하려는 욕구에 의해 동기가 유발된다고 보는 유형이다.

④ 복잡한 인간관은 인간을 복잡하고 다양한 요구를 지닌 존재로 보기 때문에 환경, 사회 · 경제적 상황 등에 따라 다양하게 동기가 유발된다고 보는 유형이다.

05 난도 ★★☆ ①

부성화(部省化)의 원리는 부처를 어떤 기준에 의하여 편성할 것인지에 관한 수평적 분화의 기준으로 분업을 위한 원리이다.

오답 분석 ② 통솔범위가 좁을수록 계층의 수는 늘어나 고층구조가 형성되며, 통솔범위가 넓을수록 계층의 수가 적어져 수평적인 저층구조가 형성된다.

③ 계선과 참모는 구분되어야 한다는 참모(막료) 조직의 원리는 분업을 위한 원리이다.

④ 매트릭스 조직은 이원적 명령체계를 가진 구조이므로 명령통일의 원리의 예외에 해당한다.

06 난도 ★★☆ ③

분업의 원리란 업무(직무)를 성질 · 기능별로 분류하여 조직의 구성원에게 가능한 한가지의 업무를 분담시키는 것을 의미한다. 그러나 분업의 결과로 개인 또는 부서 간 의사소통이나 조정이 저해되어 할거주의가 초래되며 반복적이고 단조로운 업무의 수행은 일의 흥미를 상실시킨다. 따라서 의사소통과 조정의 필요성을 높여준다.

[오답 분석] ① 계층제의 원리란 조직 내의 권한과 책임 및 의무의 정도에 따라 상 · 하로 등급화시키고 지휘감독체계를 확립하는 것을 말한다.

④ 부성화의 원리는 한 조직 내에서 연관된 업무들을 묶어 조직단위를 구성해야 할 때 활용되는 것으로 기능부서화, 사업부서화, 지역부서화, 혼합부서화 등의 방식으로 적용된다.

07 난도 ★★☆ ④

분업은 업무량의 변동이 없는 안정된 상황에서 표준화된 업무를 처리하고자 할 때 더 잘 유지된다.

[오답 분석] ① 분업은 반복적인 업무수행으로 전문화가 가능하며 전문가의 작업 효율을 높일 수 있도록 작업도구 · 기계와 그 사용방법을 개선할 수 있다는 장점이 있다.

② 분업을 통해 반복적으로 한 가지 일만 수행하므로 작업전환에 드는 시간을 단축할 수 있다.

③ 분업이 심화되면 조직에서의 의사소통 기회가 줄어들어 구성원에게 심리적 소외감이 생길 수 있다.

08 난도 ★★☆ ④

조직군 생태학이론은 조직의 주도적 선택을 강조하는 이론이 아니라, 조직 환경의 절대성을 강조하는 극단적인 결정론이다. 조직군 생태학이론은 마치 다윈의 자연선택이론처럼 환경에 적응한 조직만이 유지, 발전할 수 있다는 환경결정론의 관점을 띤다.

[오답 분석] ① 자원의존이론에서 조직은 환경으로부터 필요한 자원을 획득하기 위하여 환경에 주도적 · 능동적으로 대처한다고 보았다.

② 공동체 생태학이론은 조직들 간 공동체적 호혜관계를 통한 능동적 환경적응과정을 강조하는 이론, 즉 조직 간의 관계를 강조한 이론이다.

③ 구조적 상황이론은 상황변수(환경, 기술, 규모), 조직특성 변수(조직구조, 관리체계, 관리과정), 조직의 효과성의 세 가지 변수 간의 관계에서 상황과 조직특성의 적합이 조직의 효과성을 결정한다는 이론으로, 환경에 적응하는 조직의 구조 실체를 강조하였다.

09 난도 ★★☆ ①

인간관계론은 사회심리적 측면의 욕구 충족을 통한 동기 유발을 강조한다.

[오답 분석] ② 시간-동작 연구를 통해 과학적 관리론을 주장한 것은 테일러(Taylor)이다.

③ 고전적 조직이론은 기계적 능률을 강조하고, 인간을 합리적 경제인으로 간주한다.

④ 상황이론은 모든 상황에 적용되는 유일 · 최선의 조직구조보다는 개별 조직의 상황에 맞는 구조를 중시한다.

10 난도 ★★☆ ①

상황적응적 접근방법은 모든 상황에 적합한 유일한 최선의 관리방법(The Best One Way)은 없으며, 개별 조직이 놓여 있는 상황에 따라 해결책은 다양하다는 이론이다.

[오답 분석] ② 상황적응이론도 체제이론과 같이 조직을 유기체(체제)로 본다.

③ 상황적응이론은 조직을 환경에 대한 종속변수로 이해한다.

④ 상황적응이론은 거시이론보다는 제한되지만 미시이론보다는 확대된 행정현상을 한정된 변수로서 설명하는 중범위 이론에 해당한다.

PLUS+ 구조적 상황이론(상황적응이론, Contingency Theory)

- 1960년대 등장한 상황이론은 원리접근법을 비판하면서 조직은 환경에 피동적으로 적응해 간다고 보았다. 환경에 대한 적합성이 조직 생존의 관건이라고 보고 환경의 절대성을 강조하였다.
- 로렌스(Lawrence)와 로쉬(Lorsch)는 모든 상황에서 효과적인 유일한 조직의 유형은 없으며 효과적인 조직설계의 유형은 환경의 불확실성에 따라 다르다고 주장하였고, 로렌스와 로쉬의 상황적응이론은 개방체제론을 조직현상에 응용한 것으로 분화와 통합을 강조한다.
- 유일한 최선의 방법(The Best One Way)을 부정하였으나 부분적으로 효과적인 방법(차선)은 인정하였다. 즉, 유일한 최선의 방법은 오직 상황적응적으로만 존재할 수 있다고 본다.

11 난도 ★★★ ④

조직이 투자한 자산은 '고정적'이다. 한편 대리관계의 비효율은 대리손실을 의미한다. 그러므로, 자산이 고정적이어서 자산 특정성이 높으면 조직 내의 여러 관계나 외부공급자들과의 관계가 고착화되어 대리손실(비효율)이 나더라도 이를 바꾸기 어렵다.

PLUS+ 자산의 특정성

자산의 특정성은 자산의 성질상 거래의 대상이 그 사용처나 사용자를 쉽게 떠날 수 없어서 이를 억지로 떠나게 하는 경우 손해를 수반하는 정도를 말하며 하나의 특별한 교환관계에 있어서 가치를 만들어 내는 기술, 지식, 정보에 대한 투자로 어느 특정 교환관계에서만 가치를 가지고 다른 교환관계에 있어서는 가치를 가지지 않는다.

12 난도 ★★★ ①

X-비효율성은 자원배분의 비효율성이 아닌 또 다른(이를 X라 함) 비효율성으로 정부의 독점적 지위나 행정관리상의 특수한 요인(사명감의 결여, 공직윤리의 부재)에 의한 비효율성을 의미하는 것이지 과열된 경쟁과는 무관하다.

13 난도 ★★☆ ④

대리인이론은 정보의 비대칭의 문제를 완화하기 위해서 대리인의 능력과 업무성과에 관한 명성, 조직 내에서 정보체계 또는 공동지식을 구축하는 방법이 적절하게 고안된 인센티브를 제공하는 방법 등을 주장한다. 즉, 대리인의 재량권을 축소한다.

오답 분석 ① 구조적 상황이론은 조직의 구조적 특성과 상황적 특성의 적합 여부에 따라 조직의 효과성이 결정된다고 보는 이론이다.

② 전략적 선택이론은 구조적 상황이론을 비판하며, 관리자 집단의 전략적 선택에 의해 조직구조가 결정된다는 이론이다.

③ 자원의존이론은 조직 생존을 위해 필수적인 자원에 초점을 두고 환경적인 불확실성을 극복하기 위하여 조직의 주도적·능동적인 의사결정을 중요시한다.

PLUS+ 거시조직이론의 분류

분석수준 \ 환경인식	결정론	임의론
개별조직	〈체제 구조적 관점〉 구조적 상황론(상황적 응론)	〈전략적 선택 관점〉 • 전략적 선택이론 • 자원의존이론
조직군	〈자연적 선택 관점〉 • 조직군 생태학 이론 • 조직경제학 • 제도화이론	〈집단적 행동 관점〉 공동체 생태학 이론

14 난도 ★★☆ ①

자원의존이론에 의하면 조직은 자원의 획득을 환경에 의존하지만 관리자는 희소자원에 대한 통제를 통해 환경에 어느 정도 능동적으로 대응할 수 있다고 본다.

오답 분석 ② 주인-대리인 사이에 정보 비대칭성이 있고 대리인이 기회주의적으로 행동하는 경우 도덕적 해이나 역선택 문제가 발생할 수 있다고 주장한다.

③ 거래비용이론은 시장에서 교환에 따른 거래비용이 관료제와 같은 조직 내부의 조정비용보다 클 경우 거래비용의 최소화를 위해서 내부화하는 것이 효율적이라고 본다.

④ 상황론적 조직이론은 모든 상황에 적합한 최선의 조직화 방법은 존재하지 않는다고 전제하며 효과적인 조직설계와 관리방법은 조직환경에 달려있다고 주장한다.

2 조직구조의 형성

문제편 p. 045

01	02	03	04	05	06	07	08	09	10
④	②	②	①	④	②	③	④	④	③
11									
④									

01 난도 ★☆☆ ④

관료제하에서 구성원들은 보편타당한 행정을 위하여 인간으로서의 감정이나 충동을 멀리해야 하는 비정의적 행동(Impersonal Conduct)을 요구받는다.

오답 분석 ① 테일러(Taylor)의 과학적 관리론은 행정관리설, 관료제이론, 원리주의 등과 함께 고전적 조직론의 주류를 이루었던 이론으로 1900년대 초까지 효율성과 구조중심의 조직관을 담고 있었다.

② 고전적 · 기계적 조직으로서의 관료제는 합리적 경제인의 인간관을 반영하고 있는데 테일러의 차등성과급제가 이러한 인간관에 기초한 대표적인 보상시스템이다.

③ 관료제는 피라미드의 계층제를 기반으로 하는 수직적 명령복종 관계를 근간으로 한다.

02 난도 ★★☆ ②

부서 간 횡적 조정이 어려운 경우 상부로 권한을 집중시켜 부서 간 조정을 원활히 할 필요가 있다.

PLUS+ 집권화의 요소와 분권화의 요소

집권화의 요소	분권화의 요소
• 조직이 소규모인 경우 • 역사가 짧은 조직인 경우 • 환경을 위기로 인식하는 경우 • 상하 구성원 간에 능력의 차이가 커 하부층은 능력이 매우 미약하고, 상부층 직원들이 주로 유능한 자들로 구성되어 있는 경우 • 리더의 권력욕의 정도, 제도보다 자기 개인의 영향력이 많이 미쳐야 된다고 생각하는 정도, 공격적이고 활동적인 리더십의 정도가 강한 경우 • 교통 · 통신 및 정보통신기술의 발달로 의사결정이 필요한 정보가 집중되는 경우 • 동일 내용의 업무를 동일한 방법으로 취급하기를 원하는 경우	• 대규모 조직인 경우 • 오래된 조직인 경우 • 관리의 민주화가 필요한 경우 • 환경이 불확실하여 격동적인 환경에 신속하게 대응하고자 하는 경우 • 인적 전문화 및 조직 구성원의 능력 향상을 위한 경우 • 조직이 기술수준의 고도화에 대응하는 경우 • 지방의 실정에 적합한 결정이 필요한 경우 • 일선, 지방, 또는 하위계층의 직원들에게 장차 더 높은 계층의 관리자로 일할 수 있는 능력을 배양하게 하기 위하여 이들에게 미리 권한을 위임해 주어서 경험을 쌓도록 하는 것이 필요

03 난도 ★★☆ ②

매트릭스(Matrix) 조직은 조정 곤란이라는 기능구조의 단점과 비용중복이라는 사업구조의 단점을 해소하려는 조직으로, 기능부서의 통제권한 계층은 수직적으로 흐르고 사업부서 간 조정권한 계층은 수평적으로 흐르는 입체적 조직이다.

오답 분석 ① 매트릭스 조직은 구성원들이 다양한 경험을 통해 전문기술을 개발하면서, 넓은 시야와 목표관을 가질 수 있는 장점이 있다.

③ 매트릭스 조직은 구성원의 역할갈등, 역할모호성, 과업조정의 어려움 등이 발생할 우려와 조직 내 갈등으로 기능부서와 사업부서 관리자 간의 권력투쟁이 발생할 우려가 있다.

④ 매트릭스 조직은 경직화되어 가는 대규모 관료제 조직에 융통성을 부여할 수 있고, 자아실현욕구를 충족시켜 동기부여에 유리하다.

PLUS+ 매트릭스(Matrix) 구조의 장 · 단점

장점	• 부족한 자원을 공유해야 할 때 효과적 • 외부환경의 불확실성에 대해 신축적 대응성을 갖춤 • 개인들은 다양한 경험을 통해 전문기술의 개발과 더불어 좀 더 넓은 시야와 목표관을 가질 수 있어 동기부여 효과가 있음단
단점	• 이중 권한 체계로 인해 기능부서와 사업부서 간 갈등이 발생할 경우 개인은 혼란 · 갈등에 빠짐 • 갈등해결에 요구되는 시간과 조정비용이 발생

04 난도 ★★★ ①

기술(Technology)과 집권화의 관계는 상관도가 비교적 낮으며, 다른 변수(규모나 환경 등)에 영향을 받지만 일상적 기술일수록 집권화되고, 비일상적 기술일수록 분권화되는 경향이 있다.

오답 분석 ② 우드워드(J. Woodward)는 생산회사 조직을 그 조직이 사용하는 기술의 유형에 따라 소단위 생산체제, 대량 생산체제, 연속 생산체제로 분류하였으며, 그중 대량 생산체제는 기계적 · 관료제적 조직구조가 효과적이라고 주장했다.

③ 톰슨(V. A. Thompson)에 의하면 기술이 조직의 내부적 상호의존성(구조)을 규제한다고 하면서 기술을 길게 연결된 기술, 중개적기술, 집약적 기술 세 가지로 분류했다.

④ 페로우(C. Perrow)는 문제의 분석 가능성(전환과정에 적용되는 표준적 · 객관적 절차의 수립가능성)과 과업의 다양성(전환과정에서 발생하는 새로운 사건의 발생빈도) 차원에 따라 장인기술, 비일상적 기술, 일상적 기술, 공학기술 네 가지로 유형화했다.

05 난도 ★★★ ④

중개형 기술은 집합적 상호의존성을 갖고 규칙, 표준화 등의 조정 형태를 나타낸다.

오답 분석 ① 집약형 기술은 교호적 상호의존성을 갖고 부정기적 회의, 수평적 의사전달 등의 조정 형태를 나타낸다.

② 공학형 기술은 페로우(Perrow)가 제시한 기술유형론의 중 하나이다.

③ 연속형 기술은 연속적 상호의존성을 갖고 계획, 수직적 의사전달 등의 조정 형태를 나타낸다.

PLUS+ 톰슨(Thompson)의 기술유형

기술 분류	상호의존성	조정 방법
연속형 기술	연속적 상호의존성	계획에 의한 조정
중개형 기술	집합적 상호의존성	표준화에 의한 조정
집약형 기술	교호적 상호의존성	상호적응에 의한 조정

06 난도 ★★☆ ②

비정형화된 기술은 공식화되지 않은 복잡한 기술을 의미하는 것으로 직무수행이 복잡하기 때문에 상사의 통솔 범위는 좁아질 수밖에 없다.

오답 분석 ① 정형화된 기술은 과제의 다양성이 낮고 문제의 분석가능성이 높은 일상적 기술이며 공식성 및 집권성이 높은 기계적 구조와 부합되는 기술이다.

③ 공학적 기술은 과제의 다양성과 문제의 분석가능성이 높은 기술이다.

④ 기예적 기술이란 과제의 다양성과 문제의 분석가능성이 낮아 대체로 분권화된 유기적 구조와 부합되는 기술이다.

07 난도 ★★★ ③

조직의 규모가 클수록 분권화되는 경향이 높아진다.

오답 분석 ① 조직의 규모가 클수록 공식화 수준은 높아진다.

② 조직의 규모가 클수록 조직 내 구성원의 응집력은 약해진다.

④ 조직의 규모가 클수록 복잡성은 높아진다.

PLUS+ 조직 규모(Size)와 구조변수와의 상관관계

- 조직 규모가 커지면 공식화, 분권화, 통합의 정도, 조직의 전산화는 증대되는 경향이 있다.
- 조직의 규모가 커질수록 조직의 복잡성과 계층의 수는 증가한다.
- 조직의 규모가 커질수록 조직의 비정의성(Impersonality)은 증가하고 직원의 직무몰입도와 만족도 및 응집성은 감소하는 경향이 있다.

08 난도 ★☆☆ ④

㉠ 정부위원회는 복수의 구성원으로 이루어진 합의제 조직이므로 책임이 분산되어 책임성이 결여될 수 있다.

㉢ 정부위원회는 다수의 참여와 합의를 통한 의사결정으로 민주성을 제고하는 장점이 있다.

㉣ 정부조직법상 방송통신위원회, 공정거래위원회, 국민권익위원회, 금융위원회, 개인정보보호위원회, 원자력안전위원회는 중앙행정기관이다.

정부조직법

제2조(중앙행정기관의 설치와 조직 등) ② 중앙행정기관은 이 법에 따라 설치된 부 · 처 · 청과 다음 각 호의 행정기관으로 하되, 중앙행정기관은 이 법 및 다음 각 호의 법률에 따르지 아니하고는 설치할 수 없다.

1. 방송통신위원회의 설치 및 운영에 관한 법률 제3조에 따른 방송통신위원회
2. 독점규제 및 공정거래에 관한 법률 제54조에 따른 공정거래위원회
3. 부패방지 및 국민권익위원회의 설치와 운영에 관한 법률 제11조에 따른 국민권익위원회
4. 금융위원회의 설치 등에 관한 법률 제3조에 따른 금융위원회
5. 개인정보 보호법 제7조에 따른 개인정보보호위원회
6. 원자력안전위원회의 설치 및 운영에 관한 법률 제3조에 따른 원자력안전위원회
7. 신행정수도 후속대책을 위한 연기 · 공주지역 행정중심복합도시 건설을 위한 특별법 제38조에 따른 행정중심복합도시건설청
8. 새만금사업 추진 및 지원에 관한 특별법 제34조에 따른 새만금개발청

오답 분석 ㉡ 업무의 계속성과 상시성이 요구되는 위원회는 행정위원회이다.

09 난도 ★★☆ ④

주식회사형 공기업은 특별법 또는 상법에 의해 설립되지만 일반행정기관은 아니다. 따라서 일반행정기관에 적용되는 조직 · 인사 원칙이 적용되지 않는다.

오답 분석 ① 공공수요가 있으나 막대한 자본이 소요되는 사업은 민간기업의 참여가 쉽지 않으므로 공기업의 설립이 정당화된다.

② 독점성이 나타나는 사업의 경우 민간독점을 방지하기 위해 공기업의 설립이 정당화된다.

③ 공기업은 전통적인 자본주의적 사기업 질서에 반하여 정부가 개입하는 형태이므로 사회주의적 간섭을 하는 것으로 볼 수도 있다.

10 난도 ★★★ ③

국립중앙극장은 책임운영기관으로서 정부 부처에 해당한다. 다만, 정부 부처형 공기업을 '정부기업', '책임운영기관 특별회계기관'으로 정의하는 견해도 있다. 이 견해에 따르면 국립중앙극장은 일반회계로 운영되는 책임운영기관으로 정부 부처형 공기업에 포함되지 않으므로 논란이 될 수 있다.

오답 분석 ① 공공기관 중 준시장형 공기업에 해당한다.

② · ④ 공공기관 중 위탁집행형 준정부기관에 해당한다.

11 난도 ★★★ ④

한국소비자원은 공정거래위원회 산하의 위탁집행형 준정부기관에 해당한다.

오답 분석 ① 공공기관의 운영에 관한 법률 제4조 제2항 제3호에 따라 한국방송공사와 한국교육방송공사는 공공기관으로 지정할 수 없다.

② 한국마사회는 농림축산식품부 산하의 준시장형 공기업이다.

③ 한국연구재단은 과학기술정보통신부 산하의 위탁집행형 준정부기관이다.

공공기관의 운영에 관한 법률
제4조(공공기관) ② 제1항에도 불구하고 기획재정부장관은 다음 각 호의 어느 하나에 해당하는 기관을 공공기관으로 지정할 수 없다.
3. 방송법에 따른 한국방송공사와 한국교육방송공사법에 따른 한국교육방송공사

PLUS+ 공공기관의 유형

구분	내용
공기업	• 자체수입액이 총수입액의 2분의 1 이상인 기관(정원 50인 이상) • 시장형: 자산규모가 2조원 이상이고, 총수입액 중 자체수입액이 대통령령이 정하는 기준 이상인 공기업 예 한국가스공사, 한국공항공사 등 • 준시장형: 시장형 공기업이 아닌 공기업 예 한국마사회, 한국도로공사, 한국조폐공사 등
준정부기관	• 공기업이 아닌 공공기관 중에서 지정(정원 50인 이상) • 기금관리형: 국가재정법에 따라 기금을 관리하거나 기금의 관리를 위탁받은 준정부기관 예 국민체육진흥공단, 국민연금공단 등 • 위탁집행형: 기금관리형 준정부기관이 아닌 준정부기관 예 한국국제협력단, 국립공원관리공단, 독립기념관 등
기타 공공기관	공공기관공기업과 준정부기관을 제외한 공공기관 예 동북아역사재단, 대한법률구조공단, 한국해양진흥공사 등

3 조직의 양태와 조직유형

문제편 p. 048

01	02	03	04	05	06	07	08	09	10
④	④	③	③	③	④	③	③	①	④
11	12	13	14	15	16	17			
③	①	②	②	④	②	①			

01 난도 ★★☆ ④

관료제는 일정한 자격 또는 능력에 따라 규정된 기능을 수행하는 분업의 원리에 따르기 때문에 조직의 구성원들은 조직 전반의 일반적인 업무에 대해 책임을 지는 것이 아닌 자신에게 부여된 직무상의 책임만을 진다.

오답 분석 ① 베버(Max Weber)는 합리적이고 작업능률을 극대화할 수 있는 이상적 조직형태로서 관료제에 대한 이념형을 설정하였다.

② 관료제는 임무수행에 필요한 전문적 능력을 갖춘 사람들이 관료로 채용되는 실적주의를 바탕으로 한다.

③ 관료제는 권한과 책임한계를 명확히 하고 목표를 효율적으로 달성하기 위해 관료의 업무수행에 있어서 반드시 문서로 그 근거를 남겨야 한다.

02 난도 ★☆☆ ④

베버(Max Weber)는 행정조직 발전에 대한 패러다임의 관점에서 관료제 모형을 제시하기보다는, 산업혁명 이후 전통사회와 과도기적 사회와 구별되는 근대사회의 이념형으로서 관료제 모형을 제시하였다.

03 난도 ★☆☆ ③

베버(Weber)의 관료제이론은 철저한 분업화와 규칙에 따른 기계적 능률이 강조되던 산업화 시기에 주장된 고전적 조직이론으로 능률성과 합리성, 합법성 등을 강조하였다.

04 난도 ★☆☆ ③

관료들은 외부환경에 있는 고객과의 일체감이나 특별한 사정을 경시하며(폐쇄체제이론), 중립적이고 비정의적인 행정을 수행한다.

05 난도 ★☆☆ ③

관료들의 세력 팽창 욕구로 인한 기구와 인력의 증대는 관료제국주의에 해당한다. 피터(Peter)의 원리는 계층제로 인하여 관료들이 무능력의 수준까지 승진하는 현상을 말한다.

오답 분석 ① 할거주의는 자신이 소속된 기관이나 부서만을 생각하고 다른 기관이나 부서는 배려하지 않는 현상을 말한다.

② 형식주의는 복잡한 절차와 형식을 중요시하여 번거로운 문서처리 등의 문제점이 나타날 수 있는 현상을 말한다.

④ 전문화로 인한 무능은 한정된 분야에서의 전문성을 강조하여 다른 분야에 대한 이해력이 부족하고 적응하지 못하는 현상을 말한다.

06 난도 ★★☆ ④

관료제는 비정의성(Impersonality, 비개인화)을 특징으로 한다. 비정의성은 조직의 구성원이 개인의 특성과 관계없이 모두 똑같이 취급받는 것을 말하며 지나친 비정의성은 인간적인 측면을 경시한다는 문제점이 있다.

PLUS+ 관료제의 병리현상

- R. K. Merton: 관료제의 병리현상을 최초로 지적한 학자로 동조과잉현상(규칙과 표준운영절차의 지나친 강조는 조직을 경직화)을 등장시킨다고 비판하였다.
- Selznick: 할거주의화된다고 비판하였다.
- A. Gouldner: 법규만능주의를 지적하였다.
- Claire의 행정통치: 권력적 성격에 의하여 시민의 자유를 침해한다고 비판하였다.
- Veblen: 훈련된 무능, 하나의 일만을 잘하고 다른 업무에 대하여는 무능함을 지적하였다.
- 기타: 번문욕례(繁文縟禮, Red Tape: 번거롭게 형식만 차려 까다롭게 만든 예문), 변화의 저항, 몰인격성(인격의 상실), 관료독선주의, 무사안일주의, 보수성, 구태의연주의, 민주성과 대표성의 제약, 특권의식과 권위주의, 외적 가치의 추구(관료가 공복으로서의 사명의식을 잊고 권력을 추구하는 현상), 피터의 법칙(무능력자의 조직직위 점유현상), 권력구조의 이원화(상사의 계서적 권한과 부하의 전문적 권력이 충돌) 등이 있다.

07 난도 ★★☆ ③

매트릭스 구조는 기능구조와 사업구조를 결합시킨 이원적 · 입체적 조직이다.

PLUS+ 매트릭스 구조(Matrix Structure)

기능구조와 사업구조를 화학적(이중적)으로 결합한 이중적 권한구조를 가지는 조직구조로서 기능부서의 전문성과 사업부서(프로젝트구조)의 신속한 대응성을 결합한 조직이다. 조정곤란이라는 기능구조의 단점과 비용중복이라는 사업구조의 단점을 해소하려는 조직으로 수직적으로는 기능부서의 권한이 흐르고, 수평적으로는 사업구조의 권한구조가 지배하는 입체적 조직이다.

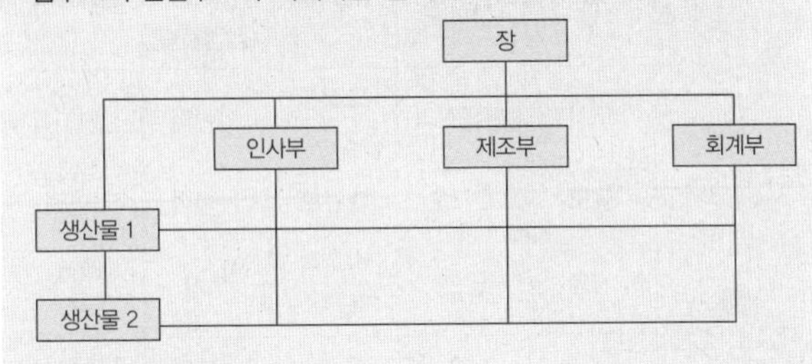

08 난도 ★☆☆ ③

네트워크 조직은 조직의 자체기능은 핵심역량 위주로 합리화하고, 여타 기능은 외부와 계약 관계를 통해 수행하는 구조이다.

오답 분석 ① 태스크포스는 특별한 임무를 수행하기 위하여 편성되는 임시조직으로서 과업이 완성된 후 해체되는 조직을 말한다.

② 프로젝트 팀은 특정 사업을 추진하거나 과제를 해결하기 위하여 전문가나 이해관계자로 구성되는 임시적 · 동태적 조직을 말한다.

④ 매트릭스 조직은 기능구조와 사업구조의 화학적 결합을 시도하는 조직구조로서 기능부서 통제 권한의 계층은 수직적으로 흐르고, 사업부서 간 조정권한의 계층은 수평적으로 흐르는 이원적 권한체계를 지닌다.

09 난도 ★☆☆ ①

업무의 명확한 구분에서 야기되는 문제점은 유기적 구조로 처방한다. 관료제의 폐단을 극복하기 위해서 업무의 명확한 구분, 즉 지나친 분업에서 야기되는 문제점은 분업보다 협업(팀워크)을 중시하는 팀조직이나 사업부제 등 유기적 구조(Organic Structure)로 처방해야 한다. 기계적 구조(Mechanistic Structure)는 관료제 조직을 의미한다고 볼 수 있다.

10 난도 ★★☆ ④

네트워크 조직구조는 핵심역량 중심으로 조직 구조를 편제하고 부수적 기능들은 외부기관과의 계약관계(Outsourcing)를 통해 연계 수행하는 조직이다. 따라서 조직의 경계가 모호해져서 정체성이 약하고 응집력 있는 조직문화를 갖기 어렵다.

PLUS+ 네트워크 조직구조의 장 · 단점

장점	단점
• 환경변화에 신속한 대응으로 불확실성 감소 • 자원의 효율 적 활용 • 구성원의 높은 자율성과 높은 동기 유발	• 대리인 문제 발생 • 정체서 약화 및 응집력 축소

11 난도 ★★☆ ③

국민권익위원회는 고충처리, 부패방지, 행정심판 등의 기능을 수행하는 행정위원회에 해당한다.

오답 분석 ① · ② 위원회는 복수의 위원이 합의를 통해 의사결정을 하는 합의제 행정기관으로, 결정에 대한 책임도 공유 및 분산되어 있다.

④ 소청심사위원회는 법적 구속력이 있는 결정을 할 수 있는 행정위원회에 해당한다.

PLUS+ 행정위원회

방송통신위원회, 규제개혁위원회, 개인정보보호위원회, 국민권익위원회, 공정거래위원회, 금융위원회, 원자력안전위원회, 중앙노동위원회(고용노동부), 소청심사위원회(인사혁신처), 중앙선거관리위원회, 금융통화위원회, 국가인권위원회

12 난도 ★★☆ ①

의결위원회는 행정위원회 중에서도 결정권만 가지며 집행권은 없는 위원회이다.

오답 분석 ② 공정거래위원회는 행정위원회이지만 공직자윤리위원회는 공직자의 재산등록 및 취업제한 등을 심사 · 결정하기 위한 의결위원회이다.

③ 행정위원회는 관청위원회로 의결권과 집행권을 모두 보유하고 있다.

④ 자문위원회는 막료기관으로 행정기관의 자문에 응하기 위하여 조사 · 분석 또는 일정한 사항을 심의 · 조정 · 협의하는 위원회이며, 의사결정에 있어 법적 구속력이 없다.

PLUS+ 위원회의 유형

유형	개념	의결	집행	사례
자문위원회	자문기능만 수행, 구속력 있는 의결기능은 없음	×	×	노사정위원회
의결위원회	구속력 있는 의결기능만 수행, 집행기능은 없음	○	×	공직자윤리위원회, 징계위원회
행정위원회	구속력 있는 의결기능과 집행기능을 모두 수행	○	○	금융위원회, 공정거래위원회

13 난도 ★☆☆ ②

애드호크라시(Adhocracy)는 문제해결을 위한 다양한 전문가들로 구성된 이질적 집단이며 특별히 정형화된 형태가 존재하지 않는 조직으로 구조적으로 복잡성, 공식화, 집권화의 정도가 낮은 수준이다.

오답 분석 ①·③ 애드호크라시는 탈관료화 현상의 하나로 불확실한 환경에 적합한 조직이므로 창의성과 환경적응성을 특징으로 한다.

④ 애드호크라시는 계층제 형태를 띠지 않기 때문에 오히려 권한과 책임이 모호하여 조직 내 갈등이 발생할 가능성이 높다.

PLUS+ 관료제와 탈관료제의 비교

구분	관료제(Bureaucracy)	탈관료제(Adhocracy)
특징	• 명령·복종관계 • 정당성의 근거는 직위 • 일상적·정형적 조직활동 • 생애적·전임성, 역할의 특정성이 강함 • 폐쇄성(기계적·정태적·경직적 구조)	• 상하 간 자율적·협동적 관계 • 정당성의 근거는 전문지식, 비일상적·비정형적 조직활동 • 직업의 유동성 보장, 역할의 특정성이 약함 • 개방성(유기적·동태적·신축적 구조)
고객관	• 조직과 환경(고객)과의 경직된 경계 • 관중심행정, Fordism(대량생산 – 공급자 중심)	• 고객과 행정의 경계타파(탈경계) – 고객을 동료처럼 대함 • 고객중심행정, Post – Fordism(다품종 소량생산 – 소비자 중심)
구조적 특징	• 좁은 직무범위(엄격하게 규정된 직무) • 표준운영절차(많은 규칙과 규정) • 분명한 책임관계, 계층제 • 낮은 팀워크 • 공식적·몰인간적 대면관계 • 좁은 통솔범위	• 넓은 직무범위 • 적은 규칙·절차 • 모호한 책임관계, 분화된 채널 • 높은 팀워크 • 비공식적 ·인간적 대면관계 • 넓은 통솔범위

14 난도 ★★☆ ②

기계적 관료제는 높은 분화·전문화 수준을 가진다.

PLUS+ 조직유형의 비교

분류		단순구조	기계적 관료제	전문적 관료제	애드호크라시
조정 기제와 구성부분	조정기제	직접통제	업무(작업) 표준화	기술 표준화	상호조절
	구성부분	최고(전략)층	기술구조	핵심 운영층(작업계층)	지원참모
상황요인	역사	신생조직	오래된 조직	가변적	신생조직
	규모	소규모	대규모	가변적	가변적
	기술	단순	비교적 단순	복잡	매우 복잡
	환경	단순, 동태적	단순, 안정적	복잡, 안정적	복잡, 동태적
	권력	최고 관리층	기술관료	전문가	전문가
구조적 특성	전문화	낮음	높음	높음(수평적)	높음(수평적)
	공식화	낮음	높음	낮음	낮음
	통합필요	낮음	낮음	높음	높음
	집권/분권	집권	제한된 수평적 분권	수평·수직적 분권	선택적 분권
	예	신생조직	행정부, 교도소	종합대학, 종합병원	연구소
장·단점	장점	신축성·적응성 높음	효율성 높음	전문성 높음	창의성·적응성
	단점	장기적·전략적 결정 소홀	상하 간 갈등, 환경 부적응	환경 부적응	책임 불분명, 갈등 유발

15 난도 ★★☆ ④

에치오니(A. Etzioni)의 조직목표유형에 사회적 목표는 포함되지 않는다.

PLUS+ 에치오니(A. Etzioni)의 조직 분류

구분	목표	권력 · 관여	예
강제적 지배	질서 목표	소외적(굴종적) 복종	강제수용소, 교도소
보수적 지배	경제적 목표	계산적(타산적) 복종	사기업, 이익단체
규범적 지배	문화적 목표	도의적(규범적) 복종	종교단체, 정당

16 난도 ★★☆ ②

조직체제의 목표달성기능과 관련된 유형은 정치조직이다.

PLUS+ 파슨스(T. Parsons)의 분류

구분	적응기능	목표달성기능	통합기능	현상유지기능
내용	환경에 대한 적응기능을 수행하는 조직	사회체계의 목표를 수립, 진행하는 기능	사회 구성원을 통제하고 갈등을 조정하는 기능	사회체제의 유형 유지 기능
조직 유형	경제적 조직	정치적 조직	통합조직	체제(형상) 유지조직
예	회사 · 공기업 등	행정기관 · 정당 등	사법기관, 경찰 등	학교 · 교회 · 가정 등

17 난도 ★★☆ ①

수평구조는 수직적 계층과 부서 간 경계를 실질적으로 제거하여 개인을 팀 단위로 모아 의사소통과 조정을 용이하게 하고 고객에게 가치와 서비스를 신속히 제공하는 유기적 구조이다.

오답 분석 ② 기계적 조직에서는 엄격한 분업과 계층제, 명확히 규정된 직무로 인하여 권한과 책임이 수직적 · 수평적으로 명확하다.

③ 위원회조직은 위원들 간 합의에 의하여 결정이 이루어지는 합의제로 운영되고 계층제는 하나의 행정관청이 권한을 갖는 독임제로 운영된다.

④ 애드호크라시는 관료제에 비하여 변화에 신속하게 대응할 수 있다는 장점이 있지만 권한과 책임소재 불분명으로 갈등이 발생하는 단점이 있다. 따라서 전통적 관료제 구조를 대체하기보다는 보완 · 공존 관계로 가는 것이 바람직하다.

4 조직행동(행태)론

문제편 p. 051

01	02	03	04	05	06	07	08	09	10
①	④	④	③	①	②	④	①	③	①
11	12	13	14	15	16	17	18	19	20
①	①	④	④	①	②	②	①	③	④
21	22	23	24	25	26				
②	④	③	②	②	④				

01 난도 ★★★ ①

귀인이론의 합의성, 특이성, 일관성 어느 조건에도 적합하지 않은 내용이다.

오답 분석 ② 귀인이론에서 판단대상이 다른 상황에서는 달리 행동하는 정도가 높은 것은 특이성이 높은 상황으로 그 행동의 원인을 외적 요소에 귀인하는 경향이 나타난다.

③ 귀인이론에서 판단대상이 동일한 상황에서 과거와 동일한 행동을 보이는 정도가 높다는 것은 일관성이 높은 상황으로 그 행동의 원인을 내적 요소에 귀인하는 경향이 나타난다.

④ 귀인이론에서 판단대상 외 다른 사람들도 동일한 상황에 대해 동일한 행동을 보이는 정도가 높은 것은 합의성이 높은 상황으로 그 행동의 원인을 외적 요소에 귀인하는 경향이 나타난다.

PLUS+ 켈리(Kelly)의 귀인이론

켈리에 따르면 공변모형(Covariance Model)은 '합의성, 특이성, 일관성'의 세 가지 정보를 토대로 원인 귀속의 방향을 결정한다고 정의한다.

합의성 (Consensus)	특정 행동이 많은 사람들에게 동일하게 나타나는 현상으로 다른 사람들의 결과와 비교를 말한다. 즉, 동일한 상황에 접한 사람들이 동일한 결과를 일으키는지 의미하는 것이다.
특이성 (Distinctiveness)	특정 결과가 특정 이유가 있을 때만 나타나는 것으로 원인이 없으면 결과도 없다는 것을 의미한다.
일관성 (Consistency)	시간과는 상관없이 특정 상황에서는 항상 동일한 행동을 하는 것을 의미한다.

02 난도 ★★☆ ④

투명성은 정부의 의사결정과 집행과정 등 다양한 공적 정보를 외부로 공개하는 것으로 국민의 알권리를 충족하고 행정의 부패를 방지하기 위한 가장 중요한 요소이다.

03 난도 ★☆☆ ④

허즈버그(Herzberg)의 욕구충족요인 이원론에서 성취감은 동기요인에 해당한다.

오답 분석 ①·②·③ 모두 위생요인에 해당한다.

PLUS+ 허즈버그(Herzberg)의 욕구충족요인 이원론

구분	위생요인(불만요인)	동기요인(만족요인)
성격	작업자의 환경범주	사람과 직무와의 관계(직무요인)
예	정책과 관리, 임금, 지위, 안전, 감독, 기술, 작업조건, 조직의 방침과 관행, 개인상호 간의 관계(감독자와 부하, 동료상호 간의 관계) 등	성취감(자아계발), 책임감, 안정감, 인정감, 승진, 직무 그 자체에 대한 보람, 직무충실, 성장 및 발전 등 심리적 요인
위생요인의 제거 또는 동기요인의 충족	손실 예방	생산성 향상
위생요인의 방치	동기요인의 불충족	손실 발생

04 난도 ★☆ ③

존경, 자긍심, 자아실현욕구는 ERG 중 성장욕구(G)에 해당한다.

오답 분석 ① 존재욕구(E)는 생리적욕구, 안전욕구 등과 관련된다.

② 관계욕구(R)는 애정욕구, 존경욕구, 사회적욕구 등과 관련된다.

④ 애정욕구는 ERG 중 관계욕구(R)에 해당한다.

05 난도 ★★☆ ①

욕구를 계층화하고, 계층에 따라 욕구의 발로가 이루어진다고 보는 이론은 앨더퍼의 ERG이론이다. 허즈버그(Herzberg)의 욕구충족요인 이원론은 조직구성원에게 불만을 주는 요인(위생요인)과 만족을 주는 요인(동 기요인)이 상호 독립되어 있다는 것을 제시한 이론이다.

오답 분석 ② 허즈버그의 욕구충족요인 이원론은 불만을 주는 요인과 만족을 주는 요인은 서로 독립되어 있다고 주장한다.

③ 허즈버그의 욕구충족요인 이원론은 내용이론에 해당한다.

④ 작업조건은 위생요인이므로 불만을 해소한다고 하더라도 근무태도에 장기적인 영향을 미치지 않는다.

06 난도 ★☆☆ ②

기대감(Expectancy)은 개인의 노력이 어떠한 성과를 가져다 줄 것이라는 주관적 믿음을 의미한다.

오답 분석 ① 브룸의 기대이론은 동기부여의 과정이론(Process Theory) 중 하나에 해당한다.

③ 수단성(Instrumentality)은 개인의 성과가 보상으로 이어질 수 있을지에 대한 인식이다.

④ 유인가(Valence)는 보상에 대해 갖는 주관적인 선호의 강도를 의미한다.

07 난도 ★★☆ ④

투입한 노력과 보상의 비율이 다른 사람과 비교하여 공평해야 한다는 것은 아담스(Adams)의 공정성이론에 대한 설명이다.

PLUS+ 브룸(Vroom)의 기대이론

- 유의성(Valence): 최종 산출(보상)에 대한 주관적 선호의 강도
- 수단성(Instrumentality): 성과가 바람직한 보상을 가져다 줄 것이라는 믿음
- 기대감(Expectancy): 노력을 투입하면 성과가 있을 것이라는 주관적인 기대감

08 난도 ★★☆ ①

㉠ · ㉡ · ㉢ 브룸(Vroom)의 기대이론, 애덤스(Adams)의 공정성이론, 로크(Locke)의 목표설정이론은 과정이론에 해당한다.

오답 분석 ㉣ · ㉤ 앨더퍼(Alderfer)의 ERG이론, 맥그리거(McGregor)의 X이론 · Y이론은 내용이론에 해당한다.

PLUS+ 동기부여이론 체계

과정이론	기대이론	• Vroom의 기대이론 • Porter & Lawler의 업적만족이론 • Georgopoulos의 통로 · 목표이론
	형평성이론	Adams의 공정성이론
	목표 설정이론	Locke의 목표설정이론
	학습이론	• 고전적 조건강화이론(Pavlov) • 조작적 조건강화이론(Skinner)
내용이론	• Maslow의 욕구계층이론 • Alderfer의 ERG이론 • McGregor의 X · Y이론 • Herzberg의 동기 · 위생요인이론 • Argyris의 성숙 · 미성숙이론 • Likert의 4대 관리체제론 • McClelland의 성취동기이론 • E. Schein의 복잡인 모형 • Hackman & Oldham의 직무특성이론 • Z이론 모형	

09 난도 ★★☆ ③

허즈버그(Herzberg)의 동기-위생이론에서 불만 요인이 제거되는 것은 동기의 감소를 줄여주는 소극적인 요인으로 만족을 보장하는 것은 아니다. 또한 만족 요인이 충족되는 것은 자기실현욕구를 자극하고, 만족을 보장하며, 동기 유발로 작용할 수 있다.

오답 분석 ① 애덤스(Adams)는 형평성이론에서 모든 사람이 공정하게 대접받기를 원한다는 전제에 기초를 두고 있으며 동기부여, 업적의 평가, 만족의 수준 등에서 공정성(공평성)이 중요한 영향을 미친다고 보았다.

② 엘더퍼(Alderfer)는 ERG이론에서 상위 욕구가 만족되지 않거나 좌절될 때 하위 욕구를 더욱 충족시키고자 한다는 좌절 퇴행 접근법을 주장하였다.

④ 핵맨과 올드햄(Hackman & Oldham)의 직무특성이론에 따르면 직무특성을 결정하는 변수로는 기술 다양성, 직무 정체성, 직무 중요성, 자율성, 환류(피드백)가 있다. 이런 요인들은 조직 구성원의 심리 상태에 영향을 주고, 이는 다시 조직 구성원의 업무성과에 영향을 준다.

10 난도 ★★☆ ①

아담스(Adams)의 공정성이론에 따르면 자신의 노력과 보상의 정도가 준거인과 비교하여 불공정하다고 인식할 때 동기가 유발된다.

오답 분석 ② 매클리랜드(McClelland)의 성취동기이론에 따르면 개인들의 욕구는 사회문화와 상호작용하는 과정에서 학습된다.

③ 브룸(Vroom)의 기대이론에서 기대감은 노력 및 능력을 투입하면 성과가 있을 것이라는 것으로, 통상 주관적 확률로 표시된다.

④ 앨더퍼(Alderfer)의 ERG이론에 따르면 상위욕구 충족이 좌절되면 하위욕구를 충족하고자 하는 '좌절-퇴행접근법'이 나타날 수 있다.

11 난도 ★☆☆ ①

허츠버그(F. Herzberg)의 욕구충족 2개 요인 이론을 설명하고 있다. 구성원의 동기유발은 불만을 제거(위생요인)해 주는 것만으로는 어려우며, 동기요인(만족요인)이 충족되어야 비로소 동기유발이 이루어진다고 하였다.

12 난도 ★☆☆ ①

샤인(A.Schein)의 인간관, 합리적 또는 경제적 인간인, 사회적 인간인, 자아실현인, 복잡인은 과정이론이 아닌 내용이론에 해당된다.

13 난도 ★★☆ ④

공직동기이론은 공공부문 구성원들이 고유하게 가지고 있는 동기 또는 내재적 경향에 주목한 이론으로, 성과급 등의 외재적 보상을 가지고 조직성과를 높이려는 신공공관리론에 대한 비판과 반성에서 출발하였다.

오답 분석 ① 공공부문의 종사자들은 민간부문의 종사자들과 다르게 자신의 일을 직업이라기보다는 소명·의무라고 여기며, 대중과 공공의 이익에 봉사하려는 희망에 의해서 동기부여된다.

② 공직동기이론은 국민과 사회, 그리고 국가를 위해 봉사하려는 이타적 동기를 가지고 공익 증진 및 공공의 목표 달성을 위해 헌신적으로 기여하고자 하는 공무원들의 고유한 동기로 정의할 수 있다.

③ 공직동기이론의 대표적 학자인 페리와 와이즈(Perry & Wise)에 따르면 공직 동기를 합리적 차원, 규범적 차원, 감성적(정서적) 차원의 세 가지로 설명했다.

PLUS+ 공공봉사동기의 세 가지 차원

- 합리성 차원: 공직 종사자들도 합리적 계산, 즉 자신의 효용의 극대화라는 이기적 동기로 공직 봉사를 한다는 것이다.
- 규범성 차원: 소수가 아닌 전체 이익에 대한 봉사를 해야 한다는 의무감, 정부는 국민 전체를 위해 존재하기 때문에 복종해야 한다는 의무감, 사회에서 강자보다는 약자에게 좀 더 우호적으로 정책이 실행되어 형평성이나 정의를 실현해야 한다는 의무감 등이 이런 규범성을 구성하는 요소이다.
- 감성적 차원: 이성에 의한 계산이나 의무감보다는 감정적으로 생기는 봉사를 해야겠다는 느낌이 동인이 되는 동기이다.
  예 사회적으로 중요한 정책을 보고 느끼는 감정, 애국가를 부를 때나 국기를 볼 때 생기는 애국심 등

14 난도 ★★★ ④

페리와 와이스(Perry & Wise)는 합리적 차원, 규범적 차원, 정서적(감성적) 차원을 제시하였다.

오답 분석 ① 공공부문 종사자들은 민간부문 종사자들과 달리 공공봉사동기를 갖고 있다고 전제한다.

② 정책에 대한 호감, 공공에 대한 봉사, 동정심 등의 개념으로 구성되어 있고, 이들 각각이 합리적 차원, 규범적 차원, 감성적 차원의 하위 차원에 해당한다고 본다.

③ 공공봉사동기이론에 따르면, 공공봉사동기가 높은 사람을 공직에 충원해야 한다는 주장의 근거가 될 수 있다.

④ 리더와 부하와의 인간관계는 피들러(Fiedler)가 상황적응모형에서 상황요인으로 제시한 요소이다. 피들러는 집단분위기(리더와 부하와의 관계), 과업구조, 직권력(직위권력)의 크기를 상황변수로 들었다.

15 난도 ★★☆ ①

피들러(Fiedler)의 상황적합적 리더십 이론은 리더와 부하의 관계, 직위권한, 과업구조의 세 가지 상황변수 조합에 따라 리더의 상황적 유리성을 설명한다. 부하의 성숙도는 허쉬와 블랜차드(Hersey & Blanchard)의 생애주기 이론에서 설정하는 상황변수이다.

오답 분석 ② 리더에게 유리하거나 불리한 상황인 경우에는 과업지향적 리더십이 효과적이고 중간정도의 상황에서는 관계 지향적 리더십이 효과적이다.

③ 피들러는 가장 좋아하지 않는 동료를 평가하는 LPC 척도의 점수에 따라 리더를 과업 지향적 리더와 관계 지향적 리더로 분류했다.

④ 피들러의 상황적합적 리더십 이론은 리더가 처한 상황에 따라 리더십의 효과성이 달라질 수 있다고 본다.

16 난도 ★★☆ ②

상황이론은 조직이 처한 다양한 상황요인을 중시한 것으로, 리더의 상황 판단 능력을 중시한 학자는 없다.

오답 분석 ① 조직구성원의 심리적·업무적 성숙도는 허쉬와 블랜차드(Hersey & Blanchard)의 생애주기이론에서 상황요인으로 중시한 요소이다. 부하의 성숙도가 낮은 상황에는 과업성 행동이 효과적이고, 부하의 성숙도가 중간 상황에는 관계성 행동이 효과적이다. 부하의 성숙도가 높은 상황에서의 효과적인 리더의 행동은부하에게 대폭 권한을 이양해 주어 부하 스스로 과업을 수행할 수 있도록 배려해 주는 것이다. 이들은 리더의 유형을 지시적, 설득적, 참여적, 위양적 리더로 유형화하였다.

③ 과업의 구조화 또는 비구조화의 정도는 호우스와 에반스(House & Evans)의 경로-목표모형에서 과업환경이라는 상황변수에서 제시한 요소이다. 호우스와 에반스는 부하의 특성과 과업환경을 상황변수로 제시하였다.

17 난도 ★★☆ ②

리더가 부하에게 최종(모든) 책임을 위임하는 것은 방임형에 가깝다. 민주형 리더십은 리더가 구성원에게 권한과 책임을 적절히(일부) 위임하고 부하가 의사결정에 참여하도록 하며, 쌍방향적이고 원활한 의사소통을 특징으로 한다.

오답 분석 ③ · ④ 호우스와 에반스(House & Evans)의 경로-목표 이론에 대한 설명이다.

PLUS+ 경로-목표이론(Path-goal theory)

호우스와 에반스의 경로-목표이론에 의하면 부하는 리더의 행동이 그들의 기대감에 영향을 미치는 정도에 따라 동기가 유발된다. 즉 리더는 부하가 바라는 목표를 받게 해 줄 수 있는 경로가 무엇인가를 명확하게 해줌으로써 부하의 성과를 높일 수 있다는 것이다. 호우스(House)와 에반스(Evans)는 동기부여의 기대이론을 수용하여 리더의 행동(원인변수)이 부하의 행동(결과변수)에 영향을 미치지만, 그 과정에서 부하의 기대감과 유인가가 매개를 하며(매개변수), 아울러 부하의 특성과 작업환경요인이 상황변수로서 영향을 미친다는 것이다.

18 난도 ★★☆ ①

㉠ 서번트(Servant) 리더십은 인간존중을 바탕으로 구성원들의 성장을 도모하면서 목표를 이루어 나갈 수 있도록 환경을 조성하고 도와주는 섬기는 리더십이다.

㉢ 그린리프(Greenleaf)는 서번트 리더십의 핵심요소로 존중, 봉사, 정의, 정직, 공동체 윤리를 강조했다.

오답 분석 ㉡ 보상과 처벌을 핵심 관리수단으로 하는 것은 거래적 리더십이다. 서번트 리더십은 신뢰와 봉사를 핵심 관리수단으로 한다.

㉣ 리더의 최우선적인 역할로 업무를 명확하게 지시하도록 강조하는 리더십은 지시적 리더십이다.

19 난도 ★★☆ ③

변혁적 리더십은 부하에게 새로운 비전을 제시 · 공유하도록 하는 영감적 기능과 새로운 관념을 촉발시키는 지적 자극 등을 구성요소로 한다.

오답 분석 ① 변혁적 리더십은 조직의 안정보다는 적응 및 변화를 강조한다.

② 기계적 조직보다 유기적 구조에 적합하며 개인적 배려를 중시한다.

④ 변혁적 리더십이 아니라 거래적 리더십의 특징에 해당한다.

20 난도 ★☆☆ ④

번스(Burns)의 리더십이론에서 변혁적 리더십은 카리스마적 리더십을 기반으로 하므로 카리스마적 리더십과 중첩되는 측면이 있다.

오답 분석 ① 특성론은 리더가 가져야 할 특성(자질)을 가진 사람들이 훌륭한 리더가 될 수 있다고 보는 이론이다. 하지만 지도자의 자질이 집단의 특성 · 조직목표 · 상황에 따라 완전히 달라질 수 있고, 동일한 자질을 갖는 것은 아니며, 반드시 갖춰야 할 보편적인 자질은 없다고 본다.

② 행태이론은 리더의 행태가 리더십의 효과성을 결정한다는 이론으로, 눈에 보이지 않는 특성보다는 리더의 실제 행동에 초점을 맞춰 연구를 수행한다.

③ 상황론은 효율적인 리더의 행태는 상황적인 요인에 따라 달라진다고 보는 이론이다. 따라서 상황 유형별로 효율적인 리더의 행태를 찾기 위한 연구를 수행한다.

21 난도 ★★☆ ②

강압적 권력은 인간의 공포, 혹여 상사에게 처벌받지 않을까 하는 심리에 기반하여 성립하는 반면 카리스마 개념은 능력이 뛰어난 상사에게 느끼는 동경에 따른 동일시의 심리에 기반한다. 카리스마 개념과 유사한 권력은 준거적 권력이다.

오답 분석 ① 합법적 권력은 조직 내 공식적인 직위에 있는 상사가 권한에 따라 정당하게 권력을 행사할 수 있을 때 성립한다. 즉, 상사가 보유한 직위에 기반하여 성립한다.

③ 전문적 권력은 조직 내 구성원의 전문 지식, 정보에 기반하여 성립한다. 따라서 조직 내 공식적 직위와 관계없이 가질 수 있기 때문에 공식적 직위와 항상 일치하지 않는다.

④ 준거적 권력은 상사가 압도적인 능력을 가지고 있거나 매력을 가지고 있을 때, 이를 닮아가려고 하는 동일시의 심리에 기반하여 성립한다.

22 난도 ★★★ ④

특징부여 프레임은 갈등상대방이 속한 집단과 구성원에 대한 의미부여를 의미하고, 갈등이슈와 관련된 위험수준과 유형에 대한 당사자의 평가는 위험 프레임에 해당한다.

23 난도 ★★☆ ③

대안의 결과를 알고는 있으나 대안 간 비교 결과 어떤 것이 최선의 결과인지를 알 수 없어 발생하는 갈등은 비비교성에 의한 갈등이다.

PLUS+ 사이먼과 마치(Simon & March)의 개인적 갈등의 원인

구분	특징
비수락성 (Unacceptability)	대안의 결과는 알 수 있으나 자신이 만족할 만한 수준의 대안이 없을 때 나타나는 갈등
비비교성 (Incomparability)	대안의 결과는 알 수 있으나 어느 대안이 최선의 대안인지 알 수 없을 때 나타나는 갈등
불확실성 (Uncertainty)	대안의 결과를 예측할 수 없을 때 나타나는 갈등

24 난도 ★★☆ ②

보편주의 대 특수주의는 홉스테드(Hofstede)의 문화의 비교차원이 아니다.

PLUS+ 홉스테드(Hofstede)의 문화차원

- 불확실성 회피
- 권력 거리
- 개인주의 대 집단주의
- 남성성 대 여성성(과업 지향성-인간 지향성)
- 장기 지향성 대 단기 지향성
- 쾌락추구와 절제적중레이더

25 난도 ★★★ ②

홉스테드(Hofstede)는 개인주의가 강한 문화는 집단주의가 강한 문화보다 상대적으로 느슨한 개인 간 관계를 더 중요시한다고 주장하였다.

오답 분석 ① 불확실성 회피는 모호하고 불확실한 상황에 대처하려는 노력의 정도를 말하며 불확실성 회피 정도가 강한 경우 공식적 규정을 많이 만들어 불확실한 요소를 최대한 통제하려 한다.

③ 권력거리는 구성원이 권력의 불평등한 분배를 수용하고 받아들이는 정도를 말하며 권력거리가 큰 경우 제도나 조직 내에 내재되어 있는 상당한 권력의 차이를 자연스럽게 인정한다.

④ 남성성이 강한 문화는 경쟁, 야망, 권력 등 현실적인 경향을 중시하며 대인관계, 배려 등 평등을 중시하는 여성성이 강한 문화보다 상대적으로 남성과 여성에 대한 분명한 차이를 인정하려고 한다.

26 난도 ★☆☆ ④

초기에는 조직문화가 조직의 응집성을 제고하는 순기능을 지니지만 장기적으로 경직성을 띠게 되어 변화와 개혁의 장애요소가 된다.

PLUS+ 조직문화의 순기능과 역기능

순기능	• 조직의 응집력과 일체감을 높여줌 • 일탈행위에 대한 통제 기능을 수행 • 조직의 정체성을 제공 • 조직의 안정성과 계속성에 기여 • 조직몰입도를 증진하여 조직의 생산성을 높임 • 조직구성원 간 모방과 학습을 통한 사회화를 유도
역기능	• 초기에는 조직문화가 조직의 응집성을 제고하는 순기능을 지니지만 장기적으로 경직성을 띠게 되어 변화와 개혁의 장애요소가 됨 • 집단사고의 폐단으로 인해 조직의 유연성과 창의성을 저해함

5 조직발전과 조직관리기법

문제편 p. 057

01	02	03	04	05	06	07	08		
②	④	②	④	④	④	③	④		

01 난도 ★☆☆ ②

㉠ 목표관리제는 상관과 부하직원들의 적극적인 참여를 바탕으로 협의를 통하여 목표를 설정한다.

㉢ 목표관리제는 유동적이고 복잡한 환경보다는 안정적이고 예측 가능한 조직에서 성공 확률이 높다.

오답 분석 ㉡ 목표관리제는 중 · 장기목표보다는 비교적 단기적이고 측정 가능한 목표를 강조한다.

㉣ 목표관리제는 정성적이거나 주관적인 목표가 아닌 구체적이고 계량적인 목표를 강조한다.

02 난도 ★★☆ ④

행정조직의 성과평가는 대체로 전년도를 기준으로 이루어지기 때문에 즉각적인 환류가 어렵다.

오답 분석 ① 목표관리제는 목표성취의 결과를 측정하는 데 치중하기 때문에 사람들이 높은 수준의 목표설정을 회피하여 너무 쉬운 목표를 채택하거나 중요하지 않은 목표를 채택하도록 하는 경향이 있다.

② 성과관리제도는 재정 사업의 목표와 성과지표를 설정하고 지표에 의한 평가 결과를 재정 운영에 반영하는 것으로 성과평가를 통한 합리적이고 과학적인 조직관리이지만 평가 대상자 간의 과열경쟁에 따른 조직 협력의 저하로 조직 전반의 성과수준이 저하될 수 있다.

③ 목표관리제는 개인목표와 조직목표의 통합으로 목표 달성에 유리하게 조직을 재구조화할 수 있고 조직 상하 간 갈등을 해소할 수 있다.

03 난도 ★★☆ ②

WO 전략(방향 전환 전략)은 조직이 스스로의 약점을 최소화하고 기회를 최대한 활용하려는 전략을 말한다.

오답 분석 ① SO 전략(공격적 전략)은 공격적 전략은 조직의 강점과 기회를 모두 극대화하려는 것을 말한다.

③ ST 전략(다양화 전략)은 환경으로부터의 위협에 대처할 수 있는 조직의 강점에 주목하는 전략이다. 즉, 이 전략은 강점을 극대화하고 위협요소를 극소화하는 데 그 목적이 있는 것이다.

④ WT 전략(방어적 전략)은 조직이 처한 약점과 위협요인에 주목하여 이를 최소화하는 것을 말한다.

PLUS+ 전략의 형성(SWOT 매트릭스 활용)

내부요인 \ 외부요인		환경	
		위협(Threats)	기회(Opportunities)
역량	약점(Weakness)	방어적 전략(WT 전략)	방향전환적 전략(WO 전략)
	강점(Strength)	다양화 전략(ST 전략)	공격적 전략(SO 전략)

04 난도 ★★☆ ④

전통적 관리체제는 X이론에 입각한 테일러식의 관리방식으로 구조면에서 중앙집권적 계층구조를 강조하므로 조직의 낮은 성과를 근로자 개인의 책임으로 간주한다. 이에 반해 TQM에서는 분업보다는 수평구조에 의거한 관리방식이므로 낮은 성과의 원인을 근로자에 대한 동기유발과 팀워크 관리를 책임지는 관리자의 책임으로 간주한다.

PLUS+ 전통적 관리와 총체적 품질관리(TQM)의 비교

전통적 관리	총체적 품질관리(TQM)
품질의 수준은 전문가가 이미 설정한 기준에 의해 규정됨	고객의 요구와 기대가 품질의 수준을 규정함
관리전문가들에 의해 미리 설정된 표준을 벗어나지 않는 한 실수와 낭비를 용인함	실수가 용인되는 지점까지 상품이나 서비스를 생산할 수 있는 체제가 될 수 있도록 작업관리과정을 계속적으로 개선하는 데 초점을 둠
품질통제는 상품이나 서비스가 생산되고 난 뒤에 그것을 조사, 평가하는 것	품질통제와 품질보증을 일선관리자에게 권한을 부여함으로써 사전에 이루어질 수 있게 해줌
X이론에 입각한 테일러식의 관리방식으로 구조면에서 중앙집권적 계층질서를 강조	Y이론에 입각한 관리방식으로 구조면에서 보다 분권적이고 수평적인 계층제를 강조하여 수평적인 조직구조를 주장

품질과 생산을 향상시키기 위해 자동차와 컴퓨터 같은 기술진보에 과도하게 의존하려 함	기술진보를 무시하지는 않으나 그보다는 오히려 작고 점증적이기는 하지만 작업이 이루어지는 방법을 지속적으로 향상시킴으로써 얻을 수 있는 수확에 더 중요성을 둠
고객의 요구에 대한 이해가 매우 애매함	내부와 외부고객들의 요구를 이해하고 이를 충족시켜주기 위한 체계적 접근 방법을 활용함
관리자 혹은 전문가들에 의한 문제해결과 의사결정이 구조화·체계화되어 있지 않음 즉, 문제해결과 의사결정이 주로 가정과 직감에 의존하여 이루어짐	사실에 의한 관리를 중시하고 있음 즉, TQM의 경우 문제해결과 의사결정은 정밀한 자료와 과학적 절차를 이용한 사실에 기초하여 이루어짐

05 난도 ★★☆ ④

TQM이 팀이나 조직 단위의 활동을 바탕으로 한다면, MBO는 개인중심의 관리와 활동을 바탕으로 한다.

오답 분석 ① TQM과 MBO 모두 Y이론적 인간관에 기반하고 있다.

② TQM과 MBO 모두 분권화된 조직관리 방식이다.

③ TQM은 고객지향적이고, MBO는 폐쇄모형으로 조직 내부 성과의 효율성에 초점을 둔다.

PLUS+ MBO와 TQM의 비교

구분	본질	지향	초점	안목	보상	중점
MBO	관리 전략	목표 지향 (양)	결과 지향	폐쇄적	개인별 보상	사후관리 (환류·평가)
TQM	관리 철학	고객 지향 (질)	과정 지향	개방적	총체적 헌신	예방적 관리

06 난도 ★★☆ ④

정책 순응도는 고객 관점의 지표에 해당하지만 시민참여, 적법절차, 공개 등은 프로세스 관점의 지표이고, 내부 직원의 만족도 등은 학습과 성장 관점의 지표에 해당한다.

오답 분석 ①·② 균형성과표는 장기와 단기, 재무와 비재무 등의 성과지표를 균형적으로 고려한다.

③ 균형성과표는 재무적 관점, 고객 관점, 프로세스 관점, 학습과 성장 관점을 균형 있게 고려하는 포괄적·통합적 성과관리시스템이다.

PLUS+ 성과측정지표

- 재무관점: 우리 조직은 주주들에게 어떻게 보일까? (매출신장률, 시장점유율, 원가절감률, 자산보유 수준, 재고 수준, 비용 절감액 등)
- 고객관점(외부시각): 재무적으로 성공하기 위해서는 고객들에게 어떻게 보여야 하나? (고객확보율, 고객만족도, 고객유지율, 고객 불만 건수, 시스템 회복시간 등)
- 내부프로세스 관점: 프로세스와 서비스의 질을 높이기 위해서는 어떻게 해야 하나?(전자결재율, 화상회의율, 고객 대응 시간, 업무처리시간, 불량률, 반품률 등)
- 학습 및 성장관점(미래시각): 우리 조직은 지속적으로 가치를 개선·창출할 수 있는가? (성장과 학습지표, 업무숙련도, 사기, 독서율, 정보시스템 활용력, 교육훈련 투자 등)

07 난도 ★☆☆ ③

허시(Hersey)와 블랜차드(Blanchard)는 부하의 성숙도가 높은 경우 부하 주도의 위임형 리더십이 효과적이라고 보았다.

오답 분석 ① 카플란(Kaplan)과 노턴의 균형성과표(BSC)는 기존 재무 중심 지표의 한계를 보완하면서 고객, 내부 프로세스, 재무, 학습과 성장의 네 가지 관점을 제시하였다.

② 민츠버그(Mintzberg)는 조직성장경로모형에서 조직의 5가지 구성 요소로 최고관리층, 중간계선관리층, 작업층, 기술구조, 지원 막료를 제시하였다.

④ 베버(Weber)는 이념형 관료제의 특징으로 권한과 관할 범위의 규정, 계층제적 구조, 문서주의, 비정의성·몰개인성, 관료의 전문화와 전임화, 일반규칙 준수의 원칙 등을 제시하였다.

08 난도 ★★☆ ④

내부프로세스 관점에서는 소통의 도구로 기능하는 데 도움을 주는 관점이므로 개별적인 일처리 방식보다는 통합적인 일처리를 중시한다.

오답 분석 ① 학습·성장 관점은 장기적 관점으로 조직이 보유한 인적자원의 역량, 지식의 축적, 정보시스템의 구축 등과 관련된다. 주로 인적자원에 대한 성과를 포함한다.

② 기존 재무적 관점 중심의 성과관리가 단기적 관점이라면 무형자산에 대한 강조는 성과평가의 시간에 대한 관점을 단기에서 장기로 전환시킨다.

③ 고객관점에서의 성과지표는 시민참여, 적법절차, 내부 직원의 만족도, 정책 순응도, 공개 등이 있다.

PART 4

인사행정론 정답 및 해설

1 인사행정의 기초

문제편 p. 062

01	02	03	04	05	06	07	08	09	10
③	④	④	①	①	③	②	①	②·③	④

01 난도 ★☆☆ ③

공무원의 정치적 기본권을 강화하면 정치적 중립과 기본권인 참정권 등이 제한될 수 있다는 한계가 있다.

오답 분석 ① 정치적 중립과 객관성을 통하여 엽관주의의 문제점을 극복하고 행정의 안전성과 전문성을 제고할 수 있다.

② 공무원은 국민 전체의 봉사자로서 정치적 중립을 지키며 공평무사하게 임해야 하는 신분이다.

④ 공무원의 정치적 중립을 통해 부정선거를 방지하여 공명선거가 가능해지고 이에 따라 민주적 기본질서를 제고할 수 있다.

02 난도 ★☆☆ ④

엽관주의는 정권 교체 시 공직의 대량경질로 인하여 행정의 안정성과 지속성 확보에는 어려움이 있다.

오답 분석 ①·③ 엽관주의는 정당에 대한 충성도와 공헌도를 공직의 임용기준으로 삼는 인사제도를 말하며 행정 민주화와 정당정치 발달에 공헌한다.

② 엽관주의는 정치지도자가 자신이 속한 정당에 정당원을 공직에 임명하므로 정치지도자의 행정 통솔력 강화에 용이하다.

PLUS+ 엽관주의의 장·단점

장점	• 행정 민주화에 기여 • 민주주의의 평등이념 구현 • 정당정치 발달에 공헌 • 정치지도자의 행정 통솔력 강화 • 정책변동에의 대응 유리 • 관료특권화 방지
단점	• 정치적·행정적 부패 초래 • 행정의 비전문성·비능률성 초래 • 행정의 안전성·지속성 저해 • 재정적낭비 초래 • 기회균등의 정신 위배

03 난도 ★★☆ ④

실적주의는 공개경쟁채용시험제도를 통해 공직 임용에 대한 기회균등을 보장한다.

오답 분석 ① 개인의 능력, 적성, 기술을 공직 임용 기준으로 하는 것은 실적주의이다.

② 엽관주의하에서는 집권 정치인들이 고위공직자를 임명하므로 정치지도자의 국정 지도력이 강화된다.

③ 국민에 대한 관료의 대응성을 높일 수 있다는 것은 엽관주의의 장점이다.

04 난도 ★☆☆ ①

공무원의 인적 구성이 사회의 인구학적 특성과 비례가 되도록 해야 한다는 대표관료제는 공직취임에 있어서 실질적 기회균등을 확보하지 못한다는 실적주의 한계를 비판하면서 등장하였다.

오답 분석 ② 엽관주의는 정당에의 충성도와 공헌도를 관직의 임용기준으로 삼는 인사제도로 공무원의 정치적 책임성을 확보할 수 있다는 장점이 있어 오늘날에도 정무직과 별정직 공무원의 경우 엽관주의적 속성이 남아 있다.

③ 엽관주의의 폐해와 급격한 경제발전으로 행정기능이 양적으로 확대되고 질적으로 복잡해짐에 따라 전문성 있는 인력을 확보하려는 실적주의에 정당성이 강화되었다.

④ 엽관주의는 같은 정치이념을 가진 공직자들로 구성되어 정책의 추진과 실현이 용이하고, 정치적 변혁과 정책변동이 유리하다. 또한 공무원들의 충성심이 확보되어 효과적 통솔이 가능하다.

05 난도 ★☆☆ ①

직업공무원제는 개방형이 아니라 폐쇄형을 전제로 한다.

06 난도 ★☆☆ ③

엽관주의의 이론적 정당성은 정당에 의한 행정공무원의 지배이며 민주주의 원리를 실현한다는 데에 있다. 공무원의 임면은 민의와 직결되어야 한다는 이념 때문이다(정치적 책임성 확보, 국민에 대한 대응성).

오답 분석 ① 엽관주의는 선거에서 승리한 정당이 적극적인 지지자에게 대가로 관직을 주는 제도로 정당이 바뀔 때마다 관료가 바뀌기 때문에 행정의 안정성과 계속성을 확보할 수 없다.

② 엽관주의는 충성도에 따라 관직이 배분되므로 행정의 공정성을 확보할 수 없다.

④ 엽관주의는 충성도에 따라 관직이 배분되므로 유능한 인재의 등용을 담보할 수 없고 이를 극복하기 위해 실적주의가 등장하였다.

07 난도 ★☆☆ ②

엽관주의의 폐단을 시정하기 위해 등장한 인사제도는 실적주의이다. 대표관료제는 실적주의의 형식적인 기회균등이 실질적으로 형평성을 달성하지 못하는 문제점을 시정하기 위해 등장한 인사제도이다. 또한 대표관료제에서는 소수집단 우대정책이 결국 출신집단을 기준으로 우대하여 능력 기준을 침해할 수 있기 때문에 역차별의 문제를 초래 할 수 있다.

오답 분석 ① 대표관료제는 소극적 대표가 적극적 대표를 촉진한다는 가정하에 도입된 제도이다.

③ 소극적 대표성은 출신 성분이 관료의 태도를 결정한다는 전제에 근거하여 형식적인 비례분포에 중점을 두는 것으로 관료제의 인적 구성을 강조한다.

④ 우리나라는 균형인사제도를 통해 장애인 · 지방인재 · 저소득층 등에 대한 공직진출 지원을 하고 있다.

08 난도 ★☆☆ ①

엽관주의의 폐단을 시정하기 위해 등장한 것은 실적주의이다. 대표관료제는 영국에서 학력차별을 시정하기 위하여 Kingsley에 의하여 등장하였으며 실질적 기회균등의 적극적 보장 등의 장점으로 우리나라도 대표관료제적 임용정책을 시행하고 있다.

오답 분석 ② 대표관료제는 국민에 대한 대응성과 책임성을 향상시킬 수 있다.

③ 대표관료제는 실질적 기회균등과 형평성을 제고할 수 있으나 역차별과 사회분열의 문제가 발생할 수 있다.

④ 우리나라도 균형인사제도를 통한 양성평등채용목표제, 지방인재채용목표제 등과 같은 대표관료제의 임용정책을 시행하고 있다.

PLUS+ 대표관료제의 특징

정의	사회를 구성하는 모든 주요 집단으로부터 인구비례에 따라 관료를 충원하고, 모든 직무분야와 계급에 비례적으로 배치함으로써 정부관료제가 사회의 모든 계층과 집단에 공평하게 대응하도록 하는 인사제도
기능	• 정부관료제의 대표성 강화 • 내부통제를 강화하는 수단 • 기회균등의 적극적 보장 • 실적주의 폐단 시정 • 행정의 책임성 제고 • 행정의 대응성 향상
비판	• 실적주의 원리를 손상 • 행정의 전문성과 생산성 저하 • 출신성분에 따른 정책선호화의 문제 • 역차별 조장

09 난도 ★★☆ ②·③

② 1999년 설치된 중앙인사위원회는 대통령 소속기관으로 비독립형 합의제 기관이며, 2004년부터는 중앙인사위원회로 통합되어 정부인사 기능이 일원화되었다.

③ 2008년 중앙인사위원회의 폐지 이후 2013년까지 행정안전부를 거쳐 안전행정부로 인사관리기능이 비독립형 단독제 기관으로 통합되어 운영되었다.

10 난도 ★☆☆ ④

행정수반이 인사관리에 직접적인 책임을 지며, 인사기관의 장은 행정수반을 보좌하여 집행업무를 담당하고 행정수반의 지휘 아래 조직을 관장하는 형태는 비독립단독형이다.

오답 분석 ① · ②는 독립합의형, ③은 합의형 기관에 대한 설명이다.

PLUS+ 중앙인사기관의 유형구분

구분	합의형	단독형
독립형	단독형독립형독립합의형 [인사위원회(CSC), 실적제 보호위원회(MSPB)]	독립단독형
비독립형	비독립합의형	독립단독형[인사관리처(OPM), 인사혁신처]

2 공직구조의 형성

문제편 p. 064

01	02	03	04	05	06	07	08	09	10
①	③	④	③	②	②	③	②	③	②
11	12	13	14	15	16	17	18		
②	④	①	①	④	②	④	④		

01 난도 ★★☆ ①

지방의회 전문위원은 일반직 공무원에 해당한다.

오답 분석 ②·③·④ 교육, 경찰, 소방공무원은 모두 특정직 공무원에 해당한다.

02 난도 ★☆☆ ③

감사원법 제19조 제1항에서는 '사무총장은 정무직으로, 사무차장은 일반직으로 한다.'라는 규정을 통해 감사원 사무차장이 일반직 공무원임을 알 수 있다.

오답 분석 ①·②·④ 특정직 공무원으로는 법관, 검사, 외무공무원, 경찰공무원, 소방공무원, 교육공무원, 군인, 군무원, 헌법재판소 헌법연구관, 국가정보원의 직원, 경호공무원과 특수 분야의 업무를 담당하는 공무원으로서 다른 법률에서 특정직 공무원으로 지정하는 공무원이 있다(국가공무원법 제2조 제2항 제2호).

03 난도 ★★☆ ④

경력직 공무원은 실적과 자격에 의하여 임용되고 신분이 보장되는 공무원을 말하며, 일반직과 특정직으로 분류된다.

오답 분석 ① 소방공무원은 경력직 공무원 중 특정직 공무원에 해당한다.

② 국회 수석전문위원은 별정직 공무원에 해당한다.

③ 차관은 정무직이며, 1급에서 3급 공무원까지는 일반직 공무원에 해당한다.

PLUS+ 국가공무원법 제2조(공무원의 구분)

> ② "경력직 공무원"이란 실적과 자격에 따라 임용되고 그 신분이 보장되며 평생 동안(근무기간을 정하여 임용하는 공무원의 경우에는 그 기간 동안을 말한다) 공무원으로 근무할 것이 예정되는 공무원을 말하며, 그 종류는 다음 각 호와 같다.
> 1. 일반직 공무원: 기술·연구 또는 행정 일반에 대한 업무를 담당하는 공무원
> 2. 특정직 공무원: 법관, 검사, 외무공무원, 경찰공무원, 소방공무원, 교육공무원, 군인, 군무원, 헌법재판소 헌법연구관, 국가정보원의 직원, 경호공무원과 특수 분야의 업무를 담당하는 공무원으로서 다른 법률에서 특정직 공무원으로 지정하는 공무원

04 난도 ★★☆ ③

오답 분석 ① 시간선택제전환공무원은 통상적인 근무시간(주 40시간, 일 8시간) 동안 근무하던 공무원이 본인의 필요에 따라 시간선택제근무를 신청하여 근무하는 제도이다(2010년부터 시행 중).

② 시간선택제임기제공무원은 통상적인 근무시간보다 짧은 시간(주당 15시간 이상 35시간 이하의 범위에서 임용권자 또는 임용제청권자가 정한 시간을 말한다)을 근무하는 공무원으로 임용되는 일반임기제공무원 또는 전문임기제공무원이다(공무원임용령 제3조의2 제3호).

④ 한시임기제공무원은 휴직하는 공무원의 업무를 대행하기 위하여 1년 6개월 이내의 기간 동안 임용되는 공무원으로서 국가공무원법 제26조의2에 따라 통상적인 근무시간보다 짧은 시간을 근무하는 임기제공무원이다(공무원임용령 제3조의2 제4호).

05 난도 ★★★ ②

계급 구분과 직군 및 직렬의 분류를 적용하지 아니하는 직위에 임용되는 일반직 공무원인 전문경력관에 대한 설명이다.

오답 분석 ① 소속 장관은 해당 기관의 일반직 공무원 직위 중 순환보직이 곤란하거나 장기 재직 등이 필요한 특수 업무 분야의 직위를 인사혁신처장과 협의하여 전문경력관직위로 지정할 수 있다(전문경력관 규정 제3조 제1항).

③ 전문경력관직위의 군은 직무의 특성·난이도 및 직무에 요구되는 숙련도 등에 따라 가군, 나군 및 다군으로 구분한다(전문경력관 규정 제4조 제1항).

④ 임용권자는 일정한 경우에 전직시험을 거쳐 전문경력관을 다른 일반직 공무원으로 전직시키거나 다른 일반직 공무원을 전문경력관으로 전직시킬 수 있다.

06 난도 ★★☆ ②

소방공무원은 경찰공무원, 군인, 군무원 등과 마찬가지로 특정직 공무원에 해당된다.

오답 분석 ① 일반직 공무원은 경력직 공무원에 속한다.

③ 행정부 국가공무원 중에서 특정직 공무원 수가 일반직 공무원의 수보다 더 많다.

④ 국가정보원 7급 직원은 경력직 공무원 중 특정직 공무원이다.

PLUS+ 공무원의 구분

구분		예
경력직	일반직	행정일반, 연구직, 지도직, 국회전문위원
	특정직	법관, 검사, 외무 · 경찰 · 소방 · 교육공무원(교원), 헌법연구관, 군인, 군무원 및 국가정보원의 직원 등
특수 경력직	정무직	• 대통령, 국회의원, 자치단체장 등 • 감사원장, 헌법재판소장, 국무총리, 대법관 등 • 장관, 차관, 청장, 기타 차관급
	별정직	국회의원 보좌관 · 비서관

07 난도 ★★☆ ③

정무직 공무원이란 장 · 차관 등 정치적으로 임명되는 공무원들로서 정치적 이념에 따라 정책문제를 정의하지만, 직업관료는 직업적 전문성에 따라 정치문제를 바라본다.

PLUS+ 정무직 공무원과 직업관료의 비교

- 정무직 공무원은 재임기간이 짧기 때문에 정책을 단기적으로 바라보고, 직업관료는 신분이 보장되는 만큼 장기적으로 바라보는 경향이 있다.
- 정무직 공무원은 공무원의 행정수반의 정책비전에 따른 변화를 추구하고 직업관료는 제도적 건전성을 통한 중립적 공공봉사를 중시한다.
- 정무직 공무원은 조직 내부의 이익보다 정치적 반응에 민감하고 직업관료는 본인이 소속된 소속기관의 이익을 중시한다.

08 난도 ★★☆ ②

'직급'이란 직무의 종류와 곤란성 · 책임도가 상당히 유사한 직위의 군을 말한다. 직무의 종류가 유사하고 곤란도 · 책임도가 서로 다른 군을 의미하는 것은 직렬이다.

오답 분석 ① 직위란 한 사람의 근무를 필요로 하는 직무와 책임의 양을 말한다.

③ 직류란 같은 직렬 내에서 담당 분야가 같은 직무의 군을 말한다.

④ 직무등급이란 직무의 종류는 다르지만 직무의 곤란도 · 책임도가 유사하여 동일한 보수를 줄 수 있는 직위의 군을 말한다.

09 난도 ★★★ ③

직위분류제는 전체 조직업무를 체계적으로 분업화하고 직무의 종류와 곤란도 · 책임도를 기준으로 직무를 분류하는 직무지향적 분류제도이다. 직무의 특성과 그에 결부된 조직의 구조적 특성을 기준으로 직무를 분류한다. 한 사람의 적정 업무량을 '조직상 위계(계급제)'에서가 아니라 '직무의 종류와 곤란도 · 책임도'를 기준으로 분류한다.

10 난도 ★☆☆ ②

직위분류제는 엄격한 분류구조로 인하여 불확실하고 유동적인 직무 상황에 신속히 대응할 수 없다는 단점이 있다.

오답 분석 ① 직위분류제는 행정의 전문성을 제고하는 데 적합하다.

③ 계급 간 차별이 심하고 승진이 어려운 것은 계급제의 단점이다.

④ 직위분류제는 직무가 종적 · 횡적으로 명확하게 분류되어 있어 직무경계가 명확하다.

11 난도 ★☆☆ ②

우리나라 국가공무원법에는 직위분류제 주요 구성 개념인 '직위, 직군, 직렬, 직류, 직급, 직무등급' 등이 제시되어 있다.

오답 분석 ① 과학적 관리론과 실적제의 발달은 계급제의 쇠퇴와 직위분류제의 발전에 기여했다.

③ 계급제는 공무원 개인의 능력이나 자격을 기준으로 공직분류체계를 형성한다. 이에 비해 직위분류제는 직무의 종류 · 성질 및 직무의 책임도 · 곤란도를 기준으로 공직분류체계를 형성한다.

④ 계급제와 직위분류제는 양립가능하며 우리나라는 계급제를 기반으로 하여 직위분류제를 가미하고 있다.

12 난도 ★★☆ ④

점수법은 계량적인 척도를 도입하면서도 평가가 비교적 쉽고 명료하다는 점에서 가장 널리 이용되고 있는 방법이다. 직무를 구성하는 하위의 여러 요소로 나누어 그 요소별로 가치를 점수화하여 측정한다.

오답 분석 ① 분류법은 전체를 종합적으로 판단하여 미리 정해 놓은 등급기준표와 비교해서 등급을 결정하는 방식이다. 등급기준표라는 비교 기준을 준비하고 있다는 점에서 서열법보다 정교한 방식이지만 아직 계량적 측정을 도입하는 단계에는 이르지 못하고 있다.

② 요소비교법도 점수법과 마찬가지로 직무를 요소별로 계량화하여 측정하는 방식이지만 등급화된 척도에 따라 직무를 평가하는

것이 아니고, 대표가 될 만한 직무들을 선정하여 기준직무로 정해 놓고 각 요소별로 평가할 직무와 기준직무를 비교해 가며 점수를 부여하는 것이다.

③ 서열법은 가장 단순한 방법으로서 직무기술서의 정보를 검토한 후 직무 상호 간에 직무전체의 중요도를 종합적으로 비교해 가는 방식이다. 비계량적인 방법으로 단순기능을 수행하는 작은 규모의 조직에서 사용할 수 있다.

PLUS+ 직무평가기법의 비교

구분	직무평가의 방법			
	서열법	분류법	점수법	요소비교법
비교방법	직무와 직무	직무와 기준표	직무와 기준표	직무와 직무
특징	서열을 전체적으로 평가	등급기준표에 직무를 배치	직무평가기준표에 따른 평가요소별 배점	대표직위의 선정과 요소별 보수액 배분
척도의 형태	서열	등급	요소별 점수	대표직위별 점수
평가방법	비계량적 방법	비계량적 방법	계량적 방법	계량적 방법
평가대상	직무 전체	직무 전체	직무의 평가요소	직무의 평가요소

13 난도 ★☆☆ ①

개방형 인사제도는 외부전문가나 경력자에게 공직의 문호를 개방하여 새로운 지식과 기술, 아이디어를 수용해 공직사회의 침체를 막고 행정의 효율성을 높이는 데 유리한 제도이다.

오답 분석 ② 일반적으로 폐쇄형 인사제도는 계급제에 바탕을 두고 있으며 일반행정가 중심의 인력구조를 선호한다.

③ 폐쇄형 인사제도는 개방형 인사제도에 비해 안정적인 공직사회를 형성함으로써 공무원의 사기를 높이고 장기근무를 장려한다.

④ 폐쇄형 인사제도는 개방형 인사제도에 비해 내부승진과 경력 발전을 위한 교육훈련의 기회가 많다.

14 난도 ★☆☆ ①

직업공무원제는 생활급 중심의 보수체계를 특징으로 한다. 직무급 중심의 보수체계는 직위분류제에 기반한 실적주의의 특징에 해당한다.

오답 분석 ② 직업공무원제는 장기적인 발전 가능성이나 잠재능력을 중요시하므로, 다양한 능력발전의 기회를 부여한다.

③ · ④ 직업공무원제는 폐쇄형 충원방식, 신분보장, 일반행정가 등을 특징으로 한다.

15 난도 ★☆☆ ④

직업공무원제는 공무원의 일체감과 단결심 및 공직에 헌신하려는 정신을 강화하는 데 유리한 제도이다.

오답 분석 ① 직업공무원제는 강력한 신분보장으로 장기 근무를 유도하므로 행정의 연속성과 일관성을 유지할 수 있다.

② 직업공무원제도는 젊고 유능한 인재들이 공직을 보람있는 직업으로 선택하여 일생을 바쳐 성실히 근무하도록 유도하는 인사제도이다.

③ 직업공무원제는 폐쇄적 임용과 지나친 신분보장으로 공무원이 환경적 요청에 민감하지 못하고 특권집단화할 염려가 있다.

16 난도 ★★☆ ②

고위공무원단제도는 기존의 계급이나 연공서열 중심의 인사관리보다는 성과와 책임을 중시하는 제도이다.

오답 분석 ① · ③ · ④ 역량 중심, 성과와 책임 중심, 개방과 경쟁 중심의 인사관리는 모두 고위공무원단제도에서 중시하는 내용이다.

PLUS+ 고위공무원단 핵심요소

개방과 경쟁	개방형 직위 제도, 공모직위 제도 등의 활용
성과와 책임	직무성과계약제, 직무성과급제, 적격성 심사 등의 활용
능력발전	능력발전개별식 · 맞춤형 교육(Action Learning), 역량평가
범정부적 · 통합적 시야	범정부적 통합 관리, 직위공모제 등의 활용

17 난도 ★★☆ ④

직업공무원제도란 공직이 유능하고 인품 있는 젊은 남녀에게 개방되어 매력적인 것으로 여겨지고, 업적과 능력에 따라 명예롭게 높은 지위까지 올라갈 수 있는 기회가 부여됨으로써 공직이 전 생애를 바칠 만한 보람 있는 일로 간주될 수 있는 조치가 마련되어 있는 제도이다. 정치적 중립은 직업공무원제의 기본적인 특징으로 정치적 중립의 강화는 직업공무원제의 단점을 보완하는 것과는 관계가 없다.

오답 분석 ① 직업공무원제는 폐쇄적 임용을 통해 공무원 집단의 보수화를 초래하므로 개방형 인사제도 등을 통하여 보완하여야 한다.

② 직업공무원제는 정년까지 신분을 보장해주는 정규직 공무원제도이므로 이를 보완하기 위해서는 근무기간을 정하여 임용하는 계약제나 임기제공무원 제도를 도입해야 한다.

③ 계급정년제란 일정 기간, 일정 계급에서 승진하지 못하면 강제로 퇴직시키는 제도로 직업공무원제의 단점을 보완하고 공직의 유동성과 개방성을 높이려는 제도이다.

18 난도 ★☆☆ ④

고위공무원단은 국가공무원으로 보하는 지방자치단체 및 지방교육행정기관의 실장 · 국장 및 이에 상당하는 보좌기관이 포함되지만, 지방공무원은 포함되지 않는다.

오답 분석 ① 특수경력직 공무원은 경력직 공무원 외의 공무원을 말하며, 실적주의와 직업공무원제의 적용을 받지 않는다.

② 법관, 검사, 외무공무원, 경찰공무원, 소방공무원, 교육공무원, 군인, 군무원, 헌법재판소 헌법연구관, 국가정보원의 직원 등 특수 분야의 업무를 담당하는 공무원은 특정직 공무원에 해당한다.

③ 특수경력직 공무원인 정무직 공무원은 선거로 취임하거나 임명할 때 국회의 동의가 필요한 공무원과 고도의 정책결정업무를 담당하거나 이러한 업무를 보조하는 공무원으로서 법률이나 대통령령(대통령비서실 및 국가안보실의 조직에 관한 대통령령만 해당한다)에서 정무직으로 지정하는 공무원이 해당한다.

PLUS+ 고위공무원단에 해당하는 공무원

구분	고위공무원단에 포함되는 공무원	고위공무원단에서 제외되는 공무원
직종	• 국가직 • 일반직, 별정직, 임기제 • 특정직 중 외무직	• 지방직 • 정무직 • 특정직 중 경찰, 소방, 군인 등
기관	• 중앙행정기관(소속기관 직위 포함) • 행정부 각급기관(중앙행정기관이 아닌 기관의 실장 · 국장)	• 헌법상 독립기관(국회, 법원, 헌재, 선관위 등) • 감사원(별도의 고위감사공무원단 운영)
정부	• 광역자치단체 행정부지사 · 행정부시장 • 지방교육행정기관 부교육감	• 광역자치단체 정무부지사 · 정무부시장 • 기초자치단체(시 · 군 · 구)의 부단체장

3 임용

문제편 p. 068

01	02	03	04	05	06	07			
②	③	③·④	②	③	③	④			

01 난도 ★★★ ②

시보공무원 역시 국가공무원법 적용을 받는 공무원으로, 시보기간에도 보직을 부여받아 임용예정직의 업무를 수행하며, 적격성 여부를 판단하여 정규공무원으로 임용된다.

오답 분석 ① 시보기간 동안 신분은 보장되지 않으나 공무원의 경력에는 포함된다. 다만, 시보기간 동안 휴직 또는 직위해제, 징계에 의한 정직 또는 감봉처분을 받은 기간은 경력에 포함되지 않는다.

③ 시보기간 중에 직권면직이 된 경우 공무원 임용 결격사유에 해당하지 않는다.

④ 시보공무원은 신분 보장에 제약이 있지만 시보기간이라도 징계처분을 받았을 경우 소청심사를 청구할 수 있다.

PLUS+ 시보임용의 특징

개념	임용후보자에게 임용예정직의 업무를 상당한 기간 실제로 수행할 기회를 주고, 적격성 여부를 판단하는 제도
목적	공직 적격성 판정, 초임자의 적응훈련, 예비적인 실무 습득, 시험, 시험제도의 연장
대상	신규채용되는 5급 이하 공무원(4급 이상부터는 시보 없음)
시보기간	5급은 1년, 6급 이하 및 기능직은 6개월
신분보장의 제약성	시보공무원은 징계처분을 받았을 경우 소청심사를 청구할 수 있다. 그러나 시보임용기간 중에 있는 공무원이 근무성적 또는 교육훈련 성적이 불량한 때에는 면직시키거나 면직을 제청할 수 있으며 이에 대한 소청심사청구는 할 수 없다.

02 난도 ★★★ ③

전보란 같은 직급 내에서의 보직 변경 또는 고위공무원단 직위 간의 보직 변경을 말하며, 이는 같은 직급 내라는 점에서 수평적 인사이동에 해당한다. 또한 전보의 오용과 남용을 방지하기 위하여 임용한 날부터 필수보직기간의 범위를 두고 있다.

> **공무원임용령**
> **제45조(필수보직기간의 준수 등)** ① 임용권자 또는 임용제청권자는 소속 공무원을 해당 직위에 임용된 날부터 필수보직기간(휴직기간, 직위해제처분기간, 강등 및 정직 처분으로 인하여 직무에 종사하지 않은 기간은 포함하지 않는다)이 지나야 다른 직위에 전보(소속 장관이 다른 기관으로 전보하는 경우는 제외한다)할 수 있다. 이 경우 필수보직기간은 3년으로 하되, 정부조직법 제2조 제3항 본문에 따라 실장·국장 밑에 두는 보조기관 또는 이에 상당하는 보좌기관인 직위에 보직된 3급 또는 4급 공무원, 연구관 및 지도관과 고위공무원단 직위에 재직 중인 공무원의 필수보직기간은 2년으로 한다.

오답 분석 ① 겸임은 직위와 직무 내용이 유사하고 담당 직무 수행에 지장이 없다고 인정하면 한 사람에게 둘 이상의 직위를 부여하는 것으로, 그 대상은 경력직 공무원 상호 간이나 경력직 공무원과 대통령령으로 정하는 관련 교육·연구기관, 그 밖의 기관·단체의 임직원 간이다. 겸임의 기간은 2년 이내로 하며 특히 필요한 경우 2년의 범위에서 연장할 수 있다.

> **국가공무원법**
> **제32조의3(겸임)** 직위와 직무 내용이 유사하고 담당 직무 수행에 지장이 없다고 인정하면 대통령령 등으로 정하는 바에 따라 경력직 공무원 상호 간에 겸임하게 하거나 경력직공무원과 대통령령으로 정하는 관련 교육·연구기관, 그 밖의 기관·단체의 임직원 간에 서로 겸임하게 할 수 있다.

> **공무원임용령**
> **제40조(겸임)** ③ 제2항에 따른 겸임기간은 2년 이내로 하며, 특히 필요한 경우 2년의 범위에서 연장할 수 있다.

② 전직은 직렬을 달리하는 임명을 말하며, 이는 직무의 종류가 서로 다른 직렬로의 수평적 이동을 의미한다. 한편 공무원을 전직 임용하려는 때에는 전직시험을 거쳐야 한다. 다만 대통령령 등으로 정하는 전직의 경우에는 시험의 일부나 전부를 면제할 수 있다(국가공무원법 제28조의3).

④ 임용권자는 직제 또는 정원의 변경이나 예산의 감소 등으로 직위가 폐직되거나 하위의 직위로 변경되어 과원이 된 경우 또는 본인이 동의한 경우에는 소속 공무원을 강임할 수 있다(국가공무원법 제73조의4 제1항). 또한 강임된 사람에게는 강임된 봉급이 강임되기 전보다 많아지게 될 때까지는 강임되기 전의 봉급에 해당하는 금액을 지급한다(공무원 보수규정 제6조 제1항).

03 난도 ★★☆ ③ · ④

③ 고위공무원단이나 그에 상응하는 계급으로의 승진은 능력과 경력을 고려하여 고위공무원임용심사위원회의 승진심사를 거쳐 임용 제청한다. 별도의 승진시험은 존재하지 않으며 역량평가를 통해 일정 점수를 넘기지 못하면 통과하지 못한다.

④ 개방형 직위의 범위는 특별시 · 광역시 · 도 또는 특별자치도별로 1급부터 5급까지의 공무원 또는 이에 상응하는 공무원과 시 · 군 및 자치구별로 2급부터 5급까지의 공무원 또는 이에 상응하는 공무원으로 임명할 수 있는 직위 총수의 100분의 10 범위에서 지정한다.

04 난도 ★★☆ ②

정직은 징계처분의 일종으로, 정직 기간 중에는 보수의 전액을 감하도록 되어 있다.

> **국가공무원법**
> **제80조(징계의 효력)** ③ 정직은 1개월 이상 3개월 이하의 기간으로 하고, 정직 처분을 받은 자는 그 기간 중 공무원의 신분은 보유하나 직무에 종사하지 못하며 보수는 전액을 감한다.

오답 분석 ① 직권면직은 일정한 사유에 의하여 직권으로 면직시키는 처분으로 국가공무원법상 징계의 종류에는 규정되어 있지 않다.

③ 국가공무원법 제71조 제1항

> **국가공무원법**
> **제71조(휴직)** ① 공무원이 다음 각 호의 어느 하나에 해당하면 임용권자는 본인의 의사에도 불구하고 휴직을 명하여야 한다.
> 1. 신체 · 정신상의 장애로 장기 요양이 필요할 때
> 2. 삭제
> 3. 병역법에 따른 병역 복무를 마치기 위하여 징집 또는 소집된 때
> 4. 천재지변이나 전시 · 사변, 그 밖의 사유로 생사(生死) 또는 소재(所在)가 불명확하게 된 때
> 5. 그 밖에 법률의 규정에 따른 의무를 수행하기 위하여 직무를 이탈하게 된 때
> 6. 공무원의 노동조합 설립 및 운영 등에 관한 법률 제7조에 따라 노동조합 전임자로 종사하게 된 때

④ 임용권자는 직무수행 능력 부족을 이유로 직위해제된 자에게 3개월의 범위에서 대기를 명할 수 있고, 대기 명령을 받은 자가 그 기간에 능력 또는 근무성적의 향상을 기대하기 어렵다고 인정된 때에는 직권으로 면직시킬 수 있다(국가공무원법 제70조 제1항 제5호).

05 난도 ★☆☆ ③

배치전환은 동일한 계급 · 등급 내에서 보수의 변동 없이 수평적으로 직위를 옮기는 제도이므로 공무원이 한 직위에 오래 근무하지 못하게 되어 전문성이 저하되고 숙련도의 저하로 인해 능률성도 떨어지게 된다.

오답 분석 ① 배치전환은 직위의 수평적 이동을 통해 능력의 정체와 퇴행현상을 방지할 수 있다.

② 배치전환은 직위의 이동으로 직무의 부적응을 해소하고 조직 구성원에게 재적응의 기회를 부여할 수 있다.

④ 배치전환의 단점으로는 정당한 징계절차에 의하지 않고 일종의 징계수단으로 활용될 가능성이 존재한다는 점을 들 수 있다.

06 난도 ★★☆ ③

감봉은 1개월 이상 3개월 이하의 기간 동안 보수의 3분의 1을 감한다.

오답 분석 ① 징계는 파면 · 해임 · 강등 · 정직 · 감봉 · 견책으로 구분한다.

② 정직은 1개월 이상 3개월 이하의 기간으로 하고, 정직 처분을 받은 자는 그 기간 중 공무원의 신분은 보유하나 직무에 종사하지 못하며, 해당 기간 동안 보수의 전액을 감한다.

④ 감사원에서 조사 중인 사건에 대하여는 조사 개시 통보를 받은 날부터 징계 의결의 요구나 그 밖의 징계 절차를 진행하지 못한다(국가공무원법 제83조 제1항).

PLUS+ 징계의 종류

구분	개편	내용	비고
경징계	견책	전과(前過)에 대하여 훈계하고 회개하게 함	직무수행
	감봉	1~3개월의 기간 동안 보수의 1/3을 감하는 처분	
중징계	정직	1~3개월의 기간 동안 보수의 전액을 감하며, 직무수행이 정지됨	직무수행 정지, 신분 보유
	강등	1계급 아래로 직급을 내리고, 3개월간 직무수행이 정지되며 보수의 전액을 감함	
	해임	강제퇴직, 3년간 재임용 불가	신분박탈
	파면	강제퇴직, 5년간 재임용 불가, 퇴직급여의 1/2~1/4 지급 제한	

- 견책~강등까지는 공무원 신분을 보유하고 징계에 불복 시 소청심사 가능하다.
- 해임의 경우 원칙적으로 퇴직급여액은 삭감되지 않으나, 금품 및 향응 수수, 공금의 횡령 · 유용으로 징계 해임된 때에는 퇴직급여액을 삭감할 수 있다.
- 파면의 경우 퇴직급여액이 삭감되며(재직 기간이 5년 이상인 경우 50%, 5년 미만인 경우 25% 삭감), 퇴직수당은 50% 삭감된다.

07 난도 ★★☆ ④

계급정년제도란 일정기간 동안 상위계급으로 승진하지 못하면 자동적으로 강제 퇴직하는 제도로서 군인, 검찰, 경찰 등 일부 특정직의 상위직에 적용하고 있다. 이는 해당 공무원의 신분 불안으로 사기가 저해되고 직업공무원제도를 저해한다는 문제점이 있다.

PLUS+ 계급정년제의 장 · 단점

장점	단점
• 퇴직률의 제고로 공직참여기회 확대 → 관료제의 민주화 • 유동률 적정화로 신진대사 촉진 • 공직의 유동율 제고로 전통적 관료문화 타파 • 무능력자의 도태를 통한 공무원 능력발전 유도 • 정실개입 방지: 직권면직보다 객관적인 추출	• 이직률 조절 곤란: 기계적 적용 시 • 숙련공무원의 인위적 배제로 인한 공직 손실 • 해당 공무원의 신분 불안으로 사기 저하 • 직업공무원 및 실적주의 저해 • 행정의 안정성 · 계속성 저해

4 능력발전

문제편 p. 070

01	02	03	04	05	06	07			
③	③	③	①	③	④	④			

01 난도 ★★☆ ③

제시문은 감수성 훈련에 대한 설명이다. 감수성 훈련은 자신과 타인에 대한 이해를 높이기 위하여 서로 모르는 10명 내외의 소집단을 구성하고, 피훈련자들끼리 자유로운 소통을 통하여 어떤 문제의 해결방안이나 상대방에 대한 이해를 얻도록 하는 교육 방법이다.

오답 분석 ① 역할연기는 어떤 사례를 피훈련자가 여러 사람 앞에서 실제의 행동으로 연기하고, 사회자가 청중들에게 그 연기내용을 비평·토론하도록 한 후 결론적인 설명을 하는 훈련 방법이다.

② 직무순환은 여러 분야의 직무를 경험할 수 있도록 계획된 순서에 따라 여러 직무를 담당하게 하는 방법이다.

④ 프로그램화 학습은 사전에 프로그램화된 학습내용을 단계별로 스스로 배워가는 훈련 방법이다.

02 난도 ★★★ ③

㉡ 역량평가는 다수의 훈련된 평가자가 평가대상자가 수행하는 역할과 행동을 관찰하고 합의하여 평가결과를 도출한다.

㉢ 고위공무원단 역량평가의 대상은 문제인식, 전략적 사고, 성과지향, 변화관리, 고객만족, 조정·통합의 6가지 역량으로 구성되어 있다.

오답 분석 ㉠ 역량은 조직에서 가장 높은 성과를 나타낸 우수성과자의 행동특성과 태도를 의미한다.

㉣ 고위공무원단 후보자 교육과정을 마치고 역량평가를 통과한 3·4급 공무원이 고위공무원단 후보자가 된다.

03 난도 ★★☆ ③

관대화 경향은 하급자와의 불편한 인간관계를 의식하여 평정결과 분포가 전반적으로 우수한 쪽에 집중되는 경향을 말하며, 관대화의 경향을 완화하는 방법으로는 강제배분법(강제할당법)과 서열법을 고려할 수 있다.

오답 분석 ① 일관적·규칙적 오류는 평정자의 기준이 다른 사람보다 높거나낮은 데서 비롯되므로 등급분포비율을 할당하는 강제배분법을 완화방법으로 고려할 수 있다.

② 근접오류는 최근의 실적을 중심으로 평가하는 오류를 말하며 시간적 근접오류를 방지하기 위해 독립된 평가센터, 목표관리제평정, 주요사건기록법 등이 활용된다.

④ 연쇄효과는 한 평정요소에 대한 평정자의 판단이 연쇄적으로 다른 요소의 평정에도 영향을 주는 오류를 말하며 연쇄효과를 완화하기 위한 방식으로 각 평정요소별로 모든 피평정자를 순차적으로 평정하는 방식 등이 있다.

04 난도 ★☆☆ ①

선입견에 의한 오류는 출신지, 학벌, 종교 등에 근거한 편견이 평정에 영향을 미치는 현상을 말한다. 타인을 평가함에 있어 그가 속한 사회 집단에 대한 편견에 근거할 경우 발생한다.

오답 분석 ② 집중화 경향으로 인한 오류란 중간 범위의 점수를 주려고 하는 심리적 경향을 의미한다. 책임회피의 수단으로 아주 높거나 낮은 점수를 부여하지 않는다.

③ 엄격화 경향으로 인한 오류란 평정 결과의 점수 분포가 낮은 쪽에 집중되는 경향을 의미한다. 평정 결과의 점수 분포가 우수한 쪽에 집중되는 경향인 관대화의 오류와는 반대되는 개념이다.

④ 첫머리 효과에 의한 오류란 작업 초반의 실적에 영향을 받는 최초 오류를 말한다. 이는 시간적 오류에 해당하며 종합적이고 전체적인 평정을 하지 못하는 경향이 있다.

05 난도 ★★★ ③

대비오차는 근무성적평정과정에서 발생하는 오류 중 하나로서 평정자가 평정대상자를 다른 평정대상자와 비교함으로써 발생하는 오류를 말한다.

오답 분석 ① 우리나라 공무원의 근무성적평정의 평정요소(평가항목)는 근무실적, 직무수행능력으로 하지만, 소속 장관이 필요하다고 인정할 경우 인사혁신처장이 정하는 범위에서 직무수행 태도 또는 부서 단위의 운영평가 결과를 추가할 수 있다.

② 중요사건기록법은 평정자가 평정대상자의 근무실적에 영향을 주는 중요사건들을 직접 기술하여 평정하는 방법이다.

④ 우리나라의 5급 이하 공무원에게는 근무성적평가제가, 4급 이상 공무원에게는 직무성과계약제가 적용된다.

06 난도 ★☆☆ ④

평가자가 일관성 있는 평정기준을 갖지 못하여 관대화 및 엄격화 경향이 불규칙하게 나타나는 오류는 총계적 오류(Total Error)에 해당한다.

오답 분석 ① 연쇄 효과(Halo Effect)는 후광 효과라고도 한다. 특정 평정요소의 평정이 다른 평정요소에 대한 평정에도 피평정자의 전반적 인상으로 작용하여 영향을 미치는 것 또는 피평정자의 전반적인 인상이 평정에 영향을 미치는 착오이다.

② 규칙적 오류(일관적 착오, Systematic Error)는 한 평정자가 다른 평정자보다 일반적 · 지속적으로 과대 또는 과소평정하는 것을 말한다.

③ 집중화 경향(Central Tendency)은 척도상의 중심점에 집중하여 점수를 주는 경향을 말한다.

07 난도 ★☆☆ ④

공무원 성과평가 등에 관한 규정 제28조 제1항에서 "소속 장관은 소속 공무원에 대한 능력개발 및 인사관리 등을 위하여 해당 공무원의 상급 또는 상위 공무원, 동료, 하급 또는 하위 공무원 및 민원인 등에 의한 다면평가를 실시할 수 있다."고 규정하고 있다.

오답 분석 ① 해당 공무원에게 평가정보를 다각적으로 환류하는 경우에는 동기유발과 능력개발을 유도할 수 있다.

② 다면평가의 결과는 승진, 전보, 성과급 지급 등에 의무적으로 반영되지는 아니하며 참고자료로만 활용될 수 있다.

③ 다면평가 등 우리나라 근무성적평정결과는 해당 공무원에게 공개할 수 있다.

5 공무원의 사기

문제편 p. 072

01	02	03	04	05	06				
②	④	②	②	④	①				

01 난도 ★★☆ ②

제시문은 집약근무형에 대한 설명이다. 집약근무형은 탄력근무제의 유형 중 하나로 1일 8시간에 구애받지 않고 10~12시간 근무하면서 주 3.5~4일 동안 집약해서 근무할 수 있다.

오답 분석 ① 재택근무형은 원격근무제의 유형 중 하나로 정보통신망을 이용하여 사무실이 아닌 자택에서 근무하는 것을 말한다.

③ 시차출퇴근형은 탄력근무제의 유형 중 하나로 1일 8시간을 근무하되 출근 시간을 자율적으로 조정하는 것을 말한다.

④ 근무시간선택형은 탄력근무제의 유형 중 하나로 주 5일 근무는 유지하되 1일 4~12시간으로 조정하여 근무하는 것을 말한다.

02 난도 ★★☆ ④

고충심사위원회가 청구서를 접수한 때에는 30일 이내에 고충심사에 대한 결정을 해야 하며, 중앙고충심사위원회의 결정은 위원 3분의 2 이상의 출석과 출석 위원 과반수의 합의에 따른다.

> **공무원고충처리규정**
> **제7조(고충심사절차)** ① 고충심사위원회가 청구서를 접수한 때에는 30일 이내에 고충심사에 대한 결정을 해야 한다. 다만, 부득이하다고 인정되는 경우에는 고충심사위원회의 의결로 30일의 범위에서 그 기한을 연기할 수 있다.
> **제10조(고충심사위원회의 결정)** ② 중앙고충심사위원회의 결정은 위원(국가공무원법 제9조 제3항에 따라 인사혁신처에 설치된 소청심사위원회의 상임위원과 비상임위원을 말한다) 3분의 2 이상의 출석과 출석 위원 과반수의 합의에 따른다.

오답 분석 ① 중앙고충심사위원회는 5급 이상 공무원 및 고위공무원단에 속하는 일반직 공무원의 고충을 심사하며, 중앙고충심사위원회의 기능은 소청심사위원회에서 관장한다.

② 고충처리대상은 인사 · 조직 · 처우 등 각종 직무조건과 그 밖에 신상문제와 관련한 고충뿐만 아니라 기관 내 성폭력범죄 또는 성희롱 등으로 인한 신상문제까지 광범위하게 인정된다.

③ 소청심사위원회의 결정은 처분청에 대한 법적 기속력이 있지만 고충심사위원회의 결정은 처분청에 대한 법적 기속력이 없으며, 심사 결과 필요하다고 인정되면 처분청이나 관계 기관의 장에게 그 시정을 요청할 수 있다.

> **국가공무원법**
> **제76조의2(고충 처리)** ① 공무원은 인사 · 조직 · 처우 등 각종 직무 조건과 그 밖에 신상 문제와 관련한 고충에 대하여 상담을 신청하거나 심사를 청구할 수 있으며, 누구나 기관 내 성폭력 범죄 또는 성희롱 발생 사실을 알게 된 경우 이를 신고할 수 있다. 이 경우 상담 신청이나 심사 청구 또는 신고를 이유로 불이익한 처분이나 대우를 받지 아니한다.
> ④ 공무원의 고충을 심사하기 위하여 중앙인사관장기관에 중앙고충심사위원회를, 임용권자 또는 임용제청권자 단위로 보통고충심사위원회를 두되, 중앙고충심사위원회의 기능은 소청심사위원회에서 관장한다.
> ⑤ 중앙고충심사위원회는 보통고충심사위원회의 심사를 거친 재심청구와 5급 이상 공무원 및 고위공무원단에 속하는 일반직 공무원의 고충을, 보통고충심사위원회는 소속 6급 이하의 공무원의 고충을 각각 심사한다.
> ⑦ 중앙인사관장기관의 장, 임용권자 또는 임용제청권자는 심사 결과 필요하다고 인정되면 처분청이나 관계 기관의 장에게 그 시정을 요청할 수 있으며, 요청받은 처분청이나 관계 기관의 장은 특별한 사유가 없으면 이를 이행하고, 그 처리 결과를 알려야 한다. 다만, 부득이한 사유로 이행하지 못하면 그 사유를 알려야 한다.

03 난도 ★★☆ ②

소청심사제도는 공무원의 징계처분, 그 밖에 그 의사에 반하는 불리한 처분에 대한 소청의 심사 · 결정 및 그 재심청구사건의 심사 · 결정에 관한 절차이다.

오답 분석 ① 제안자에게는 인사상 특전과 상여금을 모두 지급할 수 있다.

③ 공무원의 고충을 심사하기 위하여 중앙인사관장기관에 중앙고충심사위원회를, 임용권자 또는 임용제청권자 단위로 보통고충심사위원회를 두되, 중앙고충심사위원회의 기능은 소청심사위원회에서 관장한다(국가공무원법 제76조의2 제4항).

④ 성과상여금제도는 공직의 경쟁력을 높이기 위하여 인사와 급여체계를 사람과 연공 중심에서 능력과 성과 중심으로 개편한 것이다.

PLUS+ 고충처리제도와 소청심사제도의 비교		
구분	고충처리제도	소청심사제도
행정소송과의 관계	전심절차가 아님	행정소송의 전심절차
법적 성질	• 행정소송과는 무관한 행정제도 • 처분성 부정	행정소송의 전심절차로서의 특별행정심판
심사의 대상	근무조건 · 처우 등 일상의 모든 신상문제	공무원이 받은 신분상 불이익
관할 행정청	복수기관(중앙인사기관의 장 · 임용권자 등)이 관장	소청심사위원회가 전담
결정의 효력(기속력)	법적 기속력을 갖지 않음	법적 기속력을 가지며, 행정청은 소청심사위원회의 결정에 기속당함
기간제한	없음	있음

04 난도 ★☆☆ ②

연공급은 전문지식이나 능력이 아닌 근속연수를 기준으로 보수를 지급하기 때문에 전문기술인력 확보에 불리하다.

오답 분석 ① 직능급은 직무수행능력(노동력의 가치)에 따라 보수를 지급하므로 자격증 등 능력을 갖춘 유능한 인재의 확보에 유리하다.

③ 직무급은 동일노동에 대한 동일임금을 지급하기 때문에 합리적이고 공평한 보수 책정이 가능하다.

④ 성과급은 직무수행의 결과에 따라 보수를 지급하므로 결과를 중시하며 변동급의 성격을 가진다.

05 난도 ★★☆ ④

퇴직급여의 산정 기준은 전체 재직기간의 평균기준소득월액이다. 평균기준소득월액이란 재직기간 중 매년 기준소득월액을 공무원 보수인상률 등을 고려하여 대통령령으로 정하는 바에 따라 급여의 사유가 발생한 날의 현재가치로 환산한 후 합한 금액을 재직기간으로 나눈 금액을 말한다.

오답 분석 ① 퇴직연금 지급률은 1.9%에서 2035년까지 1.7%로 단계적으로 인하된다.

② 퇴직연금 수급 재직요건은 20년 이상에서 10년 이상으로 완화되었다.

③ 퇴직연금 기여율은 기준소득월액의 7%에서 9%로 단계적으로 인상되었다.

06 난도 ★★☆ ①

연봉제란 호봉제에 대응되는 개념으로, 개인의 능력, 실적, 공헌도에 대한 평가를 바탕으로 연단위의 계약에 의해 임금액이 결정되는 능력 중시형 임금 지급체계이다. '기본연봉(직무급)+성과급'을 지급 받는 직무성과급적 연봉제가 적용되는 공무원은 고위공무원단이다.

오답 분석 ② 1~5급공무원은 성과급적 연봉제를 적용한다.

③ 임기제공무원은 성과급적 연봉제를 적용한다.

④ 정무직 공무원은 고정급적 연봉제를 적용한다.

6 공직부패 및 공직윤리와 행위규범

문제편 p. 074

01	02	03	04	05	06	07	08	09	10
③	②	③	②	①	④	③	②	②	④
11	12								
①	②								

01 난도 ★★☆ ③

㉠ 일탈형 부패는 구조화되지 않은 일시적 부패로서 개인의 윤리적 일탈에 의한 부패로, 뇌물수수, 공금횡령 등이 해당한다.

㉡ 백색 부패는 사회적으로 용인될 수 있는 수준의 부패로서 사회에 심각한 해가 없거나 사익을 추구하려는 의도가 없는 선의의 목적으로 행해지는 부패이다.

㉢ 관행화된 제도적 부패는 공모에 의한 조직 부패라고 볼 수 있는데, 공직자가 죄의식을 느끼지 못하면서 조직의 옹호를 받도록 제도화된 부패이며, 급행료, 병역비리 등이 해당한다.

㉣ 비거래형 부패 혹은 사기형 부패, 내부 부패는 거래하는 상대방이 없이 공무원에 의하여 일방적으로 발생하는 부패로 공금횡령이나 회계부정이 이에 해당한다.

PLUS+ 공직부패에 대한 접근법

기능주의	관료부패를 발전의 종속물 · 부산물로 간주, 국가가 성장하여 어느 정도 발전단계에 들어섰을 때에는 사라지는 자기파괴적인 것으로 간주
후기 기능주의	부패를 '먹이를 먹고 살아가는 유기체'로 규정, 1970년대 이후부터는 다양한 원인을 먹고 사는 하나의 괴물로 파악
도덕적 접근법	부패를 개인의 윤리, 자질 탓으로 돌리는 경우
사회문화적 접근법	특정한 지배적 관습이 관료부패를 조장한다고 보는 입장
제도적(구조적) 접근법	사회의 법과 제도상의 결함이나 운영상의 문제들, 예기치 않았던 부작용들이 부패의 원인으로 작용한다고 보는 입장
체제론적 접근법	부패는 그 나라의 문화적 특성, 제도상의 결함, 구조상의 모순 등 다양한 요인에 의하여 복합적으로 나타난다고 보므로 관료부패를 지엽적이고 부분적인 대응만으로는 억제하기가 어렵다고 보는 입장
권력문화적 분석	공직의 사유관과 권력남용에 의한 부패 유발
정치경제학적 분석	성장이념에 근거한 정치가와 경제엘리트 간의 야합 및 이권개입에 의한 부패유발(정경유착)
거버넌스적 접근법	부패란 정부주도의 독점적이고 일방적 통치에서 비롯된 것이므로 정부 내부적 노력이나 외부통제로는 부패의 척결이 어려우므로 정부와 시민 간 대등한 참여와 상호보완적 감시에 의한 협력적 네트워크에 의하여 해결될 수 있다는 입장

02 난도 ★☆☆ ②

백색 부패에 대한 설명이다. 백색 부패란 사회적으로 용인될 수 있는 수준의 부패로서 사회에 심각한 해가 없거나 사익을 추구하려는 의도가 없는 선의의 목적으로 행해지는 부패이다.

오답 분석 ① 급행료의 지불, 병역비리 등은 제도화된 부패에 해당한다.

③ 일선공무원이 현장에서 저지르는 개인적인 비리는 일탈형 부패이다.

④ 거래를 하는 상대방이 없이 공무원에 의하여 일방적으로 발생하는 부패는 사기형 부패(내부 부패) 또는 비거래형 부패에 해당한다.

03 난도 ★★☆ ③

부정청탁 및 금품 등 수수의 금지에 관련 법률 시행령에 따르면 음식 물은 종전과 마찬가지로 3만 원 이하로 규정되어 있다.

PLUS+ 음식물 · 경조사비 · 선물 등의 가액 범위

- 음식물: 제공자와 공직자 등이 함께하는 식사, 다과, 주류, 음료, 그 밖에 이에 준하는 것 → 3만 원
- 경조사비: 축의금 · 조의금과 축의금 · 조의금을 대신하는 화환 · 조화 → 5만 원
- 선물: 금전, 유가증권, 음식물, 경조사비를 제외한 일체의 물품 → 5만 원(농수산물 및 농수산 가공품은 10만 원)

04 난도 ★★★ ②

공개적으로 공직자 등에게 특정한 행위를 요구하는 행위는 부정청탁 및 금품 등 수수의 금지에 관한 법률을 적용하지 않으므로 이 법에서 금지하는 부정청탁에 해당되지 않는다.

> **부정청탁 및 금품 등 수수의 금지에 관한 법률**
>
> **제5조(부정청탁의 금지)** ① 누구든지 직접 또는 제3자를 통하여 직무를 수행하는 공직자 등에게 다음 각 호의 어느 하나에 해당하는 부정청탁을 해서는 아니 된다.
>
> 3. 모집 · 선발 · 채용 · 승진 · 전보 등 공직자 등의 인사에 관하여 법령을 위반하여 개입하거나 영향을 미치도록 하는 행위
> 5. 공공기관이 주관하는 각종 수상, 포상, 우수기관 선정 또는 우수자 · 장학생 선발에 관하여 법령을 위반하여 특정 개인 · 단체 · 법인이 선정 또는 탈락되도록 하는 행위
> 10. 각급 학교의 입학 · 성적 · 수행평가 · 논문심사 · 학위수여 등의 업무에 관하여 법령을 위반하여 처리 · 조작하도록 하는 행위
>
> ② 제1항에도 불구하고 다음 각 호의 어느 하나에 해당하는 경우에는 이 법을 적용하지 아니한다.
>
> 2. 공개적으로 공직자 등에게 특정한 행위를 요구하는 행위

05 난도 ★★☆ ①

부패행위 신고의무는 부패방지 및 국민권익위원회 설치와 운영에 관한 법률에 규정되어 있다.

오답 분석 ② · ③ · ④ 모두 국가공무원법에 규정된 공무원의 의무이다.

06 난도 ★★☆ ④

빈칸에 들어갈 내용은 차례대로 민주적, 능률적이다.

> **국가공무원법**
>
> **제1조(목적)** 이 법은 각급 기관에서 근무하는 모든 국가공무원에게 적용할 인사행정의 근본 기준을 확립하여 그 공정을 기함과 아울러 국가공무원에게 국민 전체의 봉사자로서 행정의 민주적이며 능률적인 운영을 기하게 하는 것을 목적으로 한다.
>
> **지방공무원법**
>
> **제1조(목적)** 이 법은 지방자치단체의 공무원에게 적용할 인사행정의 근본 기준을 확립하여 지방자치행정의 민주적이며 능률적인 운영을 도모함을 목적으로 한다.

07 난도 ★★☆ ③

공무원이 외국 정부로부터 영예나 증여를 받을 경우에는 대통령의 허가를 받아야 한다(국가공무원법 제62조).

오답 분석 ① 공무원은 소속 상관의 허가 또는 정당한 사유가 없으면 직장을 이탈하지 못한다(국가공무원법 제58조 제1항).

② 공무원은 공무 외에 영리를 목적으로 하는 업무에 종사하지 못하며 소속 기관장의 허가 없이 다른 직무를 겸할 수 없다(국가공무원법 제64조 제1항).

④ 사실상 노무에 종사하는 공무원으로서 노동조합에 가입된 자가 조합 업무에 전임하려면 소속 장관의 허가를 받아야 한다(국가공무원법 제66조 제3항).

08 난도 ★★★ ②

공직자윤리법상 재산등록의무자는 대령 이상의 장교 및 이에 상당하는 군무원이다.

오답 분석 ① · ③ · ④ 모두 공직자윤리법상 재산등록의무자에 해당한다.

> **공직자윤리법**
>
> **제3조(등록의무자)** ① 다음 각 호의 어느 하나에 해당하는 공직자(이하 "등록의무자"라 한다)는 이 법에서 정하는 바에 따라 재산을 등록하여야 한다.
>
> 3. 4급 이상의 일반직 국가공무원(고위공무원단에 속하는 일반직 공무원을 포함한다) 및 지방공무원과 이에 상당하는 보수를 받는 별정직 공무원(고위공무원단에 속하는 별정직공무원을 포함한다)
> 5. 법관 및 검사
> 7. 대령 이상의 장교 및 이에 상당하는 군무원

09 난도 ★★☆ ②

공무원과 공직유관단체의 직원(이하 이 장에서 "취업심사대상자"라 한다)은 퇴직일부터 3년간 다음 각 호의 어느 하나에 해당하는 기관(이하 "취업심사대상기관"이라 한다)에 취업할 수 없다. 다만, 관할 공직자윤리위원회로부터 취업심사대상자가 퇴직 전 5년 동안 소속하였던 부서 또는 기관의 업무와 취업심사대상기관 간에 밀접한 관련성이 없다는 확인을 받거나 취업승인을 받은 때에는 취업할 수 있다(공직자윤리법 제17조 제1항).

10 난도 ★★☆ ④

상벌사항 공개는 공직자윤리법에 규정되어 있지 않다. 공직자윤리법에 규정된 사항은 재산등록 및 공개, 이해충돌회피, 선물수수신고등록, 주식백지신탁, 퇴직자 취업제한, 행위 · 업무취급 제한 등이다.

오답 분석 ① 위원회는 불이익조치 금지 신청을 받은 때에는 바로 공익신고자 등이 받을 우려가 있는 불이익조치가 공익신고 등을 이

유로 한 불이익조치에 해당하는지에 대한 조사를 시작하여야 한다(공익신고자 보호법 제22조 제2항).

③ 재직자는 퇴직공직자로부터 직무와 관련한 청탁 또는 알선을 받은 경우 이를 소속 기관의 장에게 신고하여야 한다(공직자윤리법 제18조의4 제2항).

④ 위원회는 접수된 신고사항을 그 접수일 부터 60일 이내에 처리하여야 한다. 이 경우 신고내용의 특정에 필요한 사항을 확인하기 위한 보완 등이 필요하다고 인정되는 경우에는 그 기간을 30일 이내에서 연장할 수 있다(부패방지 및 국민권익위원회의 설치와 운영에 관한 법률 제59조 제8항).

11 난도 ★☆☆ ①

공직자윤리법에서는 퇴직공직자의 취업제한 및 행위제한 등을 규정하고 있는데 공직자윤리법상 취업심사대상자는 퇴직일부터 3년간 퇴직 전 5년 동안 소속하던 부서 또는 기관의 업무와 밀접한 관련성이 있는 취업제한기관에 취업할 수 없다.

12 난도 ★★☆ ②

공무원 헌장에는 공무원이 실천해야 하는 가치로 공익을 명시하고 있다.

오답 분석 ① 국가공무원법 제1조에서는 '이 법은 각급 기관에서 근무하는 모든 국가공무원에게 적용할 인사행정의 근본 기준을 확립하여 그 공정을 기함과 아울러 국가공무원에게 국민 전체의 봉사자로서 행정의 민주적이며 능률적인 운영을 기하게 하는 것을 목적으로 한다.'라고 규정하고 있다. 공익 추구에 대한 내용은 명시되어 있지 않다.

③ 신공공서비스론에서는 공익을 행정의 부산물이 아닌 궁극적인 목표로 보아야 한다는 점을 강조한다.

④ 공익의 실체설이 아닌 공익의 과정설에 대한 설명이다.

PLUS+ 공무원 헌장

우리는 자랑스러운 대한민국의 공무원이다.
우리는 헌법이 지향하는 가치를 실현하며 국가에 헌신하고 국민에게 봉사한다.
우리는 국민의 안녕과 행복을 추구하고 조국의 평화 통일과 지속 가능한 발전에 기여한다. 이에 굳은 각오와 다짐으로 다음을 실천한다.

1. 공익을 우선시하며 투명하고 공정하게 맡은 바 책임을 다한다.
2. 창의성과 전문성을 바탕으로 업무를 적극적으로 수행한다.
3. 우리 사회의 다양성을 존중하고 국민과 함께 하는 민주행정을 구현한다.
4. 청렴을 생활화하고 규범과 건전한 상식에 따라 행동한다.

미래가 어떻게 전개될지는 모르지만
누가 그 미래를 결정할지는 안다.

– 오프라 윈프리 –

PART 5

재무행정론 정답 및 해설

1 재정과 재정 관련 법

문제편 p. 080

01	02	03	04	05	06	07			
④	④	②	③	④	④	②			

01 난도 ★☆☆ ④

예비타당성조사는 총사업비 500억 원 이상이고 국가의 재정지원규모가 300억 원 이상인 신규사업을 대상으로 한다.

국가재정법

제38조(예비타당성조사) ① 기획재정부장관은 총사업비가 500억 원 이상이고 국가의 재정지원 규모가 300억 원 이상인 신규 사업으로서 다음 각 호의 어느 하나에 해당하는 대규모사업에 대한 예산을 편성하기 위하여 미리 예비타당성조사를 실시하고, 그 결과를 요약하여 국회 소관 상임위원회와 예산결산특별위원회에 제출하여야 한다. 다만, 제4호의 사업은 제28조에 따라 제출된 중기사업계획서에 의한 재정지출이 500억 원 이상 수반되는 신규 사업으로 한다.

1. 건설공사가 포함된 사업
2. 지능정보화 기본법 제14조 제1항에 따른 지능정보화 사업
3. 과학기술기본법 제11조에 따른 국가연구개발사업
4. 그 밖에 사회복지, 보건, 교육, 노동, 문화 및 관광, 환경 보호, 농림해양수산, 산업 · 중소기업 분야의 사업

02 난도 ★☆☆ ④

경제협력, 해외원조를 위한 지출을 예비비로 충당해야 할 우려가 있는 경우는 추가경정예산안 편성이 가능한 사유에 해당하지 않는다.

오답 분석 ① · ② · ③ 국가재정법 제89조상 추가경정예산안 편성이 가능한 사유에 해당한다.

국가재정법

제89조(추가경정예산안의 편성) ① 정부는 다음 각 호의 어느 하나에 해당하게 되어 이미 확정된 예산에 변경을 가할 필요가 있는 경우에는 추가경정예산안을 편성할 수 있다.

1. 전쟁이나 대규모 재해(재난 및 안전관리 기본법 제3조에서 정의한 자연재난과 사회재난의 발생에 따른 피해를 말한다)가 발생한 경우
2. 경기침체, 대량실업, 남북관계의 변화, 경제협력과 같은 대내 · 외 여건에 중대한 변화가 발생하였거나 발생할 우려가 있는 경우
3. 법령에 따라 국가가 지급하여야 하는 지출이 발생하거나 증가하는 경우

03 난도 ★★☆ ②

(가) 정부는 매년 해당 회계연도부터 5회계연도 이상의 기간에 대한 재정운용계획을 수립하여야 한다(국가재정법 제7조).

(나) 기획재정부장관은 다음연도의 예산안편성지침을 매년 3월 31일까지 각 중앙관서의 장에게 통보하여야 한다(국가재정법 제29조).

(다) 기획재정부장관은 국가결산보고서를 4월 10일까지 감사원에 제출하여야 한다(국가재정법 제59조).

(라) 예산과정의 순기(順氣)란 예산이 시작되어 종료되기까지 네 과정이 모두 완료되는 기간을 말하며 우리나라의 경우 예산주기는 통상 3년이다.

PLUS+ 국가재정법

제7조(국가재정운용계획의 수립 등) ① 정부는 재정운용의 효율화와 건전화를 위하여 매년 해당 회계연도부터 5회계연도 이상의 기간에 대한 재정운용계획(이하 "국가재정운용계획"이라 한다)을 수립하여 회계연도 개시 120일 전까지 국회에 제출하여야 한다.

제29조(예산안편성지침의 통보) ① 기획재정부장관은 국무회의의 심의를 거쳐 대통령의 승인을 얻은 다음 연도의 예산안편성지침을 매년 3월 31일까지 각 중앙관서의 장에게 통보하여야 한다.

제59조(국가결산보고서의 작성 및 제출) 기획재정부장관은 국가회계법에서 정하는 바에 따라 회계연도마다 작성하여 대통령의 승인을 받은 국가결산보고서를 다음 연도 4월 10일까지 감사원에 제출하여야 한다.

04 난도 ★★★ ③

지방의회 예산안 심의 결과, 폐지되거나 감액된 지출항목에 대해서는 예비비를 사용할 수 없다.

오답 분석 ①·②·④ 모두 지방재정법 제43조에 규정된 내용이다.

> **지방재정법**
> **제43조(예비비)** ① 지방자치단체는 예측할 수 없는 예산 외의 지출 또는 예산 초과 지출에 충당하기 위하여 일반회계와 교육비특별회계의 경우에는 각 예산 총액의 100분의 1 이내의 금액을 예비비로 예산에 계상하여야 하고, 그 밖의 특별회계의 경우에는 각 예산 총액의 100분의 1 이내의 금액을 예비비로 예산에 계상할 수 있다.
> ② 제1항에도 불구하고 재해·재난 관련 목적 예비비는 별도로 예산에 계상할 수 있다.
> ③ 지방자치단체의 장은 지방의회의 예산안 심의 결과 폐지되거나 감액된 지출항목에 대해서는 예비비를 사용할 수 없다.

05 난도 ★★☆ ④

우리나라는 예산의결주의에 근거하여 예산과 법률이 형식과 성립요건이 달라 상호 수정이나 개폐가 불가능하다고 본다.

오답 분석 ① 조세법률주의에 근거하여 조세의 종목과 세율은 법률로 정한다(대한민국헌법 제59조).

② 확정법률이 정부에 이송된 후 5일 이내에 대통령이 공포하지 아니할 때에는 국회의장이 이를 공포한다(동법 제53조).

③ 예산은 국회가 심의하고 의결로 확정함으로써 효력을 가지며, 공포는 불필요하다.

06 난도 ★★☆ ④

국고채무부담행위는 국가가 법률에 따른 것과 세출예산금액 또는 계속비의 총액의 범위 안의 것 외에 채무를 부담하는 행위를 말하는 것으로 이런 행위를 하고자 하는 때에는 미리 예산으로서 사전에 국회의 의결(승인)을 얻어야 한다(국가재정법 제25조).

오답 분석 ① 예비비에 대한 설명이다.

② 계속비에 대한 설명이다.

③ 명시이월비에 대한 설명이다.

07 난도 ★☆☆ ②

정부기업예산법에서 4대 정부기업(우편사업, 우체국예금사업, 양곡관리사업, 조달사업)의 운용에 관한 사항을 규정하고 있다.

> **PLUS+ 정부기업예산법**
>
> 정부기업예산법은 정부기업(기업형태로 운영하는 정부사업)별로 특별회계를 설치하고, 그 예산 등의 운용에 관한 사항을 규정함으로써 정부기업의 경영을 합리화하고 운영의 투명성을 제고함을 목적으로 한다. 정부기업예산법은 국가재정법에 근거하여 정부기업에 적용되는 법률로서, 책임운영기관특별회계기관도 적용을 받는다.

2 예산과 예산결정

문제편 p. 082

01	02	03	04	05	06	07	08	09	10
④	②	③	②	③	②	②	③	①	③
11	12	13	14	15	16				
②	①	②	①	①	③				

01 난도 ★★☆ ④

머스그레이브(Musgrave)는 예산의 재정적 기능을 제시한 학자로 예산의 재정적 기능에는 자원배분기능, 소득재분배기능, 경제안정기능이 있다. 통제 기능은 머스그레이브가 제시한 기능에 포함되지 않는다.

오답 분석 ① 자원배분의 효율화 기능에 대한 설명이다.
② 소득분배의 공평화 기능에 대한 설명이다.
③ 거시경제의 안정화 기능에 대한 설명이다.

02 난도 ★★☆ ②

예산과 법률은 별개이므로 예산으로 법률을, 법률로 예산을 변경할 수 없다.

오답 분석 ① 법률안에 대한 대통령의 거부권은 인정되지만, 예산안에 대해서는 거부권을 행사할 수 없다.
③ 예산안은 정부만이 편성하여 제출할 수 있다.
④ 예산안의 의회 수정은 삭감에 있어 자유롭지만, 예산을 증액하거나 새 비목을 설치하는 경우에는 정부의 동의를 얻어야 한다.

PLUS+ 예산과 법률의 비교

구분		예산	법률
성립 절차	제출권자	정부	정부와 국회
	제출기한	회계연도 개시 120일 전	제한 없음
	심의기한	회계연도 개시 30일 전	제한 없음
	심의범위	정부동의 없이 증액 및 새 비목 설치 불가	자유로운 수정 가능
	거부권 행사	대통령의 거부권 행사 불가	대통령의 거부권 행사 가능
	공포	공포 불요, 의결로 확정	공포해야 효력 발생
효력	시간적 효력	회계연도에 국한	폐지 전까지 계속적 효력 발생
	대인적 효력	국가기관만 구속	국가기관과 국민 모두 구속
	지역적 효력	국내 · 외 효력 발생	원칙상 국내만 효력 발생
	형식적 효력	예산으로 법률 개폐 불가	법률로 예산변경 불가

03 난도 ★★☆ ③

세입과 세출 내역의 명시적 나열은 명료성의 원칙과 관련되며, 명료성의 원칙에 대한 예외로는 총괄예산 등이 있다.

오답 분석 ① 사전의결의 원칙이란 회계연도 개시 전 국회의 의결을 받아 예산이 확정되어야 한다는 것으로 예외로는 준예산, 전용 및 이체, 사고이월, 대통령 긴급명령권 등이 있다.
② 통일성의 원칙(국고통일주의 원칙)은 특정한 세입과 특정한 세출을 직접 연결시켜서는 안 된다는 원칙이다. 예외로는 목적세, 수입대체경비, 특별회계, 기금 등이 있다.
④ 완전성의 원칙(예산총계주의의 원칙)은 국가의 모든 수입과 지출이 예산과목에 계상(편성)되어야 한다는 것을 말한다. 예외로는 순계예산, 수입대체경비, 전대차관, 기금, 현물출자 등이 있다.

04 난도 ★★☆ ②

특별회계와 기금은 단일성과 통일성의 원칙의 예외에 해당한다. 예산총계주의 원칙의 예외에는 수입대체경비, 현물출자, 전대차관 등이 있다.

오답 분석 ① 일반회계는 조세수입 등을 주요 세입으로 하여 국가의 일반적인 세출에 충당하기 위하여 설치한다(국가재정법 제4조 제2항).
③ 우리나라는 일반회계, 특별회계, 기금 모두 국회로부터 결산의 심의 및 의결을 받아야 한다.
④ 정부는 전쟁이나 대규모 재해가 발생한 경우 예산에 변경을 가할 필요가 있으면 추가경정예산을 편성할 수 있다.

> 국가재정법
> **제89조(추가경정예산안의 편성)** ① 정부는 다음 각 호의 어느 하나에 해당하게 되어 이미 확정된 예산에 변경을 가할 필요가 있는 경우에는 추가경정예산안을 편성할 수 있다.
> 1. 전쟁이나 대규모 재해(재난 및 안전관리 기본법 제3조에서 정의한 자연재난과 사회재난의 발생에 따른 피해를 말한다)가 발생한 경우

05 난도 ★★☆ ③

기금은 합목적성 차원에서 특별회계 예산보다 자율성과 탄력성이 강하다.

오답 분석 ① 기금은 국가가 특정한 목적을 위하여 특정한 자금을 신축적으로 유지할 필요가 있을 때 법률로써 설치하며, 예산외로 운영할 수 있는 자금이다. 따라서 특정 수입과 지출의 연계가 강하다.

② 특별회계는 특정한 목적을 위해 세입과 세출을 일반회계와 별도로 구분 · 경리하는 예산이다. 따라서 일반회계와 마찬가지로 세입과 세출의 운영 체계를 갖는다.

④ 특별회계와 기금 모두 결산서를 국회에 제출하여 심의 · 의결을 받아야 한다.

06 난도 ★★☆ ②

지문은 조세가 아니라 국공채의 특성과 장점을 설명한 것이다. 국공채는 내구성이 큰 투자사업의 경비를 조달하기에 적합하며 사업이나 시설로 인해 편익을 얻게 될 후세대도 비용을 분담하기 때문에 세대 간 공평성을 높일 수 있다는 점에서 조세와 다르다.

오답 분석 ① 벌금이나 과태료에 비교한 조세의 특성에 대한 설명이다.

③ 수수료나 수익자부담금에 비교한 조세의 특성에 대한 설명이다.

④ 공기업수입, 재산수입, 기부금 등과 비교한 조세에 대한 설명이다.

07 난도 ★☆☆ ②

우리나라는 중앙정부차원에서 2011년 회계연도부터 조세지출예산제도를 도입하여 시행하고 있으며, 지방정부 역시 2010년 회계연도부터 지방세지출예산제도를 도입하여 시행하고 있다.

08 난도 ★★☆ ③

성인지예산제도는 성 중립적(Gender Neutral) 관점에 기반한 제도가 아니라, 성 주류화(Gender Mainstreaming)의 입장 및 성인지적 관점에 기반하고 있다.

오답 분석 ① 정부는 여성과 남성에게 미칠 영향을 미리 분석한 보고서(성인지예산서)를 작성하여야 하며, 여성과 남성이 동등하게 예산의 수혜를 받고 예산이 성차별을 개선하는 방향으로 집행되었는지를 평가하는 보고서(성인지결산서)를 작성하여야 한다(국가재정법 제26조, 제57조).

② 정부는 기금이 여성과 남성에게 미칠 영향을 미리 분석한 보고서(성인지 기금운용계획서)를 작성하여야 한다(동법 제68조의2).

④ 성인지예산은 남녀평등예산제도라 하며 세입뿐만 아니라 세출에 관해서도 차별철폐를 추구한다.

09 난도 ★★☆ ①

우리나라의 성인지 예산제도는 2010회계연도부터 도입되었다.

오답 분석 ② 성인지예산제도의 목적은 예산이 여성과 남성에게 미치는 영향을 분석하여 양성평등을 지원하는 것이다.

③ 성인지예산제도는 1984년 호주에서 처음 도입되었다.

④ 우리나라의 성인지예산제도는 기금사업에도 적용되고 있다.

10 난도 ★☆☆ ③

예산의 성립을 기준으로 볼 때 시기적으로 빠른 것부터 나열하면 수정예산, 본예산, 추가경정예산의 순으로 구분된다. 수정예산은 본예산이 의결되기 전에 수정하여 제출한 예산을 말하고, 추가경정예산은 본예산이 의결된 후에 추가 또는 변경하여 제출한 예산을 말한다.

PLUS+ 예산 성립시기에 따른 구분

구분	내용
수정예산	정부가 국회에 제출한 본예산안에 대하여 의결되기 전에 다시 수정하여 제출한 예산
본예산(당초예산)	당초에 국회의 의결을 얻어서 확정 · 성립된 예산
추가경정예산	예산이 국회에서 의결된 이후에 새로운 사정으로 인하여 본예산에 추가 또는 변경을 가하는 예산
준예산	새로운 회계연도가 개시될 때까지 예산이 국회에서 의결되지 못한 경우, 의회의 승인 없이 전년도 예산에 준하여 경비를 지출할 수 있는 예산

11 난도 ★☆☆ ②

우리나라의 준예산은 국회의 의결을 필요로 하지 않는 제도이다.

오답 분석 ① 준예산은 예산안이 회계연도 개시일까지 의결되지 못한 경우에 활용되며, 일정한 경비를 전년도에 준하여 지출할 수 있는 제도이다.

③ · ④ 헌법 제54조 제3항

헌법

제54조 ③ 새로운 회계연도가 개시될 때까지 예산안이 의결되지 못한 때에는 정부는 국회에서 예산안이 의결될 때까지 다음의 목적을 위한 경비는 전년도 예산에 준하여 집행할 수 있다.

1. 헌법이나 법률에 의하여 설치된 기관 또는 시설의 유지 · 운영
2. 법률상 지출의무의 이행
3. 이미 예산으로 승인된 사업의 계속

12 난도 ★★☆ ①

㉠ 준예산은 회계연도 개시 전까지 예산이 의결되지 않을 경우 즉, 예산 불성립 시에 편성하는 예산이다.

㉡ 본예산은 매 회계연도 개시 전에 국회의 심의 · 의결을 거쳐 성립되는 예산으로서 새로운 회계 연도를 위해 최초로 성립된 예산이다.

오답 분석 ㉢ 추가경정예산은 본예산과 별개로 성립하지만, 본예산의 항목과 금액을 추가 · 수정하는 것이기 때문에 일단 성립되면 본예산에 흡수되어 양자를 합산하여 전체로서 집행한다. 따라서 결산 심의 역시 본예산에 포함되어 함께 이루어진다.

㉣ 우리나라는 1948~1960년(제1공화국) 기간 동안 가예산을 사용한 적이 있으나 잠정예산제도를 채택한 적은 없다.

13 난도 ★☆☆ ②

예산의 조직별 분류는 예산지출의 목적(대상)과 효과가 불분명하여 파악하기 어렵다는 단점이 있다.

PLUS+ 예산 분류별 장 · 단점

종류	장점	단점
조직별 분류	• 국회의 예산심의에 의의가 있는 방법 • 회계책임 명확 • 입법부의 재정통제 용이	• 지출의 목적 · 효과 불분명 • 국가경제의 동향 파악 곤란 • 국가사업의 우선순위 파악 곤란
품목별 분류	• 입법부의 행정통제 용이 • 회계책임 명확 • 인사관리에 유용한 정보 제공 • 회계검사 용이	• 국가사업의 우선순위 파악 곤란 • 지출의 목적 이해 곤란 • 예산의 신축성 저해 • 국민경제의 동향 파악 곤란
기능별 분류	• 행정부의 사업계획 수립에 용이 • 입법부의 예산심의 용이 • 예산집행의 신축성, 지출의 효율성 • 정부활동의 이해 용이 • 국가사업의 우선순위 명확	• 대항목은 어느 한 부처의 예산만 다룰 수는 없음 • 회계책임 불명확 • 공공사업을 별개의 범주로 삼지 않음 • 정부활동사업의 중복 • 일반행정비는 가능한 적게 책정

14 난도 ★☆☆ ①

세입예산은 관 · 항 · 목으로 구분하고 세출예산은 장 · 관 · 항 · 세항 · 목으로 구분한다.

15 난도 ★☆☆ ①

욕구체계이론은 예산이론과는 관계가 없으며 동기부여이론 중 욕구이론과 연관된다.

오답 분석 ② 다중합리성 모형은 예산단계별(세입, 세출, 균형, 집행, 과정)로 복수의 서로 다른 합리성이 지배한다고 보는 예산이론이다. 다중합리성 이론은 예산결정조직에 다양한 합리성 존재하며 이는 다양한 가치 반영, 이들이 상호작용하는 특징이 있다고 본다. 예산과정에서 예산결정자와 예산결정조직이 경제적 합리성이라는 하나의 기준이 아닌 다양한 합리성을 추구할 수 있음을 강조한다.

③ 단절균형모형은 균형상태가 지속되다가 어떤 조건하에서 단절적인 변화 발생하고 다시 균형상태가 지속된다고 본다. 예산은 점증적으로 진행되는 것이 아니라 단절을 겪은 후에 다시 균형을 이루어나간다는 이론이다.

④ 점증주의는 예산이 항상 전년 대비 일정한 비율로 계속 늘어나는 경향이 있다는 이론으로 총체주의와 상반된 이론이다.

16 난도 ★★☆ ③

다수의 참여자들 간 고리형의 상호작용을 통한 합의를 중시하는 모형은 합리주의가 아니라 점증주의이다.

오답 분석 ① 점증주의는 기득권익을 옹호하고 변화에 적응력이 취약하여 보수적이고 현상유지적 성향이 강하다.

② 예산 등 자원의 한계가 있는 경우 소수기득권층의 이익을 우선 반영하여 불평등을 초래할 수 있다.

④ 재정의 부족으로 근본적 감축이 필요할 경우 점증주의 예산은 한계를 가져올 수밖에 없다.

3 예산과정론

문제편 p. 085

01	02	03	04	05	06	07	08	09	10
④	③	③	③	②	①	①	③	②	④
11	12	13	14	15	16				
②·④	④	②	②	③	①				

01 난도 ★★☆ ④

감사원의 2021년도 예산에 대한 결산검사보고서의 작성은 2022년도에 이루어지므로 2021년도에는 볼 수 없다.

오답 분석 ① 2022년도 예산에 대한 예산요구서는 2021년 5월 31일까지 기획재정부장관에게 작성 및 제출되어야 한다.

② 2021년도 예산에 대한 예산배정은 당해연도인 2021년도에 이루어진다.

③ 2022년도 예산안에 대한 대통령의 국회 시정연설은 전년도인 2021년도 정기국회에서 이루어진다.

02 난도 ★★★ ③

국가재정운용계획은 정부예산안 제출 시 국회에 함께 제출되고 있으나, 예산은 국회 심의 · 의결로 확정되는 반면, 국가재정운용계획은 기획재정부의 최종 결정으로 확정되는 행정내부계획으로 볼 수 있으므로 국회의 심의를 받지 않는다.

오답 분석 ① · ② 정부는 재정운용의 효율화와 건전화를 위하여 매년 해당 회계연도부터 5회계연도 이상의 기간에 대한 재정운용계획을 수립하여 회계연도 개시 120일 전까지 국회에 제출하여야 한다(국가재정법 제7조 제1항).

④ 국가재정운용계획은 예산의 단년도 시계를 넓혀 중 · 장기적 시각에서 재원을 전략적으로 배분하는 것이다.

PLUS+ 국가재정운용계획의 수립절차

기획재정부의 지침통보 → 의견수렴 → 자료제출 요청 및 협의 → 최종 수립을 위한 중앙관서장과의 협의 → 국회 소관 상임위 보고 → 국회제출

03 난도 ★★★ ③

총액배분 · 자율편성제도가 도입됨으로써 각 부처의 의견을 존중하지만 기획재정부의 예산사정 작업은 과거와 같다. 5월 31일까지 각 중앙관서와 기금관리주체의 예산 요구서와 기금운영계획안이 기획재정부에 제출되면 6월부터 본격적인 조정 작업이 시작된다.

04 난도 ★★☆ ③

준예산은 회계연도 개시 전까지 예산안이 의결되지 못한 경우 헌법에 규정된 일정한 범위의 경비만을 전년도 예산에 준하여 집행할 수 있는 예산을 말한다.

> **헌법**
> **제54조** ③ 새로운 회계연도가 개시될 때까지 예산안이 의결되지 못한 때에는 정부는 국회에서 예산안이 의결될 때까지 다음의 목적을 위한 경비는 전년도 예산에 준하여 집행할 수 있다.
> 1. 헌법이나 법률에 의하여 설치된 기관 또는 시설의 유지 · 운영
> 2. 법률상 지출의무의 이행
> 3. 이미 예산으로 승인된 사업의 계속

오답 분석 ① 헌법 제57조

② 정부는 감사원의 세출예산요구액을 감액하고자 할 때에는 국무회의에서 감사원장의 의견을 들어야 한다(국가재정법 제41조).

④ 국회는 결산에 대한 심의 · 의결을 정기회 개회 전까지 완료하여야 한다(국회법 제128조의2).

05 난도 ★★☆ ②

연도별 재정규모, 분야별 · 부문별 지출의 한도제는 중앙예산기관인 기획재정부의 권한이며, 기획재정부에서 정한 지출의 한도 내에서 중앙부처는 자율적으로 예산을 편성한다.

PLUS+ 총액배분 · 자율편성제도의 도입효과

- 주어진 지출한도 내에서 부처가 예산을 편성하므로 부처의 과다요구와 중앙예산기관의 대폭삭감이라는 불합리한 관행이 개선될 수 있다.
- 각 부처는 우선순위가 높은 사업 위주로 예산에 반영하므로 국정우선순위에 따라 한정된 배분을 합리적으로 배분할 수 있다.
- 총량은 예산당국이 배분하고, 개별 사업 예산은 내용을 잘 아는 소관부처가 편성을 주도하므로 부처의 전문성에 기초한 예산편성이 가능하다.
- 부처에 예산편성의 자율성을 대폭 부여하는 대신 재정지출의 성과책임을 강화함으로써 성과관리의 기반을 마련할 수 있다.

06 난도 ★★☆ ①

우리나라의 예산안 심의는 '정부 예산안 제출 → 정부의 시정연설 → 소관 상임위원회 예비심사 → 예산결산특별위원회 종합심사 → 본회의 심의 · 의결' 순으로 진행된다.

오답 분석 ② 예산심의는 정책결정(형성)이자, 행정부에 대한 감독(관리통제기능)이다.

③ 의회를 구성하는 정당의 성향과 이념은 예산심의의 방향에 영향을 미친다.

④ 우리나라와 같은 대통령 중심제의 경우 삼권분립주의에 근거하여 행정부와 입법부가 견제와 균형을 이루므로 의원내각제인 나라에 비해 예산심의가 상대적으로 상세하고 엄격하다.

PLUS+ 우리나라의 예산심의 절차

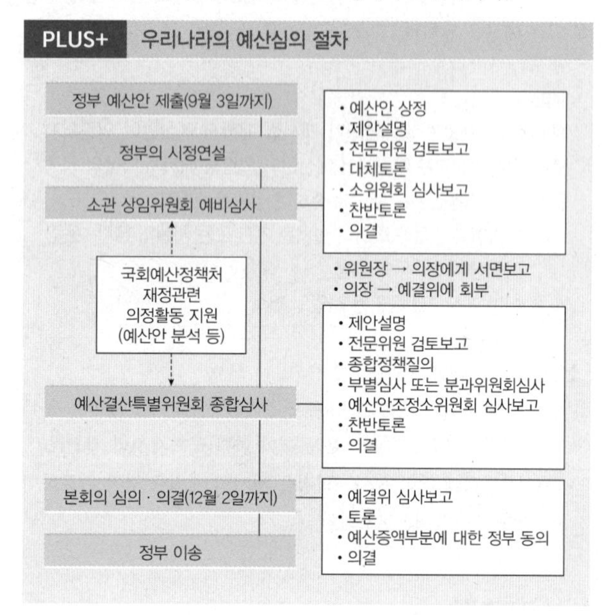

07 난도 ★☆☆ ①

예산심의는 행정부에 대한 재정동의권을 부여하는 재정민주주의의 실현과정이다. 이러한 측면에서 예산심의과정은 사실상 국민주권의 실현과정이라 할 수 있다.

08 난도 ★☆☆ ③

예산의 재배정은 중앙관서의 장이 예산 배정의 범위 내에서 하급기관에게 예산액을 배정해주는 것을 말하며, 예산집행의 통제와 관련된 제도이다.

오답 분석 ① 계속비는 장기간에 걸쳐 소요되는 공사 · 제조 · 연구개발사업에 대하여 미리 국회의 의결을 얻은 범위 안에서 지출을 할 수 있도록 허용하는 제도이다.

② 수입대체경비는 국가가 용역 및 시설을 제공함으로써 발생하는 수입의 범위 내에서 초과지출을 운용할 수 있는 제도이다.

④ 예산의 이체는 정부조직 등에 관한 법령의 제정 · 개정 · 폐지로 인하여 그 직무와 권한에 변동이 있을 때에 예산의 책임소관을 변경하는 제도이다.

09 난도 ★★☆ ②

오답 분석 ① 이용은 입법과목 사이의 상호 융통으로 국회의 의결과 기획재정부 장관의 승인이나 위임이 있어야 한다.

③ 세출예산의 항(項) 간의 융통 사용은 이용에 해당하며, 세출예산의 세항 간 또는 목 간 전용은 국회 의결 없이 기획재정부장관의승인을 얻어서 할 수 있다.

④ 이용과 전용은 예산 한정성 원칙의 예외에 해당한다.

10 난도 ★☆☆ ④

예산의 재배정은 통제방안으로 각 중앙관서의 장이 승인된 예산 또는 법령의 규정에 따라 특정된 금액을 집행하기 위하여 그 산하기관의 종사자에게 지출원인행위 등을 할 수 있도록 할당하는 것을 말한다.

PLUS+ 예산집행의 통제방안과 신축성 유지방안

통제방안	신축성 유지방안
• 예산배정	• 계속비 · 예비비
• 예산재배정	• 국고채무부담행위
• 지출원인행위에 대한 통제	• 국고여유자금의 활용
• 정원 · 보수에 대한 통제	• 총액예산
• 회계기록 및 보고제도	• 이용 · 전용
• 계약의 통제	• 이체 · 이월
• 총사업비 관리	• 준예산
• 예비타당성조사	• 추가경정예산

11 난도 ★★☆ ② · ④

② 정부조직 개편으로 예산을 조직 간 상호 이용하는 것은 예산의 이체다.

④ 예산의 이용은 입법과목(장, 관, 항) 간의 융통으로 국회의 의결과 기획재정부 장관의 승인이 필요하다.

오답 분석 ① 예산의 전용은 행정과목(세항, 목)간의 융통으로 기획재정부 장관의 승인이 필요하다.

③ 예산의 이월은 예산을 회계연도를 넘겨 사용하는 것으로 예산의 시간적 한정성 원칙의 예외다.

12 난도 ★★☆ ④

예비타당성조사는 경제성 분석, 정책성 분석, 지역균형발전 분석에 대한 평가결과를 종합적으로 분석한다.

오답 분석 ① 예비타당성조사는 기존 타당성조사의 문제점을 보완하기 위해 1999년부터 도입되었다.

② 신규 사업 중 총사업비가 500억 원 이상인 사업이 예비타당성조사대상에 들어간다.

③ 예비타당성조사를 실시하는 조사주체는 기획재정부장관이다.

PLUS+ 예비타당성조사 제도(Preliminary feasibility test)

- 의의: 대규모 신규사업에 대한 예산 편성 또는 기금운용계획 수립을 위하여 사전적으로 사업타당성을 검증 · 평가하는 제도이다.
- 대상사업: 500억 원 이상이고 국고지원규모가 300억 원 이상인 신규사업에 대하여 예비타당성조사를 거치도록 의무화한다.
- 예비타당성조사와 타당성조사의 비교

구분	예비타당성조사 (Preliminary Feasibility Study)	타당성조사 (Feasibility Study)
조사 개념	타당성조사 이전에 예산 반영 여부 및 투자 우선순위 결정을 위한 조사	예비타당성을 통과한 후 본격적인 사업 착수를 위한 조사
조사 대상	• 종합적인 조사로서 해당 사업과 함께 가능한 모든 대안(후보사업)을 검토 • 500억 원 이상이고 국고지원규모가 300억 원 이상인 신규사업(지자체 사업 포함)	• 해당 사업만 대상으로 수행 • 예비타당성조사 결과 경제성 있는 사업 • 총사업비 100~500억 원의 공공교통시설개발사업(도로, 철도, 항만 등)
조사 내용	예산사업의 경제성 비교	사업운영과정의 비용과 산출
경제성 분석	본격적인 타당성조사의 필요성 여부를 판단하기 위한 개략적 조사	실제 사업 착수를 위해 좀 더 정밀하고 세부적인 조사
정책 분석	지역경제 파급효과, 지역균형 개발, 상위계획연관성, 재원 조달 분석	조사 대상이 아니며, 실제 사업의 추진과 관련된 사항만 조사
기술성 분석	조사 대상이 아니며, 전문가 자문 등으로 대체(연구개발사업은 기술성분석 포함)	토질조사, 공법 분석 등
조사 주체	기획재정부 (관계 부처 협의)	사업 주무부처 (사업시행기관)
근거 법령	국가재정법 시행령	건설기술진흥법 시행령 및 국가통합교통체계효율화법에 의한 투자평가지침
조사 기간	단기간	장기간

13 난도 ★★☆ ②

전용(轉用)은 행정과목 간의 상호 융통으로 국회의 승인 없이 기획재정부장관의 승인으로 가능하며, 이용(移用)은 입법과목 간의 상호 융통으로 국회의 승인을 받아야 한다.

오답 분석 ① 예산의 재배정은 중앙관서의 장이 그 부속기관이나 하위 기관에 예산액을 배정하는 것을 말한다.

③ 공무원의 보수 인상을 위한 인건비 충당을 위하여는 예비비의 사용 목적을 지정할 수 없다.

④ 사고이월은 지출원인행위를 하였으나 불가피한 사유로 연도 내에 지출을 하지 못한 경우와 지출원인행위를 하지 아니한 경우에 그 부대경비를 이월하는 것을 말한다.

PLUS+ 예산의 이용과 전용

구분	이용	전용
개념	입법과목(장 · 관 · 항)간 융통 사용	행정과목(세항 · 목)간 융통사용
국회의결	필요(국회의 의결을 얻은 후 기획재정부장관의 승인)	불필요(기획재정부장관의 승인)

14 난도 ★☆☆ ②

전용(轉用)이란 행정 과목(세항, 목) 간 상호 융통이고, 입법 과목(장, 관, 항) 간 상호 융통은 이용(移用)에 해당한다.

오답 분석 ① 이체란 행정개혁이나 정부기구 개편으로 인하여 예산의 책임 소관부서를 변경시키는 행위로서, 중앙관서의 장의 요구에 의하여 기획재정부장관이 한다.

③ 이월이란 당해 연도에 집행하지 못한 예산을 다음 회계연도에 넘겨서 집행하는 것으로서, 시기적인 신축성을 유지해 주는 제도로서 명시이월과 사고이월이 있다.

④ 계속비란 완성에 수년을 요하는 공사나 제조 및 연구개발사업은 경비의 총액과 연부액을 미리 정하여 미리 국회의 의결을 얻은 범위 안에서 수년에 걸쳐서 지출하는 경비이다.

> **국가재정법**
> **제47조(예산의 이용 · 이체)** ① 각 중앙관서의 장은 예산이 정한 각 기관 간 또는 각 장 · 관 · 항 간에 상호 이용(移用)할 수 없다. 다만, 다음 각 호의 어느 하나에 해당하는 경우에 한정하여 미리 예산으로써 국회의 의결을 얻은 때에는 기획재정부장관의 승인을 얻어 이용하거나 기획재정부장관이 위임하는 범위 안에서 자체적으로 이용할 수 있다.

15 난도 ★★☆ ③

국가회계법상 우리나라 정부의 결산보고서 재무제표는 재정상태표, 재정운영표, 순자산변동표로 구성된다.

> **국가회계법**
> **제14조(결산보고서의 구성)** 결산보고서는 다음 각 호의 서류로 구성된다.
> 3. 재무제표
> 가. 재정상태표
> 나. 재정운영표
> 다. 순자산변동표

16 난도 ★★★ ①

㉠ 세계잉여금은 매 회계연도 세입세출 결산상에 생긴 잉여금을 말하며 일반회계, 특별회계는 포함되나 기금은 세계잉여금에서 제외된다.

오답 분석 ㉡ 세계잉여금과 적자 국채 발행 규모는 반드시 부(−)의 관계가 아니며, 정(+)의 관계에 가깝다. 또한 세계잉여금 유무와 적자 국채 발행 상관관계는 필연적이지 않으므로, 국가의 재정건전성 파악에 부적합하다.

㉢ 세계잉여금은 교부세 정산, 공적자금 상환, 국가채무 상환 이후, 즉 결산 이후에 추가경정예산에 편성하여 활용할 수 있다.

PLUS+ 세계잉여금의 사용 순서

특별회계의 세계잉여금은 자체재원으로 충당되나, 일반회계의 세계잉여금은 국가재정법에 규정된 다음의 우선순위에 따라 처리하게 된다.

(1) 지방교부세, 지방교육재정교부금에 사용, 이렇게 사용하고 남은 잔액의 100분의 30 이상을 공적자금 상환에 사용하여야 한다.
(2) 공적자금을 상환하고 남은 금액의 100분의 30 이상은 국채와 차입금 상환 등에 사용하여야 한다.
(3) 그 후 남은 금액은 추가경정예산편성과 다음 연도 세입이입처리가 가능하다. 다만, 추가경정예산의 재원으로 사용되기 위해서는 국가재정법의 추가경정예산편성요건에 부합되어야 한다.

정부회계 및 조달행정

문제편 p. 088

01	02	03	04	05					
②	①	②	①	③					

01 난도 ★★★ ②

재무회계는 발생주의 복식부기 회계방식이, 예산회계는 현금주의 단식부기 방식이 적용된다.

오답 분석 ① 국가회계는 디브레인(dBrain) 시스템(디지털예산회계시스템)을 통해 처리되고, 지방자치단체회계는 e-호조 시스템(지방재정관리시스템)을 통해 처리된다.

③ 발생주의는 재무에 영향을 줄 수 있는 사건이 발생한 시점을 기준으로 기록하는 방식이므로 미수수익이나 미지급금을 자산과 부채로 표시할 수 있다.

④ 재무제표는 거래가 발생하면 차변과 대변 양쪽에 동일한 금액으로 이중기입하는 복식부기의 방식을 채택하고 있다.

02 난도 ★☆☆ ①

가 · 라. 발생주의란 현금의 입출이 아니라 실질적인 자산의 증감이나 변동의 발생 사실에 따라 회계를 기록하는 회계방식이다.

오답 분석 나. 부채규모와 총자산의 파악이 용이하지 않은 것은 현금주의이며, 발생주의에서는 부채나 자산의 파악이 가능하다.

다. 현금의 입출을 중심으로 회계를 기록하는 방식은 발생주의가 아니라 현금주의이다.

03 난도 ★★☆ ②

㉠은 발생주의, ㉡은 복식부기에 대한 설명이다.

오답 분석 ① 현금주의 회계(Cash Accounting)는 현금의 유입과 유출 시점을 기준으로 수익과 비용을 인식하는 것을 말한다.

③ 단식부기는 거래의 영향을 단 한 가지 측면에서 수입과 지출로만 파악하여 기록하는 기록 방식이다.

04 난도 ★☆☆ ①

단식부기는 현금주의 회계, 복식부기는 발생주의 회계와 서로 밀접한 연계성을 갖는다.

오답 분석 ② 단식부기는 단순히 재산 변동사항의 발생만을 단편적으로 기록 · 계산하는 장부 기장 방식으로서, 현금의 증감이 발생하면 회계 처리하는 현금주의에서 주로 채택한다.

③ 복식부기에서는 대차 평균의 원리에 따라 자동오류검증기능을 갖는 장점이 있다.

④ 복식부기는 대차 평균의 원리에 따라 어느 경제단위의 재산의 변동과정을 그 재산의 조달원천과 운용형태별로 질서적인 2차적 구조하에서 기록 · 계산하며 발생주의에서 주로 채택한다.

PLUS+ 회계제도의 유형

단식부기와 복식부기 – 기장 방식에 의한 분류

단식부기(불완전부기)	복식부기(2차원적 가치계산)
• 단식부기를 사용할 경우 이익과 손실의 원인을 명확히 파악하기 어려움 • 기록, 계산과정에서 오류나 빠진 것이 있어도 부기 자체의 구조를 통한 자동적 검출이 불가능	• 자기검증기능 내지 자동오류 검출이 가능 • 기술적으로 복잡한 단점이 있음

현금주의와 발생주의 – 인식시점에 따른 분류

구분	현금주의	발생주의
장점	• 절차가 간편하고 이해가 쉬움 • 관리와 통제가 용이 • 현금 흐름 파악 용이 • 회계처리의 객관성 확보	• 비용 · 편익 등 재정성과 파악 용이 • 자산과 부채파악으로 재정의 건전성 확보 • 자기검정기능으로 회계오류 시정 • 재정의 투명성 · 신뢰성 · 책임성 제고 • 출납폐쇄기한 불필요
단점	• 경영성과 파악 곤란 • 자산과 부채 파악 곤란 • 감가상각 등 거래의 실질 및 원가 미반영, 자산의 감소를 기록 못함	• 복잡하고 작성비용이 과다 • 회계담당자의 주관성 작용 • 절차 복잡 및 현금 흐름 파악 곤란 • 수익의 과대평가 가능성

05 난도 ★★★ ③

우리나라가 발행하는 국채의 종류에는 국고채와 재정증권이 포함되어 있다.

오답 분석 ① 국가채무관리에 관한 국가재정법(제91조)에 의하면 기획재정부장관은 국가의 회계 또는 기금이 부담하는 국가채무관리계획을 수립하여야 한다.

② 국채는 국회의 의결을 받아 기획재정부장관이 발행한다(국채법 제5조 제1항).

④ 우리나라의 GDP 대비 국가채무비율은 일본과 미국보다 낮은 상태이다.

PLUS+ 우리나라 국채의 종류

- 국고채권(외화표시 외국환평형기금채권과 양곡증권은 국고채권에 통합되었음): 공공자금관리기금의 부담으로 발행하는 채권이다.
- 국민주택채권: 정부가 국민주택사업에 필요한 자금을 조달하기 위해 발행하는 채권이다.
- (단기)재정증권: 일시적 자금부족을 충당하기 위해 발행하는 증권이다.
- 보상채권: 공익사업을 위한 토지 등의 취득 및 보상에 관한 법률에 근거하여 발행하는 채권이다.

5 예산개혁론

문제편 p. 090

01	02	03	04	05	06				
①	③	①	④	②	②				

01 난도 ★★☆ ①

계획예산제도는 합리모형에 의한 예산결정이다. 합리모형은 예산의 목표와 목표 간 우선순위를 명확하게 설정하고 합리적 분석을 통해 효율적인 예산 배분을 추구한다.

PLUS+ 총체주의와 점증주의

총체주의	• 총체주의적 예산결정은 합리모형에 입각한 예산상의 의사결정을 의미하는데 합리적 선택모형은 의사결정에서의 합리적 · 분석적 선택을 의미한다. • 예산결정과정을 합리화하여 예산상의 편익을 극대화하기 위한 결정방식으로서 규범적 성격이 강하다.
점증주의	• 총체주의와 대비되는 모형으로 상황의 불확실성과 인간 능력의 부족을 전제로 한 결정모형을 제시한다. • 점증주의는 인간의 지적능력의 한계와 의사결정상의 기술적인 제약 때문에 이미 알려진 대안들을 중심으로 선택적 모방에 의해 대안들을 탐색한다.

02 난도 ★☆☆ ③

제시문은 계획예산제도(PPBS)에 대한 설명이다. 계획예산제도는 장기적인 계획과 단기적인 예산을 프로그램을 통해 유기적으로 연계하여 예산을 편성하는 제도이지만 사업구조를 작성하는 것이 어렵고 결정구조가 중앙집권화 되는 단점이 있다. 또한 행정부처의 직원들은 복잡한 분석 기법과 편성 방법을 이해하기 어렵다는 한계도 가진다.

PLUS+ 계획예산제도의 장 · 단점

장점	단점
• 자원배분의 합리화 • 장기사업계획의 신뢰성 • 의사결정의 일원화 • 조직의 통합적 운영	• 사업구조 작성의 어려움 • 과도한 문서와 정보량 요구 • 의사결정의 집권화 • 계량화와 환산작업의 곤란 • 정치적 합리성 경시 • 복잡한 분석 기법으로 인한 이해 부족

03 난도 ★★☆ ①

품목별 예산제도(LIBS)는 지출의 대상 및 성질을 기준으로 예산을 항목별로 구분하는 제도이다. 이는 행정부의 재량권 남용을 방지하기 위한 통제지향적 예산제도이다.

오답 분석 ② 성과주의 예산제도(PBS)는 세부사업별로 예산을 편성하는 제도로, '사업량×단위원가=예산액' 방식으로 계산된다.

③ 계획예산제도(PPBS)는 프로그램을 통해 장기적인 계획과 단기적인 예산편성을 유기적으로 연계시킨다.

④ 영기준 예산제도(ZBB)는 전년도 예산에 구애받지 않고 계속사업과 신규사업을 모두 검토한다.

04 난도 ★★☆ ④

PPBS(계획예산)는 구성원들의 참여를 배제하고 최고위층이 주도하는 집권적이고 하향적인 예산으로 비민주적인 예산제도이다.

오답 분석 ① ZBB(영기준예산)은 조직의 모든 계층이 예산편성에 참여하는 상향적 예산으로 민주적인 예산제도라고 할수 있다.

② 목표관리(MBO)는 상하구성원의 참여에 의하여 목표를 설정하고 자신의 권한과 책임하에 목표달성도를 극대화시키는 상향적 · 민주적 관리제도이다.

③ 브레인스토밍(Brainstorming)은 주관적 예측기법으로 다양한 전문가들이 자유분방하게 의견을 수렴하여 미래를 예측하는 민주적 미래예측기법이다.

05 난도 ★★★ ②

품목별 예산제도는 통제중심의 예산제도로 분석의 초점은 지출의 성질과 대상이며 이를 통해 엄격한 재정통제를 강조한다.

오답 분석 ① 성과주의 예산제도는 업무단위 비용과 업무량의 파악을 통해 능률성(효율성)을 높이고자 하나 산출을 통한목표달성 즉, 효과성까지는 알려주지 못한다. 산출을 통한 목표달성 즉, 효과성을 높이는 예산제도는 신성과주의 예산제도이다.

③ 새로운 성과주의 예산제도는 산출보다는 최종성과나 결과에 관심이 있으며 이를 통해 효과성을 높이고자 한다. 1950년대 성과주의 예산의 특징에 해당한다.

④ 계획예산이 아니라 신성과주의 예산의 특징에 해당한다.

06 난도 ★★☆ ②

계획예산제도(PPBS)가 단위사업을 사업-재정계획에 따라 장기적인 예산편성 쪽으로 방향을 잡았다면, 영기준 예산제도(ZBB)는 당해 연도의 예산 제약 조건을 먼저 고려한다.

오답 분석 ① 쉬크는 예산제도의 발전과 관련하여 통제, 관리, 계획으로 구분하였다. 최근에는 자원난의 시대인 1980년대 이후의 행정적 기능으로 감축기능을 포함시키고 있다.

③ 성과주의 예산제도는 정부가 수행하는 업무에 중점을 두는 관리 지향적 예산제도이며 정부의 기능 · 활동 · 사업을 중심으로 예산을 분류하고 편성한다.

④ 조세지출예산제도는 정부가 조세감면 · 비과세 · 소득공제 등을 지원해 주는 세금 감면 제도로 재원배분의 효율성을 제고하고, 조세지출 예산서를 작성해 조세지출 내역을 대외적으로 공표함으로써 세출예산과 연계하여 재정운영의 투명성을 높이는 제도를 말한다.

PART 6

행정환류론 정답 및 해설

1 행정책임·통제와 행정개혁

문제편 p. 094

01	02	03	04	05	06	07	08	09	10
①	④	①	③	③	③	②	④	①	③
11									
②									

01 난도 ★★☆ ①

㉠ 파이너(Finer)는 누구도 스스로의 행동에 대한 심판관이 될 수 없다며, 외부에 의한 통제를 통한 외재적 책임을 강조하였다.

오답 분석 ㉡ 감사원은 대통령 소속 기관이다. 따라서 감사원의 직무감찰, 회계감사, 결산확인 등은 내부통제에 해당한다.

㉢ 프리드리히(Friedrich)는 파이너와 반대로 개인의 양심 및 자율에 의한 내부 통제의 실효성을 강조하였다.

02 난도 ★★☆ ④

㉡ 국회의 국정조사는 입법통제로서 외부통제에 해당한다.

㉣ 국민들의 조세부과 처분에 대한 취소소송은 행정소송에 의한 민중통제로서 외부통제에 해당한다.

㉥ 환경운동연합의 정부정책에 대한 반대는 시민단체에 의한 통제로 외부통제에 해당한다.

㉦ 언론의 공무원 부패 보도는 언론기관에 의한 통제로 외부통제에 해당한다.

오답 분석 ㉠ 행정안전부의 각 중앙행정기관 조직과 정원 통제는 정부막료부처(교차기능조직)에 의한 내부통제에 해당한다.

㉢ 기획재정부의 각 부처 예산안 검토 및 조정은 정부막료부처에 의한 통제로 내부통제에 해당한다.

㉤ 국무총리의 중앙행정기관에 대한 기관평가는 정부업무평가에 의한 통제로 내부통제에 해당한다.

㉧ 중앙행정기관장의 당해 기관에 대한 자체평가는 정부업무평가에 의한 통제로 내부통제에 해당한다.

03 난도 ★☆☆ ①

감사원은 대통령 소속의 내부·공식적 통제기관으로 회계감사, 직무감찰, 결산확인 등을 수행한다.

오답 분석 ②·③·④ 모두 외부통제에 해당한다.

04 난도 ★★☆ ③

행정이 전문성과 복잡성을 띠게 된 현대 행정국가에서는 외부 통제보다 내부통제가 점차 강조되고 있다.

오답 분석 ① 행정에 대한 권한과 재량권이 확대되면서 행정인 또는 행정조직이 직무를 수행함에 있어서 일정한 행동기준에 따라 행동해야 할 의무인 행정 책임의 확보 수단으로 행정통제의 중요성이 강조되고 있다.

② 국회는 결산 기능을 통해 행정부를 통제하는데, 결산으로는 불법·부당한 지출에 대해 공무원 개인의 변상책임이나 형사책임을 물을 수 있지만, 위법·부당한 지출을 무효화하거나 취소할 수는 없다. 다만 국회는 불법·부당한 지출에 대해 사전에 이를 금지하거나 제한하는 법률을 제정하여 통제할 수는 있다.

④ 일반 국민은 선거권이나 국민투표권을 행사하여 묵시적인 압력을 통해 행정을 간접적으로 통제한다.

PLUS+ 행정통제의 유형

구분	유형	통제내용
외부, 공식 통제	입법통제	법률 제정, 국정조사, 국정감사, 예산결산 심의확정권에 의한 통제
	사법통제	헌법재판소의 위헌법률심판제도, 대법원에 의한 위헌위법명령규칙심사제도, 행정소송, 재판과 판결에 의한 정책제시
	옴부즈만 제도	행정감찰관제도
외부, 비공식 통제	민중통제	국민에 의한 통제(선거, 투표, 진정 등 의견제시, 시민참여), 이익집단과 NGO의 활동
내부, 공식 통제	감사원에 의한 통제	행정기관에 대한 업무감사, 직무감찰, 회계감사
	중앙통제	중앙행정기관이 지방자치단체를 감사, 인사·조직·재정상의 통제
	운영통제 (관리통제)	정부업무평가, 심사분석에 의한 통제
	행정수반에 의한 통제	대통령의 임명권에 의한 통제, 행정입법, 행정개혁(정부조직개편 등)
	정책 및 기획통제	국정의 기본계획 및 정부의 주요정책과 기획

구분	유형	내용
내부, 공식 통제	요소별 통제	• 법제처: 법제통제 • 기획재정부: 예산통제 • 행정안전부: 정원통제
	절차통제	보고제도, 품의제, 정부통계, 민원처리제도
	계층제적 통제	조직 내 위계질서에 근거하여 상급자가 하급자를 지휘 · 감독
내부, 비공식 통제	행정윤리의 확립	공무원의 윤리의식에 기초한 자발적 통제
	대표관료제	사회 각 계층을 대표하는 균형적인 관료조직 형성으로 정책에 이익 반영, 내부견제 실시
	공무원노조	공무원 단체가 공무원 행태나 업무상 문제점을 개선하도록 압력 행사
	내부고발자 보호제도	부정부패에 대한 조직내부구성원의 고발에 대한 신분보호제도
	비공식집단, 행정문화	행정문화 및 비공식집단이 조직의 하위문화나 구성원의 행태를 일정한 방향으로 유도

05 난도 ★☆☆ ③

행정명령 · 처분 · 규칙의 위법여부를 심사하는 기관은 의회가 아니라 법원이므로 사법통제에 해당한다.

오답 분석 ① 감사원의 기능은 회계검사, 직무감찰, 결산확인 등이며 최근 회계검사는 성과감사에 중점을 두고 있다.

② 사법부(법원)에 의한 통제는 소극적 사후구제를 원칙으로 하므로 한계가 있다.

④ 언론은 행정부의 과오를 비판, 감시, 공개하는 역할을 수행한다.

06 난도 ★★★ ③

교차기능조직은 행정체제 전반에 걸친 관리작용을 횡적으로 지원 · 조정하는 참모조직들로서, 이러한 조직들은 대통령 또는 총리 소속의 정부내부기구들로 내부통제조직에 해당한다.

오답 분석 ① 독립통제기관은 행정체제의 중앙통제조직으로 상당한 수준의 독립성과 자율성을 누리며, 행정수반에게 직접 보고하는 의사전달 통로를 가진다.

② 헌법재판제도는 헌법을 수호하고 부당한 국가권력으로부터 국민의 권리와 자유를 보호하는 과정에서 분쟁이 생긴 경우 헌법심판을 통해 행정에 대한 통제기능을 수행한다.

④ 국무총리 소속의 국민권익위원회는 부패의 발생 예방과 규제 등 옴부즈만적 성격을 가지며, 국민권익위원회의 위원장 및 부위원장은 국무총리의 제청으로 대통령이 임명한다.

07 난도 ★☆☆ ②

옴부즈맨은 일반적으로 인력과 예산이 부족하여 국민의 고충을 해결하고 권익을 구제하는 데 한계가 있다.

오답 분석 ① 옴부즈맨은 시민의 요구가 없더라도 직권으로도 조사활동을 할 수 있다.

③ 옴부즈맨은 입법부에서 임명하는 경우가 일반적이지만 행정부 소속인 경우도 있다.

④ 옴부즈맨은 시정권고의 권한만 있으며 법적으로 강제할 수 있는 구속력은 없다.

08 난도 ★☆☆ ④

우리나라의 국민권익위원회는 헌법상 기관이 아니라 법률(부패방지 및 국민권익위원회의 설치와 운영에 관한 법률)에 근거하여 설립된 행정통제 기관이며 국무총리 소속으로 설치되었다.

오답 분석 ① 옴부즈맨 제도는 일종의 행정감찰 제도를 말하며 행정에 대한 통제 기능을 수행한다.

② 옴부즈맨 제도는 19세기에 스웨덴에서 최초로 채택되어 발전해왔다.

③ 스웨덴의 옴부즈맨은 입법부 소속인 데 반해, 프랑스의 옴부즈맨은 행정부 소속으로, 국가별로 상이하다.

09 난도 ★★☆ ①

행정개혁이란 현재보다 더 효과적이며 능률적인 행정이 수행될 수 있도록 행정의 기구, 관리방법, 기술, 행정인의 능력과 가치관 및 태도를 의도적이며 계획적으로 변화시키는 것을 말한다. 조직의 가외성(Redundancy)은 개혁을 안정적으로 추진하는 데 도움을 주므로 행정개혁에 대한 저항이라고 볼 수 없으며, 개혁을 담당하는 조직의 중복 또한 혼란이 야기될 수는 있어도, 개혁에 대한 저항의 원인으로는 볼 수 없다.

PLUS+ 행정개혁에 대한 저항 원인

요인	내용
정치적 요인	• 기득권 상실 • 추진자에 대한 불신, 피개혁자의 능력 부족 • 고객 집단의 저항
기술적 요인	• 관습과 타성 • 미래에 대한 불안과 미래 예견력 상실 • 매몰비용 • 성과에 대한 불신, 개혁내용의 불명확
문화적 요인	• 경직된 문화, 폐쇄적 개혁 추진 • 현실 안주형 • 무관심 · 비협조 • 비공식적 인간관계 경시

10 난도 ★☆☆ ③

교육훈련과 자기계발 기회 제공 등은 규범적 · 사회적 전략에 해당한다.

오답 분석 ① 경제적 손실 보상, 임용상 불이익 방지는 공리적 · 기술적 전략이다.

② 개혁지도자의 신망 개선, 의사전달과 참여의 원활화, 사명감 고취는 규범적 · 사회적 전략이다.

④ 개혁 시기 조정은 공리적 · 기술적 전략이다.

11 난도 ★★☆ ②

영국에서는 종전의 책임집행기관(Executive Agency)을 폐지한 것이 아니라 1988년 Next Steps Program에서 책임집행기관을 설치하고 중앙행정기관으로부터 집행성격의 사무를 분리하였다.

오답 분석 ① 미국의 조세저항운동을 대표하는 것은 티파티(Tea Party)라고 하며, 특정 정당이 없는 무정형의 형태로 정치적으로는 보수 성향을 띠어 '극우 반정부 운동'을 뜻하기도 한다. 1773년 영국 식민지 시절 무리한 세금 징수에 분노한 보스턴 시민들이 영국 정부가 과세한 홍차를 거부하면서 보스턴 항구에 수입되려던 홍차를 모두 바다에 던져버린 보스턴 차사건(Boston Tea Party, 미국 독립전쟁의 도화선이 됨)에서 유래되어, 티파티 운동은 식민지 거주민들의 저항뿐만 아니라 조세 저항을 상징하는 말로 쓰이고 있다. 정부의 건전한 재정운용, 작은 정부와 세금 인하 등을 기치로 한다.

③ 일본에서는 1997년 정부개혁의 일환으로 책임운영기관의 일종인 독립행정법인을 준정부조직으로 창설했다.

④ 책임운영기관은 정책기능과 정책집행기능을 분리하여 집행을 관장하며, 자율성을 제고하고 그 결과에 대한 평가를 강화하는 성과중심의 행정을 강조한다.

2 정보화와 행정(전자정부와 지식관리 행정)

문제편 p. 097

01	02	03	04	05	06	07	08		
②	④	④	③	③	④	②	①		

01 난도 ★★☆ ②

대량 생산 및 규모의 경제 확산은 1 · 2차 산업혁명의 특징이다. 4차 산업혁명에서는 다품종 소량생산 및 속도의 경제 · 범위의 경제를 중시한다.

오답 분석 ① 4차 산업혁명의 핵심적인 특징으로 초연결성, 초지능성, 초예측성 등을 들 수 있다.

③ 사물과 사물, 사물과 인간 등을 모두 연결시켜 주는 사물인터넷(IoT)은 스마트 도시 구현에 도움이 된다.

④ 빅데이터 등 신기술을 바탕으로 개인별 맞춤 서비스를 제공할 수 있다.

02 난도 ★★★ ④

재택근무자의 재택근무일에는 시간외 근무수당 실적 지급분(근무성과를 기준으로 지급하는 수당)을 지급할 수 없으며, 정액 지급분(초과근무시간을 기준으로 지급하는 수당)은 지급이 가능하다.

오답 분석 ① 유연근무제는 일정한 시간과 장소의 제약 없이 개인의 특성에 맞는 다양한 근무환경을 탄력적으로 조정할 수 있는 제도를 말하며 시간선택제, 전환근무제, 탄력근무제, 원격근무제 등이 포함된다.

② 원격근무제는 가정에서 사무를 처리하는 재택근무형과 스마트워크센터 등 별도의 사무실에서 사무를 처리하는 스마트워크 근무형으로 구분된다.

③ 심각한 보안위험이 예상되는 업무는 그 위험성 때문에 온라인 원격근무를 할 수 없다.

03 난도 ★☆☆ ④

㉡ 컴퓨터시스템의 온라인화와 네트워크화로 중요한 데이터베이스에의 접근이 쉬워져 해킹 등 데이터 조작에 의한 컴퓨터 범죄가 늘어날 가능성이 높아진다.

㉢ CCTV나 스마트폰을 비롯한 첨단기기를 통해 개인들의 삶이 노출되고 어떤 측면에서나 감시와 통제(Electronic Panopticon)가 쉬워졌기 때문에 개인의 프라이버시를 침해(빅브라더)할 우려가 높아졌다.

㉣ 사회적 · 경제적 · 지역적 · 신체적 여건으로 인해 정보통신서비스에 대한 접근이 어렵거나 이용기회에 차이가 생길 수 있다.

오답 분석 ㉠ 전자정부는 시간적 · 공간적 제약이 극복되고, 전자적 참여를 통해 온라인 상호작용으로 정책결정을 할 수 있어 전자민주주의가 실현된다.

04 난도 ★★★ ③

지능정보화 기본법은 국가기관과 지방자치단체에 대해서 정보격차 해소 시책을 마련할 의무를 규정하고 있지만 민간기업에 대한 의무사항은 규정하지 않고 있다.

오답 분석 ① OECD가 규정한 정보격차의 개념에 대한 설명이다.

② 행정안전부가 추진하고 있는 지역지능정보화정책의 사례로는 정보화마을제도가 있다.

④ 장애인차별금지 및 권리구제 등에 관한 법률 제11조에 의하면 사용자는 장애인이 해당 직무를 수행함에 있어서 장애인 아닌 사람과 동등한 근로조건에서 일할 수 있도록 정당한 편의를 제공하도록 규정하고 있다.

05 난도 ★★★ ③

기존 전자정부는 생애주기별 맞춤형 서비스를 제공하였고, 지능형 정부는 디지털을 이용하여 문제를 자동 인지하고 스스로 대안을 제시해주어 사용자의 일상을 빈틈없이 채워주는 개인비서와 같은 지능화된 맞춤형 행정서비스를 제공한다.

PLUS+ 전자 정부와 지능형 정부의 비교

구분	전자 정부	지능형 정부
행정 업무	국민/공무원 문제 제기 → 개선	문제 자동 인지 → 스스로 대안 제시 → 개선
정책 결정	정부 주도	국민 주도
현장 결정	단순업무 처리 중심	복합문제 해결 가능
서비스 목표	양적 · 효율적 서비스 제공	질적 · 공감적 서비스 공동생산
서비스 내용	생애주기별 맞춤형	일상틈새+생애주기별 비서형
전달 방식	온라인+모바일 채널	수요기반 온 · 오프라인 멀티채널

06 난도 ★☆☆ ④

유비쿼터스 전자정부란 국민이 언제 어디서나 통신망에 접속하여 물리적 · 현실적 공간까지 확대된 행정 서비스를 받을 수 있는 환경을 갖춘 차세대 미래형 전자정부이다.

㉠ 유비쿼터스 정부는 광대역 초고속 인터넷과 무선모바일 네트워크, 센싱, 칩 등을 기반으로 한다.
㉡ 유비쿼터스 정부는 지능적인 업무 수행과 개개인의 수요에 맞는 양방향 맞춤형 서비스를 특징으로 한다.
㉢ 유비쿼터스 정부는 언제나, 어디서나, 어떤 기술이나, 어떤 네트워크로도 서비스를 받을 수 있는 보편적 서비스 환경을 말한다.

07 난도 ★★☆ ②

제시문은 전자정부법에서 정의하고 있는 정보기술아키텍처에 대한 설명이다.

> **전자정부법**
> **제2조(정의)** 이 법에서 사용하는 용어의 뜻은 다음과 같다.
> 12. "정보기술아키텍처"란 일정한 기준과 절차에 따라 업무, 응용, 데이터, 기술, 보안 등 조직 전체의 구성요소들을 통합적으로 분석한 뒤 이들 간의 관계를 구조적으로 정리한 체제 및 이를 바탕으로 정보화 등을 통하여 구성요소들을 최적화하기 위한 방법을 말한다.

오답 분석 ① 전자문서란 컴퓨터 등 정보처리능력을 지닌 장치에 의하여 전자적인 형태로 작성되어 송수신되거나 저장되는 표준화된 정보를 말한다(전자정부법 제2조 제7호).
③ 정보시스템이란 정보의 수집 · 가공 · 저장 · 검색 · 송신 · 수신 및 그 활용과 관련되는 기기와 소프트웨어의 조직화된 체계를 말한다(동법 제2조 제13호).
④ 정보자원이란 행정기관 등이 보유하고 있는 행정정보, 전자적 수단에 의하여 행정정보의 수집 · 가공 · 검색을 하기 쉽게 구축한 정보시스템, 정보시스템의 구축에 적용되는 정보기술, 정보화예산 및 정보화인력 등을 말한다(동법 제2조 제11호).

08 난도 ★★★ ①

전자정부란 행정기관 및 공공기관의 업무를 전자화하여 효율적으로 수행하는 정부를 말하며 공공기관의 범위에는 고등교육법 및 그 밖의 다른 법률에 따라 설치된 각급 학교도 포함되어 전자정부법의 적용을 받는다(전자정부법 제2조).

오답 분석 ② 행정기관 등의 장은 5년마다 해당 기관의 전자정부의 구현 · 운영 및 발전을 위한 기본계획을 수립하여야 한다.
③ 전자정부법에는 매년 6월 24일을 전자정부의 날로 한다고 규정하고 있다(동법 제5조의3).
④ 필요한 경우 국가와 지방자치단체 또는 둘 이상의 지방자치단체가 공동으로 지역정보통합센터를 설립 · 운영할 수 있다(동법 제55조).

> **전자정부법**
> **제2조(정의)** 1. "전자정부"란 정보기술을 활용하여 행정기관 및 공공기관(이하 "행정기관 등"이라 한다)의 업무를 전자화하여 행정기관 등의 상호 간의 행정업무 및 국민에 대한 행정업무를 효율적으로 수행하는 정부를 말한다.
> 3. "공공기관"이란 다음 각 목의 기관을 말한다.
> 라. 초 · 중등교육법, 고등교육법 및 그 밖의 다른 법률에 따라 설치된 각급 학교
> **제5조의3(전자정부의 날)** ① 전자정부의 우수성과 편리함을 국민에게 알리고 국제적 위상을 제고하는 등 지속적으로 전자정부의 발전을 촉진하기 위하여 매년 6월 24일을 전자정부의 날로 한다.
> **제55조(지역정보통합센터 설립 · 운영)** ① 지방자치단체는 정보자원을 효율적으로 관리하고 지역정보화를 통합적으로 추진하기 위하여 지역정보통합센터를 설립 · 운영할 수 있고, 필요한 경우 국가와 지방자치단체 또는 둘 이상의 지방자치단체가 공동으로 지역정보통합센터를 설립 · 운영할 수 있다.

PART 7

지방행정론 정답 및 해설

지방행정과 지방자치

문제편 p. 102

01	02	03	04	05	06	07	08		
④	①	②	②	③	정답없음	①	④		

01 난도 ★★☆ ④

세계화와 신자유주의가 촉진한 것은 신중앙집권화가 아니라 신지방분권화이다. 신지방분권화란 세계화, 민주화, 지식정보화라는 최근의 행정환경과 동시에 나타나는 현상을 말한다.

PLUS+ 신중앙집권화와 신지방분권화의 비교

구분	신중앙집권화	신지방분권화
개념	지방자치를 발전시켜온 영미 등에서 행정국가화, 광역화, 국제화 등으로 중앙집권이 새로이 일어나는 현상	중앙집권적 성향이 강했던 대륙의 프랑스 등에서 정보화, 국제화, 도시화, 지역불균형화 등으로 1980년대 이후 나타난 지방분권의 경향
촉진 요인	• 행정사무의 양적 증가와 질적 변화 • 과학, 기술과 교통통신의 발달 • 중앙재정에의 의존 • 국민생활권의 확대와 경제규제의 필요성 • 국민적 최저수준 유지 필요성	• 중앙집권화의 폐해로 인한 지역 간 불균형 • 도시화의 진전 • 정보화의 확산 • 국제화, 세계화의 추세로 활동영역 확대

02 난도 ★★★ ①

뉴어바니즘(New Urbanism)에 대한 설명이다. 어반빌리지(Urban Village)는 1989년 영국에서 시작된 운동으로 지속 가능한 커뮤니티 개발을 목적으로 다양한 계층의 사람들이 함께 거주하며 다양한 커뮤니티가 혼합되어 있는 전원도시를 말한다.

오답 분석 ② 뉴어바니즘(New Urbanism)은 근린주구가 중심인 도시로 회귀하는 것을 목표로 하여 대중교통을 중심으로 지역의 성장 한계를 압축적으로 조직, 친근한 보행체계 구축, 상업 · 공공시설 등을 보행거리 내에 위치, 도시의 다양성 추구, 생태계 및 오픈스페이스의 보존, 개발을 대중교통의 축에 따라 배치, 혼합토지이용 등을 원칙으로 한다.

③ 스마트성장(Smart Growth)은 기본적으로 무질서하고, 무계획적인 교외확산에 의한 기존의 도시개발방식에 대해 반성하고, 환경을 파괴하지 않고 지속 가능한 개발과 관리가 가능한 자연 친화적인 성장을 말한다.

④ 압축도시(Compact City)는 교외 지역 주거지를 저밀도로 확산시키는 개발방식 대신 시가화된 기존의 도시 또는 신도시로 설정된 지역을 고밀도로 집중적으로 개발하는 것으로 토지이용의 효율성과 자연환경의 보전을 동시에 추구한다.

03 난도 ★☆☆ ②

지역 간 격차 해소를 위해서는 중앙집권화 또는 광역행정이 필요하다.

04 난도 ★★★ ②

법률의 위임이 있다면 주민의 권리 또는 의무 부과에 관한 사항이나 벌칙을 정할 수 있다.

> **지방자치법**
> **제28조(조례)** ① 지방자치단체는 법령의 범위에서 그 사무에 관하여 조례를 제정할 수 있다. 다만, 주민의 권리 제한 또는 의무 부과에 관한 사항이나 벌칙을 정할 때에는 법률의 위임이 있어야 한다.

오답 분석 ① 지방자치단체는 주민의 복리에 관한 사무를 처리하고 재산을 관리하며, 법령의 범위 안에서 자치에 관한 규정을 제정할 수 있다(헌법 제117조).

③ · ④ 자치입법권에 근거한 자치법규는 지방 의회가 제정하는 조례, 자치단체장이 제정하는 규칙과 시 · 도 교육감이 제정하는 교육규칙이 있다.

05 난도 ★★☆ ③

지방자치단체는 조례를 위반한 행위에 대하여 조례로써 1천만 원 이하의 과태료를 정할 수 있다(지방자치법 제34조 제1항).

오답 분석 ① 지방자치단체는 법령의 범위에서 그 사무에 관하여 조례를 제정할 수 있다. 다만 주민의 권리 제한 또는 의무 부과에 관한 사항이나 벌칙을 정할 때에는 법률의 위임이 있어야 한다(동법 제28조 제1항).

② 지방자치단체는 주민의 복리증진과 사업의 효율적 수행을 위하여 지방공기업을 설치 · 운영할 수 있다(동법 제163조 제1항).

④ 지방자치단체의 장이나 지방자치단체조합은 따로 법률로 정하는 바에 따라 지방채를 발행할 수 있다(동법 제139조 제1항).

06 난도 ★★☆ 정답 없음

가, 나, 라는 옳은 설명이다.

다. '중앙정부와 지방자치단체의 관계는 기능적 협력관계이다.'는 단체자치가 아닌 주민자치로 보아야 하므로 옳지 않은 설명이다.

07 난도 ★★★ ①

주민자치위원회 위원은 읍 · 면 · 동장이 위촉하고, 주민자치회 위원은 조례로 정하는 바에 따라 지방자치단체장(시 · 군 · 구청장)이 위촉한다.

08 난도 ★★☆ ④

㉠ · ㉢ 지방자치분권 및 지방행정체제개편에 관한 특별법 제9조 제2항

㉡ 동특별법 제9조 제3항

㉣ 동특별법 제11조 제3항

㉤ 동특별법 제9조 제1항

PLUS+ 지방자치분권 및 지방행정체제개편에 관한 특별법

제9조(사무배분의 원칙) ① 국가는 지방자치단체가 행정을 종합적 · 자율적으로 수행할 수 있도록 국가와 지방자치단체 간 또는 지방자치단체 상호간의 사무를 주민의 편익증진, 집행의 효과 등을 고려하여 서로 중복되지 아니하도록 배분하여야 한다.

② 국가는 제1항에 따라 사무를 배분하는 경우 지역주민생활과 밀접한 관련이 있는 사무는 원칙적으로 시 · 군 및 자치구(이하 "시 · 군 · 구"라 한다)의 사무로, 시 · 군 · 구가 처리하기 어려운 사무는 특별시 · 광역시 · 특별자치시 · 도 및 특별자치도(이하 "시 · 도"라 한다)의 사무로, 시 · 도가 처리하기 어려운 사무는 국가의 사무로 각각 배분하여야 한다.

③ 국가가 지방자치단체에 사무를 배분하거나 지방자치단체가 사무를 다른 지방자치단체에 재배분하는 때에는 사무를 배분 또는 재배분 받는 지방자치단체가 그 사무를 자기의 책임하에 종합적으로 처리할 수 있도록 관련 사무를 포괄적으로 배분하여야 한다.

제11조(권한이양 및 사무구분체계의 정비 등) ③ 국가는 지방자치단체에 이양한 권한 및 사무가 원활히 처리될 수 있도록 행정적 · 재정적 지원을 병행하여야 한다.

2 지방자치단체(기관 및 종류)

문제편 p. 104

01	02	03	04	05	06	07	08	09	10
②	④	④	④	④	①	②	③	④	④
11	12	13	14	15					
②	①·③	④	①	④					

01 난도 ★★☆ ②

자치경찰제도는 지역 간 격차 발생 등으로 경찰행정의 통일성이나 효율성이 저하될 수 있다.

오답 분석 ① 자치경찰제도는 지역 설정에 맞는 치안 행정을 펼칠 수 있다.

③ 제주자치경찰단은 지방공무원 신분의 자치경찰조직으로, 주로 주민의 생활안전 활동에 관한 업무를 수행한다.

④ 자치경찰제도가 전국적으로 시행됨에 따라 자치경찰 사무를 관장하기 위하여 광역자치단체별로 시 · 도 자치경찰위원회를 설치하였다.

> **국가경찰과 자치경찰의 조직 및 운영에 관한 법률**
> **제18조(시 · 도 자치 경찰위원회의 설치)** ① 자치경찰사무를 관장하게 하기 위하여 특별시장 · 광역시장 · 특별 자치시장 · 도지사 · 특별자치도지사 소속으로 시 · 도자치경찰위원회를 둔다.
> ② 시 · 도자치경찰위원회는 합의제 행정기관으로서 그 권한에 속하는 업무를 독립적으로 수행한다.

02 난도 ★★★ ④

의회-시지배인 형태에서 시지배인은 의례적이고 명목적인 기능을 수행하는 것이 아니라 실질적인 행정을 총괄한다.

오답 분석 ① 강시장-의회 형태는 일종의 기관대립형으로, 시장이 강력한 정치적 리더십을 발휘한다.

② 위원회 형태는 일종의 기관통합형으로, 주민 직선으로 선출된 지방의회 의원들이 집행부서의 장을 맡게 된다.

③ 약시장-의회 형태는 일종의 기관대립형으로, 의회가 입법권을 행사할 뿐 아니라 직접 집행업무에 관여한다. 여기서 시장은 지극히 제한된 범위의 행정권한만을 가진다.

03 난도 ★★☆ ④

기관통합형의 정부형태는 의결기관과 집행기관을 일원적으로 구성하고, 기관대립형은 이원적으로 구성해 상호 견제와 균형을 도모한다.

오답 분석 ① 우리나라 지방자치법은 지방의회와 자치단체장에 대해 별도의 규정을 두어 두 개의 기관을 구분 · 운영하는 기관대립형을 규정하고 있다.

② 기관대립형은 의결기관과 집행기관을 이원적으로 구성해 결정과 집행에 대한 책임소재가 분명하다.

③ 기관통합형의 유형에는 영국의 의회형, 미국의 위원회형, 프랑스의 의회의장형 등이 있으며, 이 중에서 영국의 의회형이 대표적이다.

04 난도 ★★☆ ④

중앙정부는 기관위임사무에 대해 시정명령, 직무이행명령 등 필요한 조치를 직접 할 수 있으므로 소송을 제기하는 것은 허용되지 않는다.

오답 분석 ① 기관위임사무는 국가가 전액 경비를 부담한다.

② 기관위임사무는 법령에 의해 국가나 상급자치단체로부터 지방자치단체의 집행기관에게 위임된 사무이므로 지방자치단체의 장은 위임한 국가 또는 상급지방자치단체의 장의 지위에서 위임사무를 처리한다.

③ 기관위임사무는 집행기관에게 위임된 사무이므로 지방의회가 관여하지 않는 것이 원칙이다. 그러나 기관위임사무의 처리를 위해 지방자치단체의 예산이 소요되는 경우에는 지방의회가 관여할 수 있다.

05 난도 ★★☆ ④

국가 및 지방자치단체는 제1항부터 제3항까지의 규정에 따라 사무를 배분할 때 민간부문의 자율성을 존중하여 국가 또는 지방자치단체의 관여를 최소화하여야 하며, 민간의 행정참여 기회를 확대하여야 한다(지방자치분권 및 지방행정체제개편에 관한 특별법 제9조 제4항).

오답 분석 ① 지방자치법 제11조 제1항

② 동법 제11조 제2항

③ 동법 제11조 제3항

> **지방자치법**
> **제11조(사무배분의 기본원칙)** ① 국가는 지방자치단체가 사무를 종합적·자율적으로 수행할 수 있도록 국가와 지방자치단체 간 또는 지방자치단체 상호 간의 사무를 주민의 편익증진, 집행의 효과 등을 고려하여 서로 중복되지 아니하도록 배분하여야 한다.
> ② 국가는 제1항에 따라 사무를 배분하는 경우 지역주민생활과 밀접한 관련이 있는 사무는 원칙적으로 시·군 및 자치구의 사무로, 시·군 및 자치구가 처리하기 어려운 사무는 시·도의 사무로, 시·도가 처리하기 어려운 사무는 국가의 사무로 각각 배분하여야 한다.
> ③ 국가가 지방자치단체에 사무를 배분하거나 지방자치단체가 사무를 다른 지방자치단체에 재배분할 때에는 사무를 배분받거나 재배분받는 지방자치단체가 그 사무를 자기의 책임하에 종합적으로 처리할 수 있도록 관련 사무를 포괄적으로 배분하여야 한다.

06 난도 ★★☆ ①

중앙정부의 사무는 정부조직법에서, 지방정부의 사무는 지방자치법에서 규정하고 있지만, 각 정부 간의 업무가 명확히 구분되어 있지 않다. 자치권은 국가로부터 수여된 권리로 국가와 자치단체 간의 사무배분 또는 기능배분 문제가 나타나며, 지방자치단체의 계층 간 기능배분이 모호하여 불명확한 기능분리로 행정의 비효율성이 야기된다.

07 난도 ★★★ ②

[오답 분석] ① 자치구 - 지방자치단체인 구(이하 "자치구"라 한다)는 특별시와 광역시의 관할구역 안의 구만을 말하며, 자치구의 자치권의 범위는 법령으로 정하는 바에 따라 시·군과 다르게 할 수 있다(지방자치법 제2조 제2항).

③ 인구 50만 이상의 도시 - 특별시·광역시 및 특별자치시가 아닌 인구 50만 이상의 시에는 자치구가 아닌 구를 둘 수 있고, 군에는 읍·면을 두며, 시와 구(자치구를 포함한다)에는 동을, 읍·면에는 리를 둔다(동법 제3조 제3항).

④ 특별자치도 - 제주도는 특별자치도로 제주특별자치도 설치 및 국제자유도시 조성을 위한 특별법의 적용을 받는다.

08 난도 ★★☆ ③

주민은 지방자치단체의 장이 아닌 지방의회에 조례의 제정과 개폐를 청구할 수 있다.

> **주민조례발안에 관한 법률**
> **제2조(주민조례청구권자)** 18세 이상의 주민으로서 다음 각 호의 어느 하나에 해당하는 사람은 해당 지방자치단체의 의회에 조례를 제정하거나 개정 또는 폐지할 것을 청구할 수 있다.

[오답 분석] ① 공금의 지출에 관한 사항, 재산의 취득·관리·처분에 관한 사항, 해당 지방자치단체를 당사자로 하는 매매·임차·도급 계약이나 그 밖의 계약의 체결·이행에 관한 사항 또는 지방세·사용료·수수료·과태료 등 공금의 부과·징수를 게을리한 사항을 감사 청구한 주민은 규정에 해당하는 경우에 그 감사 청구한 사항과 관련이 있는 위법한 행위나 업무를 게을리한 사실에 대하여 해당 지방자치단체의 장을 상대방으로 하여 소송을 제기할 수 있다(지방자치법 제22조 제1항).

② 주민은 그 지방자치단체의 장 및 지방의회의원(비례대표 지방의회의원은 제외한다)을 소환할 권리를 가진다(동법 제25조 제1항).

④ 지방자치단체의 장은 대통령령으로 정하는 바에 따라 지방예산 편성 등 예산과정에 주민이 참여할 수 있는 제도를 마련하여 시행하여야 한다(지방재정법 제39조 제1항).

09 난도 ★★★ ④

지방자치법 제21조 제1항

> **지방자치법**
> **제21조(주민의 감사 청구)** ① 지방자치단체의 18세 이상의 주민으로서 해당 지방자치단체의 관할 구역에 주민등록이 되어 있는 사람, 출입국관리법 제10조에 따른 영주(永住)할 수 있는 체류자격 취득일 후 3년이 경과한 외국인으로서 같은 법 제34조에 따라 해당 지방자치단체의 외국인등록대장에 올라 있는 사람의 어느 하나에 해당하는 사람은 시·도는 300명, 제 198조에 따른 인구 50만 이상 대도시는 200명, 그 밖의 시·군 및 자치구는 150명 이내에서 그 지방자치단체의 조례로 정하는 수 이상의 18세 이상의 주민이 연대 서명하여 그 지방자치단체와 그 장의 권한에 속하는 사무의 처리가 법령에 위반되거나 공익을 현저히 해친다고 인정되면 시·도의 경우에는 주무부장관에게, 시·군 및 자치구의 경우에는 시·도지사에게 감사를 청구할 수 있다.

10 난도 ★★☆ ④

군수를 소환하려고 할 경우에는 해당 군의 주민소환 투표청구권자 총수의 100분의 15 이상의 서명을 받아 청구해야 한다.

[오답 분석] ① 주민소환제도는 선거로 취임한 지방공직자에 대한 해임을 주민에 의하여 결정하는 제도로, 가장 유력한 직접민주주의 제도이다.

② 주민은 그 지방자치단체의 장 및 지방의회의원(비례대표 지방의회의원은 제외)을 소환한다. 비례대표 지방의회의원은 주민소환 대상이 아니다.

③ 주민소환제도는 주민들이 지방공직자에 대한 해임 등을 청구한다는 점에서 공직자에 대한 심리적 통제 효과가 크다고 할 수 있다.

> **주민소환에 관한 법률**
> **제7조(주민소환투표의 청구)** ① 전년도 12월 31일 현재 주민등록표 및 외국인등록표에 등록된 제3조 제1항 제1호 및 제2호에 해당하는 자(이하 "주민소환투표청구권자"라 한다)는 해당 지방자치단체의 장 및 지방의회의원(비례대표선거구시 · 도의회의원 및 비례대표선거구자치구 · 시 · 군의회의원은 제외하며, 이하 "선출직 지방공직자"라 한다)에 대하여 다음 각 호에 해당하는 주민의 서명으로 그 소환사유를 서면에 구체적으로 명시하여 관할선거관리위원회에 주민소환투표의 실시를 청구할 수 있다.
> 2. 시장 · 군수 · 자치구의 구청장: 당해 지방자치단체의 주민소환투표청구권자 총수의 100분의 15 이상

11 난도 ★☆☆ ②

공직선거법 제18조(선거권이 없는 자)에 따라 선거권이 없는 사람에게는 주민투표권이 없다(주민투표법 제5조 제1항).

[오답 분석] ① 동법 제5조 제1항
③ 동법 제5조 제2항
④ 동법 제5조 제1항 제2호

> **주민투표법**
> **제5조(주민투표권)** ① 18세 이상의 주민 중 제6조제1항에 따른 투표인명부 작성기준일 현재 다음 각 호의 어느 하나에 해당하는 사람에게는 주민투표권이 있다. 다만, 공직선거법 제18조에 따라 선거권이 없는 사람에게는 주민투표권이 없다.
> 1. 그 지방자치단체의 관할 구역에 주민등록이 되어 있는 사람
> 2. 출입국관리 관계 법령에 따라 대한민국에 계속 거주할 수 있는 자격(체류자격변경허가 또는 체류기간연장허가를 통하여 계속 거주할 수 있는 경우를 포함한다)을 갖춘 외국인으로서 지방자치단체의 조례로 정한 사람
>
> ② 주민투표권자의 연령은 투표일 현재를 기준으로 산정한다.

12 난도 ★★☆ ① · ③

① 주민발안(지방자치법 제19조), 주민소환(지방자치법 제25조)이다. 지방자치법 제19조에서는 조례의 제정과 개폐 청구에 관한 규정을 담고 있다. 주민조례개폐청구권을 주민발안의 일종으로 보는 것이 학계의 일반적인 주장이므로 주민발안도 주민직접참여제도로 볼 수 있다.
③ 주민투표(지방자치법 제18조), 주민의 감사 청구(지방자치법 제21조)

[오답 분석] ② 주민소환(지방자치법 제25조), 주민참여예산(지방재정법 제39조)
④ 주민소송(지방자치법 제22조), 주민총회(우리나라에서 인정하지 않는 제도)

13 난도 ★★★ ④

지방자치단체의 조례를 제정하면 해당 지역에 거주하는 18세 이상의 외국인에게도 주민투표권이 부여된다.

> **주민투표법**
> **제5조(주민투표권)** ① 18세 이상의 주민 중 제6조 제1항에 따른 투표인명부 작성기준일 현재 다음 각 호의 어느 하나에 해당하는 사람에게는 주민투표권이 있다. 다만, 공직선거법 제18조에 따라 선거권이 없는 사람에게는 주민투표권이 없다.
> 1. 그 지방자치단체의 관할 구역에 주민등록이 되어 있는 사람
> 2. 출입국관리 관계 법령에 따라 대한민국에 계속 거주할 수 있는 자격(체류자격변경허가 또는 체류기간연장허가를 통하여 계속 거주할 수 있는 경우를 포함한다)을 갖춘 외국인으로서 지방자치단체의 조례로 정한 사람

[오답 분석] ① 주민참여제도에는 주민투표, 주민소환, 주민소송 등이 있다.
② 지방자치법 제22조에서 주민소송에 관한 사항을 명시하고 있다.
③ 지역구지방의회의원에 대한 주민소환투표는 당해 지방의회의원의 지역선거구를 대상으로 한다(주민소환에 관한 법률 제16조 제2항).

14 난도 ★★☆ ①

지방재정법에는 주민이 참여할 수 있는 예산의 범위가 규정되어 있지 않지만, 주민참여예산제도의 사항은 해당 지방자치단체의 조례로 정한다고 규정되어 있다.

> **지방재정법**
> **제39조(지방예산 편성 등 예산과정의 주민 참여)** ⑤ 주민참여예산기구의 구성 · 운영과 그 밖에 필요한 사항은 해당 지방자치단체의 조례로 정한다.

[오답 분석] ② 지방재정법상 지방자치단체의 장은 대통령령으로 정하는 바에 따라 지방예산 편성 등 예산과정에 주민이 참여할 수 있는 제도를 마련하여 시행하여야 한다.
③ 우리나라 지방자치단체 중 최초로 주민참여예산조례를 제정하여 시행한 곳은 광주광역시 북구이다.
④ 주민참여예산제도는 주민이 예산편성과정에 직접적으로 참여하기 때문에 지방의회의 예산심의권을 침해할 수 있다는 논란이 있다.

15 난도 ★★☆ ④

지방자치단체의 장은 지방의회의 의결사항을 제외하고 예산과정에 주민참여예산제도를 마련하여 시행하여야 한다(지방재정법 제39조 제1항).

오답 분석 ① 지방재정법에 근거조항이 마련되어 있다(동법 제39조).

② 주민참여예산기구의 구성 · 운영과 그 밖에 필요한 사항은 해당 지방자치단체의 조례로 정한다(동법 제39조 제5항).

③ 지방자치단체의 장은 주민참여예산제도를 통하여 수렴한 주민의 의견서를 지방의회에 제출하는 예산안에 첨부하여야 한다(동법 제39조 제3항).

3 지방재정

문제편 p. 107

01	02	03	04	05	06	07	08	09	10
③	②	③	③	①	②	③	②	③	②

01 난도 ★☆☆ ③

'자율적으로 사용 가능한 재원'이란 자주재원이 아니라 중앙정부의 통제를 받지 않는 일반재원을 말한다. 따라서 '재정자립도'를 묻는 것이 아니라 '재정자주도'를 묻는 지문이다.

02 난도 ★★☆ ②

조세법률주의는 국세와 지방세 모두 적용된다. 즉, 조세의 종류와 세율은 반드시 법률로 규정해야 하며 지방자치단체는 법령의 위임과 상관없이 조례로는 지방세목을 설치할 수 없다.

오답 분석 ① 탄력세율 제도는 지방자치단체가 세율을 일정한 범위 내에서 변경하여 운용할 수 있는 제도로 재정의 신축성과 자율성을 제고하기 위한 제도이다.

③ 지방자치단체의 장은 재정투자사업에 관한 예산안 편성에 대해서는 대통령령으로 정하는 바에 따라 사전에 그 필요성과 타당성에 대한 심사를 하여야 한다(지방재정법 제11조 제1항 제2호).

④ 지방자치단체의 장은 재해예방 및 복구사업을 위한 자금 조달에 필요할 때에는 지방채를 발행할 수 있다(동법 제37조 제1항 제1호).

03 난도 ★★☆ ③

특별시·광역시의 보통세와 도의 보통세에 공통적으로 속하는 세목은 ㉡ 지방소비세, ㉣ 레저세, ㉥ 취득세이다.

PLUS+ 과세주체별 지방세의 종류

구분	광역자치단체		기초자치단체	
	특별시·광역시세	도세	시·군세	자치구세
보통세	취득세, 레저세, 담배소비세, 지방소비세, 주민세, 지방소득세, 자동차세	취득세, 등록면허세, 레저세, 지방소비세	담배소비세, 주민세, 지방소득세, 재산세, 자동차세	등록면허세, 재산세
목적세	지역자원 시설세, 지방교육세	지역자원 시설세, 지방교육세	–	

04 난도 ★★☆ ③

지방교부세는 자치단체의 신청 없이도 법적 기준에 따라 재원을 교부한다. 신청주의를 원칙으로 하며 각 중앙관서의 예산에 반영되어야 하는 것은 국고보조금이다.

오답 분석 ① 지방교부세는 지역 간의 재정력 격차를 완화시키기 위한 제도이며, 국세의 일부로서 징수한 재원을 기준에 따라 각 자치단체에 배분하여 수평적·수직적 조정을 하는 역할을 한다.

② 지방교부세의 종류는 보통교부세·특별교부세·부동산교부세 및 소방안전교부세로 구분한다(지방교부세법 제3조).

④ 부동산교부세는 종합부동산세를 재원으로 하며 지방자치단체에 전액 교부하여야 한다(지방교부세법 제9조의3 제1항).

05 난도 ★★☆ ①

지방교부세법상 지방교부세는 보통교부세, 특별교부세, 부동산교부세 및 소방안전교부세로 구분한다.

> **지방교부세법**
> **제3조(교부세의 종류)** 지방교부세의 종류는 보통교부세·특별교부세·부동산교부세 및 소방안전교부세로 구분한다.

오답 분석 ② 중앙정부가 국가 사무를 지방정부에 위임하거나 지방정부가 추진하는 사업 경비의 전부 또는 일부를 보조하거나 지원하기 위한 제도는 국고보조금이다.

③ 전국적 최소한 동일 행정서비스 수준 보장을 위해 중앙정부가 내국세의 일정 비율을 자치단체에 배분하는 것은 지방교부세이다.

④ 국고보조금은 특정재원이므로 지방교부세 대비 국고보조금의 비중 증가는 지방재정의 자율성을 약화한다.

06 난도 ★★☆ ②

재산임대수입은 자주재원에 해당한다. 자주재원이란 지방자치단체가 직접 징수하는 수입을 말한다.

오답 분석 ①·③·④ 모두 의존재원에 해당한다.

PLUS+	자주재원과 의존재원
자주재원	• 자치단체가 중앙정부의 도움 없이 자체적으로 조달 가능 한 재원 • 지방세와 세외수입으로 구성
의존재원	• 의존수입이라고도 하며 국가나 광역자치단체로부터 제공 받는 수입 • 지방교부세, 국고보조금, 조정교부금 등으로 구성

07 난도 ★★☆ ③

조정교부금은 지방재정법에 규정되어 있으며, 국가에 의한 재정조정 제도가 아닌 광역자치단체가 기초자치단체에 대하여 실시하는 재정 조정제도이다.

오답 분석 ①·②·④ 모두 지방교부세법에 규정되어 있는 재정조정제도이다.

지방교부세법

제3조(교부세의 종류) 지방교부세의 종류는 보통교부세·특별교부세·부동산교부세 및 소방안전교부세로 구분한다.

제6조(보통교부세의 교부) ① 보통교부세는 해마다 기준재정수입액이 기준재정수요액에 못 미치는 지방자치단체에 그 미달액을 기초로 교부한다. 다만, 자치구의 경우에는 기준재정수요액과 기준재정수입액을 각각 해당 특별시 또는 광역시의 기준재정수요액 및 기준재정수입액과 합산하여 산정한 후, 그 특별시 또는 광역시에 교부한다.

② 행정안전부장관은 제1항에 따라 보통교부세를 교부하려면 해당 지방자치단체의 장에게 다음 각 호의 자료를 첨부하여 보통교부세의 결정을 통지하여야 한다.

1. 보통교부세의 산정 기초자료
2. 지방자치단체별 내역
3. 관련 자료

제9조의3(부동산교부세의 교부) ① 부동산교부세는 지방자치단체에 전액 교부하여야 한다.

② 제1항에 따른 부동산교부세의 교부기준은 지방자치단체의 재정여건이나 지방세 운영상황 등을 고려하여 대통령령으로 정한다.

제9조의4(소방안전교부세의 교부) ① 행정안전부장관은 지방자치단체의 소방 인력 운용, 소방 및 안전시설 확충, 안전관리 강화 등을 위하여 소방안전교부세를 지방자치단체에 전액 교부하여야 한다. 이 경우 소방 분야에 대해서는 소방청장의 의견을 들어 교부하여야 한다.

② 제1항에 따른 소방안전교부세의 교부기준은 지방자치단체의 소방인력, 소방 및 안전시설 현황, 소방 및 안전시설 투자 소요, 재난예방 및 안전강화 노력, 재정여건 등을 고려하여 대통령령으로 정한다. 다만, 소방안전교부세 중 개별소비세법에 따라 담배에 부과하는 개별소비세 총액의 100분의 20을 초과하는 부분은 소방 인력의 인건비로 우선 충당하여야 한다.

08 난도 ★★☆ ②

지방세 중 목적세로는 지방교육세와 지역자원시설세 등이 있으며 담배소비세, 레저세, 자동차세 등은 보통세이다.

오답 분석 ① 지방세와 세외수입은 자주재원이고, 국고보조금과 지방교부세는 의존재원이다.

③ 지방교부세에는 보통교부세, 특별교부세, 부동산교부세, 소방안전교부세가 있다.

④ 국세는 의존재원으로서 지방재정조정기능을 수행하기 때문에 국세의 일부를 지방세로 전환할 경우 국세의 비중이 낮아지고 지방세의 비중이 높아짐에 따라 재정불균형이 심화될 수 있다.

09 난도 ★★☆ ③

지방직영기업이란 지방자치단체가 직접 사업수행을 위해 공기업특별회계를 설치하고 일반회계와 구분하여 독립적으로 회계를 운영하는 형태이다. 지방직영기업의 조직·인력은 자치단체 소속으로 공무원 신분이다.

오답 분석 ① 지방자치단체가 행정조직 형태로 직접 운영하는 사업이다.

② 지방직영기업의 관리자는 자치단체장이 임명한다.

④ 지방직영기업에 대한 경영평가는 행정안전부장관이 따로 정할 수 있다.

10 난도 ★★☆ ②

국고보조금은 용도가 정해진 특정재원이므로, 통제를 수반하고 지방 재정운영의 자율성을 저해한다.

오답 분석 ① 재정자립도는 일반회계 총세입 중 자주재원(지방세 수입+세외 수입)이 차지하는 비중이다.

③ 지방교부세는 수평적 조정재원으로, 지방재정의 결함이나 불균형을 시정해주는 기능을 한다.

④ 지방자치단체는 공유재산의 조성, 재해예방 및 복구사업, 대규모 세입결함 보전, 지방채의 차환 등을 위하여 지방채를 발행할 수 있다.

지방재정법

제11조(지방채의 발행) ① 지방자치단체의 장은 다음 각 호를 위한 자금 조달에 필요할 때에는 지방채를 발행할 수 있다. 다만, 제5호 및 제6호는 교육감이 발행하는 경우에 한한다.

1. 공유재산의 조성 등 소관 재정투자사업과 그에 직접적으로 수반되는 경비의 충당
2. 재해예방 및 복구사업
3. 천재지변으로 발생한 예측할 수 없었던 세입결함의 보전
4. 지방채의 차환
5. 지방교육재정교부금법 제9조 제3항에 따른 교부금 차액의 보전
6. 명예퇴직(교육공무원법 제36조 및 사립학교법 제60조의3에 따른 명예퇴직을 말한다. 이하 같다) 신청자가 직전 3개 연도 평균 명예퇴직자의 100분의 120을 초과하는 경우 추가로 발생하는 명예퇴직 비용의 충당

4 지방자치단체와 국가와의 관계

문제편 p. 109

01	02	03	04	05	06	07			
②	①	④	①	②	①	③			

01 난도 ★★★ ②

중앙과 지방의 관계가 지주–마름 모형에 가깝다고 주장한 것은 그린피스(J. A. Griffith)가 아니라 챈들러(J. Chandler)이다. 그린피스는 영국의 중앙정부와 지방정부의 관계가 대체로 대등하다고 보았다.

오답 분석 ① 라이트(D. S. Wright)는 정부 간 관계모형을 중앙정부와 지방정부의 권력관계 및 기능적 상호의존관계를 기준으로 분리권위형, 포괄권위형, 중첩권위형으로 구분하였다.

③ 로데스(R. A. W. Rhodes)는 중앙이 지방정부에게 상당한 영향력을 행사하더라도, 중앙이 지방정부에게 의존하는 것도 어느 정도 있다는 권력의존모형을 주장하였다.

④ 무라마쓰 미치오는 일본의 중앙 · 지방 관계를 수직적 행정통제모형(지방정부가 중앙정부의 지시와 명령에 복종하는 수직적 상하관계)과 수평적 정치경쟁모형(중앙과 지방 간의 상호의존성을 중시하며 서로 대등한 관계)으로 설명하였다.

02 난도 ★★☆ ①

2011.10.12에 제정한 지방재정위기 사전경보시스템 운영 규정 제2조 제1항에 따르면 지방재정위기관리제도라 함은 지방자치단체의 주요재정지표를 모니터링하여 지방자치단체의 재정위기를 사전에 예측하고 선제적으로 대응하는 일련의 과정을 말한다. 그러나 이는 사후통제에 해당한다.

※ 지방재정위기 사전경보시스템 운영 규정은 2019년 4월 30일 '지방재정위기관리제도 운영 규정'으로 바뀌었으며, 그 과정에서 "재정위기 사전경보시스템"에 대한 내용이 삭제되었다.

오답 분석 ② 지방재정투융자심사는 지방자치단체장이 재정투자사업에 관한 예산안을 편성할 때 사전에 그 필요성과 타당성에 대한 심사(이하 "투자심사"라 한다)를 말한다(지방재정법 제37조).

③ 성별영향평가제도는 성별영향평가법에 근거한 제도로서, 중앙행정기관의 장 및 지방자치단체의 장이 정책을 수립하거나 시행하는 과정에서 그 정책이 성평등에 미칠 영향을 평가하여 정책이 성평등의 실현에 기여할 수 있도록 하는 것을 말한다.

④ 지방자치단체장은 재정투자사업, 재해예방 및 복구사업, 지방채의 차환 등을 위한 자금조달이 필요할 때에는 지방채를 발행할 수 있다.

03 난도 ★★☆ ④

구성 지방자치단체의 장은 제109조(겸임 등의 제한)에도 불구하고 특별지방자치단체의 장을 겸할 수 있다(지방자치법 제205조 제2항).

오답 분석 ① 지방자치법 제199조 제1항

② 특별지방자치단체는 법인으로 한다(동법 제199조 제3항). 따라서 보통의 지방자치단체와 같이 법인격을 갖는다.

③ 동법 제204조 제1항

04 난도 ★★☆ ①

특별지방행정기관은 국가의 특정 중앙행정기관에 소속되어 당해 관할구역 내에서 시행되는 소속 중앙행정기관에 속하는 모든 사무를 관장하는 국가의 지방행정기관(관치기관)이다.

오답 분석 ② 지방환경청은 환경부의 특별지방행정기관이다.

③ 2개 이상의 지방자치단체가 공동으로 특정한 목적을 위하여 광역적으로 사무를 처리할 필요가 있을 때에는 특별지방자치단체를 설치할 수 있다. 이 경우 특별지방자치단체를 구성하는 지방자치단체(이하 "구성 지방자치단체"라 한다)는 상호 협의에 따른 규약을 정하여 구성 지방자치단체의 지방의회 의결을 거쳐 행정안전부장관의 승인을 받아야 한다(지방자치법 제199조 1항).

④ 세종특별자치시와 제주특별자치도는 보통지방자치단체인(단층형태의) 광역지방자치단체이다.

05 난도 ★★☆ ②

특별지방행정기관(일선기관)은 관할범위가 넓을수록 광역행정에는 유리하지만 고객의 편리성이나 주민접근성이 떨어져 현지 행정을 저해할 수 있다.

오답 분석 ① 특별지방행정기관은 고유의 법인격과 자치권을 가지는 자치단체와 구별된다.

③ 특별지방행정기관은 주민참여와 직접통제 등을 저해한다.

④ 특별지방행정기관의 예로 교도소, 세관, 우체국, 경찰서, 지방노동청 등을 들 수 있다.

06 난도 ★☆☆ ①

시 · 군을 통합하게 되면 관할구역이 넓어져 주민들의 선호에 대응하는 행정이 어려워지므로 행정의 대응성을 저하시킬 수 있다.

PLUS+ 통합옹호론과 통합반대론

구분	내용
통합 옹호론	• 규모에 경제에 따른 효율성의 확보 • 생활권과 행정권의 일치 • 광역적 문제의 효과적 해결 • 통합을 통한 지방자치단체의 공공서비스 제공 능력 확대 • 광역 행정의 통합성 확보 • 구역 내 수평적 형평성 확보 면에서 유리 • 행정의 책임 소재 명확 • 분절화로 인한 소모적인 경쟁의 회피
통합 반대론	• 행정의 대응성 저하 • 규모가 지나치게 과대할 경우 오히려 규모의 불경제 초래 • 지방자치를 해치고, 주민들 간의 일체감 부족을 야기 • 지방정부 간 경쟁이 공공서비스의 혁신과 효율성 증대를 가져온다고 주장(티부모형) • 중앙정부와 지방정부, 광역정부와 기초정부 간 수직적 형평성의 확보 차원에서는 유리하다고 단정할 수 없음 • 통합의 효과는 공공서비스 유형에 따라 다름

07 난도 ★☆☆ ③

광역행정은 기존의 행정구역이나 자치구역의 범위를 넘는 행정수요에 적극적으로 대응하여 더 넓은 지역에 걸쳐 행정사무를 종합적으로 처리하려는 지방행정 수행방식이다. 균질적이고 동일한 행정서비스를 더 넓은 지역에 공급함으로써 행정서비스 1단위당 평균생산비용을 줄일 수 있으므로 규모의 경제를 실현한다는 장점이 있다.

오답 분석 ① 광역행정은 하나의 지방자치단체 또는 지방행정기관의 구역을 초월하는 더 넓은 지역을 대상으로 행정을 수행하는 것을 말한다.

④ 광역행정은 지방자치단체 간의 사무를 종합적으로 처리하여 균질한 행정서비스를 제공하는 계기로 작용해 왔다.

아이들이 답이 있는 질문을 하기 시작하면
그들이 성장하고 있음을 알 수 있다.

– 존 J. 플롬프 –

최종모의고사 정답 및 해설

제1회 최종모의고사

제2회 최종모의고사

제 1 회 최종모의고사

문제편 p. 112

01	02	03	04	05	06	07	08	09	10
③	③	④	③	②	①	④	③	④	①
11	12	13	14	15	16	17	18	19	20
②	②	②	③	②	④	①	③	③	④

01 난도 ★★★ ③

출제 영역 행정학 총론 > 행정학의 주요 접근

정답 분석 ③ 합리적 선택 신제도주의는 개인의 합리성 추구 행위가 집단적 차원으로 연계되는 제도가 없으면 집단적 행동의 딜레마가 발생할 수 있다고 본다. 따라서 공동체의 구성원들이 사회적 딜레마를 해결하기 위해 자발적 합의를 통해 제도를 만드는 해법이 바람직하다.

오답 분석 ① 사회학적 신제도주의는 법제화된 도량형이 아닌 전통적 도량형이 사용되는 이유가 경쟁과 효율의 논리 때문이 아니라 다른 조직과 유사해지려는 동형화의 노력 때문이라고 본다.

② 역사적 신제도주의는 정책을 개인 선호의 합이나 행위자들의 갈등과 상호작용의 산물로 보지 않으며, 정책결정과 그 결과는 역사적으로 형성된 제도의 맥락에 따라 달라진다고 본다. 따라서 외국에서 성공적으로 운영된 법령이나 정책이 우리나라에 도입하여 실패한 것은 행위자들의 갈등과 상호작용 때문이 아니라 우리나라의 문화적 특성과 행위자들의 선호체계 때문이다.

④ 신제도주의는 제도를 연구의 중심개념으로 사용하고 합리적 행동모형에 회의적이라는 점에서 구제도주의와 유사하다.

02 난도 ★★☆ ③

출제 영역 조직론 > 조직연구의 기초

정답 분석 ㉠ 혼돈이론은 혼돈상태(Chaos)를 연구하여 폭넓고 장기적인 변동의 경로와 양태를 찾아보려는 접근 방법으로 안정된 운동상태를 보이는 계(系)가 어떻게 혼돈상태로 바뀌는가를 설명하고, 또 혼돈상태에서 숨겨진 질서를 찾으려는 시도이다.

㉡ 혼돈은 스스로 불규칙하게 변화할 뿐만 아니라 미세한 초기조건의 차이가 점차 증폭되어 시간이 얼마간 지나면 완전히 서로 다른 결과를 나타낸다.

㉣ 자기조직화(Self-Organizing)는 비선형적 변화를 일으키는 사물 또는 현상들이 자기 스스로 구조와 질서를 갖추어나가는 것이고 공진화(Coevolution)는 계를 구성하는 각 개체들이 끊임없이 서로에게 적응하면서 변화해가는 과정이다.

오답 분석 ㉢ 뉴턴은 자연현상을 선형방정식으로 표현하여 예측가능하고 질서정연한 것으로 보았으나 혼돈이론은 원인과 결과가 비례하지 않는 변화가 불규칙적으로 전개되는 상황을 가정한다.

03 난도 ★★☆ ④

출제 영역 인사행정론 > 인사행정의 기초

정답 분석 ④ 직업공무원제는 폐쇄제로 인하여 외부로부터 전문인력 충원이 어렵고, 일반행정가를 중심으로 양성하기 때문에 행정의 전문화·기술화를 저해한다.

오답 분석 ① 직업공무원제는 강력한 신분보장으로 장기 근무를 유도하므로 행정의 연속성과 일관성을 유지할 수 있다.

② 직원공무원제는 젊은 인재들을 공직에 유치해 그들이 공직에 근무하는 것을 명예롭게 생각하면서 일생동안 공무원으로 근무하도록 운영하는 인사제도이다. 이런 목적을 달성하기 위해서는 공직에 대한 사회적 평가가 높아야 한다.

③ 직업공무원제는 폐쇄적 임용과 지나친 신분보장으로 공무원이 환경적 요청에 민감하지 못하고 특권집단화할 염려가 있다.

04 난도 ★★☆ ③

출제 영역 행정학 총론 > 행정과 환경

정답 분석 ③ 역선택을 해결하기 위한 방안으로는 강제보험제도, 신호발송, 평판제도 등이 있고 도덕적 해이를 해결하기 위한 방안으로는 유니설계, 평판, 명성, 신뢰도 형성 등이 있다.

오답 분석 ① 죄수의 딜레마는 사익의 합이 전체 공익과 일치하지 않는다는 관점이므로 실체설에 부합한다.

② 집단행동의 딜레마는 소집단보다는 대집단에서 내부통제의 어려움으로 인해 무임승차 현상이 더 많이 발생하여 시장실패를 야기한다는 현상이다.

④ 역선택과 도덕적 해이는 정보 보유자가 정보를 갖지 못한 자 간에 이익상충 상황에서 정보 보유자가 이기적, 합리적 행동을 한 결과 나타나는 시장실패 현상이다.

05 난도 ★★☆ ②

출제 영역 정책학 > 정책의제설정 및 정책분석

정답 분석 ② B는 내부주도형에 해당한다. 이 경우 정부의제가 공중의제가 되지 않고 곧바로 정책의제로 채택되며 남북경협문제가 그 사례이다. 정부가 행정PR을 통해 일반대중에게 정책의 중요성과 유용성을 적극적으로 설득하여 공중의제화하는 것은 D의 동원형에 해당한다.

오답 분석 ④ D의 사례인 4대강사업, 도로명주소사업, 새마을운동, 올림픽 유치, 국민연금제도 실시, 그린벨트 지정, 남녀평등과 관련된 미투(Mee too)운동, 미세먼지 심화로 인한 환경보호운동 등의 정책의제설정은 외부주도형에 해당한다.

06 난도 ★★★ ①

출제 영역 지방행정론 > 지방재정

정답 분석 ㉠ 보편성의 원칙이란 세원이 지역별로 고르게 분포되어 있어야 한다는 것을 말한다. 레저세와 담배소비세는 세원 분포의 지역별 편차가 심해서 지방세의 중요한 원칙 중 보편성의 원칙에 위배된다.

㉡ 우리나라 지방세가 재산과세 중심으로 이루어져서 신장성이 약하다.

㉢ 지방자치단체가 조례로 세율을 가감할 수 있는 대상 세목에는 자동차세, 재산세, 주민세, 지방소득세 등이 있다. 따라서 경기도 수원시의 시의회는 자동차세와 재산세의 세율을 일부 조정하는 조례를 제정할 수 있다.

오답 분석 ㉣ 정부는 2015년 소방안전교부세를 신설하여 담배개별소비세의 20%를 재원으로 지방자치단체에 배분하였으며 지방자치단체는 인건비를 제외한 소방안전 관련 비용으로 사용해야 했다. 그러나 2021년 소방공무원을 지방직에서 국가직으로 전환한 이후 담배 개별소비세에서 기존 20%에서 45%로 배분비율을 늘렸으며 그 용도를 소방인력 인건비로 사용할 수 있도록 바꾸었다. 또한 2021년 1월 1일부터 시행된 소방재정지원 및 시·도 소방특별회계 설치법에 따라 소방분 지역자원시설세 전액을 소방예산에 투자해야 한다. 지역자원시설세 세수가 적어 사업비 확보가 어려운 도지역은 보통세의 0.5% 이상을 전입하도록 규정하고 있다.

㉤ 지방재정법상 지방채 발행 조건에서 "지방자치단체의 항구적 이익이 되는 경우"의 부분이 2014년 법 개정으로 삭제되었다.

07 난도 ★★☆ ④

출제 영역 행정학 총론 > 행정이란 무엇인가

정답 분석 ④ 교육인적자원부는 2008년 2월 정부조직법 개정에 따라, 과학기술부 일부와 통합하여 교육과학기술부로 개편되었다. 교육과학기술부 또한 2013년 3월 정부조직 개편으로 교육부로 개편 후 해산되었다.

08 난도 ★★☆ ③

출제 영역 정책학 > 정책집행

정답 분석 ㉡ 상향식 집행론은 집행과정에서 문제가 발생하면 정책결정이 수정된다고 보는 입장이므로 정책결정과 정책집행 간의 엄밀한 구분에 의문을 제기한다.

㉢ 재량적 실험가형의 특징이다. 관료적 기업가는 정책집행자가 정책결정자의 결정권을 장악하고 정책과정 전반을 완전히 통제하는 유형으로, 정책집행자 스스로 정책목표를 수립하고 공식결정자가 이 목표를 받아들이도록 확신시킬 수 있는 충분한 능력을 보유하고 있다.

㉣ 립스키(M. Lipsky)는 일선관료제론을 통하여 일선관료의 역할을 중시하는 상향적 접근 방법을 주장한 학자인데 상향식 집행론은 분명한 정책목표의 가능성을 부인하고 집행문제해결에 초점을 맞춘다.

㉤ 하향식 접근법은 주로 정책집행의 성공요인을 제시하는 처방적 성격이 강하며, 정책결정자의 의도를 실현하는 것(효과성)이 정책의 성공이라고 본다. 반면에 상향식 접근법은 집행현장에 대한 설명적 성격이 강하다.

- 버만(P. Berman)의 적응적 집행론[상황론적 집행] : 정책집행의 제도적 환경을 크게 거시집행구조와 미시집행구조로 구분하고, 미시집행 국면에서 발생하는 정책과 집행조직 사이의 상호적응(Mutual Adaptation) 자체가 성공적 집행이며 정책집행의 성과는 이러한 미시집행과정에서 결정됨을 강조했다.

오답 분석 ㉠ 프레스맨(J. Pressman)과 윌답스키(A. Wildavsky)는 1973년 존슨 행정부의 사회복지사업 실패이유를 밝혀내는 연구를 하였는데, 오클랜드사업 집행과정을 분석하여 의사결정점(Decision Point)이 증가할수록 거부점(Veto Point, 정책에 반대하는 집단)으로 작용하여 정책집행의 성공 가능성은 낮아진다고 제시했다.

09 난도 ★★☆ ④

출제 영역 조직론 > 조직행동(행태)론

정답 분석 ④ 강압적 권력은 상대방을 처벌할 수 있을 때 발생하는 권력으로, 인간의 공포에 기반을 둔 권력이다. 권한과 개념이 유사한 권력은 합법적(정통적) 권력이다.

10 난도 ★☆☆ ①

출제 영역 정책학 > 정책평가

정답 분석 ① 기획과정은 보통 '목표설정(제1단계) → 상황분석(제2단계) → 기획전제 설정(제3단계) → 대안의 탐색 및 평가(제4단계) → 최종안의 선택(제5단계)'의 순으로 이뤄진다.

11 난도 ★★☆ ②

출제 영역 조직론 > 조직의 양태와 조직유형

정답 분석 ② 지식정보사회가 개인의 능력(역량)을 중요시하는 것은 맞지만, 수평적인 네트워크 구조로 인해 조직의 협력적인 부분에 대한 요구도 강해진다.

오답 분석 ③ 정보기술이 발달하게 되면서 정부의 하위계층에 대한 관리·감독이 용이해진다. 이것은 조직구조가 계층화되는 도구로 이용될 수 있다.

12 난도 ★★☆ ②

출제 영역 정책학 > 정책의제설정 및 정책분석

정답 분석 ② 사회문제가 오랫동안 누적되어 왔거나 장기적으로 지속될 것으로 예상되는 경우에는 의제화가 용이하다.

13 난도 ★★☆ ②

출제 영역 조직론 > 조직발전과 조직관리기법

정답 분석 ② 균형성과표는 재무적 수단을 통해 결과만을 산출하던 전통적 평가방법에서 벗어나 과정을 중심으로 다양한 관점에서 균형을 추구하고자 한다. 그렇기 때문에 재무상태가 양호해도 고객만족도나 내부프로세스의 효율성이 낮고 구성원의 학습과 성장상태가 좋지 않다면, 전체적인 균형성과표의 점수가 낮게 기록된다.

14 난도 ★★☆ ③

출제 영역 정책학 > 정책의제설정 및 정책분석

정답 분석 ③ 3종 오류는 주로 의제를 채택하는 과정에서 나타난다.

오답 분석 ① 1종 오류는 귀무가설이 옳은데도 불구하고 그 가설을 기각하는 오류로, 정책효과가 없는데 있다고 판단한다.

② 2종 오류는 귀무가설이 잘못되었는데도 그것을 옳은 것으로 받아들이는 오류로, 정책효과가 있는데 없다고 판단한다.

④ 3종 오류는 정책 문제 자체를 잘못 정의한 경우로 문제 자체가 잘못 정의되어 이후의 과정에도 영향을 미치게 한다.

15 난도 ★★★ ②

출제 영역 인사행정론 > 임용

정답 분석 ② 직렬 및 직류는 직위의 직무요건이 아니라 공무원의 인적요건에 해당한다.

> **공무원 임용령**
>
> **제43조(보직관리의 기준)** ② 임용권자 또는 임용제청권자는 소속 공무원을 보직할 때 다음 각 호에서 정한 직위의 직무요건과 소속 공무원의 인적요건을 고려하여 적재적소(適材適所)에 임용하여야 하며, 직무분석규정에 따른 직무분석 또는 이 영 제10조의3에 따른 역량평가 또는 공무원 성과평가 등에 대한 규정 제28조에 따른 다면평가를 실시한 경우 그 결과를 활용할 수 있다.
>
> 1. 직위의 직무요건
> 가. 직위의 주요 업무활동
> 나. 직위의 성과책임
> 다. 직무수행의 난이도
> 라. 직무수행요건
>
> 2. 공무원의 인적요건
> 가. 직렬 및 직류
> 나. 윤리의식 및 청렴도
> 다. 보유 역량의 수준
> 라. 경력, 전공분야 및 훈련실적
> 마. 그 밖의 특기사항

16 난도★★☆ ④

출제 영역 재무행정론 > 정부회계 및 조달행정

정답 분석 ④ 연금충당부채는 대차대조표에서 부채 계정에 해당한다. 복식부기는 공무원을 신규 채용할 때 연금충당부채를 계상하므로 정부부채를 증가시킨다.

오답 분석 ① 현금주의는 정부의 수입을 현금수취 시점으로, 정부의 지출을 현금 지불 시점으로 계산하는 방식이다. 발생주의는 현금의 유입(수입)과 유출(지출)과는 관계없이 거래가 발생한 시점을 인식하는 방식이다. 따라서 정부가 민간에게 기계 장치를 무상으로 지원하는 경우 현금주의는 현금 유출이 없으므로 비용으로 인식하지 못하는 데 비해 발생주의는 비용으로 인식한다.

② 정부회계를 복식부기의 원리에 따라 기록할 경우 차입금의 감소는 부채 감소이므로 차변에 기록한다. 이에 반해 순자산의 증가(자본의 증가), 현금의 감소(자산의 감소), 수익의 발생 등은 대변에 위치할 항목들이다.

③ 현금의 흐름을 쉽게 파악할 수 있고 자의적인 회계처리가 불가능하여 통제가 용이한 것은 현금주의 회계이다.

17 난도 ★★☆ ①

출제 영역 인사행정론 > 능력발전

정답 분석 ① 4급 이상 공무원은 성과계약평가를 받으며, 5급 이하 공무원의 대부분은 근무성적평가를 받는다(공무원 성과평가 등에 관한 규정 제7조, 제12조).

오답 분석 ④ 직무분석은 직무의 '절대적' 차이(직무수행에 요구되는 능력 등)에 따라 구분하는 단계이고, 직무평가는 '상대적' 차이(조직 목표 달성의 직무별 공헌도 등)에 따라 구분하는 단계이다.

18 난도 ★☆☆ ③

출제 영역 재무행정론 > 재정과 재정 관련 법

정답 분석 ③ 세계잉여금이 남았을 때는 추가경정예산의 편성사유에 해당하지 않는다.

19 난도 ★★☆ ③

출제 영역 행정환류론 > 행정책임·통제와 행정개혁

정답 분석 ③ 이명박 정부의 행정개혁은 지방분권촉진에 관한 특별법(2008), 성인지(남녀평등)예산제도(2010), 조세지출예산 제도의 도입(2011)이며, 고위공무원단제도, 주민소환제도는 노무현 정부 때 도입되었다.

오답 분석 ① 김대중 정부의 행정개혁: 행정서비스헌장제도(1998), 책임운영기관제도(1999), 공무원정원 동결제도(1999), 연봉제 도입 - 국장급 이상(1999), 중앙행정권한 지방이양촉진법(1999), 주민감사청구제도(1999), 주민조례개폐청구제도(1999), 부패방지법 제정(2002)

② 노무현 정부 행정개혁: 지방분권특별법(2004), 주민투표제(2004), 연봉제 - 과장급으로 확대(2005), 직무성과 계약제(2005), 자율예산편성제도(2005), 주민소송제도(2006), 공무원노조제도(2006), 고위공무원단제도(2006), 주민소환제도(2007), 총액인건비제도(2007), 국가회계법(발생주의 복식부기)(2007), 성과 중심의 재정운용(2007), 국가재정운용계획(2007), 디지털예산회계정보시스템(2007), 프로그램예산제도(2008)

20 난도 ★★☆ ④

출제 영역 인사행정론 > 공직부패 및 공직유리와 행위규범

오답 분석 ① 충성의 의무는 국가공무원법 13대 의무에 규정되어 있지 않다.

② 퇴직 공직자 취업제한에 대한 규정은 공직자윤리법에 규정되었다.

③ 비위면직자 취업제한은 부패방지 및 국민권익위원회의 설치와 운영에 관한 법률에 규정되어 있다.

제2회 최종모의고사

문제편 p. 116

01	02	03	04	05	06	07	08	09	10
②	①	③	①	③	③	②	③	②	①
11	12	13	14	15	16	17	18	19	20
④	②	④	③	④	④	①	③	③	①

01 난도 ★★☆ ②

출제 영역 인사행정론 > 공무원의 사기

정답 분석 ㉠ 우리나라 연금은 기여제(연금 재원을 국가와 공무원이 공동 부담)와 기금제(연금소요 재원으로 사전에 큰 돈을 마련함)를 채택하고 있다.

㉣ 공무원연금의 적용제외 대상으로, 첫 번째는 군인과 선거에 의하여 취임하는 공무원(대통령, 국회의원, 지방자치단체장, 지방의회의원, 교육감 → 군인은 군인연금법 적용, 선출직은 장기간 근속의 담보가 없으므로 제외됨)과 두 번째는 한시적인 자문위원회와 법령에 의하지 않는 위원회 등의 상임위원과 전임직원이 있다.

오답 분석 ㉡ 연금지급률을 1.9%에서 1.7%로 2025년까지 단계적으로 인하한다.

㉢ 공무원으로 임명된 날이 속하는 달부터 퇴직한 날의 전날 또는 사망한 날이 속하는 달까지 월별로 내야 한다. 단, 기여금 납부기간이 36년을 초과한 자는 내지 않아도 된다.

02 난도 ★★☆ ①

출제 영역 행정학 총론 > 행정학의 주요 접근

정답 분석 ① 나－윌슨패러다임, 다－생태론, 라 －행태론, 마－신행정론, 가－공공선택이론

03 난도 ★★★ ③

출제 영역 지방행정론 > 지방자치단체와 국가와의 관계

정답 분석 ③ 지방자치단체의 장이 법령에 따라 그 의무에 속하는 국가위임사무나 시·도위임사무의 관리와 집행을 명백히 게을리하고 있다고 인정되면 시·도에 대해서는 주무부장관이, 시·군 및 자치구에 대해서는 시·도지사가 기간을 정하여 서면으로 이행할 사항을 명령할 수 있다(지방자치법 제 189조 제1항).

오답 분석 ① 지방자치법 제188조 제1항

② 동법 제188도 제6항

④ 동법 제190조 제1항

> **제190조(지방자치단체의 자치사무에 대한 감사)** ① 행정안전부장관이나 시·도지사는 지방자치단체의 자치사무에 관하여 보고를 받거나 서류·장부 또는 회계를 감사할 수 있다. 이 경우 감사는 법령 위반사항에 대하여만 한다.

04 난도 ★☆☆ ①

출제 영역 정책학 > 정책학의 기초

정답 분석 ① 조직의 항구성 형성에 기여하는 것은 목표의 승계이다.

05 난도 ★★☆ ③

출제 영역 조직론 > 조직구조의 형성

정답 분석 ③ 톰슨(Thompson)의 기술유형론 중 중개적 기술과 관련된 상호의존성은 집합적 상호의존성이다. 집합적 상호의존성은 상호의존상태에 있는 고객들을 연결하는 활동에 쓰이는 기술로 부서들 사이의 과업은 관련성이 거의 없으며, 조직의 공동목표에 독립적으로 공헌하게 된다.

06 난도 ★★★ ③

출제 영역 행정학 총론 > 행정학의 이해

정답 분석 ③ 일반적으로 근대적 의미의 행정학은 미국의 윌슨(T. W. Wilson), 굿뉴(F. J. Goodnow) 등의 초기 행정학자들로부터 비롯되었다고 판단한다. 이들은 엽관주의에 매몰된 행정을 능률적인 관리체계로 분리하려는 목적을 가지고 연구를 진행했고, 테일러의 과학적 관리법 등의 경영이론을 행정조직에 적용할 것을 주장했다. 이후 행정학은 독립분과 학문으로 분리될 때까지 경영학적 논리의 영향을 받았다.

07 난도 ★★☆ ②

출제 영역 조직론 > 조직연구의 기초

정답 분석 ② 윌리엄슨(Williamson)은 조직 내 거래비용을 최소화하기 위하여 종전의 U형(Unitary; 단순)에서 M형(Multi-Divisionalized; 다차원적) 관리로 전환할 것을 주장하였다.

오답 분석 ① 공동체 생태학 이론은 공동전략을 통한 능동적 환경적응과정을 강조하는 이론이다.

③ 구조적 상황론은 관리자의 전략적 선택이나 적극적인 역할을 무시하고 상황의 지배를 받는다는 결정론적 입장이다.
④ 전략적 선택 이론은 조직 스스로 구조를 결정할 수 있다고 보고 인간의 자율성을 강조하는 임의론에 해당한다.

08 난도 ★★★ ③

출제 영역 재무행정론 > 예산개혁론(예산제도의 변천)

정답 분석 ③ 계획예산제도(PPBS)는 영기준예산제도(ZBB)보다 운영에 높은 전문성을 요구하기 때문에 조직 구성원들의 예산 과정에 대한 참여가 제한된다. 또 계획예산제도를 시행할 경우 예산 편성 과정이 일어나는 중앙과 고위층에 권한이 지나치게 집중될 가능성이 있다.

09 난도 ★★★ ②

출제 영역 지방행정론 > 지방자치단체와 국가와의 관계

정답 분석 ② 지방자치법 제188조 제6항

> **제188조(위법 · 부당한 명령 · 처분의 시정)** ⑥ 지방자치단체의 장은 제1항, 제3항 또는 제4항에 따른 자치사무에 관한 명령이나 처분의 취소 또는 정지에 대하여 이의가 있으면 그 취소처분 또는 정지처분을 통보받은 날부터 15일 이내에 대법원에 소를 제기할 수 있다.

오답 분석 ① 동법 제188조 제1항
③ 동법 제189조 제1항
④ 동법 제190조 제1항

> **제190조(지방자치단체의 자치사무에 대한 감사)** ① 행정안전부장관이나 시 · 도지사는 지방자치단체의 자치사무에 관하여 보고를 받거나 서류 · 장부 또는 회계를 감사할 수 있다. 이 경우 감사는 법령 위반사항에 대하여만 한다.

10 난도 ★★☆ ①

출제 영역 인사행정론 > 공직구조의 형성

정답 분석 ① 직장협의회는 공무원의 권익향상을 위한 제도이므로 직업공무원제의 개선과는 직접적인 관련성이 없다.

오답 분석 ② 고위공무원단은 업무와 실적 중심에 따라 차등된 보수를 지급, 적격심사를 통해 부적격 판정을 받은 경우 인사조치, 공모직위제도 및 역량평가를 거쳐 임용되기 때문에 전문성 향상 등을 통해 직업공무원제의 공직침체를 개선할 수 있다.
③ 개방형 인사제도는 외부의 전문가를 채용하여 공직의 전문성 향상을 기대할 수 있다는 점에서 직업공무원제의 단점인 관료주의와 공직침체, 폐쇄적 조직구조 개선에 도움을 준다.
④ 성과급제는 공무원의 실적에 영향을 주어 업무 능력 및 전문성의 향상을 기대할 수 있다는 점에서 개선방안으로 적절하다.

11 난도 ★★☆ ④

출제 영역 행정환류론 > 정보화와 행정(전자정부와 지식관리 행정)

정답 분석 ④ 행정기관 등은 상호 간에 행정정보의 공동이용을 통하여 전자적으로 확인할 수 있는 사항을 민원인에게 제출하도록 요구하여서는 아니 된다.

12 난도 ★★☆ ②

출제 영역 행정학 총론 > 행정과 환경

정답 분석 ㉢ · ㉣ · ㉤ 공공재 과다공급설에 해당한다.

오답 분석 ㉠ · ㉡ · ㉥ 공공재 과소공급설에 대한 논거이다.

13 난도 ★★☆ ④

출제 영역 정책학 > 정책결정

정답 분석 ④ 이슈네트워크(정책문제망)는 다양한 견해의 대규모 참여자들이 특정한 쟁점이 제기될 때 형성되는 네트워크로써, 느슨하고 일시적인 관계와 유동적인 참여자를 특징으로 한다. 따라서 특정한 정책문제에 이해관계가 있거나 전문적 지식을 가진 참여자들이 구성하는 이슈네트워크의 경계는 모호하고 그 개방성은 높아 관심 있는 사람들은 누구나 자유롭게 참여할 수 있는 개방적 · 유동적 정책네트워크이다. 이슈네트워크는 경쟁적 특성을 지니는 Negative-Sum Game 또는 Zero-Sum Game인 반면, 정책공동체는 협력적 특성을 지니는 Positive-Sum Game의 성격을 지닌다.

14 난도 ★★★ ③

출제 영역 재무행정론 > 예산과정론

정답 분석 ③ 국채는 재정적자일 때만 발행되는 것은 아니다. 이미 발행된 국채의 원금을 갚기 위해 발행되기도 한다. 이런 국채를 차환(借換)용 국채라고 한다. 차환용 국채는 빚을 갚기 위해 발행하기 때문에 이로 인해 부채가 늘어나지는 않는다. 반면 적자국채를 발행하면 곧바로 국가부채가 늘어난다. 따라서 정부가 국채를 발행하면 반드시 국가부채가 증가하는 것은 아니다.

15 난도 ★★☆ ④

출제 영역 정책학 > 정책환경 및 정책과정의 참여자

정답 분석 ④ 바흐라흐(Bachrach)와 바라츠(Baratz)는 『권력의 두 얼굴』에서 무의사결정론을 근거로 달(Dahl)의 다원론을 비판하였다. 무의사결정론은 공익적 관점에서 의제화를 막는 것이 아니라 엘리트들의 이익에 반할 경우 의제채택을 막는다는 이론이다.

오답 분석 ① 밀스(Mills)의 지위접근법에 대한 설명이다.
② 헌터(Hunter)의 명성적 접근에 대한 설명이다.
③ 미헬스(Michels)의 과두제의 철칙에 대한 설명이다.

16 난도 ★★☆ ④

출제 영역 인사행정론 > 임용

정답 분석 ④ 국가공무원법상 고위공무원단에 속하는 일반직 공무원의 경우 소속 장관은 해당 기관에 소속되지 아니한 공무원에 대하여도 임용제청을 할 수 있다.

오답 분석 ① 인사혁신처장은 고위공무원단에 속하는 공무원이 갖추어야 할 능력과 자질을 설정하고 이를 기준으로 고위공무원단 직위에 임용되려는 자를 평가하여 신규채용 · 승진임용 등 인사관리에 활용할 수 있다(국가공무원법 제2조의2 제3항).

② 국가공무원은 경력직 공무원과 특수경력직 공무원으로 구분한다. 경력직 공무원은 일반직 공무원과 특정직 공무원 나뉘고, 특수경력직 공무원은 정무직 공무원과 별정직 공무원으로 나뉜다(동법 제2조).

③ 개방형 직위제도는 전문성 혹은 효율적인 정책수립을 위하여 필요한 경우 공직내외를 불문하고 공개모집을 통해 직무수행 요건을 갖춘 최적격자를 선발하여 임용하는 제도이다.

17 난도 ★★☆ ①

출제 영역 행정환류론 > 행정책임·통제

정답 분석 ① 파이너(H. Finer)는 본질적으로 외재적 책임만이 참된 의미의 책임이라고 강조하였고, 프리드리히(C. Friedrich)는 외부자에 대한 책임이 아니라 자기 양심이나 윤리 그리고 직업의식에 대한 책임인 내재적 책임을 강조했다.

18 난도 ★☆☆ ③

출제 영역 정책학 > 정책평가

정답 분석 ③ 크리밍효과, 호손효과는 외적 타당성 저해요인에 해당한다.

19 난도 ★★☆ ③

출제 영역 행정학 총론 > 행정이 추구하는 가치

정답 분석 ③ 과정설은 미시적 관점의 공익관으로 사익의 극대화를 공익으로 본다. 즉, 애덤 스미스의 자유방임주의 경제사상과 맥을 같이 한다.

오답 분석 ① 과정설은 집단 간 힘의 불균형이 존재하는 경우에 조직화되지 못한 일반시민이나 잠재집단의 이익, 약자의 이익을 반영하기가 곤란한 집단이기주의의 폐단이 발생할 수 있다.

② 과정설은 사익의 극대화가 공익의 극대화를 가져온다고 본다. 따라서 정부가 개입하지 않고 자유로운 경제활동이 보장되면 개인은 이익 극대화를 위해 노력할 것이고, 이에 따라 공익의 극대화를 가져올 수 있다고 본다.

④ 절충설의 입장이다.

20 난도 ★★★ ①

출제 영역 조직론 > 조직발전과 조직관리기법

정답 분석 ① 학습과 성장 관점은 구성원의 능력개발이나 직무만족도 등 주로 인적자원에 대한 투자와 성과를 포함하는 것으로 미래적 관점에 해당한다.

오답 분석 ② 내부 프로세스 관점은 조직의 목표를 달성하기 위해 조직내부의 업무처리 방식을 어떻게 할 것인지에 대한 과정중심 지표로 적법절차나 커뮤니케이션 구조 등이 대표적이다. 민원인의 불만율은 고객 관점에 해당한다.

③ 재무적 관점은 민간부문에서 중시하는 것으로 매출, 자본수익률 등이 성과에 대한 관점이다. 신규 고객의 증감은 고객 관점에 해당한다.

④ 조직 내 커뮤니케이션 구조는 내부 프로세스 관점이다.